国家科学技术学术著作出版基金资助出版

道路照明：多维度理论与技术

赵海天/著

科学出版社

北京

内 容 简 介

本书以新的理论视角和实验方法探讨了道路照明的有关理论与关键性技术问题，提出了基于道路使用者需求分析的多维度道路照明理论和实现技术。本书涵盖了道路照明的主要方面，如道路照明的安全与可靠性，健康与舒适性，高效与节能方法等。在智慧城市和智能交通的背景下，提供了道路照明系统的技术解决方案——多维度道路照明系统及其运行机理和构建方法，阐述了城市景观照明多维空间的数学模型，并介绍了成为多维度道路照明理论重要来源的光学和视觉实验。

本书可供道路照明研究与设计人员及相关专业高校师生阅读参考。

图书在版编目(CIP)数据

道路照明：多维度理论与技术 / 赵海天著. —北京：科学出版社，2020.5
ISBN 978-7-03-064620-0

I. ①道… II. ①赵… III. ①公路照明－照明技术 IV. ①U491.5

中国版本图书馆CIP数据核字(2020)第038552号

责任编辑：郭勇斌 邓新平/责任校对：王 瑞
责任印制：师艳茹/封面设计：黄华斌

科 学 出 版 社 出版
北京东黄城根北街16号
邮政编码：100717
http://www.sciencep.com

北京九天鸿程印刷有限责任公司 印刷
科学出版社发行 各地新华书店经销
*
2020年5月第 一 版 开本：787×1092 1/16
2020年5月第一次印刷 印张：31 1/4
字数：718 000
定价：288.00元
(如有印装质量问题，我社负责调换)

作者简介

赵海天　东北电力学院（现东北电力大学）学士、硕士，清华大学博士，比利时列日大学博士后。现为深圳大学建筑与城市规划学院教授，长期从事建筑光环境及先进照明技术教学与科研，坚持理论与实践并重的学术方向，主持国家自然科学基金、国家高技术产业发展等项目及城市景观照明规划与设计，发表学术论文50余篇，授权国际、国内专利30余项。获得国家科学技术进步奖二等奖。

序

　　我十分荣幸地向大家推荐深圳大学赵海天教授的著作《道路照明：多维度理论与技术》。

　　赵海天教授20世纪90年代从国外做博士后回国后一直在深圳大学工作。先从事景观照明的规划与设计，后来专注于照明理论的探索。其研究方向选择道路照明理论与实践，这是一个既有理论深度，又有广泛实用价值的专业领域。在国外，很多学者在该领域做了很多开拓性的工作，同时也面临着进一步深入的局面，国际照明委员会（International Commission on Illumination，CIE）室外照明分部将其重点工作就放在了道路照明研究，近几届CIE大会的论文和报告证明了这一点。在国内也有很多学者在从事道路照明的研究和产品研发，赵海天教授是其中杰出的代表，他以持之以恒的情怀、锲而不舍的毅力和严谨认真的态度，投身道路照明研究，几十年如一日，进行了大量实验研究，并花费数年时间总结，完成了这部全面阐述多维度道路照明理论与技术的系统性著作。

　　纵览全书，发现绝大多数内容未曾见于公开出版物，内容颇丰，亮点频现，作者扎实的数理功底和严谨的治学风格跃然纸上。作者关于多维度道路照明理论体系的构建，关于基于"视觉掩蔽"原理的路灯"干扰理论"的论证，路灯"暂态光调制"机制的新解释和路灯动态眩光概念的提出，关于雾霾照明中"视能量"模型及其"裸眼视距"增强技术的论述，关于逆向（低位）照明方式的论证与实验，关于路灯复合配光技术的提出与论证，关于分布式、多维度、模块化道路照明系统的构成与设计，关于车路协同、人机融合的自动驾驶新概念和多维度道路照明原理应用于城市景观照明的离散化数学分析方法及关联矩阵模型等，无不闪烁着理性与智慧的火花，展现出探索精神和追求创新的学者风范。相信不同背景、不同需求的读者都会在书中找到兴奋点甚至共鸣点。

　　21世纪以来，固体照明光源的大规模应用，为道路照明领域的理论与技术发展提供了机遇。国际照明委员会和北美照明工程协会（Illuminating Engineering Society of North America，IESNA）的标准或技术文件，以及国内的相关标准《公路照明技术条件》（GB/T 24969—2010）或《城市道路照明设计标准》（CJJ 45—2010）等，以比较成熟的评价体系来评价道路照明质量和能耗水平，其主要评价指标包括：路面平均亮度（L_{av}）、路面亮度总均匀度（U_o）、眩光控制（阈值增量）（threshold increment，TI）和照明功率密度（lighting power density，LPD）等。赵海天教授选择对此进行系统的理论研究，并进行了大量的实验验证，据悉，他带领的研究团队在道路照明的照明功率密度（LPD）、阈值增量（TI）、路灯频闪指数（flicker index，FI）及浓雾下提高驾驶员视距方面的研究工作都有令人瞩目的成果。从专业角度看，很多成果在道路照明领域具有突破性的价值和意义，必将产生出巨大的社会与经济效益。从这个意义上说，赵海天教授的这本著作既是我国照明科技工作者对道路照明理论的系统性学术贡献，也是促进道路照明产业创新进步的前瞻性驱动力作！

　　"真情妙悟铸文章"，科研靠的是兴趣、奉献精神和坚持不懈的毅力。我期待国内更多的学者潜心研究，重视实践，以"十年磨一剑"的勇气和工匠精神实现照明领域新的技术突破，出现更多的、源头创新的先进照明理论，创造出更好的照明产品，全面提升我国道路照明水平。

于中国建筑科学院有限公司

2020年3月

前　言

　　道路照明，貌似简单，细细考察，则不尽然，观内中变化，奇妙万千。纵无"黄金屋、颜如玉"，却也情趣斐然。遂作茧自缚，小楼一统，匠心专注十数载，精琢细磨数十万。或蛰伏于小楼[①]之内，或蹒跚在大洲[②]之间。寻源头性理论创新，求关键性技术突破。虽磕绊影随，遍尝挫败苦果，唯初衷不改，咬定青山。误入"路途"至今，不觉年垂花甲，仍感天高海阔，迷雾叠峦。自知苦海无边，其途尚远，十年饮冰，热血未寒。正所谓"梦犹在，寝难安"。

　　夫照明者，传统称之为非成像光学。吾以为谓之不确，照明实应称为能量光学，即光能量之投送也。能量强度与送达范围，是为光度范畴；能量组成及分布，或曰光谱范畴。将精心筹划之光能精准投送至精确位置，谓之绿色照明。"精心筹划"，取决于照明设计理念；"精准投送"，事关照明设计方法与照明设备；"精确位置"，则涉及光度、光谱、驾驶员生理及心理需求与视觉基本规律。而一切非精准投送之能量，皆为无效光能，亦为眩光之"干细胞"也！在能量光学之概念下，照明不但包括可见光，非可见光亦进入照明范畴。

　　凡现行路灯之诸多弊端，若溯本逐源，盖因多维空间之"维度问题"所困。维度之所以成为"问题"，实为道路使用者需求空间之维度与照明系统供给空间之维度不相匹配，前高后低，供给不足；前低后高，则供给过剩。所谓"纲举则目张"，故将多年心路之主要体会名之为《道路照明：多维度理论与技术》，以为上述精心、精准、精确之客观表述，奉与诸君。

　　"面壁十年"，志在"破壁"。所谓"四壁"，系当今各类"行标""国标"，甚至"球标"相围而成。本世纪初，曾与某灯厂老总戏言：厂商仿佛城外兵勇，皆奋力"达标"而"进城"，学人则堪比城内武士，终生使命乃"破标"而"出城"——不想今成谶言。拙文乃一家之说，欲破此"围城"，实勉为其难，虽殚精竭虑，仍深恐挂一而漏万，诸君垂顾之余，还烦赐教稍安。

　　赋予本书的任务是既要"登天梯"又要"接地气"。所谓"登天梯"就是把道路照明方面遇到的所有视觉问题都上升到人类视觉认知的层面加以讨论，得到心理物理学领域的理论支撑；所谓"接地气"就是本书不仅限于在理论和技术层面对道路照明问题进行阐述，同时还要提出可操作的全面解决方案，包括照明系统的设计与制作。所采

----

① 源自鲁迅《自嘲》。
② 指国际照明委员会（CIE）与北美照明工程协会（IESNA）的有关出版物。

取的所有照明措施，都要以是否满足道路使用者的需求作为唯一的检验标准。

本书所有的重要结论，均经过从实验室到道路现场的实验验证，欢迎读者在任意时间就任何问题到深圳大学与作者讨论，或者到建筑光环境实验室进行重复实验。

多维度道路照明的原理并不完全局限在道路照明，相信不同背景、不同需求的读者总能在书中找到自己感兴趣的那个"点"。或许您并不同意作者的叙述与观点，那么本书算是"抛砖引玉"，作者愿意借此机会与大家相互讨论，听取批评意见，更大限度地接近真实、接近真理。

我们研究团队将加倍努力，将多维度道路照明技术付诸产业化，在道路照明领域早日实现4个80%：耗电降低80%，眩光降低80%，雾霾天视距增加80%，事故预警距离增加80%。

我有一个梦想（I have a dream），那就是天更蓝、水更清，驾车更安全、更快捷、更舒适。

赵海天

深圳大学建筑与城市规划学院

2020年2月

目　　录

第1章 多维度道路照明：理论基础

1.1 驾驶员视觉能力与感知过程

1.1.1 人的视觉系统

人的视觉系统包括人眼与大脑的视觉神经系统。

1. 人眼构造

人眼约2.54 cm宽，2.54 cm深，2.3 cm高[1]，能分辨的极限像素是1.2亿，如图1.1所示。

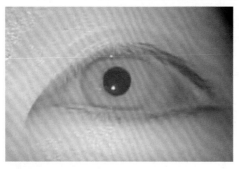

图 1.1　人眼正视图

人眼最外层为巩膜，用于保持眼睛的形状。巩膜的前六分之一是清澈透明的角膜，所有光线都必须通过角膜进入眼睛。附着在巩膜上的眼外肌控制眼睛活动。

脉络膜是眼睛的第二层。脉络膜中的血管负责为眼部组织供应血液。脉络膜的前部包含两个组织：①睫状体，是附着在晶状体上的肌肉区域；缩紧或放松睫状体，可以控制晶状体的大小来调整焦距。②虹膜，是眼睛中有颜色的部分；虹膜的颜色由结缔组织和色素细胞颜色所决定。

（1）瞳孔

虹膜有两块肌肉：开大肌能够使虹膜变小，瞳孔变大，让更多的光通量进入眼睛；而括约肌能够使虹膜变大，瞳孔变小，减少进入眼睛的光通量。

人类在$10^8 \mathrm{cd/m^2}$的直射日光下和在$10^{-8} \mathrm{cd/m^2}$的夜间都能看到物体。为了适应如此宽广的亮度范围，人眼通过调整瞳孔的直径来改变进入眼睛的光通量，瞳孔直径的变化范围为$2 \sim 10 \mathrm{mm}$。在瞳孔直径调节范围内的外界光刺激，一般称为"中等程度刺激"。

（2）视网膜

眼睛后部是由细胞构成的视网膜。视网膜对光线产生反应，将接收的信息传达至大脑并由大脑将这些信息转化为图像。由于眼睛呈球形，因而视网膜表面是曲面。

在视网膜中心的是黄斑，黄斑中心为中央凹，人眼剖面图如图1.2所示。

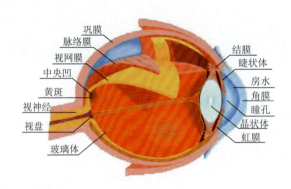

巩膜
脉络膜
视网膜
中央凹
黄斑
视神经
视盘
玻璃体
结膜
睫状体
房水
角膜
瞳孔
晶状体
虹膜

图 1.2 人眼剖面图

视网膜的视紫质能够将光线转化为电子脉冲，视神经负责将电子脉冲传入大脑，大脑对电子脉冲进行解译，产生视觉。

（3）视锥细胞与视杆细胞

视网膜存在两种感光细胞：视锥细胞与视杆细胞，如图1.3所示。

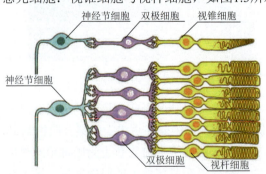

神经节细胞
双极细胞
视锥细胞
神经节细胞
双极细胞
视杆细胞

图 1.3 人眼视网膜上的视锥细胞与视杆细胞

视锥细胞主要集中分布在中央凹附近$1° \sim 2°$的范围内，部分散落于整个视网膜上，而在视网膜周边区相对较少，在光亮条件下起主要作用，对色彩及空间分辨率高，具有较高的视觉敏感性，能辨别物体的细节。视杆细胞主要分布在视网膜的周边，在暗视觉下起作用，对微弱光线敏感，但对色彩及细节分辨能力差，在弱光下只能看到物体粗略的轮廓，不能辨别物体的细节，如图1.4所示。

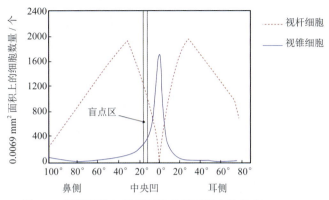

图 1.4 视锥细胞与视杆细胞在视网膜上的分布

（4）三个亮度范围及视觉

随着环境亮度的变化，人眼的光色敏感度也发生变化。

当环境亮度大于3.0 cd/m² 时，视锥细胞（色度敏感器）起作用，此时定义为明视觉（photopic vision）[2]。当环境亮度小于0.001 cd/m²时，视杆细胞（光度敏感器）起作用，定义为暗视觉（scotopic vision）。

对于道路照明，路面亮度范围为0.001～3.0 cd/m²，处于明、暗视觉范围之间，即中间视觉（mesopic vision），视网膜上的视锥细胞（色度敏感器）和视杆细胞（光度敏感器）共同产生作用，决定人眼的光色敏感度。

2. 人眼视觉

（1）成像

视网膜中央凹只有2°立体角视域，却能感知到体量大得多的清晰、多彩的图像，其原因是人眼不停地对视域中的场景进行扫视，扫视一次要0.04～0.2 s。最终大脑将多张扫视图片合为一张视角大于2°的清晰图像，如图1.5所示。

图 1.5 在道路照明场景中扫视的结果

视网膜的作用是将扫视接收到的与实景倒置的光子序列通过视神经输送到大脑的相应部位，经过大脑的一系列"运算"，形成完整的影像，如图1.6所示。

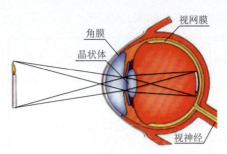

图 1.6   视网膜上部收到的光子与实景呈"倒置"状态

（2）聚焦

观看某一物体，实际上的步骤包括[3]：眼睛首先将物体图像缩小到视网膜能够容纳的尺寸；散射的光线聚焦在视网膜表面，图像变成和视网膜曲面契合的形状。

眼球的视网膜和瞳孔之间为晶状体，类似凸透镜。晶状体和角膜配合可以将图像聚焦在视网膜上。

（3）色彩

视锥细胞中对颜色敏感的化学物质称为视色素，由视黄醛和视蛋白组成[4]。视色素有三种：感红色素、感绿色素、感蓝色素[5]。通过对红、绿、蓝三种颜色进行调和，人眼就能够感知海量的彩色变化。

三种色素的视觉灵敏度曲线如图1.7所示。感蓝色素在波长445 nm处光吸收最大，感绿色素和感红色素分别在535 nm和570 nm处光吸收最大。

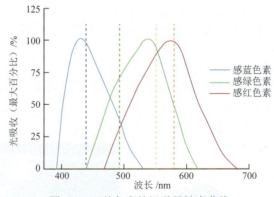

图 1.7   三种色素的视觉灵敏度曲线

（4）视角

视角为人眼对物体两端的张角，即观察物体时，从物体两端（上、下或左、右）引出的光线在人眼光心处所成的夹角。物体的尺寸越小，离观察者越远，则视角越小。眼睛辨认物体的能力，用视角或视角的倒数（视力）来表示。

$$V_A = \frac{1}{\alpha_{临}}$$

（1.1）

式中，V_A 为视力；$\alpha_{临}$ 为临界视角。

临界视角是眼睛能辨别的最小视度，因人而异。国际眼科理事会（The International Council of Ophthalmology，ICO）于1909年采用白底黑字蓝道环（Landolt ring）作为标准视环。环的外径为7.5 mm，以外径的1/5作为环宽度，环上有一与宽度相同的开口[6]。在观察距离为5 m时视角为1°。如在这种情况下能看清开口的方向，则视力为1.0，如图1.8所示；如相同条件下视角为0.5°时视力为2.0。

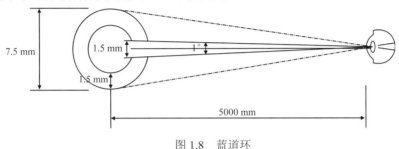

图 1.8　蓝道环

视角与视距有关，当视距变小时，视角增大，在视网膜上被感光的细胞增加。因此物体越近越容易辨认。视角可用下式表示：

$$\alpha = \frac{180 \cdot 60 \cdot L}{\pi R} \tag{1.2}$$

式中，L 为物体尺寸（mm）；R 为观察距离（mm）。

眼睛的最大视力是在视网膜的中央凹处。物象离中央凹的距离越远，视力越低；在中央凹大约与视轴成20°的地方，只能识别10°视角的目标，因此视力最大值只有0.1。

（5）光幕与眩光

光幕说[7]主要用来解释产生失能眩光的机制：由眩光源发出的光，在视网膜方向上散射，形成明亮的光幕，叠加在清晰的场景像上并具有一个等效光幕亮度（equivalent veiling luminance）；其作用相当于使背景亮度增加，对比度下降，导致视觉功能降低[8]，如图1.9所示。

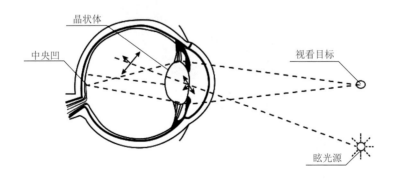

图 1.9　光幕说对于眩光机制的解释

3. 视觉系统与视觉现象

一个常见的误解是，人类的视觉功能类似照相机，能够直接产生外部世界客观物体的图像。的确，眼睛的部分功能如同照相机，通过晶状体，图像在眼睛后部的视网膜感光细胞上呈现[9]。但人眼感受器只是最初的输入，视觉系统则是由神经元和突触组成，大约占人类大脑皮层的一半[10]。

视觉系统对于视网膜产生并传回的影像（倒像）进行加工与处理，最终形成完整与符合逻辑（但不一定是客观真实）的、连续的空间视觉感觉。

（1）距离

视觉系统通过三种方法来测定距离：

①视网膜上已知物体的大小——如果根据经验已经知道某个物体的大小，那么大脑就会依据该物体在视网膜上的大小来测量距离。

②移动视差[11]——转动头部时，近处的物体会在视网膜上快速移动，而远处物体的移动则显得微乎其微。这样，大脑就能够大概判断出到物体的距离。

③立体视觉[12]——由于双眼相距约50 mm，所以同一物体在两个视网膜上的成像并不相同。当物体距离眼睛较近时，这种情况就会更加明显。在物体距离较远时，立体视觉减弱，因为物体距离眼睛越远，在两个视网膜上的成像越相似。

（2）构建

视网膜上的成像是二维的、平面的，但纵深知觉对驾驶至关重要，大脑的视觉系统必须构建三维的、立体的图像。著名的内克尔立方体（Necker cube）[13, 14]表明，通过浮现在黑色圆盘上的影子似的白线，可以看到明确的三维立方体[15]，如图1.10所示。

图 1.10 三维立方体 [16]

图1.10的图像明显是二维平面的，立方体并不存在。所看到的三维立方体是由大脑视觉系统构建的结果。对内克尔立方体来说，大脑视觉系统的构建有两个层次：首先在二维空间构建直线，然后在三维空间把这些线组合成立方体。

大脑视觉系统中，一种信息建立在另一种构建信息的基础之上是典型现象，构建的信息层的数量不局限于两个[16]。驾驶员的视觉系统的构建通常是下意识的过程。

（3）意识

著名的卡尼萨三角（Kanizsa's triangles）[17]表明，人的视觉意识是视觉系统虚幻构建的结果（图1.11）。黑色圆盘之间的直线，只要盖住黑色圆盘就会发现黑色圆盘之间并没有线，在黑色圆盘之间看到的线会突然消失。如果重新露出黑色圆盘，线条会再次出现，尽管我们知道它们是虚幻的。

图 1.11　卡尼萨三角 [18]

由图1.11可以看到白色边界清晰的三角形，其内部似乎比周围的环境更白更明亮。但事实上，三角形的边界和更明亮的内部都是视觉系统虚幻构建的结果。

图1.12是另一个构建的例子，英文字母MD本是不存在的，但我们通过构建，可以在大脑中形成明确的、分别处在两个正交平面上的MD标识。

图 1.12　MD 标识

在这里我们可以做一个"构建"的小实验。找两个儿童，一个见过麦当劳的"M"标识或学过英文字母，另一个则完全没有上述经历。分别请这两个儿童就图1.12独立地画出自己所看到的图形。比较两个儿童画出的结果，验证见过麦当劳标识或学过英语的儿童，可完整地构建出"M"甚至于"D"，而另一个画出的则是一些带有一定残缺的圆。粗略地模拟人类视觉表现的约束是心理定势，即人类的视觉试图为二维空间点的运动找到一个合理的解释。如果能找到这样的解释，就予以采纳，形成完整的影像。

（4）融合

图1.13演示了横向的线段是平行的。

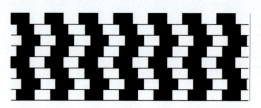

图 1.13　平行的横向线段[16]

如果将上述黑白条纹换成不同颜色的彩条，彩条间的面积大小的差别较大时，彼此间的分界线是明显的。但是如果彩条变成很细的形状，面积的大小差别变得很小，此时就会见到色融合现象，出现混色的感觉。

（5）视觉暂留

视觉暂留是视"适应"状态的效应，即之前较亮的场景图像会在之后的视野中短暂地停留。视觉暂留的图像与真实场景的色彩与对比度相反。如图1.14所示，将视线注意力集中于明亮图片上大约20 s之后（注视图中黑点），再将视线转移到较暗图片上（图中白点），即可感受到视觉暂留效应[18, 19]。

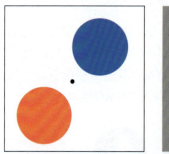

图 1.14　视觉暂留效应

（6）明暗吞噬

任何物体和颜色都不可能孤立存在，人们不可能单独感受某一种颜色，而是在整体中去感觉各部分。

同等长宽的矩形，在白色背景下，黑色矩形被弱化并有被吞噬的趋势，如图1.15所示。在黑色背景下，白色矩形被强化；两者对比产生的视觉效果为：白色的矩形比黑色的矩形面积略大，即白色对黑色具有吞噬效应。

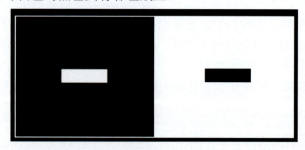

图 1.15　矩形的黑白对比

　　白色对黑色的侵蚀和吞噬，在视觉上的感受是白色将黑色的边缘蚕食。产生这种现象的主要原因是人眼成像的过程中，在亮度背景形成明暗强对比状况下，视觉呈现为亮度高者吞噬亮度低者，致使人眼呈现出高亮度背景（面积或体积）大小较实际增大，低亮度背景（面积或体积）大小较实际减小的视觉效果。如图1.16所示，两图之间的缝隙，上下亮的部分吞噬了暗的周边，看起来中间窄，上下宽。

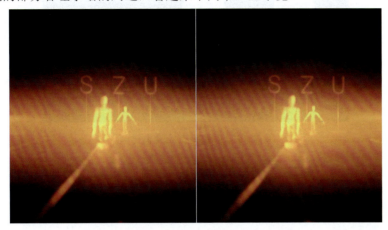

图 1.16　白色对黑色的侵蚀和吞噬

（7）视觉掩蔽

　　视觉机制的多通道之间并不是彼此孤立的，而是存在相互作用与影响。这些相互作用的一个典型结果就是多通道之间的掩蔽效应[20]。掩蔽效应指某物体因在时空上与其相邻物体的呈现而导致可见度降低的现象。视觉掩蔽有4种表现形态：空间域中的视觉掩蔽、速度域中的视觉掩蔽、时间域中的视觉掩蔽和光度域中的视觉掩蔽。光度域包括亮度与色度。

　　生活中，低强度的光被掩蔽在高强度的光中这类现象很常见。例如，月亮为太阳所掩蔽，低等级星被高等级星所掩蔽，烛光被灯光所掩蔽；雾霾天气中气溶胶分子团的漫反射使得一些较暗的目标被掩蔽在明度较高的雾气中而难以被察觉，如图1.17所示。

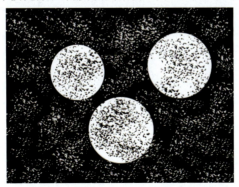

图 1.17　空间域中的视觉掩蔽现象（图中白点的亮度相同）

　　在图1.18中，中间圆点的大小相同。小样品和大样品在感觉上有所不同，面积大的样品在亮度和饱和度方面往往显得强些。

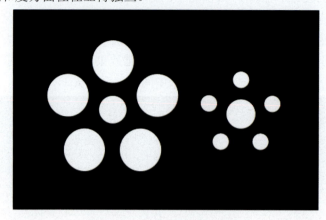

图 1.18 中间圆点的大小相同

在亮度变化剧烈的背景上，例如，在黑白场景的边沿上，人眼对色彩变化的敏感程度明显地降低，这表现为亮度信号对色彩信号的掩蔽效应。

4. 视错觉现象

（1）距离错觉

在图1.19中，两条紫色的线段是平行的，出现视错觉的原因是线段相交角度不同。

在图1.20中，橙色竖线段长度是相同的（两虚线平行），出现透视错觉的原因是参照对比不同。

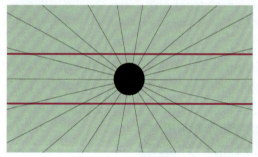

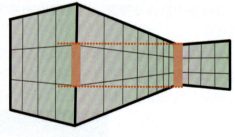

图 1.19 两条紫色的线段是平行的　　图 1.20 橙色竖线段长度相同

（2）色彩错觉

在夜晚昏暗的灯光下，光谱光视效率函数随亮度降低而向短波方向偏移[21, 22]，如图1.21所示。

另外，人们在夜晚昏暗的灯光下看到的白色物体，感到它仍然是白的。这是由于人类进化过程中，大脑已经对不同光线下的物体的彩色还原有了适应性。但是，摄像机并没有人眼的适应性，由于电荷耦合器件（charge-coupled device，CCD）输出的不平衡性造成彩色还原失真：或偏蓝或偏红，如图1.22所示。

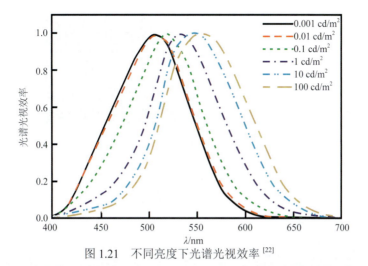

图 1.21　不同亮度下光谱光视效率 [22]

图 1.22　摄像机彩色还原失真

（3）对比错觉

同一种颜色，放在较暗的背景和放在较亮的背景，人的感觉不一样。在图1.23中，白布上的灰色显得暗，黑布上的灰色则显得明亮。若把手指横放在两个格子之间再观看，上下两个格子的亮度相同。

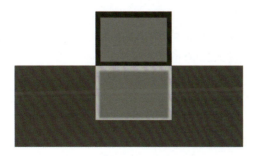

图 1.23　两个格子的亮度相同

同样地，图1.24中不同背景下5个灰色的矩形其实具有相同的亮度。

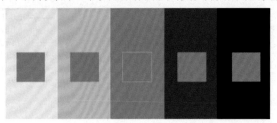

图 1.24　不同背景下 5 个灰色的矩形

在高亮度背景上的灰色矩形看起来很深，而在黑色背景上看起来较淡，其原因是周围的感光细胞抑制了所看到的物体在视网膜上的成像信号。

（4）产生视错觉的原因

人类视觉依据二维的点来构建三维形状。视觉的起始点并不是连续的边缘、形状、颜色或纹理，而是视网膜上亿个独立的、离散的多个感光细胞对于一系列随时间变化的离散的光子捕捉。感光细胞的功能只是捕获光子，并基于捕获的光子产生信号[23]。我们所感觉到的视觉世界只是视觉系统下意识构建的最新、最有可能的推断，是视觉系统经复杂的构建加工后的"意象"。例如，一条连续的曲线或一个物体的曲面，都必须由视网膜中的离散阵列提供的信息构建为曲线或曲面。

只要从物体的低维来构建高维空间的形状就会存在不适定问题。在经典物理学中，人们只研究适定问题。适定问题指问题的解满足下列三个性质：存在性、唯一性和稳定性。这三个性质中，只要有一个不满足，则称之为不适定问题。

人类视觉构建过程属于不适定问题，因为理论上有无穷多的三维构建可以和二维的光子点相匹配。例如，用 (x, y) 代表二维坐标系中点的位置，用 z 表示点的深度，那么很显然，对于每一个二维的点的位置 (x, y)，有无限多的 z。

人类视觉解决不适定问题是根据以往的经验与规则。

对驾驶至关重要的纵深知觉，并不是对物质世界的客观映射，相反，它是一种由人类视觉系统主导的构建活动。对于驾驶员，前方道路的形状和深度及道路上和道路周围的所有物体，都是由其视觉系统实时构建的。上述视错觉的例子清楚地表明，人类的视觉构建事物的形状和纵深很容易出现错误。事实上，在某些情况下，特别是恶劣天气下，即使人们是相当清醒的，也可能产生错误的视觉感知。例如，视错觉经典案例：科罗拉多大峡谷之谜——死亡公路。

科罗拉多大峡谷位于美国亚利桑那州西南部，其景色非常壮丽。大峡谷有一段U形公路，小汽车频频在那里驶入2300 m下的悬崖。

1986年7月的一天，怀特·比茨带着家人驾车开始了他们的第一次大峡谷之旅。汽车由亚利桑那州向科罗拉多州方向行进。中午时分，当汽车拐过一个山谷后，怀特眼前出现了一条笔直的公路，这让他心情畅快了不少，遂踩下了油门。接下来便是一家人绝望的尖叫声——连人带车以极快的速度冲下了悬崖。

接下来的几天里，类似的事故不断发生。到底是什么原因导致了连连惨祸？事故发生时间都在上午10时30分至中午12时之间，驶入悬崖的小汽车几乎都没踩刹车。该段公路因此被当地人称为"魔鬼公路"。

交警赶到现场调查。中午，从公路的一端望去，不禁大惊失色——眼前明明就是一条笔直的公路，哪来的什么悬崖啊——悬崖突然消失了？

这条"死亡公路"是路面很窄的一条U形公路，但在远处看似乎就是一条直的公路，根本看不到中间的U形弯道，如图1.25所示。这样的构造和坡度，作为司机很容易将它看成一道笔直的公路，而忽略U形弯道的存在，从而无法发现危险逼近，只是按照在直路上开车的习惯，踩着油门加速。

（a）U形公路鸟瞰图

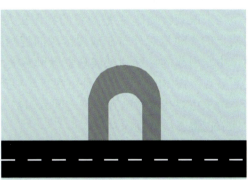

（b）U形公路在司机脑中的构建图

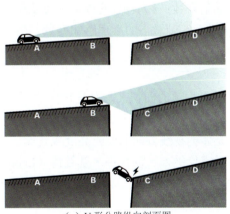

（c）U形公路纵向剖面图

图 1.25　U 形公路模拟与纵向剖面图

在司机视觉映象中 B 点和 D 点相连

这条死亡公路从上往下看，U形弯道非常明显，但这是鸟瞰。司机的视角是无法做到高空俯视的，当行驶前进中的司机稍微压低身体想要看清楚路况的时候，惊奇的一幕出现了，刚刚还在视觉中的笔直公路，眨眼间消失了！

1.1.2　若干视觉生理学、心理学规律

科学家从生理学、心理学角度研究视觉与视错觉问题，通过大量实验，总结出一些基本的视觉规律。

1. 韦伯-费希纳定律

德国莱比锡大学心理物理学家韦伯（E.H.Weber）揭示了人的感官量和外界刺激的阈值关系：同一刺激差别量必须达到一定比例，才能引起差别感觉。这一比例是个常数，可表示为

$$\Delta I/I = k \tag{1.3}$$

式中，ΔI 为差别阈限；I 为标准刺激强度；k 为韦伯常数。

当人眼观察物体时，被观察的物体在人眼的视网膜上成像，同时由成像光束投射在视网膜上的光通量对分布在成像区域的视网膜上的感光细胞起作用，这种作用是光化学作用，由它引起的特殊刺激被观察者所感受，从而产生视觉。观察者依靠这种感受的强弱，判断被观察物体的亮度。这种由观察者判断出的亮度称为主观亮度。

由于主观亮度与客观亮度之间为对数关系，可以预见：人眼瞳孔对于客观亮度变化的调节也将遵从对数规律。

韦伯的学生、心理物理学家费希纳（G.T.Fechner）进一步揭示了人类视觉的主观（感受）亮度与客观（物理）亮度之间的数量关系，可表示为

$$P = k \cdot \ln L + T \tag{1.4}$$

式中，P 为主观亮度；k 为韦伯常数；L 为物理亮度，又称测量（表观）亮度；T 为常数。

韦伯-费希纳定律适用于中等刺激下的心理感知度量。

2. 视网膜照度

物像在视网膜上的照度由物像的面积（与发光物体的面积有关）和落在该面积上的光通量（与发光体朝视网膜上物像方向的发光强度有关）所决定，与发光体在视线方向的投影面积成反比，与发光体朝视线方向的发光亮度成正比。

美国物理学家、心理学家伦纳德·汤普森·楚兰德（Leonard Thompson Troland）将"物理亮度"与"瞳孔面积"的乘积定义为正相关于视亮度的视网膜照度[24]。视网膜照度 T 表示为

$$T = A \cdot L \tag{1.5}$$

式中，A 为瞳孔面积（mm^2）；L 为物理亮度（cd/m^2）。

不同物理亮度下的瞳孔面积如表1.1所示[25]。

表 1.1　不同物理亮度下的瞳孔面积

物理亮度 /(cd/m^2)	瞳孔面积 /mm^2
0.000 10	52.20
0.001 0	47.80
0.010	43.40
0.10	35.40

续表

物理亮度 /(cd/m²)	瞳孔面积 /mm²
1	25.10
10	14.60
100	7.25

通过表1.1的数据，可得到物理亮度与瞳孔面积的关系曲线，如图1.26所示。

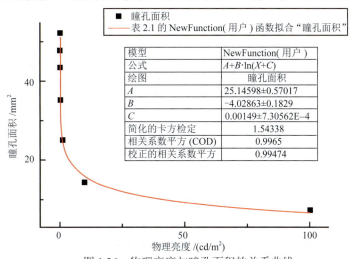

图 1.26　物理亮度与瞳孔面积的关系曲线

楚兰德关系式：

$$Y = B \cdot \ln(X + C) + A \tag{1.6}$$

式中，　Y 是瞳孔面积；X 是物理亮度；A、B、C 为常数，$A=25.14598\pm0.57017$，$B=-4.02863\pm0.1829$，$C=0.00149\pm7.30562E-4$。

观察式（1.6），常数 C 为变量 X 的初始值，即人眼视域内的物理亮度初始值，此值非常小，几近可以忽略。若令 $L = X + C$，则式（1.6）又可写为

$$Y = B \cdot \ln L + A \tag{1.7}$$

式中，Y 为瞳孔面积；L 为人眼视域内的物理亮度；A、B 为常数。

比较式（1.4）与式（1.7）可以发现，韦伯-费希纳定律所揭示的是主观（感受）亮度与客观（物理）亮度的关系；楚兰德关系式所揭示的是瞳孔面积与客观（物理）亮度的关系。经归一化后，两者的数值表达式完全相同，这为我们分析"主观亮度"与"瞳孔面积"之间的关系注入了一条有力线索。

3. 边缘视觉效应

德国生理心理学家约翰内斯·阿道夫·冯·克里斯（Johannes Adolf von Kries）发现了人眼的边缘视觉效应。

人眼的中间视觉：直视条件下，视野中心落在中央凹上，光谱光视效率的峰值

偏向右侧[26]。

　　人眼的边缘视觉：视野中心落在中央凹的边缘，光谱光视效率的峰值偏向左侧人眼的中间视觉与边缘视觉如图1.27所示。

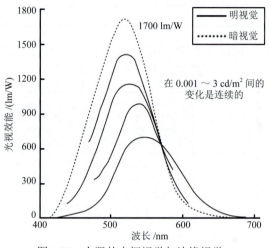

图1.27　人眼的中间视觉与边缘视觉

　　在道路照明条件下，人眼所看的中央视野的亮度值，虽处于中间视觉的亮度范围内，但道路亮度值靠近中间视觉的上限，其视觉特性主要以明视觉为主导。

　　对于夜间行驶下的周边视野，其视觉信号接收主要由视杆细胞起作用，因而视觉特性更趋近于中间视觉的下限亮度。

4. 浦肯野（Purkinje）现象

　　捷克解剖学家浦肯野指出：在中间视觉状态下，当亮度逐渐由明到暗时，人眼视网膜上的两种感光细胞——视锥细胞和视杆细胞会发生变化，光谱灵敏度曲线逐步向短波方向移动，蓝光光谱对于周边视野的刺激更为显著。

　　环境亮度超过 $3.0~cd/m^2$ 时，最大的视觉响应在光谱蓝绿区间的555 nm处；环境亮度低于 $0.001~cd/m^2$ 时，光谱光视效率的峰值约在507 nm，如图1.28所示。

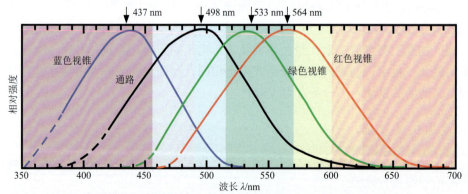

图1.28　人眼视锥细胞和视杆细胞的相对光谱灵敏度曲线

在暗视觉条件下，光谱光视效率向短波方向偏移，如图1.29所示。

目前，对中间视觉状态的道路照明进行讨论的研究很多[27-32]。

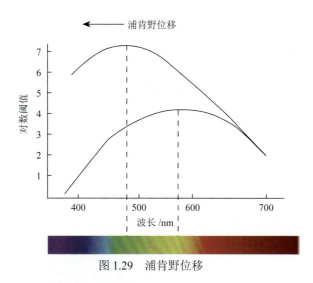

图 1.29　浦肯野位移

5. 视觉信息获取方法及贝叶斯视觉推理

英国统计学家、哲学家托马斯·贝叶斯（Thomas Bayes）认为机器获取外界三维信息的方法有：结构光法、飞行时间法和双目立体视觉法。结构光法可以达到较高的精度，一般限制在室内有限的空间。飞行时间法是新兴技术，利用激光在空中来回的时间差计算距离[33]。双目立体视觉法是计算机视觉领域获取三维信息的热点方法，该方法模拟人的双眼，利用左右相机的视角差异计算出物体和相机的相对位置[34]，可以在同一时刻同时获得空间中几十万甚至几百万个点的颜色（灰度）和位置信息，达到较高的位置精度，其准确率取决于对左右图像中同一物体进行匹配[35]。视差空间的多尺度寻优（multi-scale optimization，MSO）指的是利用贝叶斯视觉推理方法对多幅反映不同尺度信息的视差图进行综合、推理，从中找出一组累积概率最大的视差组合。根据双目图像通过改变匹配算法参数获取一系列反映场景在不同尺度上的深度信息的视差图，这些视差图重叠在一起构成一个视差空间；之后以视差图反映的尺度和场景的纹理丰富程度等信息作为条件，对基于局部平滑假设得到的视差图进一步推理，计算每一点取不同视差值时的累积似然度，最大者即为最优视差值[36]，如图1.30所示。

6. 视觉舒适度曲线

荷兰埃因霍温科技大学应用物理学教授阿里耶·安德里斯·克勒伊特霍夫（Arie Andries Kruithof）发现在常规照明研究中用户在高照度下选择"令人愉悦"的高相关色温（correlated color temperature，CCT），在低照度下选择低CCT，照度与色温的关系（舒适度曲线）[37]，如图1.31所示。

2009年，法国巴黎光学实验室温农特（F.Viénot）[38]利用LED光源研究了照度和色温对视觉响应的影响。该研究质疑克勒伊特霍夫的照度与色温的关系（舒适度曲线）是否来自视觉效果的主观评价，并在不同照度水平和CCT下进行试验，包括对照明质量的主观评级。

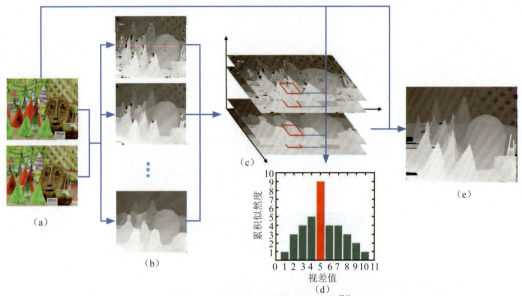

图1.30　多尺度寻优算法流程图[36]

（a）双目视觉左右图像；（b）多张带有尺度信息的视差图；（c）由（b）中视差图构成的视差空间；（d）某一个像素对应的累积似然度直方图；（e）最终优化结果

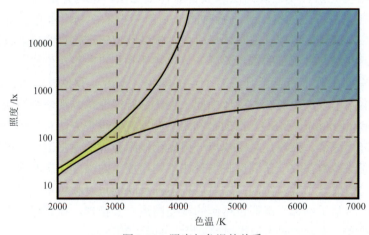

图1.31　照度与色温的关系

　　针对传统光源（高压钠灯及金属卤化物灯）和白光LED光源的测试和研究指出，在色温为2200～5000 K时，若眩光指数控制在0.5～2.0，则LED光源舒适度优于低色温的传统光源[39, 40]。

7. 司辰视觉（Citopic vision）——非视觉生物效应

2002年，美国布朗大学的大卫·伯森（David Berson）等在哺乳动物的视网膜上发现了神经节细胞（ganglion cell），揭示出视网膜中除了视锥细胞和视杆细胞两种感光细胞外，还存在第三种感光细胞——神经节细胞。神经节细胞因不同波长光线及不同光色而对人体内褪黑素的分泌有控制作用，并以此确定了光谱生物作用曲线[41]。

日光光谱及白天和黑夜的交替对生物在进化过程中适应自然环境有决定性的作用，视网膜上神经节细胞将光信号传递到下丘脑通路，再进入到视交叉上核和下丘脑室旁核等下丘脑细胞核中。视交叉上核将光信息传递到神经系统的各个控制中心，调节包括皮质醇、褪黑素、胰岛素、生长激素等激素的产生，控制人生物节律和强度，显示出以 24 h为周期的昼夜节律[42]。

皮质醇和褪黑素分别是应激激素和控制睡眠的激素，对于控制人的警觉性和睡眠有着重要的作用。皮质醇可以提高血糖浓度，给人体提供能量；但当皮质醇长时间维持在较高水平，会让人感到疲惫。清晨，光环境色温高，视网膜上的神经节细胞受到蓝光刺激，促使人体内皮质醇浓度升高，抑制褪黑素的分泌，感到精神焕发。黄昏，光环境色温低，蓝光成分大大减少，视网膜上神经节细胞受到的刺激降低，促使皮质醇浓度下降，褪黑素分泌增加，感到疲劳，如图1.32所示。

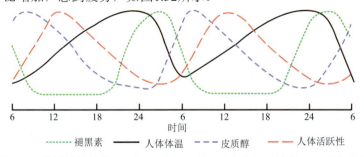

图 1.32　典型的人体体温、褪黑素、皮质醇及人体活跃性的 24 h 周期节律

早晨时皮质醇达到最高，然后缓慢降低，夜间时达到最低。褪黑素则相反，白天抑制分泌使人保持清醒，天黑时开始分泌使人入睡[43]。

司辰视觉[44]是一种非视觉生物效应，控制了人的生物节律和强度。研究表明，司辰视觉与照明光源中的蓝绿光成分的含量关系极大，司辰视觉的光谱光视效能最大值为3850 lm/W，对应的峰值波长为480 nm[45]，如图1.33所示。

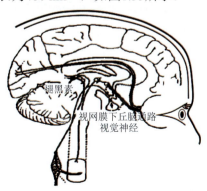

图 1.33　司辰视觉示意图 [44]

8. 非视觉昼夜刺激 CS 值评价模型

基于褪黑素的生理节律光谱响应经验函数可用来表征视网膜神经节细胞所产生的生物效应[46]。图1.34为非视觉生物效应光谱响应和明视觉光谱响应曲线。两者有很大差别，明视觉光谱响应曲线表明人眼视觉对于黄绿光最敏感，而非视觉生物效应对于蓝光最为敏感[47]。

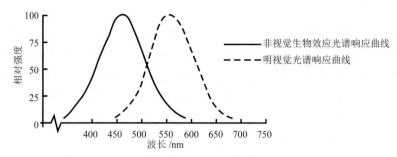

图 1.34　非视觉生物效应光谱响应曲线和明视觉光谱响应曲线

目前非视觉生物效应量化模型主要有节律影响因子评价模型（C/P 值）和昼夜刺激评价模型（CS值）。节律影响因子评价模型（C/P 值）主要根据光源光谱分布对光源的非视觉生物效应进行评价；昼夜刺激评价模型（CS 值）综合了含褪黑素的光谱光视效能、视锥细胞光谱光视效能、视杆细胞光谱光视效能、S视锥细胞光谱光视效能，比 C/P 值更为全面[48]。

国际照明委员会（CIE）于2018年12月发布了《光辐射测量系统对于光敏视网膜神经节细胞受光反应的影响》（*CIE System for Metrology of Optical Radiation for ipRGC-Influenced Responses to Light*，CIE S 026-2018），该标准定义了人类在视觉以外的、对于光的反应的技术指标。

9. 视觉锐度

视觉锐度（简称视锐度）描述的是人对看到的图像锐利程度的感觉，由分辨率和物体边缘轮廓反差两个因素组成。

（1）边缘视锐度

边缘视锐度在数值上为物体边缘轮廓过渡的陡度（斜率），即亮度变化与位置变化之比。

例如，一个由黑色区域过渡到白色区域的渐变过程。如图1.35所示，经过1.67个像素的宽度，区域亮度由10%增加到90%，黑色区域最终过渡为白色区域[49]。视锐度就是曲线上任意两点的斜率，曲线越陡，说明图像中的锐利程度越高。边缘视锐度计算方法：视锐度=过渡区域两侧的亮度增量/过渡区域的位置增量。图1.35中的曲线的平均斜率，即视锐度＝(0.9–0.1)/1.67。显然，分辨率越高，过渡区域宽度越小；两侧亮度变化越大，分子越大。

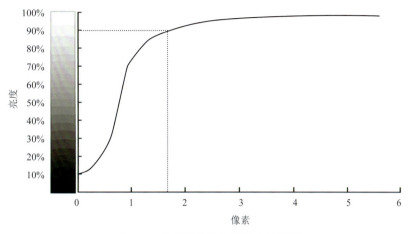

图 1.35　亮度随像素位置变化示意图

实际照片更清晰地说明了视锐度跟分辨率和物体边缘轮廓反差的关系（图1.36）。图1.36b是高轮廓反差、低分辨率，图1.36c是低轮廓反差、高分辨率，图1.36d是高轮廓反差、高分辨率。两两进行观察比较，图1.36b和图1.36d同为高轮廓反差，共性就是颗粒感明显。但在同样画幅大小情况下，图1.36b像素少，结果模糊。图1.36c和图1.36d同为高分辨率，共性是同样清晰，但图1.36c边缘亮度变化差小，结果是细节不如图1.36d清晰。最终的结果，图1.36d获得了高反差、视锐度最大化的效果。

图 1.36　不同轮廓反差、不同分辨率图像比较

（2）立体视锐度

立体视锐度是视觉器官对周围物体远近、深浅、高低三维空间位置的分辨感知能力，是建立在融合功能基础上的独立的高级双眼视功能。

立体视锐度可分为局部和整体，局部立体视锐度是以少量的线条构成视差基元，所包含的视差信息量少，只是一种粗放立体视功能。整体立体视锐度是以大量的隐藏有视差信息的点构成视差基元，所包含的视差信息量大，直接在大脑皮质完成对视差信息由二维到三维的转变，故整体立体视锐度是一种精细高级的立体视觉功能。

（3）色彩视锐度

色彩视锐度以亮度差为基础，任何彩色都会有自己的亮度值，以CIE标准为基础的国际标准明确地定义了色彩空间对亮度的转换关系，按这种定义，可以把任一种彩色表示的数值直接转换为亮度。

10. 马赫带效应

奥地利物理学家、哲学家恩斯特·马赫（Ernst Mach）揭示出：当人们凝视窗棂的时候，会觉得在木格的外面镶上了一条明亮的线，而在木格的里侧却更浓黑。观察影子的时候，在轮廓线的两侧也会有类似的现象，这种现象被称为马赫带效应。

马赫带效应是一种主观的边缘对比效应[50]。当观察两块亮度不同的区域时，边界处亮度对比加强，使轮廓表现得特别明显。马赫带效应是人类的视觉系统造成的，生理学对马赫带效应的解释是：人类的视觉系统有增强边缘对比度的机制。

11. 中间视觉 S/P 值评价模型

明视觉函数代表的是在较高的亮度水平下（>3.0 cd/m²）人眼在视网膜中央凹2°视场内的视觉特性。明视觉条件下，最大光谱光视效能为683 lm/W。对于处于中间视觉亮度水平的道路照明，随着亮度水平的降低，人眼的光谱光视效能曲线由明视觉向暗视觉偏移。达到暗视觉条件时，最大光谱光视效能为1700 lm/W。

目前，国际上通过明视觉光谱光视效能函数$V(\lambda)$和暗视觉光谱光视效能函数$V'(\lambda)$的数学组合来表征中间视觉条件下的光谱光视效能函数。普遍采用的是基于视觉功效法得到的X模型和MOVE模型作为中间视觉模型。

通过计算光源在暗视觉条件下的光通量S与明视觉条件下的光通量P，得到S/P值，作为衡量光源中间视觉特性的参数。

$$S/P = \frac{1700\int_{380}^{780} P(\lambda)V'(\lambda)\mathrm{d}\lambda}{683\int_{380}^{780} P(\lambda)V(\lambda)\mathrm{d}\lambda} \tag{1.8}$$

当 S/P 值越高时，中间视觉的光谱光视效能越高。不同光源的S/P值见表1.2。

表 1.2　不同光源的 S/P 值

光源	S/P 值
黄色低压钠灯	0.25
黄白色高压钠灯	0.65
暖白色金属卤化物灯	1.25
暖白色 LED	1.3
冷白色金属卤化物灯	1.8
蓝白色 LED	2.15

1.1.3　几何光学的几个基本定律

可见光度量的定义与单位见表1.3。

表 1.3　可见光度量的定义与单位

名称	定义	符号	定义公式	单位
光通量	光通量：某一光源向四周空间发射出的光能总量。人眼对不同波长的电磁波具有不同的灵敏度，不能直接用光源的辐射通量来衡量光能量	Φ	$\Phi = K_m \int \Phi_{e\lambda} V(\lambda)\mathrm{d}\lambda$	lm
发光强度	发光强度：光源在给定方向上的立体角元 $\mathrm{d}\Omega$ 内传输的光通量 $\mathrm{d}\Phi$ 除以该立体角；光源在 1 sr 内均匀发出 1 lm 的光通量，1 cd=1 lm/1 sr	I	$I = \dfrac{\mathrm{d}\Phi}{\mathrm{d}\Omega}$	cd
照度	照度：被照面上的光通量密度 Φ；1 lm 的光通量均匀分布在 1 m^2 的被照面上，1 lx=1 lm/1 m^2	E	$E = \dfrac{\mathrm{d}\Phi}{\mathrm{d}A}$	lx
亮度	亮度：单位投影面积上的发光强度；1 m^2 表面上，沿法线方向（$\alpha=0°$）发出 1 cd 的发光强度，即 1 cd/m^2=1 cd/1 m^2	L	$L = \dfrac{\mathrm{d}I_\theta}{\mathrm{d}A \cdot \cos\theta}$	cd/m^2

几何光学也称为能量光学或非成像光学，其包含的几个基本定律如下。

①独立传播定律：从不同光源发出的光束，以不同的方向通过空间某点时，彼此互不影响，各光束独立传播，没有相互作用，如斥拒或吸引等。

②直线传播定律：在各向同性的均匀介质中，光沿直线传播（光线是直线）。直线传播的例子非常多，如日食、月食、影子等。

③反射定律：反射光线和入射光线在同一平面且分居法线两侧，入射角和反射大小相等，符号相反。当光线射到不同介质的界面上时，部分光线返回第一介质内。

④折射定律：入射光线、折射光线、通过投射点的法线三者位于同一平面，且当光线从一种介质射入另一种介质时，部分光线改变方向进入第二种介质。

⑤全反射定律：光线从光密介质射入到光疏介质，并且当入射角大于某值时，在两种介质的分界面上光不发生折射全部返回到原介质中。

⑥光路可逆定律：一条光线沿着一定的路线，从空间的A点传播到B点，如果我们在B点，按照与B点处出射光线相反的反向投射一条光线，则此反向光线必沿同一条路线通过A点。

⑦ 维恩（Wien）位移律：在一定温度下，绝对黑体的温度与辐射本领最大值相对应的波长 λ 的乘积为一常数（即$T\cdot\lambda = b$, $b = 0.002897$ m·K）[51]。维恩位移律说明：当绝对黑体的温度升高时，辐射本领最大值向短波方向移动，如图1.37所示。

太阳的表面温度是5778 K，峰值辐射波长则为502 nm，白炽灯温度低，辐射的光谱偏橙。

⑧布洛赫（Bloch）定律（关于视觉阈值的能量定律）：在一个均匀的亮度背景下，使目标能够被发现（检测到）的总能量是相同的，即目标亮度和持续时间的乘积是一个常数。它表明人类视觉系统反应的速度与它对亮度波动的感知能力有关。无论目标的持续时间是多少，刺激视觉系统所需的总能量是相同的。

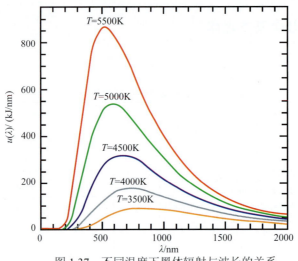

图 1.37　不同温度下黑体辐射与波长的关系

⑨里科（Ricco）定律（关于视觉阈值的能量定律）：在均匀的亮度背景下，使目标能够被发现（检测到）的总能量是相同的，即目标亮度和目标面积的乘积是一个常数。它表明不管能量是集中在一个小点还是分布在更大的区域上，刺激视觉系统所需的总能量相同。

布洛赫定律与里科定律阐述了动态与静态条件下的视觉能量特征。

⑩距离反平方定律（光强与照度的关系）：

$$E = \frac{I_\alpha}{r^2}\cos i \qquad (1.9)$$

物体表面法线与入射光线成 i 角处的照度，与它至点光源的距离平方成反比，而与光源在 i 方向的发光强度和入射角 i 的余弦成正比。

⑪立体角投影定律（照度与亮度的关系）：

$$E = L_\alpha \Omega \cos i \qquad (1.10)$$

亮度为 L_α 的发光表面在被照面上形成的照度值，等于该亮度 L_α 与其在被照点上形成的立体角 Ω 投影（$\Omega\cos i$）乘积。

⑫塔尔博特定律：由英国塔尔博特（E. W. Talbot）1834年提出，当相对运动的速度达到一定值时，由于人眼的惯性，会形成一个连续的光带，只要闪光的平均亮度和稳定光的亮度相同，人眼就不能区分它们"。当闪光达到或高于闪光融合临界频率（Critical Flicker Frequency，CFF）时，闪光被感觉为连续光。

该定律证明人眼对这种闪光的感觉如同对整个周期均匀一致的稳定光产生的感觉一样。若达到融除频率的闪光强度与稳定光的强度相同，人眼就不能加以区别。

人眼的CFF受很多因素的影响，其中闪光的亮度是最重要的因素。CFF和亮度的对数成线性关系，这就是费瑞—波特（Ferry-Porter）定律。

当闪烁频率低于CFF（约10 Hz）时，发生明度增强效应，即这种闪光看来要比相同亮度的稳定光亮些，这时CFF也随闪光照射视野区域的扩大而增加。

一个人能看到的闪烁频率越高，他的视觉分辨能力就越强。CFF可以反映一个人的生理和心理功能状态。因此，CFF可以作为研究药物影响、特殊环境、疲劳、应激等的手段。

⑬朗伯（Lambert）余弦定律：理想漫反射源单位表面积向空间指定方向单位立体角内发射（或反射）的辐射功率和该方向与表面法线夹角的余弦成正比[52]。

若发光体的发光强度在空间上符合朗伯余弦定律，则该发光体称为朗伯辐射体。实际中的光源，只要其光亮度看起来是均匀的，都可以近似看成朗伯辐射体。理想的漫反射表面，能按照余弦定律向各个方向反射不管来自何方入射的光，使反射光亮度沿各个方向相同。

朗伯余弦定律说明了单位表面，单位立体角反射的辐射量正比于入射角i的余弦和观测角e的余弦，如图1.38所示。

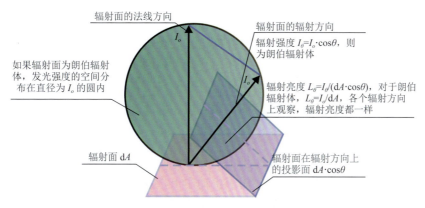

图 1.38　朗伯余弦定律示意图

1.1.4　驾驶行为与驾驶员视觉感知

在道路交通系统中，驾驶员不仅是各类外界信息的接收者，也是车辆运行时的决策者和操控者；由于驾驶员的存在，使得由驾驶员、车辆、道路、环境所构成的道路交通系统变得充满不确定性。由于驾驶员一直处于动态，所以研究驾驶员驾驶状态与周边环境的关系是交通安全中必不可少的部分。

1. 驾驶员行为三阶段

行进中的机动车驾驶员通过自身的感觉（视觉、听觉等）器官感知周边的道路环境信息与车辆自身状况（车辆仪表盘显示、路况信息、交通运行状况、路面路侧指示信息等），并将收集到的这些外界信息传输到中枢神经系统；中枢神经系统对这些感觉器官捕捉到的外界信息做出进一步的分析、判断和处理，并向运动器官(手、脚等)发出相关操作指令；运动器官在接到相关指令之后，会在指定的时间、空间范围内完成相应运行操作；车辆在接到运行操作指令后，执行车辆相关的运行动作，并将车辆实际运行状态通过仪表盘等设备反馈给驾驶员[53, 54]。上述过程，可分为三个阶段：知觉感知（perception）阶段、判断决策（decision）阶段和操控动作（manipulation）阶段。

（1）知觉感知阶段

道路交通系统是由人、车、路（环境）等要素构成的一个动态系统，驾驶员通过自身的视觉、听觉及触觉等感官对车辆外的环境信息、道路状况信息、车辆自身状况等进行感知，如交通运行状况、道路路面情况、道路两侧指示标志等，其中80%以上的感知来自于视觉。驾驶员的视觉感知（也称视知觉）行为描述了驾驶员通过视觉获得的道路交通环境信息和汽车的有关运动状态等传递到大脑的过程[55, 56]。

驾驶员在行车过程中不断地感知周围各种交通信息，有些道路状况提供的信息，驾驶员可以简单感知，有些则需要根据周围环境提前处理才能进行感知。

（2）判断决策阶段

驾驶员的中枢神经系统在接收到由感觉器官所传递的各类外界信息之后，结合驾驶员自身的驾驶经验和驾驶技术，经过对外界信息的分析，做出车辆行驶的判断与决策。在行驶的过程中，驾驶员会感知到许多的信息，有用的、无用的都会收集到。这种情况下，需要驾驶员依据经验、知识和刺激（信息）的某些特性，对输入的信息进行判断分析，对信息进行筛选、过滤，判断哪些信息有用。判断之后，迅速抓住关键信息，大脑给予最快的答复，得出与外界环境相适应的操控决策[57]。

（3）操控动作阶段

操控动作可通过人体执行器官作用于机动车上，驾驶员依据中枢神经所传达的信息指令，操作系统做出相对应的行为动作，使车辆按预定航向运行。该阶段包含了手、脚等操作器官对行驶中车辆的操控动作，也包含了脊椎等器官对驾驶员身体姿态调整的支撑动作。

驾驶员的驾驶行为过程是由以上三个阶段所组成的不断往复进行的外界信息接收、中枢神经处理及操作行为反馈的过程，也是这三个阶段连锁反应的综合。如果分析、处理不当，就会做出错误决策，导致交通事故[58]。

据统计，驾驶员在交通事故中各类失误所占的比例大致如下：感知失误占42%，判断失误占36%，操作失误占8%，其余为三者之间含混不清的失误。因此驾驶员视觉的合理感知至关重要。

2. 驾驶员视觉感知

在驾驶员的知觉感知阶段，驾驶员主要通过视觉感知对道路交通状态的各项要素进行识别、理解，完成驾驶状态意识[59]。视觉感知又可进一步分解为：方向感(sense of direction)、察实感(sense of detection)和距离感（sense of distance）。

（1）方向感

在主观上，方向感是驾驶员大脑对自己视神经系统辨别方向意识和能力的自我评估。若评估的结果是存在方向感，则驾驶员对继续驾驶车辆建立起信心，继续驾驶；若评估的结果是失去方向感，则驾驶员将对继续驾驶车辆失去信心，大脑发出终止驾驶的指令。

在客观上，方向感是驾驶员辨别方向的能力。具有方向感，就拥有了对前方道路走向与边沿的视觉感知，根据方向感，驾驶员可以预判前方道路的走向，从容决定掌握方向盘的力度、是否微调，控制油门踏板的力度、是否加速，从而保持最基本的驾驶姿态。

方向感是驾驶员驾驶过程中最基本的心理需求，也是保证车辆在道路上正常行驶的最基本要求。当车辆行驶在快速道路上时，在驾驶员视觉感知中，失去方向感的结果是车辆驶出路面或桥面。

（2）察实感

在主观上，察实感是驾驶员大脑对自己视神经系统察觉及证实外界物体存在能力的自我评估。若评估的结果是存在察实感，则驾驶员对继续驾驶车辆建立起信心，继续驾驶；若评估的结果是失去察实感，则驾驶员将对继续驾驶车辆失去信心，大脑发出终止驾驶的指令。

在客观上，察实感的实质是察觉与证实前方是否存在障碍物的能力。驾驶员具有察实感，就拥有了发现前方是否存在障碍物的视觉感知，是驾驶员驾驶过程中第二项心理需求。

察实过程首先是搜索道路前方是否存在障碍物（这些物体大到重型车辆、小到 20 cm×20 cm的"小物体"）；搜索到障碍物后，还要进一步辨识、判断该障碍物对己方车辆是否会产生驾驶风险，从而得到变换驾驶姿态的预警。

当车辆行驶在快速道路上时，在驾驶员视觉感知中，失去察实感的结果是驾驶员无法察觉到前方是否存在车辆，导致车辆追尾。

（3）距离感

在主观上，距离感是驾驶员大脑对自己视神经系统距离判定能力的自我评估。若评估的结果是存在距离感，则驾驶员对继续驾驶车辆建立起信心，继续驾驶；若评估的结果是失去距离感，则驾驶员将对继续驾驶车辆失去信心，大脑发出终止驾驶的指令。

在客观上，距离感的实质是判定前方障碍物迫近或脱离的能力。驾驶员具有距离感，就拥有了判定前方障碍物迫近或脱离的视觉感知，是驾驶员驾驶过程中第三项心理需求。

距离感是机动车驾驶员在己方车辆与其他车辆处于不断运动中，距离不断改变的动态条件下所特有的视觉感知过程。在判断前方障碍物对己方车辆会产生驾驶风险后，驾驶员要进一步判定己方车辆与前方障碍物是迫近或脱离状态，进而根据距离感改变车辆行驶状态。从这个意义上说，发现目标并判定风险优先于判断目标距离。

当车辆行驶在快速道路上时，在驾驶员视觉感知中，失去距离感的结果是驾驶员无法判定己方车辆与前方障碍物是迫近或脱离，导致车辆追尾。

（4）视觉感知的动态过程

按照上述分析，驾驶员在驾驶过程中，其视觉感知是一个循环往复的动态过程，上述方向感、察实感、距离感（简称为3D感觉）构成视觉感知的三个组成部分，优先次序为：

方向感 > 察实感 > 距离感

在驾驶过程中，上述3D感觉则形成动态的行驶—捕捉—判断的递进关系。基于上述视觉感知在大脑中形成的条件反射会在多个风险目标中再选定最重要、最迫近的风险目标，并进一步指挥视觉神经与眼球将该风险目标锁定为视觉关注的焦点。驾驶员操作与感知过程，如图1.39所示。

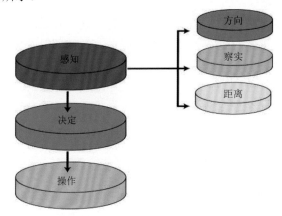

图1.39　驾驶员操作与感知过程

3. 驾驶员视觉感知的性质

（1）延时性

驾驶员从发现外界刺激信息到做出判断，一般会有0.5～1.0 s的延迟，然后才能采取相应的措施来调节驾驶操作，改变车辆运动的状态。因此，道路环境对于驾驶员即时认知、预留充足的反应时间是相当重要的。

（2）多元性

对道路情况的合理认知取决于道路交通环境的复杂性，同时也取决于这种复杂性能否以"信息"的形式客观地显示出来，并为驾驶员所感受。驾驶员依靠感觉器官（眼、耳等）获取信息[60, 61]。

（3）筛选性

摄取信息是驾驶行动中最重要的心理过程。驾驶过程中，驾驶员需要对周围环境中诸多的因素进行合理筛选，在最短的时间内整理出最直接的信息，再据此做出下一步的反应。摄取信息不足或漏掉必要情报，都可能导致发生事故[62]。

（4）差异性

驾驶员的视觉感知不仅取决于驾驶员的技术熟练程度，还取决于驾驶员个人秉性、感受交通信息的悟性及在动态交通环境中的应变能力。尽管每个人都有视觉感知能力，但人们会因对与视觉信息的加工、解释不同而产生不同的视觉感知。不同驾驶员的身体和心理素质不同，在遇见复杂的交通情况时，由于生活环境、经验及兴趣不同，视觉认知会有差别，对交通信息的筛选也会有所差别，导致做出不同的反应。

1.1.5 影响驾驶员视觉感知的因素

1. 动态条件对视觉感知的影响

驾驶员通过视觉所获得的车辆行驶信息及道路环境信息绝大多数是在运动状态下，对于驾驶员动态视觉特性的研究，是研究光色对驾驶员视觉疲劳影响程度的基础与前提。当物体以速度 v 在直线运动，则该物体在视网膜上的变化速度是 v_1，如图 1.40 所示。

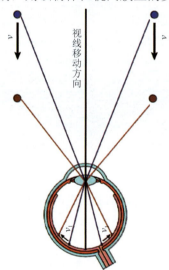

图 1.40 视网膜上物体的变化速度

驾驶员在动态下获取外界视觉信息不同于静止状态，主要表现在以下几个方面。

（1）视力降低

运动状态下的视力随着被测试者运动速度的提升而降低。通常情况下，动态下的视力相较于静态下的视力低 10%~20%。因而驾驶员在车辆高速行驶过程中，动态情况下视力下降，视认距离进而被缩短，从而影响对前方路况信息的视觉感知。

高速运动时，道路环境如树木、灯杆与驾驶员的相对速度较快，其映像在人眼视网膜上停留时间过短，不能及时清晰地辨认物体的具体细节。物体离驾驶人员距离越近，其运动速度视觉上的感知就越快[63]。

（2）视域变窄空间识别范围缩小

对空间的识别能力指人对视野内物体的体量、真实运动状况及实际距离方位的识别能力。静态视域是观察者不动，保持视线不变所能看到的空间范围。低速运动时，眼睛在水平向所能看到的角度范围为160°～180°，在垂直方向角度范围为100°～130°[64]。

驾驶员在高速行驶过程中，关注前方路况的同时利用周边视场捕捉周边环境的相关信息，应考虑动态视域。驾驶员的动态视域大小与车速有关，清晰的视角随速度上升而减小，车速越快，视域越小。因为距行驶车辆越近的物体，其相对运动角速度就越快，驾驶员视野就越模糊[65]，对周边近距离物体很难清晰地辨认，如图1.41所示。

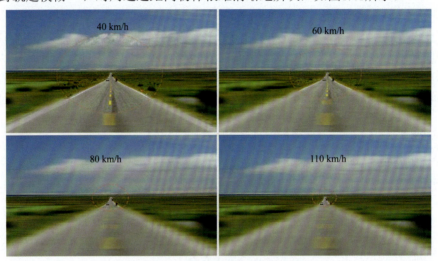

图 1.41　视野范围随车速变化情况

因而，随着车辆行驶速度的提升，驾驶人员的清晰视觉范围将会变得越来越窄[66, 67]，如图1.42所示。

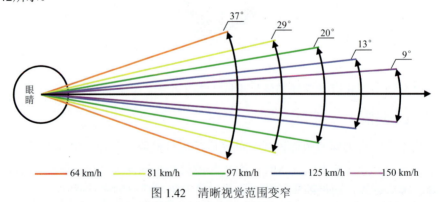

图 1.42　清晰视觉范围变窄

当前方需要机动车驾驶员采取刹车动作时，驾驶员做出反应的时间随视角而改变，图1.43为机动车驾驶员视角变化与反应时间的关系[68]。

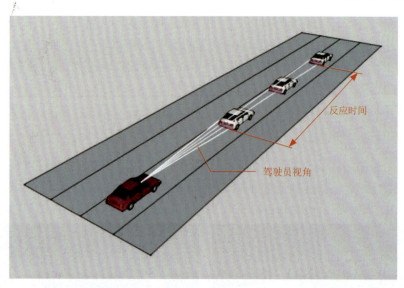

图 1.43　机动车驾驶员视角变化与反应时间的关系

（3）相对视觉刺激量增大

驾驶员在高速行驶状态下，对外界信息观察时间缩短，单位时间内视觉所接收到的外界信息数量增加，因而加大了驾驶员对外界信息做出准确合理判断的难度，从而增加了操作错误发生的概率。根据相关研究，单位时间内信息的刺激量越大，操作反应所造成的错误的次数就越多[69]。

2. 外界刺激对视觉感知的影响

（1）恶劣天气

正常天气下，驾驶员视觉认知的任务相对简单，周围清晰的环境会给驾驶员提供良好的驾驶环境，即使遇到突发状况，也会及时做出反应。但是在恶劣天气里，如大雨、雪、重雾霾等，驾驶员便很难观察清楚路面的状况，视觉认知受到严重阻碍，增加了许多不确定因素，这种情况下极易发生交通事故。

正常天气下，如果道路状况良好（不复杂），驾驶员只需要观察清楚前方车辆、路面和道路行人即可。如果道路状况相对复杂，驾驶员在关注前方车辆和行人的基础上，更要注意道路边上的相关交通标志，提前对路况进行简单分析；这种情况下，视觉焦点在路面、前方车辆和道路周边环境之间切换。

恶劣天气下，驾驶员对外界的交通状况难以有清楚的认知，驾驶员的视觉信息可能大部分来自前方的车辆，路面的周边道路的行人信息获取得较少；这种情况下，视觉焦点转换到前方车辆，特别是尾灯等上面。

（2）视觉刺激

动态条件下，驾驶员受到的视觉刺激占85%，其中亮度差异是主要因素。根据光幕说，强烈的亮度差异（眩光）的直接效应是造成人眼暂时"失能"。

动态条件下，驾驶员对于不同颜色的物体的视觉感知相较于静止状态有较大差异[70]。在静止状态下，人眼视觉对蓝色最不敏感，但在运动状态及暗视觉条件下，蓝色物体相较于其他颜色的物体更容易被识别；红色刺激性强，易见性高，使人产生兴奋，但长时间红色刺激则易产生视觉疲劳。

（3）视觉信息量过载

当视觉刺激的信息量过多时，会造成"过载"[71]，过载的最直接效应就是驾驶员的视觉焦点无法固定，无法快速地捕捉并筛选出当前最应该被关注的信息[72]，如图1.44所示。当删除不必要的信息后，道路光环境变得"干净"，更利于筛选信息，如图1.45所示。

图1.44　信息量"过载"信号灯光掩蔽　　　　图1.45　道路光环境变得"干净"

3. 自身问题对视觉感知的影响

（1）视神经损伤

视神经担当"信使"，若受损将阻碍眼睛与大脑之间的"通道"。由于结构和生理学特点，90%以上的视神经损伤是视神经管段的间接性损伤。视神经损伤又称为外伤性视神经炎病变，是颅脑损伤中常见和严重的并发症之一，约占颅脑损伤的2%～5%。

醉酒是大脑神经受损的人为刺激源。

（2）大脑疲劳

行车过程中，道路环境及车辆传递给驾驶员的信息，如过大的坡度，急剧的弯、坡组合或过高的行车速度等信息大多通过视觉系统传递给驾驶员，这些负面的行车视觉信息会导致驾驶员心理紧张，增加误操作概率；若长时间在这样的路段行车，会增加驾驶员工作强度和心理负担；另外，若长时间在视线良好路段行车，驾驶员处于放松状态，警惕性下降，忽略一些重要道路信息并可能超速驾驶，以致对意外事件来不及做出反应。

驾驶员在行车过程中不断地感知周围各种交通信息，信息在搜集、处理、判断中任何一个环节出现问题，都会导致发生危险[73]。

一般来说，驾驶员对视觉信息加工有下面几个特点：

①优先发现自己想要关心的事物。例如，较为容易"跟"踪特定车辆。

②容易知觉、记忆曾有过亲身体验、印象深刻的事物。例如，行车中曾经见过同方向行驶的自行车调头猛拐，以后对同方向行驶的自行车便格外注意。又例如，会忘掉曾经见过的表示转弯的交通标志，但会记住急弯陡坡地段表示危险的警告标志。

③对于外界事物容易按照自己设想的方向去知觉。例如，在路口看见前车向左侧靠，便以为前车想要左转弯，而实际上前车很可能是在为右转弯做准备。

④对于自己认为关系重大的事物容易知觉。例如，在路口转弯时，有的驾驶员只注意其他的机动车辆而忽视了行人。

⑤对于移动的、变化的事物容易知觉。例如，闪烁灯光比亮度不变的灯光更容易知觉[74]。

1.1.6 刹车距离与安全反应时间

车辆刹车效果主要取决于轮胎与地面之间的滑动摩擦系数，刹车距离与速度的平方成正比，与滑动摩擦系数成反比。设摩擦系数为μ，则刹车距离$S = v^2/(2g\mu)$（g为重力加速度），当摩擦系数一定时，刹车距离与车速的平方成正比，车速增加1倍，刹车距离增大至4倍。

摩擦系数μ与多种因素有关，一般为0.8左右，雨天可降至0.2以下，冰雪路面更低。当摩擦系数μ为0.8时，对应不同车速的理论刹车距离如表1.4所示。

表 1.4 摩擦系数为 0.8 时对应车速的理论刹车距离对照表

车速 /(km/h)	30	40	50	60	70	80	90	100	120	150
刹车距离 /m	4.40	7.90	12.3	17.7	24.1	31.5	39.7	49.2	70.9	110.7

上面只是刹车过程，实际上，由驾驶员察实前方障碍物，到车辆刹车减速，需要一个过程，包括人的决策、执行和车辆制动系统的响应。普通人的决策、执行时间高于0.2 s，加上车辆响应时间，所需时间约0.5～0.6 s，而大多数人的实际动作时间近1 s。此时，刹车距离将增大，实际刹车距离如表1.5所示。

表 1.5 对应不同车速的实际刹车距离

车速 /(km/h)	30	40	50	60	70	80	90	100	120	150
刹车距离 /m	12.7	19.0	26.2	34.4	43.5	53.7	64.9	77.0	104.2	152.4

安全反应时间：在前车突然停止（撞上障碍物）时，本车能够避免追尾的驾驶员反应动作时间。考虑实际的车速、刹车距离，驾驶员安全反应时间如表1.6所示。

表 1.6 驾驶员安全反应时间表

车速 /(km/h)	30	40	50	60	70	80	90	100	120	150
反应时间 /s	3.0	2.8	2.7	2.5	2.3	2.1	2.0	1.8	1.4	0.9

现实生活中，车越重刹车距离越长；车速越快安全反应时间越短。

为使得驾驶员有足够的反应时间，保持安全车距的方法是，在数值上，车距为车速的千分之一。如车速为120 km/h，保持车距120 m。但车速过高时，千分之一的车距未必安全，当车速达到150 km/h时，驾驶员的安全反应时间仅为0.9 s。

1.2　道路照明评价标准

道路照明的评价标准在目前道路照明设计行业中存在分歧较多。我国目前执行的是《公路照明技术条件》（GB/T 24969—2010）和《城市道路照明设计标准》（CJJ 45—2015），实际情况是照度评价体系、亮度评价体系和可见度评价体系三个评价体系并存。

照度评价体系以水平照度作为道路照明设计与测试的主导因素，以派生出的平均照度、照度均匀度为衡量路面照明的主要指标；

亮度评价体系以路面亮度作为道路照明设计与测试的主导因素，以派生出的平均亮度、亮度均匀度为衡量路面照明的主要指标；

可见度评价体系以路面上"小物体"可见度作为道路照明设计与测试的主导因素，以平均亮度、亮度对比度为衡量路面照明的主要指标。

国际照明委员会（CIE）在2010年提出机动车交通分级标准及所对应的指标[75]，见表1.7。

表 1.7　机动车交通分级标准及不同道路照明标准所对应的指标

道路等级划分	$L_{av}/(cd/m^2)$	U_o	U_1	TI/%	SR
M1	2.0	0.4	0.7	10	0.5
M2	1.0	0.4	0.6	15	0.5
M3	0.30	0.35	0.4	20	0.5

路面照明设计与检测指标为路面平均亮度（average road surface luminance）：按照CIE有关规定，在路面上预先设定的点上测得的或计算机得到的各点亮度的平均值，符号为L_{av}，单位为cd/m²。路面亮度总均匀度（overall uniformity of road surface luminance）：路面上最小亮度与平均亮度比值，符号为U_o。路面亮度纵向均匀度（longitudinal uniformity of road surface luminance）：同一条车道中心线上最小亮度与最大亮度的比值，符号为U_1，良好的纵向均匀度可以进一步提高视觉舒适性。阈值增量（threshold increment，TI）：为了弥补由于眩光源造成的观察者视觉分辨能力的降低，应当相应地提高多少百分比的亮度水平。

我国在2006年及2015年分别提出道路照明标准CJJ 45—2006、CJJ 45—2015[76]，见表1.8。

表 1.8　CJJ 45—2015 中道路照明指标

道路级别	路面亮度 /(cd/m²)			路面照度 /lx		眩光限制最大初始值	环境比最小值
	平均亮度维持值	总均匀度最小值	纵向均匀度最小值	平均照度最小值	均匀度最小值		
快速路	1.5/2.0	0.4	0.7	20/30	0.4	10	0.5

注：①表中所列的平均照度仅适用于沥青路面，若系水泥混凝土路面，其平均照度值可降低约30%；

②表中数据仅适用于干燥路面；

③表中对每一级道路的平均亮度或平均照度给出了两挡标准值，用XX/XX表示，"/"左侧为低挡值，右侧为高挡值。

我们注意到：在CJJ 45—2015的指标中，除了亮度部分与CIE 115:2010相同之外，还保留了照度指标并规定了相对于不同路面材质的修正项。2019年，CIE发布了《道路照明计算》（*Road Lighting Calculations*，CIE 140:2019），此技术文件由CIE TC 4-15技术委员会编制。CIE 140:2019主要提供了根据灯具的光度数据和道路反射数据等计算道路照明质量的方法，改进了评价道路照明失能眩光的阈值增量（TI）计算公式。特别是引入新的概念：边缘照度比（edge illuminance ratio，EIR），用来替换原来的环境比（surround ratio, SR）。

1.2.1　可见度理论与标准

美国道路照明标准《道路照明》（*Roadway Lighting*，ANSI/IESNA RP-8-00）提出以可见度作为视觉评价指标。

可见度是人眼睛对物体的存在、形状或大小识别的难易程度，即看物体的清晰程度。目标的实际对比值C与其临界对比值C_0的比值称为可见度，用V表示：

$$V = \frac{C}{C_0} \tag{1.11}$$

式中，C为视看目标与其背景的亮度对比值；C_0为视看目标临界亮度对比值。

在道路照明的相对较低的照明水平上，视觉分辨能力主要是靠障碍物与其背景的亮度差。

物体与其背景之间的亮度差ΔL与背景亮度L_b之比，称为亮度对比度，用C表示：

$$C = \frac{L_t - L_b}{L_b} = \frac{\Delta L}{L_b} \tag{1.12}$$

可见度与临界对比度成反比，所以可见度随背景亮度的增加而增加，也随视角的增大而增大。从公式（1.11）得知，若物体比背景亮，则对比度$C>0$，称为正对比；若背景比物体亮，则$C<0$，称为负对比。

以上述对比为基础，可见度水平（visual level，VL）表示为

$$\text{VL} = \frac{\Delta L}{\Delta L_0} \tag{1.13}$$

式中，VL为可见度水平；ΔL为视看目标的亮度L_t与其背景的亮度L_b的差，即$\Delta L = L_t - L_b$；ΔL_0为大小一定的目标刚刚可见时目标的阈限亮度L_{t0}与其背景亮度L_b的差，即阈限亮度

差为

$$\Delta L_0 = L_{t0} - L_b \qquad (1.14)$$

于是由式（1.12）～式（1.14）表达式可得

$$V = \frac{C}{C_0} = \frac{\dfrac{L_t - L_b}{L_b}}{\dfrac{L_{t0} - L_b}{L_b}} = \frac{L_t - L_b}{L_{t0} - L_b} = \frac{\Delta L}{\Delta L_0} = \mathrm{VL} \qquad (1.15)$$

可见度与对比度正相关，当物体的大小和照度一定时，即该物体的临界对比度一定，该物体实际对比度越大，则可见度越大，反之依然。

1.2.2　三个现行标准的差异

从表面上看，照度、亮度和可见度是三个不同的评价体系，但它们绝非简单的等级或叠加的关系。大量的道路照明实践表明，以照度、亮度或可见度为标准进行设计，会得出截然不同的照明结果，这些结果甚至是相悖的[77]。

照明标准的选定应首先遵从人的需求，然后建立在视觉理论、空间行为及环境心理学的基础上[78]。

有研究对照度、亮度两个评价体系进行了比较[79]，通过模拟照度标准与亮度标准的差异，指出水平照度标准最简单，但不能客观地反映在汽车驾驶员视点的路面亮度情况[80]。"灯下黑"现象形象地描述了照度标准与亮度标准的差异。按常理来看，照度更高的地方，亮度值也会更高，这与我们实际看到的"灯下黑"现象并不相符[81, 82]，"灯下黑"现象是由于亮度分布不均导致的[83]。

亮度是人眼可感受到的物理量，反映驾驶员实际看到的光强。亮度数值与多种因素有关：入射光的方向、强度、照射面的材料及观察者的角度[84, 85]。

相同的照度分布未必会得到相同的亮度分布。照度标准好的路面照明，亮度分布不好；反之，按照度标准判定为不好的路面照明，亮度分布好。有学者提出，道路照明必须满足一定的亮度值及亮度均匀度，因为同样的光源和灯具，场所不同，得到的照度值相同，而亮度值却随道路表面性能而异，采用亮度作为衡量指标更为合理[86-88]。

我们认为，以水平照度作为道路照明评价与设计标准在理论上的误区是视点设置。本来，道路照明的亮度评价应基于机动车动态行车中的驾驶员视点，但以水平照度作为道路照明设计与测试的主导因素的照度评价则基于静态观察的感觉，其实质是将室外道路照明与室内照明相混淆。在室内，人们观察"工作面"上的物体或看书时，观察视线与"工作面"法线近乎平行，因而起决定作用的照明因素是水平照度。水平照度高则书的亮度也高，反之亦然。水平照度评价体系将室外道路的路面看作室内照明的工作面——桌面，把处在动态行程中"看路"的机动车驾驶员当成静止状态下"看书"的学生，假定驾驶员在路面"看书"而非"看路"，导致观察的角度相差近90°，将驾驶员行车过程中的观察规律本末倒置了，如图1.46所示。

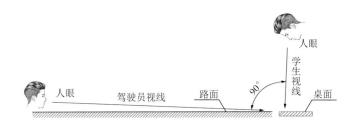

图 1.46　驾驶员与学生不同的视角

高速公路行车过程中，当行驶车速为97 km/h时，驾驶员只能看清34 m以外的物体，其垂直动态视域范围为34～427 m（视角为30°）。此时，驾驶员观察视线与路面法线近乎垂直。

在这个过程中，起决定作用的照明因素有两个：一个是作为观察背景的路面需要有必要的亮度，另一个是近地（面）空间要有必要的垂直照度。

实际上，即使在人行道上，机动车驾驶员行车过程中的观察视线与行人走路的观察视线也有相同之处。以人行走的速度而论，对行路有实际意义的是20 m范围内的路面情况，因此，行人观察视线与路面的夹角也比较大，这时，水平照度仅对呈现路面障碍物起主导作用，而事关安全的人脸识别，则需要必要的垂直照度。

在传统高位路灯照明方式下，人们获得上述的亮度和垂直照度时，光源的空间位置决定了必然要产生一定的水平照度。因此，水平照度在驾驶员行车过程中仅仅是上述两项指标出现的附带参数。换言之，水平照度与亮度和垂直照度这两个决定性参数具有某种比例关系，通过水平照度的测量在某些情况下也可间接推断路面亮度的情况（如10∶1的经验比例）[89]，但这依赖于路灯的投光角度与路面材质及路面光滑度[90]。

传统高位路灯条件下，获得路面的亮度通常是通过分布式光度计获得ies文件，再用DIALux软件进行模拟。输入路面材质后，通过照度计算可以得到路面亮度。因为传统高位路灯投光角度相同，反射系数仅与路面材质及路面光滑度有关。

一个被忽略的问题是，反射系数不仅取决于路面材质，更取决于投光角度。对于低位路灯，投光角度与传统路灯大相径庭，因此水平照度不能完全说明路面亮度情况。这就是DIALux软件在计算低位路灯路面亮度时失去准确性的原因。

事实上，从CJJ 45—2006到CJJ 45—2015[①]，都明确以亮度为依据制定道路照明标准。但亮度标准仍然无法全面反映驾驶员对前方障碍物的视觉认知情况，一个物体之所以能够被看见，它要有一定的大小（视角），一定的表面亮度，以及一定的对比度（物体与其背

---

①　CJJ 45—2015 的条文说明中指出：

（1）本条中规定把亮度作为道路照明的评价系统，即以亮度为依据制定道路照明标准。这是由于机动车驾驶员行车作业时，眼睛直接感受到的是路面亮度，因此以亮度为依据制定标准更为科学合理。目前国际照明委员会和世界上多数国家也都是以亮度为依据制定道路照明标准。

（2）本条中规定在把亮度作为道路照明评价系统的同时也接受照度这一评价系统。这是针对我国国情而采用的一种办法。在国际上也有这种类似的作法，如北美照明工程学会（IESNA）在其颁布的标准中也规定了亮度和照度两套评价系统和标准值。但是在有条件进行亮度计算和测量的情况下，还应以亮度为准。

（3）本条所规定的亮度评价系统的各项评价指标与国际照明委员会（CIE）相关文件中的规定相同，包括平均亮度、亮度总均匀度、亮度纵向均匀度和环境比等指标，眩光限制采用阈值增量指标。这样的规定能够全面反映机动车道路照明的效果评价，从科学和规范的角度，应该选择这样的评价指标系统进行规定。通过本标准 2006 年版颁布后的使用情况，就我国目前大多数从事道路照明设计的技术人员和管理单位的水平，进行这样的规定是可行且能够被接受的。

景之间的亮度对比）。对于道路来说，路面就是背景，而仅有背景亮度并不能看清物体。

事实上，可见度可以综合反映道路的视觉条件，仅有路面亮度指标不能呈现路面障碍物与路面之间的对比关系，亮度指标要与环境亮度、对比度和识别物体的尺寸、观察物体的时间及光幕反射眩光等综合考虑才能更准确地说明道路照明的结果，而所有这些参数均能在可见度模型中得到综合反映。因此，可见度指标才是完备而科学的指标[91]。

为了进行更为合理的机动交通道路照明设计，美国道路照明标准RP-8-00推荐了小目标可见度STV设计标准。

国内外专家对小目标可见度进行研究[92, 93]表明，它实际上是可见度水平的加权平均值。有研究者从驾驶员的视功能和视觉舒适性出发，提出了道路照明可见度标准[94, 95]。可见度水平表达了障碍物辨识的精细程度。

综上所述，道路照明的"可见度标准"比"照度标准"和"亮度标准"更为科学，如果以">"表示"优于"，则有

$$可见度标准 > 亮度标准 > 照度标准$$

因此，可见度标准应成为衡量照明措施、照明设计的通用标准，以此推动可见度标准从研究与书本走向实践与规范。

1.2.3　影响可见度的因素

提高可见度绝非简单的、单一性地提高路面亮度。在目标物大小不变条件下，可见度水平取决于三项指标：背景（路面）平均亮度、目标物表面亮度（正相关于空间垂直照度）及其两者的对比度，而视域内存在失能眩光则是影响可见度的重要因素。

可见度水平VL最本质的特征是前景与背景亮度的对比度，这点与物体显示力（reveal power，RP）相一致。因此，我们可以借助RP的研究成果来探讨VL的一些性质。

1. 路面（背景）平均亮度

路面（背景）平均亮度是可见度的基础，大量的事实已经证明，路面（背景）平均亮度值L_{av}对显示力有关键性影响。在观察者年龄组、路面亮度均匀度、眩光阈值、观察者视角等条件相同的情况下，RP值与路面平均亮度正相关，并且是道路路面平均亮度L_{av}的函数。在眩光阈值增量TI与亮度总均匀度U_o相同的条件下，平均亮度$L_{av} = 0.5$ cd/m²时的RP仅为50%～60%。当$L_{av} = 1.0$ cd/m²时，RP增至70%～80%；当$L_{av} = 2.0$ cd/m²时，RP值升至80%～90%[96]。

影响背景平均亮度的因素包括：观察角、路面材料的漫反射特性Q_0、布灯参数、灯具、光束角等。

动态条件下，当驾驶员视域内的前方车辆减速后，驾驶员视网膜上的该车影像会变大，根据驾驶员视觉变化规律，驾驶员视角会随之变大而感知前车在迫近[97]。

这一过程中，驾驶员视角增大所需的反应时间不但与前方车辆减速的剧烈程度（加、减速度）有关，同时也与路面平均亮度L_{av}有直接关系。例如，在前车加速度为-0.1 m/s²，$L_{av} = 0.5$ cd/m²时，反应时间$t = 4.6$ s；$L_{av} = 2.0$ cd/m²时，反应时间$t = 3.1$ s，反

应时间减少近1/3。

相同加速度条件下，路面亮度与加速度所用时间负相关，即路面平均亮度越高，加速度所用时间越短，反之亦然。

2. 亮度总均匀度 U_o

RP与亮度总均匀度呈正相关关系。在眩光阈值增量相同、路面平均亮度值在1.0 cd/m²的情况下，当亮度总均匀度U_o从0.4降至0.25时，RP值从80%降至50%。

3. 亮度纵向均匀度 U_1

RP与亮度纵向均匀度呈正相关关系。纵向均匀度U_1过低，导致在行驶过程中，不断交替的明亮和黑暗的条带，会加重驾驶员视觉负担。纵向均匀度U_1取决于路面平均亮度及灯具间距。对于常规路灯，路面平均亮度升高及灯具间距扩大，纵向均匀度随之下降。

4. 正负对比度

在中间视觉条件下，当亮度差ΔL相同时，正负对比对可见度有影响。在相同条件下，正对比的可见度低于负对比的可见度。

5. 色度对比度

中间视觉条件下，产生彩色视觉的视锥细胞还会部分地被激活，因而可以认为在道路照明中色彩分辨能力对视觉功能有一定的贡献。表征色彩的明度、色相、饱和度等参量，在目标物和背景之间具有一定的差异时，能够对可见度造成影响。光源的光色、色温及显色性均会影响目标物和背景的物体色，由于色差的存在，使得亮度对比度零点附近的可见度水平得到提高；亮度对比越强烈，色度对比对可见度起到的作用越有限。

6. 眩光阈值增量 TI

RP与眩光阈值增量呈负相关关系。在平均亮度1.0 cd/m²、亮度总均匀度U_o为0.4情况下，当前视眩光阈值增量TI由10%提高到30%时，RP从80%下降到了50%。

7. 亮度总均匀度 U_o 与眩光阈值增量 TI 的关系

对于RP来说，亮度总均匀度与眩光阈值增量之间，存在某种负相关的视觉等效关系。这说明：当亮度总均匀度U_o过低时，可以通过降低TI来弥补U_o过低的缺欠。

1.2.4　现行照明设计规范的缺失

1. 可见度计算条件缺失

考察CJJ 45—2015时，发现其规定了诸如平均亮度、亮度总均匀度、纵向均匀度等亮度指标，描述的仅是背景亮度。由于缺少前景亮度，无法满足可见度计算条件。

可见度计算条件中的物体（前景）亮度对于具体的物体比较容易测出，但对于行驶于道路上的机动车来说，不可能给出一个数值。事实上，理论与实验均表明在中间视觉条件下，物体（前景）亮度与空间垂直（面）照度之间存在着较明显的线性正相关关系[98]。

那么，根据物体（前景）亮度与空间垂直（面）照度的相关性实验，物体（前景）亮度的问题就可转换为空间垂直（面）照度问题，计算相对值时略去了千变万化的物体反射率，无论分析与测试都变得简单。

2. 对路灯眩光描述的缺欠

CJJ 45—2015对路灯眩光的描述也并非完善，存在下面的问题。

（1）指标非客观性

CJJ 45—2015虽然规定了 10%的 TI 值为衡量路灯眩光的阈值增量。但10%本身并非严谨的科学指标，明显带有人为（取整数）的痕迹。例如，为何只能是10%而不是9.5%或10.5%？

更重要的是，在TI达到10%的失能眩光究竟有多"刺眼"这一点上，时至今日，在机动车驾驶员中甚至测试人员中也并没有取得高度共识。测试表明，很多情况下，虽然眩光阈值增量TI低于10%，但已经感觉到明显的"刺眼"了。

（2）测量非直接性

实测TI值的过程本身也存在以下两个问题影响准确性：①TI并非设备直接测得，而是要经过后期人工干预及计算才能得到。在人工干预（屏幕中选择路面计算区域、"圈定"眩光光源）的过程中，都会出现误差。其中，最大的偏差出现在设置计算路面亮度的区域，由于屏幕上的点不可"捕捉"，并且屏幕尺寸的限制，导致在真正的边界点与鼠标设置点之间存在误差，使得路面亮度平均值也产生误差。在计算中该误差又被"放大"，最终导致同样的直接测试数据下，TI的计算结果不相同。②在屏幕操作过程中对眩光光源的"圈定"，也会带来计算结果误差。上述误差导致TI计算结果不一致，致使可信度降低。

3. 对路面亮度修正因素的欠缺

CJJ 45—2015中规定的路面平均亮度值，只与道路性质有关。只考虑了物理亮度，而没有关注影响驾驶员观察路面的真正因素——主观亮度。对主观亮度的忽略最直接的结果就是一条重要的道路照明节能途径被阻断了。

现有设计标准在理论上还存在其他方面的忽略。例如，在光源选择方面，对浦肯野位移的忽略；在光谱分布方面，对边缘视觉效应的忽略；在非视觉生物效应方面，对司辰视觉的忽略；在重雾霾天气下，对道路特殊照明的忽略等。

1.3　需求导向与需求空间

首先对传统道路照明理念及其照明方式从源头进行再分析，以便找出传统照明方式存在的上述种种弊端产生的原因。

1.3.1　传统道路照明体系再分析

传统道路照明理念及其照明方式，是随着高压气体放电光源的诞生而出现的。因此，传统道路照明理念必然对于气体放电光源具有强烈的依赖性。其表现在理论上是以光源作为道路照明的"主导源头"，以光源为中心进行照明方式的研究；在实践上，将道路照明看作光源的应用形式，以光源特性作为照明设计与照明设备制造及照明工程的"引擎"，通过灯具制造、照明设计、检测等环节，尽量扬长避短地实现光源的种种特点。为配合光源特性，人们制定了路灯灯具的光学性能标准，对灯具配光类型作了规定，甚至将灯具作为光源特性的延伸，设计光度、色度学参数和布灯、安装方式。时至今日，虽然道路照明的主流光源已经由高强度气体放电（high intensity discharge，HID）灯换成了发光二极管（light emitting diode，LED）灯，但传统道路照明理念仍保留着气体放电光源的深深印记，基于LED光源的道路照明的研发与生产过程仍然始终围绕光源的应用而进行，光源与照明两者仍然没有摆脱源头与应用的关系。

以一张图来直观地归纳传统路灯的最基本特征——变化的是需求，不变的是蛇头，见图1.47。

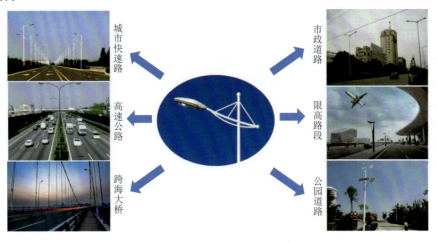

图 1.47　传统道路照明的灯具特征

在传统道路照明体系中，由于高压气体放电灯单灯光通量过大，发光面过亮，唯一可行的照明方式只能以高、大、远为特点，即灯位高（灯高≥10 m）、功率大（单灯功率≥150 W）、灯距远（灯距≥30 m）。该照明方式下，单个路灯（光源）同时承担了路面照明、空间照明和视觉诱导等多重任务[99]。因此，传统道路照明体系，由于"一灯包打天下"，照射维度过低，体系封闭，必然导致顾此失彼。

1.3.2　道路照明的需求导向

分析传统照明方式存在弊端产生的原因发现，传统道路照明体系的特点是一个灯（光源）同时承担了多重任务，它们在空间上相互制约，一些技术指标甚至相悖。例如，亮度均匀性与眩光，传统照明方式下，由于灯距间隔大，要做到亮度均匀性好，必然要采用超宽的蝴蝶形配光，其截光性必然变差，导致眩光变强；而要做到水平照度均匀性好，则代价是垂直照度变差，结果是亮度均匀性变差。有些则不可能实现，例如，前述的道路空间照明的下亮上暗的合理分布问题及其隧道照明的特殊问题[100, 101]。

多维度道路照明体系对传统路灯照明体系的源头性改变是：摒弃以光源作为道路照明主导的思维定势，而以道路使用者的需求作为照明体系的"主导源头"，以需求分析作为照明设计与照明设备制造及照明工程全过程的导向与"引擎"。整个道路照明过程自始至终在"需求导向"下进行，将照明设计、光源、灯具制造、检测等环节视为"对需求的供给与满足"。

"以道路使用者需求为中心"的实质是"以人为本"的思维模式，从而牢牢确立"人的安全与感受"在设计、制造和检测过程中的主导地位。

"以道路使用者需求为中心"表明人是道路交通系统活动的主体，处于主导地位，路和车的因素必须通过人才能起作用，人是系统的核心。人、车、路（环境）组成的系统时刻在变化，是不稳定的，三者必须靠人的干预达到平衡。三个因素中最稳定的是人，人对所处环境的认知和反应在很大程度上决定于人固有的生理和心理规律。道路交通环境和车辆对交通安全的效应，主要检验是它们对人的行为的影响。

"以道路使用者需求为中心"的理念在不同条件下将呈现不同的形态：处于不同性质道路、不同位置、进行不同作业的人，他们观看对象、观察内容、观察的重点不尽相同，所以道路照明的设计目的、检测标准也不同。例如，高速公路的"人"仅为机动车驾驶员，他们关注的是汽车前方道路的情况。评价路面照明采用亮度指标，让前方目标物在较亮的路面上呈现；但市政道路的"人"不但包括机动车驾驶员，还包括步行的人和非机动车驾驶员，他们关注的内容极大不同。因此，道路照明不但要考虑边缘照度比（S/R），还要包括为人行道及非机动车道提供照明；在交汇区、人行横道、人行地道或人行天桥等处，需要同时考虑水平与垂直照度两个指标并进行平衡，才能满足道路使用者特殊的需要。

1.4　空间划分与维度

1.4.1　需求空间与供给空间分析

基于需求导向的分析方法是：将道路使用者的各种需求与照明设计、设备制造视为一个供求体系内的需求与供给关系并将其划分为两个空间：需求空间（demand space，

DS）与照明空间（illuminating space，IS），视这两个空间的映射关系为"需求"与"供给"。

道路使用者的需求构成需求空间的矢量与分量，光源与设备制造则为照明空间的矢量与分量，通过照明设计（技术措施）来建立两个空间对应的映射关系。当且仅当照明空间与需求空间达到最佳匹配时，与之对应的照明设计与设备制造技术达到最佳。

1. 需求空间与照明空间

需求空间：由照明需求的各要素作为需求矢量，这些矢量之间相互独立，由上述矢量构成的空间为需求空间。

需求空间如同道路使用者的"精神家园"，使用者在该空间内可以提出各种利于自己的视觉与非视觉、生理与心理、空间与物质实体要求，而不必将光源视为需求的约束条件。

照明空间定义：与需求矢量相对应，用照明技术构成供给矢量，由上述矢量构成的空间为照明空间。

照明空间如同道路建设者的"展示园地"，建设者在各种技术与物质的约束条件下，展示人类取得的各种理论与技术成果，包括照明领域与非照明领域、传统科技与现代科技及现有产业与新兴产业，尽量为需求空间中的各种需求提供全面的解决方案并找到对应的供给手段与产品。

决定需求空间与照明空间之间映射关系的是照明解决方案。

需求空间中的需求矢量依不同的功能而具有不同的权重。对于道路照明而言，安全永远是第一位的，在道路交通设施中占主动、主导地位，权重应最高；其次是健康与舒适，健康照明反映的是"以道路使用者需求为中心"的设计理念；接着是高效节能，节能对于照明领域是永恒的课题并间接地影响环境；同时还应考虑道路照明的其他功能。实践证明，单纯追求高效率将牺牲某些重要的道德品质。

需求导向的分析过程是：首先分析、梳理、综合道路使用者的需求，以此作为照明设计的出发点，建立需求空间。

需求导向分析中，道路使用者——机动车驾驶员的需求来源为：

①现行道路照明的标准、规范，CIE出版物和IESNA照明手册；

②恶劣天气条件下对照明的要求；

③不同路况条件下对照明的要求；

④绿色照明、低碳照明指导下的相关成果；

⑤智慧城市公共需求，特别是智能交通的需求。

照明需求空间中，上述5项均为驾驶员视觉需求。

第①项为强制性、推荐性的最低级别需求，其中对于安全、高效、舒适均有不同程度的考虑，但限于HID光源的特点，无法精确地描述安全、高效、舒适的分类性指标；

第②项指特定环境下对照明安全性的关键性需求，特定环境指大雨、大雪、重雾霾等恶劣天气条件，这对于道路使用者是"性命攸关"的时刻。但现行道路照明的标准、规范对此几乎无所作为，特别是在将高压钠灯换成LED灯的所谓"十城万盏"工程中，为了追求平时省电，更是将在极端天气条件下穿透力高的高压钠灯换成穿透力低的LED灯，导致了这一关键性要求成为现有路灯系统中最薄弱的环节；

第③项指一般环境下对照明安全性的需求，不同路况在宏观上指高速公路、公路隧道、桥梁、市政道路等不同性质的道路，在微观上指同类道路但不同路况的路段，以及在路面上车辆发生一般性故障后的安全的应急处理过程与方便救援的措施；

第④项为高效节能、健康照明的较高级需求，研究表明，在现有路灯系统基础之上进行任何改善与修补的所谓"创新"均不可能从根本上改变现有路灯系统暴露出的弊端，因此，为满足高效节能、健康照明的较高级需求，必须进行理论源头创新；

第⑤项需求基于路灯系统是反映城市肌理的特殊资源，从而设想使其成为数字城市、智能交通等智慧城市建设的技术平台的设想。无疑，随着城市化、智慧化进程的推进和AI产业及IT技术的发展，城市公共需求将包含越来越多的内容。

2. 多维度的照明解决方案

在需求分析的基础上，针对需求来制定照明对策与照明措施，即照明解决方案。照明解决方案的依据为：

①道路照明设计标准、规范，以及CIE出版物和IESNA照明手册；

②光学、视觉生理学、心理物理学原理最新研究成果；

③照明新技术、新材料、新设备；

④非传统照明领域技术与材料的新成果。

道路照明的全面解决方案是针对并满足需求的完备的映射空间。

第①项为强制性、推荐性的道路照明最低级别设计标准，但由于标准、规范的"公约数"性质，决定了其不够完备与精确。

第②项体现道路照明技术发展与创新的理论基础，相关的理论有描述人体感受的主观量与外界环境的客观物理量之间关系的韦伯-费希纳定律，描述中间视觉的浦肯野现象，描述非成像视觉现象的司辰视觉，描述照度与色温关系的舒适度曲线，描述材料表面漫反射特性的朗伯余弦定律，描述视网膜感光细胞分布的边缘视觉效应，描述眩光的光幕说及视觉掩蔽效应，等等。

第③项照明新技术是照明设计进步的源泉，包括新光源、新能源、新材料、新设备等。对于道路照明而言，芯片级封装（chip scale package，CSP）技术为我们提供了不同于板上芯片（chip-on-board，COB）封装技术的拓展空间，使得小功率、分布式照明成为可能；光伏技术、3D打印技术为研发与产品迭代提供了方便。

第④项非传统照明领域技术与材料的新成果指其他领域的技术进步对照明领域的促进作用，例如，物联网技术的发展、可见光通信技术的发展、智能驾驶与控制技术的发展为未来道路照明的自适应控制与照明方式的转换提供了巨大的发展空间。

道路照明供给包括光源与设备制造，其功能是充分但不过分满足照明需求，要素如下：

　　① 照明系统构成；

　　②光源、灯具参数设计与制造；

　　③照明新技术、设施设计与制造；

　　④非照明设施、措施设计与制造。

　　照明供给空间中的前3项为照明工程范畴，第④项为道路工程。

　　第①项照明系统构成包括基本照明方式的确立、照明光源的选择与排列形式、照明设备的安装形式及光源、投光方向与强度等定量化参数；

　　第②项是照明设备中决定性的一项，包括光源的先进性、驱动电路的效率与可靠性，精确配光技术、防眩光技术、系统综合优化等；

　　第③项照明设施是与照明直接相关的辅助设备，包括可再生能源设备、报警与控制设备等；

　　第④项非照明设施指非照明所必需但搭载或集成在路灯之上的其他专业设备，体现了道路照明设备与城市智慧化进程。某些非照明措施则属道路工程范畴，例如，高速公路隔离墩的防眩光设计，即是道路照明设计对于道路工程设计的"反提条件"。

　　需求导向理论的确立，必然将道路照明导向多个维度的道路照明系统，其思路是：将上述需求的多项任务进行分析并分解为各自独立的最小需求单位，构成需求空间；再由各自独立最小供给单位，包括小功率、高效能光源、灯具和照明控制系统来分别控制，独立运行，在路面照明、空间照明、复杂天气照明及隧道内墙面照明方面分别做到最佳，以求得总体最佳。而传统快速路照明所采用的大型、集中、高位安装的照明方式决定了其不可能提供满足诸多维度的需求。

1.4.2　需求空间与照明空间维度

1. 统一（X、Y、Z）坐标系

　　该坐标系的建立为道路照明综合设计理论的构建提供了在多个维度空间进行设计的表达基础，如图1.48所示。

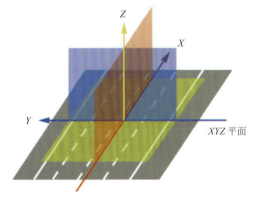

图 1.48　*XYZ* 三维空间设计表达

XY的平面设计表达如图1.49所示。

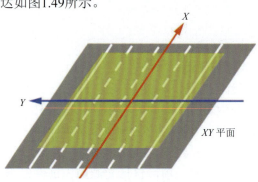

图 1.49　XY平面设计表达

道路平面及统一坐标系如图1.50所示。该坐标系原点为道路中点，X 轴与车辆行驶方向平行，指向车辆前进方向；Y 轴与车辆行驶方向垂直，指向道路边沿；X 轴与Y 轴的平面与路面重合，Z 轴与路面垂直，指向空中。

建立统一坐标系是因为多个维度的道路照明系统是矢量系统，有方向与模数。统一坐标系能够精确地描述道路与路灯之间的位置与投光方向的关系。

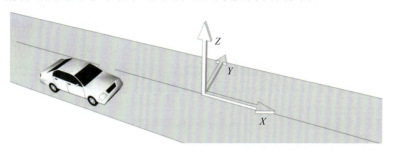

图 1.50　统一坐标系

2. 需求空间与照明空间的维数

若需求矢量D（dimension）包含有n维独立分量，则矢量D的维数D（dimension）为

$$D(D) = n \qquad (1.16)$$

同理，若照明矢量I（illumination）包含有m维照明分量，则矢量I的维数$D(I)$为

$$D(I) = m \qquad (1.17)$$

那么，当考察它们的维数时，就存在下面几种情况。

（1）$n > m$

需求矢量的维数高于照明矢量的维数，表明照明器无法充分满足照明需求，这时I矢量中的各分量就组成了非完备的照明系统，这不是我们所希望的。

（2）$n < m$

需求矢量的维数小于照明矢量的维数，表明照明器在充分满足照明需求的同时还有冗余，这时I矢量中的各分量就组成了冗余的照明系统，这将浪费能源或资源。

（3）$n = m$

这时又有两种情况：

①照明矢量I中的各分量与需求矢量D中的各分量最充分匹配，这时矢量I中的各分量就组成了既满足需求又无冗余的照明系统；

②照明矢量I中的各分量与矢量D中的各分量不充分匹配，这时矢量I中的各分量就存在不满足需求而又含有冗余的非完备冗余系统。

3. 道路照明系统最小冗余原则

显然，只有需求矢量D中的各分量与照明矢量I中的各分量最高匹配是我们所需要的照明系统。因此，可以得到最小完备照明系统的充分必要条件：

一个最小完备照明系统的充分必要条件是照明矢量与需求矢量的维数相等且各分量匹配度最高。即

$$n = m$$

并且

$$M_i = \max(M) \quad (i = 1, \cdots, n) \tag{1.18}$$

式中，M_i为需求空间中某需求矢量D的第i个分量与照明空间中对应的照明矢量I的第i个分量之间的匹配度。

匹配度是指以照明矢量I的各分量对应需求矢量D对应分量为约束条件，以优化参数为目标，采取某些技术措施后的效果对于实现目标的有效性。例如，对于高速公路照明矢量中的路面照明这一需求分量，以满足相关亮度指标、均匀度指标为约束条件，以提高照明效率为目标，采取的措施是用不同的照明方法，这时匹配度指照明效率的高低，照明效率高则匹配度高。而对于高速公路照明矢量中的防眩光这一需求分量，以满足眩光阈值增量为约束条件，以灯具光通量最大为目标，采取的措施是用不同规格的格栅，这时匹配度指总光通量的高低，总光通量高则匹配度高。

上述充分必要条件从更高的层面揭示了需求空间与照明空间的映射关系，构成多维度道路照明系统照明原理的最核心部分。

多维度道路照明系统的充分必要条件是需求空间与照明空间的维度相同。

系统匹配度：定义为空间（系统）维度之差。

设需求空间总维数为各需求矢量维数的合集，即$D(D)$，照明空间总维数为各照明矢量维数的合集，即$D(I)$，则匹配度（matching degree）

$$M = D(I) - D(D) \tag{1.19}$$

当$M = 0$时，理想系统；

当$M > 0$时，冗余系统，过度照明，导致能源浪费；

当$M < 0$时，非完备系统，照明不足，无法满足需求。

根据式（1.19），"供给"维数远远低于"需求"的维数，即供给空间的维数低于

需求空间的维数——这才是传统路灯系统存在种种弊端的本质。

1.4.3　需求导向的内涵与外延

需求导向的道路照明理念在逻辑层面上揭示了传统照明方式存在的弊端的根本原因是低维度的照明供给无法覆盖多维度的照明需求，明确了道路照明工程中需求、设计、制造三者的关系——道路使用者需求是整个照明体系的源头，相当于汽车的"引擎"，道路使用者需求是整个照明体系的主导地位。

多维度需求导向在应用层面上明确了照明设计（措施）是满足需求的保证措施，相当于驾驶系统；光源与照明设备是实现照明设计、解决需求与供给关系的物质载体，相当于承载重量的"底盘与车轮"，规定了需求分析、照明设计、工程建设的道路照明顺序。

将"以光源利用为中心"改为"以道路使用者需求为中心"的需求导向照明理念，使照明设计成为道路照明体系中体现视觉规律、绿色环保原则和光学技术先进性的关键环节，光源和灯具设备制造以实现照明设计为目标并以最优化的形式满足设计。

需求导向理念的确立，使得多个维度的需求分析在需求导向指导下进行，并建立与需求空间相对应的供给空间，在供给空间内，将提供多个维度的道路照明全面解决方案。

多个维度的道路照明全面解决方案最终必然导致多个维度的道路照明系统的产生。

事实上，以需求为导向的道路照明体系在HID灯的时代只能是理想而难以实现。其原因是高压气体放电灯单灯光通量过大，发光面过亮，唯一可行的只有以高（灯位高）、大（单灯功率大）、远（灯距远）的方式进行照明，这与当今快速道路、市政道路越来越多的照明需求显然是不相称甚至是相悖的，决定了其不可能提供满足诸多维度的需求。

以需求为导向的、满足多个维度需求的道路照明系统中，光源应是小型化、分布式的。"原生态"的LED光源本就是小功率的，拥有封装形式多样、投光、配光灵活的独特优点，在空间上也可以安全地分散布置，完全符合以需求为导向的多维度道路照明技术的光源条件。但同时，我们也更期待更为合适的新能源——激光光源，它将使得多维度道路照明系统更为小巧与灵活。

1.5　多个维度的需求空间分析

构建需求导向的多维度道路照明体系包含"多个维度"的照明需求和与之对应的"多个维度"的照明措施。

1.5.1　道路照明的共性需求

针对三种类别道路：包括高（快）速公路、公路隧道和市政道路，基于需求导向的多维度道路照明理论分别进行各自的需求分析。虽然目前在道路照明的一些理论问题（如标准问题）仍存在不同观点，但道路照明中安全、健康、高效、舒适均是带有基础性、高度共识的共性问题，它们构成了道路照明的共同需求——基础共性需求。

1. 提高行车安全性与路灯可靠性的需求

恶劣天气下保证安全行车为道路照明中必须考虑的首要需求[102]，因为恶劣天气下出现安全事故的概率提升，所以道路照明应采用不同于正常天气的照明手段，解决空间照明、保持诱导性和机械安全问题。

（1）恶劣天气下照明模式自动转换

恶劣天气下路面的物理性质（如路面积水、反光、摩擦系数）时刻随天气的变化而改变，提高安全性的需求首先是要求道路照明系统在恶劣天气发生时，路灯应具备实时的运行模式自适应切换能力，由普通照明控制模式自动转换为恶劣天气照明模式，并采用不同于正常天气下的照明手段，解决空间照明、道路诱导问题，通过专用照明措施来增强驾驶员在此条件下对前方物体的辨识能力。

遗憾的是，现行道路照明设计规范对恶劣天气下的路灯无任何要求和检测指标，对于提高行车安全性不可回避的首要需求无照明措施。

（2）恶劣天气下照明

大雨、大雪、重雾霾、浓烟等恶劣天气情况下，空气中聚集了大量悬浮状的、内核为粉尘的气溶胶分子团。此时，传统路灯光线无法穿透这些分子团，其效率显著变低，而机动车远光灯也濒于"失效"。恶劣天气照明需要解决两个安全性问题：道路安全与机械安全。其中，道路安全包括根据光源穿透力优化光源光谱、提供必要的空间照度、更强的路面诱导性。

（3）抑制疲劳与昏睡感

以新型光源为基础的道路照明系统，可以对驾驶员视觉疲劳提供警醒作用和缓解作用，提升驾驶员在单一驾驶环境下的注意力和警示性，降低交通事故的发生和保障驾驶员的人身安全[71]。

道路照明系统对驾驶员视觉疲劳的影响因素主要有亮度、光色、光源光谱等。需要从动态视觉特性、中间视觉理论、周边视场视觉特点及非视觉生物效应等方面进行研究。

（4）警示前方车辆故障

针对传统路灯系统对机动车在路面的故障与事故的警示没有任何辅助功能的现状，要求以新型光源为基础的道路照明系统能够警示前方车辆故障要求在来车方向安全距离外，以明确而醒目的方式向后面来车发出预警信息，提醒后车驾驶员减速行驶。该预警信号应同时解决距离安全和识别安全两个问题。

2. 提高可见度的光度学需求

根据可见度定义，可见度水平取决于背景（路面）亮度、目标物表面亮度（正相关于空间垂直照度）及其两者的对比度，而邻近环境的眩光光幕是影响亮度差的重要因素。

基于此，本书将提高道路可见度的需求分解为"定制化道路照明"、路面背景亮度、空间垂直照度和光谱合理分布4项内容，将失能眩光加以扩展为前视眩光、后视眩光、侧视眩光和对视眩光等分项需求。

（1）高效节能照明的需求

在正常天气下，道路照明应着重考虑下一个层级的需求——高效节能与健康舒适。

几何光学的本质是能量投送问题。精确地投送光能，是道路照明中光学问题的最本质的核心问题。

究竟什么是高效节能的道路照明，目前的提法本身过于笼统，但比较一致的共识是：在满足照明效果的前提下，具有最高的照明效率。衡量道路照明效果的主要指标是可见度，衡量道路照明效率的主要指标是照明功率密度。

因此，高效节能的道路照明可转述为：在照明功率密度一定的条件下，最有效地提高可见度；或者在满足可见度指标的条件下，使得照明功率密度最小。

中间视觉研究结果表明，提高照明效率与空间垂直照度合理分布和路面光谱合理分布有着密切关系；进一步的研究表明，背景（路面）亮度又与路面反射特性关系密切。

综合上述分析，高效节能的道路照明的内涵可表述为以下4个方面的综合：

①通过"定制化道路照明"适应路面反射特性；

②采用最佳照明方式实现高能效路面（背景）照明；

③合理的空间垂直照明分布；

④合理的路面光谱分布。

（2）采用最佳照明方式实现高能效路面（背景）照明

驾驶员感觉路面的亮度由4个因素决定：一是路灯的总光通量（决定于光源功率与光效）；二是路灯照射角度（决定于配光曲线与安装方式）；三是路面反射特性；四是眩光强度。

（3）通过"定制化道路照明"适应路面反射特性

根据路面形态的布格（Bouguer）假定，路面反射特性不同，决定了规则反射在全部路面反射中的份额，由此导致反射光的方向和分布将有很大不同。

（4）合理的空间照明

对于提高可见度来说，提供前方空间照明与提供路面照明同样重要。

一方面，机动车驾驶员确实需要及时看到前方路况，如前方车辆行驶状态、是否有异物洒落、是否有突然减速等可能危及行车安全的突发事件，以便及时转向规避，而不能提供必要的前方空间照明，是目前所有低位路灯照明方法所共有的缺欠。

另一方面，对于驾驶车辆来说，最关心的空间照明位置在近地面空间。因此，合理的垂直方向的空间照度分布应是"下亮上暗"。

3. 提高可见度的色度学需求

事实上，除了上述光度学因素外，影响可见度的还有色度学因素。色度学因素包括选择路灯光源光谱、设置路面上的光谱分布等。

在中间视觉亮度范围，位于视网膜中央凹处的视锥细胞与视网膜边缘处的视杆细胞同时在起作用，但相对于不同色度光源的视觉敏感度却大不相同，这就要求在选择光源时，应综合两者交集，选择视觉敏感度较高的波长位置作为光源光谱的主光轴；另外，根据中间视觉与边缘视觉相对于道路路面的位置，利用其感光特性，在水平方向上，正确设置路面中央与边缘的光谱分布。

4. 消减眩光的需求

眩光历来为道路照明重要的评价指标，消减眩光也因此成为必然需求和关键性技术难题。路灯眩光既涉及健康照明问题，又涉及照明节能，但目前无论在眩光理论层面还是在防眩光技术层面都已面临停滞不前并暴露出自身无法弥补的缺欠。

一般认为，路灯眩光当然是越小越好，消减眩光似乎只是技术问题没有理论问题。但在技术层面，我们面临下面这些问题：为何现有技术消除不了高位路灯眩光？在理论上消除高位路灯眩光的必要条件是什么？与高位路灯相比，低位路灯的眩光来自哪里，有何特点？CJJ 45—2015中的阈值标准对于低位路灯的眩光问题能否照搬？更深层次的理论问题是：目前用来解释眩光的光幕说本身是否完善？眩光的阈值标准本身是否科学？人们需要怎样的道路驾驶视觉环境？评价低位路灯的眩光需要有什么标准？

（1）消减前视眩光

CJJ 45—2015中明确规定了限制眩光的设计与检测指标为阈值增量，并以阈值增量指标对眩光规定了上限，作为评价道路照明质量的重要因素。

研究表明，消减眩光的方法很多，但都存在一个矛盾：所有消减眩光的措施都有其代价——路灯整体系统光效的损失。因此，消减眩光需求的实质是，既要大幅消减眩光，又要保持整灯高光效。另外，该阈值增量规定仅限于对驾驶员构成前视干扰的"前视眩光"，但事实上，道路上还存在着其他眩光。

（2）消减侧视眩光

侧视眩光指来自于路灯光源位于驾驶员侧面、对驾驶员形成强烈干扰的路灯眩光。

显然，虽然由高速公路上路灯所造成的侧视眩光现象目前尚无明确的设计规范和检测指标，但在低位路灯照明方式下（特别是边侧车道）的基本路段确实存在，亦属于直接、失能眩光范畴，它会严重影响光品质，对驾驶员夜晚驾车形成强烈干扰。

（3）消减后视眩光

在快速道路不可避免地存在由路灯产生的、原理相同的另一种眩光——存在于后视镜中的眩光——后视眩光。后视眩光的存在，使得机动车后视镜明亮一片，无法有效辨识后方车辆的位置与距离。

路灯的后视眩光至今仍未见到较深入的研究成果、相关的设计规范及有效的控制方法。

（4）消减对视眩光

对视眩光通常由相向而行的机动车前大灯所致。对视眩光的存在，使得驾驶员眼前明亮一片，某些情况下成为事实上最为严重的失能眩光。对视眩光至今仍未见到较深入的研究成果、相关的设计规范及有效的控制方法。

（5）消减上视眩光

2014年公安部发布了《交通技术监控成像补光装置通用技术条件》（GA/T 1202—2014），规定了交通技术监控成像补光装置和技术要求，以及试验方式、设置要求及检验规则等。

目前，为改善补光灯太亮对于行车造成的影响，在不影响视频录制和车辆抓拍的效果下，对于LED常亮式补光灯的处理办法是下调灯光亮度；对于驾驶员抱怨的"闪瞎眼"的LED闪光式补光灯，如何在保证抓拍图像画质的同时避免强烈眩光对驾驶员视觉的刺激，目前尚无有效技术。

（6）消减下视眩光（路面暗影）

在空间上，路面暗影分为静态的斑马条纹和动态的车影线。

静态的斑马条纹暗影指由于路灯照明不均匀导致的路面看上去出现明显的明暗相间的现象。对于低位路灯照明，斑马条纹现象是路面暗影的主要表现形式并已成为低位路灯普遍存在的、特有的现象。

动态的车影线暗影是在道路较宽及路灯较低的条件下产生一种路面暗影。车影线有别于斑马条纹，是路灯的强光受到车辆阻隔后在原本亮度均匀的路面形成的高强度明暗反差。

显然，反差强烈或大面积的路面暗影会对后面的驾驶员产生视觉不适。

5. 克服路灯内部污垢聚集

造成路灯外壳内部污垢聚集现象的实质是由光源发热而产生的呼吸效应，过程包括呼出过程、吸入过程和循环过程。

路灯初始平衡状态是路灯安装后，光源未点亮时，灯具内外气压相同，灯头内外交界面上无宏观的气体运动。

（1）呼出过程

光源点亮后，灯头内部温度迅速升高，导致灯头内气压增大，在内外交界面上形成压力差。这个压力差达到足够高时，就会在交界面的薄弱处找到出口，把灯头内的高压空气挤出灯头，以降低灯头内外的压力差，达成新的平衡。在这一过程中，形成了由内向外的气体的宏观运动，即"呼出内部气体"。

（2）吸入过程

光源熄灭后，灯头内部温度会逐步降低至与外界气温相同。降温过程中，灯头内部的压力也随之降低，形成相对于外部的"负压"，在内外交界面上形成压力差。这个压力差达到足够高时，外部气体会在负压作用下从内外交界面的薄弱处涌入，形成由外向内的气体宏观运动，即"吸入外部气体"。

不难看出，吸入过程在原理上是呼出过程的"逆过程"。值得指出的是，吸入气体与呼出的气体成分不同。在呼出过程中，由内向外"呼出"的气体，是制造厂装配车间的空气，通常是比较洁净的；在吸入过程中，由外向内"吸入"的气体中，则包含了大量悬浮在道路上空空气中的尘埃、烟粒、尾气油粒等污染物。这些污染物进入灯头内部后，会在重力作用下吸附在灯头内底部的灯罩玻璃上，污染物的残留与聚集形成宏观的污垢层。

（3）循环过程

当光源再次点亮后，这一呼吸过程将再次上演。周而复始，导致污垢层越积越厚，阻断了路灯向下的光线。

目前的解决方法是：隔绝灯头内外的气体交换通道或过滤内外交换的气体。但这两种方法都没有很好地解决由呼吸产生的内部污垢聚集问题。

6. 路灯智慧化的需求

（1）节能模式的自适应调节

目前，路灯控制多为双重控制模式：亮度与时间。合同能源管理（energy management contracting，EMC）节能改造的一个重要方法是按时间将路灯分为"前夜灯"与"后夜灯"，"后夜灯"功率减半。减半的依据是后半夜的车流量会降低。但时间分段并不能真实反映车流量的实际情况。事实上，根据车流量进行路灯开关与亮度调节才是更加准确的节能控制方法。基础的路灯自适应控制包括根据车流进行路灯开关与亮度调节，以及在恶劣天气时自动转换照明模式。

（2）路灯运行状态自动巡检

路灯长期运行在震动、汽车尾气、大风、雨雪环境之下，故障难免。传统的办法是人工巡视，但发现故障不够及时，需要采用非人工的、更及时的故障报警技术实时监测路灯运行状态。

（3）智能交通

①智能交通首先应能够实时侦测、自主计算相关路段和路口的拥堵情况，做出最优化控制决策，指挥交通信号灯等设施，及时疏导交通。

②车路协同，人机融合将是未来自动驾驶的主要模式。路灯作为"路基系统"，是实现车路协同、人机融合模式的重要物理载体。

（4）搭载智慧城市平台

由于道路对于大地肌理的特殊表达特性，路灯将成为数字城市、智慧城市建设中的重要资源。多维度道路照明系统是一个开放的技术体系和技术平台，该平台除实现高效照明这一基本功能外，还可搭载更多与道路照明无直接关系但可体现清洁能源应用、促进智慧城市、智能交通建设的其他技术装备。这些装备以各类传感器的形式分布于路灯体内，与GPRS网关通过Wi-Fi模块连接，采集的数据经Wi-Fi网络传送至GPRS网关，最后上传至后台监控平台系统。

①空气质量测量。采集各种交通污染物及NO_2、SO_3及$PM_{2.5}$等数据，周期性上报，及早预警、报警。

②气象雨量测量。环境温湿度测量传感器、雨量及水深传感器设备，测量环境温度与湿度水平，采集数据后周期性上报，及早预警、报警。

③汽车充电。当有车辆由于电瓶问题而无法启动时，12 V电源可为汽车启动直接提供打火电源。

④Wi-Fi热点。目前，城市的公交车、地铁等公共交通工具上均已实现或将实现Wi-Fi覆盖，但在行驶中的占总量90%以上的大量非公交车辆，未能实现Wi-Fi覆盖。5G时代，可利用路灯系统实现对行驶中的车辆全面覆盖。

⑤噪声测量。市政道路的噪声实时探测、取证、报警、记录。

⑥风电、光伏一体化。清洁能源的利用，为路灯提供了供电的新选择，采用风、光互补方式进行供电，应成为路灯供电的主流方式。

7. 共性需求小结

快速道路照明的17项共性需求集合如表1.9所示。

表1.9　快速道路照明共性需求

序号	照明需求	设计与检测指标
1	照明模式自适应切换	恶劣天气下，实时探测与切换照明模式
2	恶劣天气照明	轮廓照明与边界照明
3	抑制昏睡照明	
4	故障警示照明	
5	定制化道路照明	
6	路面高效照明	路面平均亮度、亮度总均匀度、纵向均匀度

序号	照明需求	设计与检测指标
7	空间合理照明	垂直照度及其对比度
8	路面光谱合理分布	
9	消减前视眩光	眩光阈值增量
10	消减后视眩光	
11	消减侧视眩光	
12	消减对视眩光	
13	消减上视眩光	
14	消减下视眩光	
15	克服灯体污垢	便于路灯维护
16	路灯智能控制	
17	智慧城市平台	

除上述共性需求外，高速公路、市政道路和公路隧道还有其他的特殊需求。

1.5.2 高速公路照明的特殊需求

高速公路照明的需求不仅包括了表1.9中的17项共性需求，还存在下面4项特殊需求。

1. 指示救援照明

快速道路上的行车事故不可避免。在事故情况下由路灯系统来提供显示照明，可靠、醒目地显示出事故地点的方位，有利于避免次生事故及方便实施救援，特别是空中救援。这也是道路照明系统的一项高级功能。

2. 视觉诱导照明

良好的视觉诱导性使驾驶员在路面驾驶时，始终能够在一定距离外就能够辨认该道路的走向。视觉诱导性是现行规范所要求的，但目前仅限于通过路灯灯杆的排列来实现诱导，未有具体照明参数，对于恶劣天气下的诱导也没有任何述及。

3. 路况提示照明

当前方道路存在大的坡道、弯道，路面、路型有大的变化时，驾驶员的有效可视距离变短，需要提前提示。通过照明手段，使得提示前方特殊路况成为可能。

4. 景观照明

景观照明是城市照明的一部分。在某些特殊路段，例如，桥梁还要求路灯在不影响行车安全的条件下，在提供功能性照明的同时还能够兼容景观照明，构成城市夜晚景观元素，塑造节日氛围。

由于道路性质、使用功能及景观价值等方面的不同，会造成不同的道路景观需求，要通过景观照明的恰当设计方法将其表现出来。

如表1.10所示综合了高速公路的上述21项需求。

表 1.10　高速公路照明需求

序号	照明需求	设计与检测指标
1	照明模式自适应切换	恶劣天气下，实时探测与切换照明模式
2	恶劣天气照明	轮廓照明与边界照明
3	抑制昏睡照明	
4	故障警示照明	
5	定制化道路照明	
6	路面高效照明	路面平均亮度、亮度总均匀度、纵向均匀度
7	空间合理照明	垂直照度及其对比度
8	路面光谱合理分布	
9	消减前视眩光	眩光阈值增量
10	消减后视眩光	
11	消减侧视眩光	
12	消减对视眩光	
13	消减上视眩光	
14	消减下视眩光	
15	克服灯体污垢	便于路灯维护
16	路灯智能控制	
17	智慧城市平台	
18	指示救援照明	
19	视觉诱导照明	
20	路况提示照明	
21	景观照明	

不难看出，上述21项需求，并非只在目前才有的需求，在高压气体放电灯时代也同样存在。但显然传统道路照明体系与灯具对于满足上述需求是力所不及的，LED光源为满足上述需求在光源方面提供了可能。

1.5.3　隧道照明的特殊需求

隧道交通安全的关键性技术是主动照明系统，主要指标为路面亮度、能耗、空中垂直照度、光源可靠持续、灯具自洁。隧道照明需求包括了表1.10中除第1项"照明模式自适应切换"、第2项"恶劣天气照明"和第12项"消减对视眩光"之外的全部共性需求。同时，隧道照明需要增加特殊需求。

　　资料统计显示，公路交通里隧道出入口处事故率是其他路段的3倍左右，主要原因就是隧道出入口处驾驶员的视觉存在突变问题（图1.51）。

图 1.51　公路隧道的"黑洞"、"白洞"现象

　　表1.11列举了隧道照明中必须考虑的特殊视觉现象（时间序列为自左至右）。

表 1.11　隧道照明中必须考虑的特殊视觉现象

时段	阈值	过渡	内部	阈值	过渡
白天	黑洞	暗适应	雾霾	白洞	明适应
夜晚	白洞	明适应	雾霾	黑洞	暗适应

　　明暗适应的视觉过程：明适应，视觉系统适应高于3.0 cd/m²亮度变化过程及终极状态，发生在由暗处到亮处，需几十秒；暗适应，视觉系统适应低于0.1 cd/m²亮度变化过程及终极状态，从亮处到暗处视觉阈限下降过程需30 min，过渡时间较长。

1. 改善"黑洞"效应

　　隧道的特殊视觉现象是，在白天，由于隧道外的亮度远高于隧道内的亮度，机动车进入隧道后由明亮的外部进入较暗的隧道，亮度变化速率很快，而眼睛适应能力迟缓，导致人对物体的视能力下降。尽管隧道内有一定的亮度，但驾驶员的视觉感觉仍然很黑，会出现短暂的视觉盲区，即所谓的"黑洞"效应，"黑洞"效应的实质是"适应的滞后"。频繁反复地受"黑洞"效应这一视觉过程的影响，必然会造成驾驶员视觉疲劳[103]。

2. 改善"白洞"效应

　　当机动车穿越较长隧道至出口时，隧道外部亮度极高，出口看上去是个很亮的"白洞"，会产生强烈的眩光，此时驾驶员会因眩光作用而导致视觉能力下降，甚至短暂失明，即产生"白洞"效应。因此，在过渡区间的需求是，减小由于"白洞"效应所引起的不适。

3. 克服隧道中央段雾霾

机动车行驶在隧道内部区域的中央段，仅需要维持与道路基本段相同的路面照明。但是，在车流量大、尾气污染严重或雾天的情况下，汽车的废气集聚形成烟雾，空气中聚集了大量悬浮状的气溶胶分子团，导致机动车前方障碍物的可见度大大降低。此时，在隧道中间段，除需要维持一般照明外，还需要加强照明，甚至采用雾霾条件下的照明方式，如图1.52所示。

图 1.52　日本山区隧道照明

如表1.12所示，隧道照明共17项需求。

表 **1.12　隧道照明需求**

序号	照明需求	设计与检测指标
3	抑制昏睡照明	
4	故障警示照明	
5	定制化道路照明	
6	路面高效照明	路面平均亮度、亮度总均匀度、纵向均匀度
7	空间合理照明	垂直照度及其对比度
8	路面光谱合理分布	
9	消减前视眩光	眩光阈值增量
10	消减后视眩光	
11	消减侧视眩光	
13	消减上视眩光	
14	消减下视眩光	
15	克服灯体污垢	便于路灯维护

序号	照明需求	设计与检测指标
16	路灯智能控制	
17	智慧城市平台	
22	改善"黑洞"效应	
23	改善"白洞"效应	
24	克服隧道中央段雾霾	

1.5.4　市政道路照明的需求

市政道路的一个特点是不完全封闭，部分路段人车混行、时有拥堵，比高速公路复杂，需求亦不尽一致。

正常驾驶在市政道路，疲劳感会减轻甚至消失，基本不存在由于路况单调而产生的"驾驶疲劳感"问题。因此，市政道路照明需求除去共性需求的第3项"抑制昏睡照明"，其余与高速公路需求相同。但是，市政道路亦有其特殊的几项需求加以扩展。

1. 适当的边缘照度比

对于市政道路照明，除要求道路本身照明外，还要求形成一定的边缘照度比（EIR），使得驾驶员在行车过程中能够对于路旁可能存在的可移动物体进行辨识。

市政道路照明还要同时兼顾处于道路两侧人行道上的行人（人脸）辨识需求。因此，需要一定的垂直照度。

2. 规避行道树

市政道路照明的路灯与行道树占用相同的空间从而导致路灯失效是当前市政道路照明必须直面的问题，避开行道树是作为市政道路照明的路灯保持照明有效性的唯一途径。

3. 消减溢散光污染

路灯的溢散光污染在历次设计规范中没有受到应有的重视，但减少路灯光污染在城市道路照明"越来越亮"的大背景下显得愈加重要。

4. 市政道路照明的其他需求

市政道路照明还需要解决以下几个问题：人车混行的非封闭路段需加强垂直照度增强识别性问题；交汇区、斑马线附近需加强水平照度增强识别路面标志问题；可视距离变短的坡道、弯道增加路面亮度问题；部分路段超宽、视轴角变大及路型多样的路面照明问题。另外，作为城市特殊承载资源，市政道路照明应有的功能还包括：提供信息功能，实时发布图文信息；提供城市景观功能，构成城市景观照明元素等。

表1.13第15项为市政道路特殊需求，在CJJ 45—2015中有明确规定。

表 1.13　市政道路照明需求

序号	照明需求	设计与检测指标
1	照明模式自适应切换	恶劣天气下，实时探测与切换照明模式
2	恶劣天气照明	轮廓照明与边界照明
4	故障警示照明	
5	定制化道路照明	
6	路面高效照明	路面平均亮度、亮度总均匀度、纵向均匀度
7	空间合理照明	垂直照度及其对比度
8	路面光谱合理分布	
9	消减前视眩光	阈值增量
10	消减后视眩光	
11	消减侧视眩光	
12	消减对视眩光	
13	消减上视眩光	
14	消减下视眩光	
15	克服灯体污垢	便于路灯维护
16	路灯智能控制	
17	智慧城市平台	
18	指示救援照明	
19	视觉诱导照明	
20	路况提示照明	
21	景观照明	
25	适当的边缘照度比	
26	规避行道树	
27	消减溢散光污染	

市政道路照明共23项需求。

综上所述，道路照明的基本需求共27项，包括：第1项，照明模式自适应切换；第2项，恶劣天气照明；第3项，抑制昏睡照明；第4项，故障警示照明；第5项，定制化道路照明；第6项，路面高效照明；第7项，空间合理照明；第8项，路面光谱合理分布；第9项，消减前视眩光；第10项，消减后视眩光；第11项，消减侧视眩光；第12项，消减对视眩光；第13项，消减上视眩光；第14项，消减下视眩光；第15项，克服灯体污垢；第16项，路灯智能控制；第17项，智慧城市平台；第18项，指示救援照明；第19项，视觉诱导照明；第20项，路况提示照明；第21项，景观照明；第22项，改善"黑洞"效应；第23项，改善"白洞"效应；第24项，克服隧道中央段雾霾；第25项，适当的边缘照度比；第26项，规避行道树；第27项，消减溢散光污染。

1.5.5　照明需求的权重分析

道路照明的基本需求共27项，它们成为需求空间的需求矢量，这些需求既有共性需求，也有特殊需求，并可归纳为4个层次。

第一层次：行车安全及路灯可靠性层面

共4项：第1项，照明模式自适应切换；第2项，恶劣天气照明；第3项，抑制昏睡照明；第4项，故障警示照明。

第二层次：健康照明、视觉舒适层面

共11项：第9项，消减前视眩光；第10项，消减后视眩光；第11项，消减侧视眩光；第12项，消减对视眩光；第13项，消减上视眩光；第14项，消减下视眩光；第19项，视觉诱导照明；第20项，路况提示照明；第22项，改善"黑洞"效应；第23项，改善"白洞"效应；第25项，适当的边缘照度比。

第三层次：高效、节能照明层面

共8项：第5项，定制化道路照明；第6项，路面高效照明；第7项，空间合理照明；第8项，路面光谱合理分布；第15项，克服灯体污垢；第16项，路灯智能控制；第24项，克服隧道中央段雾霾；第26项，规避行道树。

第四层次：智能交通及公共需求照明层面

共4项：第17项，智慧城市平台；第18项，指示救援照明；第21项，景观照明；第27项，消减溢散光污染。

需要指出的是，上述4个层次的照明需求并非是平等的，而是有不同的"权重"。

首先，与行车安全及路灯可靠性需求相比较，其余3个层次的照明需求是低一个层级的需求。其原因是安全问题的显现可能是瞬间发生的，特别是恶性交通事故无比惨烈，其社会与经济影响巨大；无论是高效节能、健康舒适还是城市公共照明问题的显现与效益都需要长期的积累。

其次，健康舒适性照明需求与高效节能及城市公共需求相比，后2个层次的照明需求又是低一个层级的需求。其原因是不健康与舒适的照明条件，存在安全性的隐患，积累到某一个临界点，就可能转化为行车安全问题，仍然有其危险性，而高效节能主要追求的是经济效益与环境效益，在满足安全可靠与健康舒适照明的前提下，才能够充分体现出高效节能。

高效节能是道路照明永恒的课题。高效节能与城市公共需求之间进行比较，不难推断，高效节能应优先于城市公共需求。原因是高效节能所带来的经济与环保效益是直接性效益，在低碳节能与生态环保成为国策的背景下，高效节能的道路照明，可有效降低碳排放量与减轻雾霾。

综上所述，按照道路照明的各项需求的加权顺序，可排序为：①安全可靠的照明；②健康舒适的照明；③高效节能的照明；④智能交通及公共需求的照明。

多维度道路照明的理论研究与系统的总体框架将按照上述权重的排序进行设计。

1.6　小　　结

1. 道路照明的评价标准

道路照明评价，最终应以可见度评价体系为标准。目前，应以亮度评价体系为基本评价标准。无论是快速道路的车行道还是两侧的人行道，垂直照度必将扮演越来越重要的角色，而水平照度标准则主要用于室内照明。

路面亮度是道路照明的关键性指标之一。而目前，这一关键性指标由路面亮度和垂直照度变为水平照度，造成了从照明设计、施工到测试的一系列理论与实践上的混乱。

2. 多维度道路照明理论的理论依据

需求导向理论是多维度道路照明理论及技术的核心源动力。

需求导向理论的背景，是道路照明经过几十年发展，既积累了大量经验，也较充分地暴露了问题，使我们能够有分析的素材；同时，LED新光源的大规模渗透，使得道路使用者多个维度的需求有可能成为现实。

需求导向理论的基础，是现代照明理论与光学、物理学理论与大量相关实验。在中间视觉范围内，道路照明研究不应仅局限在光学领域，心理物理学原理对道路照明有不可忽视的指导意义。

需求导向理论的提出，真正确立了道路使用者的需求才是道路照明设计、工程的源头与引擎，颠覆了以往道路照明的设计理念和照明工程性质。只有在需求导向理论指导下，发掘出如此多的道路照明的需求和解决方案才成为可能。

需求导向理论的核心，是将道路照明工程在理论上划分为两个大的矢量空间——需求空间与照明空间，这两个空间本身均为多维空间，两个空间之间的映射关系是照明设计。照明设计合理与否，是决定两个空间匹配程度的关键要素，在道路照明的各主要性能方面，均占主导作用。

需求导向理论的分析方法，是建立统一坐标系。这是因为多个维度的道路照明系统是矢量系统，有方向与模数，统一坐标系能够精确地描述道路与路灯之间的位置与投光方向的关系。

需求导向理论的实现，必然要求人们提供满足多个维度需求的照明系统，这对道路照明系统提出空前复杂的要求。显然，传统照明体系绝无可能胜任。可以推断，这样的系统也必定是多个维度的道路照明系统，包括先进光源和与之相对应的照明子系统。在这个意义上说，需求导向理论是多维度道路照明系统的理论依据。

需求导向理论的主要特征，是分类照明，对应不同类型的需求，采用不同的照明方式：

快速道路　　低位路灯多维度道路照明方式　（高速公路、限高快速路、跨海大桥）

公路隧道　多位路灯多维度道路照明方式　（城市地铁、高铁隧道）

市政道路　中位路灯多维度道路照明方式　（城市道路、住宅区道路）

需求导向理论的关键技术是解决防眩光问题。道路照明的最高境界，说到底就是像白天一样，只看见清晰的道路而不见太阳。但人工照明把眩光光源强加在驾驶员视线当中。一旦消除了眩光，驾驶员将享有前所未有的驾驶乐趣。

需求导向理论的完善，仍然需要多个维度的思考与技术融合。事实上，未来的路灯不应仅具有单一的道路照明的功能，而应成为面向智能驾驶的道路基础设施的组成部分，部分路灯则成为"智慧城市"的硬件支撑。道路照明系统已远远超出照明的范围，这为需求导向理论今后的扩充提供了不竭的想象空间。

以需求导向理论为依据所构建的多维度道路照明体系，具有灵活、开放的属性。灵活性指在需求（引擎）、设计（驱动控制）与照明设备制造（车体）之间，既存在对应关系，但如同汽车一样，又有高中低档之分，根据不同引擎（需求）进行不同配置；开放性指依据需求导向的多维度道路照明体系可方便地吸收人类最新科技发展的成果。

3. 道路照明的多维空间

产生传统照明方式所具有的种种弊端的根本原因是低维度的照明供给（一个灯）与多维度的照明需求（多方面、多指标）之间的矛盾。

构建需求导向的多维度道路照明体系包含"多个维度"的照明需求和与之对应的"多个维度"的照明措施。

道路照明中安全、健康、高效、舒适均是带有基础性、高度共识的共性问题，它们构成了道路照明的共同需求——共性需求。

道路照明的基本需求共27项，这些需求既有共性需求，也有特殊需求，并可归纳为4个层次，它们依次为：行车安全及路灯可靠性层面；健康照明、视觉舒适层面；高效、节能照明层面；智能交通及公共需求照明层面。

按照道路照明的各项需求的加权顺序，可排序为：①安全可靠的照明；②健康舒适的照明；③高效节能的照明；④智能交通及公共需求的照明。

行车安全及路灯可靠性需求是最高层级的需求。安全问题对于社会与经济影响的（负）效益不须积累已足够巨大；而其他需求效益的显现都需要长期的积累过程。

健康舒适性照明需求是第二个层级的需求。不健康与不舒适的照明条件，存在安全隐患，积累到某一个临界点，就可能转化为行车安全问题，上升为上一层级的需求。

高效节能是道路照明永恒的课题，是第三个层级的需求。高效节能所带来的经济与环保效益是直接性效益，在低碳节能与生态环保成为国策的背景下，高效节能的道路照明，可有效降低碳排放量与减轻雾霾。

智能交通及城市公共需求本身要求借助于照明的设施——路灯杆，如果从道路照明的技术角度来看只能是第四个（最低）层级的需求，但随着人工智能技术的发展与渗透，城市公共需求的权重会越来越高。

　　根据需求导向理论，照明设计环节应确立为道路照明工程的龙头地位。目前，多维度道路照明的理论研究与系统的总体框架将按照上述权重的排序进行设计。

　　上述 n 个需求基本上是互相独立的，在需求空间中构成具有 n 维的矢量。显然，在传统道路照明体系只有单调路灯、单一光源的情况下，所能提供的"供给"维数远远低于如此多的需求维数，即供给空间的维数低于需求空间的维数，这时根本不可能满足道路使用者的需求。

　　需求空间一个明显的属性就是具有开放性。首先，表现在需求层级的权重是动态的，对于具体项目，需求权重可互相转换，在智能驾驶的大背景下，公共需求照明的权重正在不断提高，未来甚至可能成为第一层次的需求；其次，所有视觉理论的新的研究成果、绿色照明、照明科技和智慧城市的研究成果均可方便地成为新的需求。因此，未来需求只会越来越多。

4. 基于统一坐标系的多维空间

　　现有的道路照明理论、照明技术的形成与完善，经历了近百年，涉及生理学、心理学、光度学和色度学原理。从1.1.3节中不难发现，这些理论迄今为止仍有很多未被实际应用。毫无疑问，这阻碍了道路照明的技术进步。究其原因，在于影响照明理论和技术的学说是在不同年代、不同领域、不同研究背景通过不同实验方法得出的，它们在理论上互相独立，技术上无关联，甚至相悖，并无综合性的、完备与自洽的统一理论，因而在实际道路照明设计中，出现理论与设计"两层皮"的现象。

　　基于以上原因，我们迫切需要综合考虑在道路照明中融合相关上述相关理论，提出统一的、具有可操作性的指导性道路照明综合设计理论。

　　统一坐标系定义了（X、Y、Z）三个空间维度及时间维度，由此能够对理论成果进行多个维度下的统一表达。

参 考 文 献

[1]　刘玮，王新梅，魏龙生. 整体视觉结构模型及其在道路环境感知中的应用[J]. 计算机工程，2016，42(10)：26-31.

[2]　瞿中，辛宁，廖春梅. 结合背景更新和亮度范围的改进Codebook模型算法[J].计算机应用与软件，2016，33(11)：153-156.

[3]　Harris D. Engineering Psychology and Cognitive Ergonomics[M]. Berlin：Springer，2009.

[4]　赵海天，姚其，邝志斌，等. 基于视网膜度的路面照明效率分析[J]. 深圳大学学报(理工版)，2013，30(2)：186-189.

[5]　汤晓妹，郑晓丹. 视觉传达设计中的色彩[J]. 常州工学院学报(社科版)，2017，35(4)：66-70.

[6]　王玮，孙耀杰，林燕丹. 振动对人眼视觉绩效的影响研究[J]. 照明工程学报，2013，24(3)：24-29.

[7]　田会，倪晋平，焦明星，等. 镜头式光幕探测灵敏度分布规律研究[J]. 兵工学报，2016，37(2)：325-331.

[8]　杨洋. LED均匀性与光谱对不适眩光影响的研究[D]. 杭州：浙江大学，2016.

[9]　Dowling J E. The Retina：An Approachable Part of the Brain[M]. Cambridge，MA：Harvard University Press，1987.

[10]　Spillmann L，Werner J S. Visual Perception：The Neurophysiological Foundations[M]. New York：Academic Press，1990.

[11]　楚东东，李海晟. 基于移动最小二乘法的视差图像拼接[J]. 计算机应用与软件，2017，34(8)：231-235.

[12]　沈彤，刘文波，王京. 基于双目立体视觉的目标测距系统[J]. 电子测量技术，2015，38(4)：52-54.

[13]　Schubert M，Bohner C，Berger W，et al. The role of vision in maintaining heading direction：Effects of changing gaze and optic flow on human gait[J]. Experimental Brain Research，2003，150(2)：163-173.

[14]　Bradley D R，Petry H M. Organizational determinants of subjective contour：The subjective Necker cube[J]. American Journal of Psychology，1977，90，253-262.

[15]　Wördenweber B，Wallaschek J，Boyce P，et al. Automotive Lighting and Human Vision[M]. Berlin，Heidelberg：

Springer-Verlag，2007.

[16]　杜杨杨，郝磊，王勇超，等. 双稳态知觉的脑机制[J]. 中国科学：生命科学，2015，45(8)：789-798.

[17]　Kanizsa G. Margini quasi-percettivi in campi con stimolazione omogenea[J]. Rivista di Psicologia，1955，49：7-30.

[18]　马先兵，孙水发，夏平，等. 视错觉及其应用[J]. 电脑与信息技术，2012，20(3)：1-3，11.

[19]　van Bommel W. Road Lighting Fundamentals，Technology and Application[M]. Cham：Springer. 2015.

[20]　谢德红，朱文风，李蕊. 基于最优色空间和视觉掩蔽的彩色图像评价算法[J]. 包装工程，2014，35(21)：86-90，112.

[21]　Meyer G，Valldorf J. Advanced Microsystems for Automotive Applications 2010[M]. Berlin，Heidelberg：Springer-Verlag，2010.

[22]　昝琳琳. 中间视觉下白光LED的光谱最优化研究[D]. 上海：东华大学，2016.

[23]　Green D M，Swets J A. Signal Detection Theory and Psychophysics[M]. San Francisco：Peninsula Publishing，1988.

[24]　Roback A A. Leonard Thompson Troland[J]. Science，1932，76：26-27.

[25]　林仲贤. 颜色视觉心理学[M]. 北京. 中国人民大学出版社. 2011：21.

[26]　杜佳玮. 薄膜晶状型仿人眼结构和成像视觉技术研究[D]. 杭州：浙江大学，2017.

[27]　马文洁. 中间视觉对人眼视觉效果的影响研究[D]. 大连：大连海事大学，2016.

[28]　徐何辰. 中间视觉下LED透雾性与光度特性实验研究[D]. 镇江：江苏科技大学，2013.

[29]　严晓龙. 基于行车视觉行为反应时间的中间视觉道路照明节能性分析及显色性能研究[D]. 合肥：合肥工业大学，2015.

[30]　谈茜. 中间视觉下LED光度特性及LED光谱模型研究[D]. 镇江：江苏科技大学，2013.

[31]　杨超，范士娟. 中间视觉对隧道照明的影响[J]. 华东交通大学学报，2013，30(1)：22-25.

[32]　林燕丹，董孟迪，孙耀杰. 新的CIE中间视觉光度学系统的建立及其在道路照明中的实践意义[C]//2011中国道路照明论坛论文集. 2011.

[33]　Frederic G B，Djamila A，Thomas S，et al. Real-time depth enhancement by fusion for RGB-D cameras[J]. IET Computer Vision，2013，7(5)：1-11.

[34]　Jin S，Cho J，Xuan D P，et al. FPGA design and implementation of a real-time stereo vision system[J]. IEEE Transactions on Circuits & Systems for Video Technology，2010，20(1)：15-26.

[35]　Li L，Yu X，Zhang S，et al. 3D cost aggregation with multiple minimum spanning trees for stereo matching[J]. Applied Optics，2017，56(12)：3411-3420.

[36]　曾灿灿，任明俊，肖高博，等. 基于贝叶斯推理的多尺度双目匹配方法[J]. 光学学报，2017，37(12)：263-271.

[37]　谢瑶. 道路几何设计对行车舒适性的影响与改善方法研究[D]. 重庆：重庆交通大学，2015.

[38]　Viénot F，Brettel H，Mollon J D. Digital video colourmaps for checking the legibility of displays[J]. Color Research and Application，1999，24(4)：243-252.

[39]　Zhu X Y，Deng S，Zhang M，et al. Perception of study of discomfort glare from LED road lighting[J]. Light and Engineering，2013，21(2)：51-56.

[40]　Lin Y，Liu Y，Sun Y，et al. Model predicting discomfort glare caused by LED road lights[J]. Opt Express，2014，22(15)：18056-18071.

[41]　Cowry A，Rolls E T. Human cortical magnification factor and its relation to visual acuity[J]. Experimental Brain Research，1974，21(5)：447-454.

[42]　张锦，赵二群，王如龙，等. 基于神经团的视网膜神经系统建模研究[J]. 系统仿真学报，2013，25(9)：1996-2000.

[43]　潘丽，刘玉梅，张自强，等. 褪黑素对神经元保护作用的研究现状[J]. 中国临床药理学杂志，2018，34(4)：479-481.

[44]　沈志豪，徐蔚，韩秋漪，等. 同色异谱影响司辰效应的定量评估[J]. 光源与照明，2017，(4)：19-24.

[45]　黄艳明. MANF对视网膜光感受器细胞和神经节细胞的保护作用[D]. 天津：天津医科大学，2017.

[46]　Yasukouchi A，Ishibashi K. Non-visual effects of the color temperature of fluorescent lamps on physiological aspects in humans[J]. Journal of Physiological Anthropology and Applied Human Science，2005，24 (1)：41-43.

[47]　刘颖俏. 光对人体生理节律的影响及应用研究[D]. 杭州：浙江大学，2015.

[48]　罗达. LED照明对人眼瞳孔和脉搏非视觉生物效应的影响研究[D]. 广州：华南理工大学，2016.

[49]　万修华，李婧，熊瑛，等. 不同Zernike组分高阶像差对人眼视锐度的影响[J]. 眼科新进展，2012，32(9)：837-840.

[50]　李元勇. 基于人类视角机制的马赫带效应研究[J]. 现代仪器，2008，(6)：45-47.

[51]　向梅，李梓兮，马晓株. 维恩位移定律的剖析[J]. 新疆师范大学学报(自然科学版)，2015，34(3)：44-47，2.

[52]　杨杰，吴凡. 粗糙表面可见光散射特性的实验研究[J]. 中国测试，2009，35(2)：125-128.

[53]　Pazzaglia F，Moè A. Cognitive styles and mental rotation ability in map learning[J]. Cognitive Processing，2013，14(4)：391-399.

[54]　Rezaei M，Klette R. Computer Vision for Driver Assistance[M]. Berlin：Springer，2018.

[55]　潘文献. 驾驶员安全可靠度分析[J]. 工业安全与环保，2010，(3)：56-58.

[56]　Hansen J H L，Boyraz P，Takeda K，et al. Digital Signal Processing for In-Vehicle Systems and Safety[M]. Berlin：Springer，2012.

[57]　Choi H C，Kim S Y，Oh S Y. In and out vision-based driver-interactive assistance system[J]. International Journal of Automotive Technology，2010，11(6)：883-892.

[58]　陈建红. 浅析驾驶员动态视觉特征及其影响[J]. 现代职业教育，2016，(15)：158-159.

[59]　Chaudhary A，Klette R，Raheja J L，et al. Introduction to the special issue on computer vision in road safety and intelligent traffic[J]. EURASIP Journal on Image and Video Processing，2017，(2017)：16.

[60]　Nguyen N T，Borzemski L，Grzech A，et al. New frontiers in applied artificial intelligence[M]. Berlin，Heidelberg：

Springer-Verlag，2008.

[61] Guan Q Z，Bao H，Xuan Z X. The research of prediction model on intelligent vehicle based on driver's perception[J]. Cluster Computing，2017，20(4)：2967-2979.

[62] 孙帅. 汽车驾驶员空间感知实验研究[D]. 淄博：山东理工大学，2017.

[63] 蔡寿祥. 基于双目立体视觉的车辆测速系统[D]. 成都：电子科技大学，2013.

[64] 马玉伟. 基于安全视域的汽车驾驶技术探究[J]. 汽车与驾驶维修(维修版)，2017，(10)：99.

[65] 张殿业. 驾驶员动态视野与行车安全可靠度[J]. 西南交通大学学报，2000，(3)：319-322.

[66] 冉念. 高速公路交通安全管理研究[D]. 西安：长安大学，2013.

[67] 徐华兵. 基于能见度变化下交通流运行特性与安全控制方法研究[D]. 合肥：合肥工业大学，2012.

[68] 翟静. 基于驾驶员视觉的跟车模型研究[D]. 昆明：昆明理工大学，2008.

[69] Apolloni B，Howlett R J，Jain L C. Knowledge-Based Intelligent Information and Engineering Systems[M]. Berlin：Springer，2007.

[70] 齐博. 普通公路与城市道路驾驶员眼动特性对比研究[D]. 长春：吉林大学，2013.

[71] Mendoza A E，Wybourn C A，Mendoza M A，et al. The worldwide approach to vision zero：Implementing road safety strategies to eliminate traffic-related fatalities[J]. Current Trauma Reports，2017，3(2)：104-110.

[72] Fuchs K，Abendroth B，Bruder R，et al. Night vision-reduced driver distraction，improved safety and satisfaction[C]// Engineering Psychology and Cognitive Ergonomics，2009：367-375.

[73] 顾强. 高速公路线形对驾驶员视觉特性影响研究[D]. 西安：长安大学，2008.

[74] 聂一鸣. 高速公路自主驾驶汽车视觉感知算法研究[D]. 长沙：国防科学技术大学，2012.

[75] 乌特·范波莫. 道路照明：理论、技术与应用[M]. 王坤，译. 北京：机械工业出版社，2017.

[76] 中华人民共和国住房和城乡建设部. 城市道路照明设计标准（CJJ 45—2015）[S]. 北京：中国建筑工业出版社，2016.

[77] 章海骢. 路灯中光的分析以及道路照明设计质量评价[C]//2010中国道路照明论坛论文集. 2010：126-129.

[78] 李铁楠. 关于修编CJJ45《城市道路照明设计标准》的说明[J]. 照明工程学报，2016，27(4)：8-11.

[79] 李瑶，林海阔，李涛，等. LED道路照明中"照度"与"亮度"评价体系的应用探讨[J]. 照明工程学报，2017，28(6)：112-114.

[80] 叶荣南，叶丹，马承柏. 道路照明现场检测方法研究[J]. 照明工程学报，2017，28(1)：107-112.

[81] 邹吉平，李丽，解全花，等. LED道路照明灯具配光设计的误区分析：照度均匀性并非亮度均匀性[J]. 照明工程学报，2009，20(S1)：46-52，58.

[82] 邹吉平，李丽，解全花，等.重识道路和隧道照明中亮度与照度的关系[J].电气应用，2010，29(7)：52-58.

[83] 章海骢. 道路照明水平下的人眼中间视觉[J]. 照明工程学报，2009，20(增刊)：1-8.

[84] 李本亮，谷历文. LED道路照明路面照度测试系统的研制[J]. 照明工程学报，2016，27(2)：49-53.

[85] 王尧，刘华，荆雷，等. 发光二极管道路照明的配光优化设计[J]. 光学精密工程，2012，20(7)：1463-1468.

[86] 王巍，葛爱明，邱隆，等. 基于路面亮度系数表的路灯配光优化及透镜设计[J]. 照明工程学报，2013，24(2)：75-80.

[87] 王康. 基于亮度成像技术的道路照明检测研究[D]. 杭州：浙江大学，2016.

[88] 贾明辉，赵中华. 道路照明现场成像亮度检测技术研究[J]. 光源与照明，2017，(2)：1-4.

[89] 吴春海，吴贵才，陈新，等. 深圳市典型路面材料亮度系数的初步测量[J]. 照明工程学报，2012，23(6)：47-50.

[90] 陈新. 基于分步法和积分半球法的路面亮度系数测量系统开发[D]. 杭州：浙江大学，2013.

[91] 黄珂. 道路照明测量方法研究[D]. 重庆：重庆大学，2006.

[92] 翁季，陈仲林. 道路照明质量与可见度水平研究[J]. 灯与照明，2011，35(4)：6-9，60.

[93] Tarel J P，Charbonnier P，Goulette F，et al. 3D road environment modeling applied to visibility mapping：An experimental comparison[C]// 2012 IEEE/ACM 16th International Symposium on Distributed Simulation and Real Time Application，2012：19-26.

[94] Weng J，Hu Y K，Ying W. Study on calculation model of road lighting visibility[J]. Science China Technological Sciences，2010，53(7)：1768-1773.

[95] Keck M E，Loch C H，Shelby B L. Evaluation of roadway lighting using the visual model of CIE 19–2[J]. Journal of Illuminating Engineering Society，1983，12(4)：251-259.

[96] Hirakawa S，Sato M，Sugawara T，et al. Total revealing power for tunnel lighting (second report)[C]// Proceedings of 26th Session of CIE(Volume 2)，2007：148-151.

[97] Fisher A J，Hall R R. Road luminances based on detection of change of visual angle[J]. Light Research and Technology，1976，8：187.

[98] 关雪峰. 中间视觉条件下电光源在介质中的视觉可见度与穿透力实验研究[D]. 深圳：深圳大学，2011.

[99] Zhao H T，Hu Y P，Yao Q. Preliminary study on low position and inverse lighting[J]. China Illuminating Engineering Journal，2012，1(7)：106-108.

[100] Zhao H T，Yuan L，Xiang D. Generalized light pollution[J]. Journal of Shenzhen University (Science and Engineering)，2004，21(3)：231-237.

[101] Yamamoto J，Kobayashi S，Nagaswa T，et al. Visibility and color-rendering properties of light sources in tunnel lighting[C]//Proceedings of 26th Session of the CIE (Volume 2)，2007：4.

[102] Rosey F，Aillerie I，Espié S，et al. Driver behaviour in fog is not only a question of degraded visibility：A simulator study[J]. Safety Science，2017，95：50-61.

[103] 郗书堂，胡培生，李景色，等. 路灯[M]. 北京：中国电力出版社，2008.

第2章　多维度道路照明：技术背景

《2017年交通运输行业发展统计公报》显示，2017年末我国公路总里程477.35万km[1]。2016年高速公路达13.1万km，2020年将达到15万km。

道路照明系统是道路设施的组成部分，对提高交通安全、降低事故发生率有着重要作用；道路照明的理论与技术问题，与绿色照明（高效节能、绿色环保、安全可靠、健康舒适）及智能交通密切相关[2]。

2016年，我国城市道路照明路灯数量达到2562.33万盏[3]，广东省城市道路路灯达259.68万盏[4]。2020年路灯数量将增加到3000万盏以上，年均复合增长率超过11%[5]。

我国用于照明的年用电量为3216亿kW·h，占全国总发电量的13%，其中高速公路照明的年用电量约占全国总发电量的7%～8%[6]。

将高强度气体放电HID灯替换为LED灯是全球趋势，世界各地越来越多的城市使用LED灯以削减碳排放。2017年，美国芝加哥计划在未来4年内，将27万盏HPS灯替换为LED灯，预计耗资1.6亿美元；据称，该计划带来的节能效益确保在几年内可实现投资回报[7]。

2.1　传统道路照明方式存在的问题

快速道路，包括高速公路、市政道路及公路隧道。

目前，快速道路照明普遍采用HID（包括HPS、金属卤化物、低电压指令）或LED光源。高速公路及市政道路路灯安装高度10～14 m，间距30～40 m；单灯功率120 W及以上；蝙蝠型配光。公路隧道路灯安装在顶部及两侧，安装间距2～10 m，单灯功率40 W以上[8]。上述路灯及照明方式已应用多年，本书称之为"传统照明体系"[9]；由于该照明体系在我国沿用至今，故又称之为"现行照明体系"[10]。

研究表明，良好的道路照明可减少约30%的夜间交通事故[11]。例如，在快速道路上有无照明，机动车驾驶员对前方障碍物做出反应的距离不同。有照明时，驾驶员的反应距离为360 m；无照明时，反应距离仅130 m[12]，如图2.1所示。

为说明道路照明的作用，有人测试了在三种照明情况下的能见度水平[13]：①无道路照明，仅受试车辆开近光灯；②无道路照明，受试车辆、迎面来车均开近光灯；③有道路照明，受试车辆、迎面来车均开近光灯（图2.2）。结果是：情况③的受试车辆驾驶员的视觉能见度最高，并且比情况②几乎增加了一倍。观察距离40 m；物体尺寸

20 cm×20 cm，反射系数0.2；照明指标L_{av}为2.45 cd/m²，U_o为0.6，U_1为0.7，阈值增量TI为5%[14]。

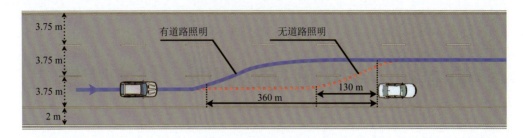

图 2.1　驾驶员的反应距离

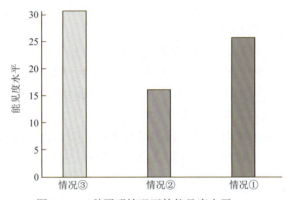

图 2.2　三种照明情况下的能见度水平

无疑，以HPS灯为典型光源的传统照明体系对于提升交通安全发挥了巨大作用，在设计、制造与安装工程诸方面已臻完善，但大量事例表明，传统照明体系也存在以下问题。

2.1.1　失能眩光问题

道路照明中，路灯眩光历来为重要的评价指标[15, 16]。眩光是指在驾驶员视域内存在空间或时间上不适宜的极端亮度对比，以致引起不舒服或降低可见度的视觉现象。眩光会对驾驶员形成视觉干扰[17]。路灯眩光不再是来自传统意义的前方，而是来自前后、上下、左右各个方向。

1. 前视眩光

前视眩光是指来自驾驶员前方、对驾驶员观察前方视线形成强烈干扰的眩光。路灯前视眩光的来源多为高度超过10 m的传统高位路灯，如图2.3所示。

图 2.3　高位路灯产生的前视眩光

传统半截光型路灯的保护角为15°。因此，76°高度角处被认为是眩光最强的路灯光源位置[18, 19]，由于透视的原因，驾驶员前方视域内均存在眩光（图2.4）。

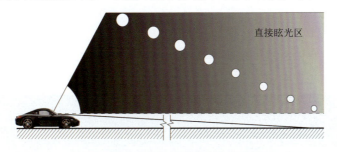

图 2.4　驾驶员前方视域内眩光示意图

2. 侧视眩光

城市干道LED低位路灯照明，虽然消除了高位路灯照明方式下机动车驾驶员上方视域内的眩光，但产生了侧视眩光[20]（图2.5）。

图 2.5　低位路灯产生的侧视眩光

3. 后视眩光

一些路灯还会形成后视眩光，后视眩光是指路灯光源位于驾驶员后方、对驾驶员观察后视镜视线形成强烈干扰的眩光。后视眩光包括由中位路灯产生的"中"后视眩光（图2.6）及由低位路灯产生的左右两侧的"低"后视眩光（图2.7和图2.8）。

图2.6 "中"后视眩光　　　　图2.7 "低"后视眩光（左侧）图2.8"低"后视眩光（右侧）

4. 斜视眩光

当路灯位置较低、灯具的截光角较大时，会产生来自道路边侧的斜视眩光。斜视眩光是指路灯光源位于驾驶员斜侧面、对驾驶员形成强烈干扰的眩光，如图2.9所示。

图2.9　长安街的投光灯强烈的斜视眩光

斜视眩光严格地说是来自道路侧边的眩光，并且仅出现在某些特定路段。产生斜视眩光需要满足两个条件：一是道路足够宽，要4个车道以上；二是通常的路灯只起"装饰"作用，而以投光灯作为道路主照明，如图2.10所示。

5. 对视眩光

对视眩光由位于对面车道的车辆前灯或路灯产生。图2.11是长安街上的对视眩光，该眩光并非来自路灯而是来自对面的机动车前灯。

由于对视眩光多来自相向而行的车灯，所以具有移动性和多重性，如图2.12所示。

图 2.10 装饰性路灯加投光灯产生的斜视眩光

图 2.11 长安街上的对视眩光

图 2.12 对视眩光移动过程

深圳北环路上的多重性对视眩光，如图2.13所示。

图 2.13 多重性对视眩光

对视眩光降低了驾驶员发现前方目标物的概率，并延长了对已发现目标的反应时间[21]。

6. 上视眩光

LED补光灯，是智能交通领域不可缺少的关键设备，用于视频监控设备抓取高清图像和视频，补光灯亮度直接影响抓拍效果和视频录像。目前，LED补光灯有LED闪光式补光灯和LED常亮式补光灯两种，如图2.14所示。

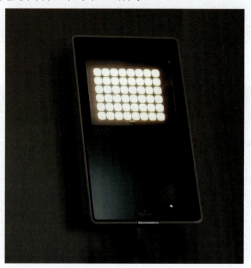

图 2.14　LED 补光灯

LED补光灯的主要问题是眩光强烈，无论哪种类型，工作中产生的超高亮度都对驾驶员产生严重的眩光，如图2.15所示。

图 2.15　LED 补光灯造成了强烈的上视眩光

图2.16是深圳市某路段LED补光灯阈值增量TI的情况，测量结果如表2.1所示。

图 2.16　深圳市某路段 LED 补光灯 TI 值的情况

表 2.1　深圳市某路段 LED 补光灯 TI 测量结果

	阈值增量 TI	$L_{av}/(cd/m^2)$	Ω/rad	θ/rad
1	1.89E+000	75775	3.12E−004	11.08
2	5.54E−001	28770	1.93E−004	9.93
3	1.47E−002	307	4.77E−006	1
4	1.29E−002	922	9.53E−006	2.6
5	4.73E−003	1235	1.19E−005	5.54
6	4.32E−003	5402	4.77E−005	23.4
7	3.11E−003	1239	2.15E−005	9.22
8	2.12E−003	956	2.86E−005	11.24
9	1.21E−003	647	9.53E−006	7.13

　　调查结果显示，当驾驶员开车经过有闪光式补光灯的路口或路段时，可能会多次被监控闪光灯影响，造成驾驶员产生暂时的视觉失能，增加了驾驶的危险性。

7. 下视眩光

　　与通常意义上高亮度的眩光不同，路面强烈的明暗反射差削弱了驾驶员观察前方障碍物的能力。当观察者看向路面暗区时，亮区就形成了眩光源[22]。

　　在空间上，路面暗影分为静态的斑马条纹和动态的车影线。

　　静态的下视眩光是指路灯照明不均匀导致的路面看上去出现明显的明暗相间的现象。图2.17为拍摄的深圳某道路路面斑马条纹的伪色图及纵向亮度曲线（沿道路纵向连续计算路面亮度值），灯具间隔11 m。

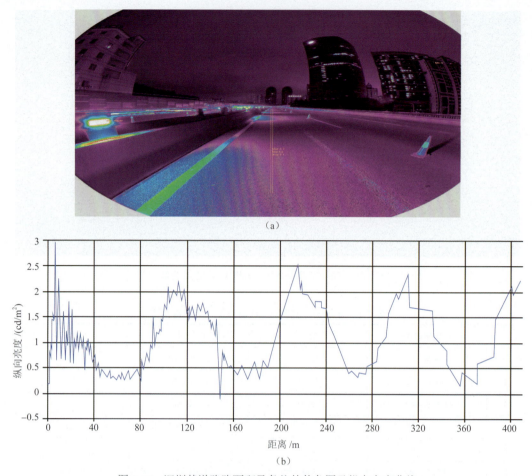

（a）

（b）

图 2.17　深圳某道路路面斑马条纹的伪色图及纵向亮度曲线

由图2.17可以看出，该被测路面斑马条纹的纵向亮度由低谷的0.3 cd/m²到峰值的3 cd/m²，相差10倍。该段路面斑马条纹如图2.18所示。

图 2.18　路面斑马条纹

动态的车影线是在道路较宽及路灯较低的条件下产生的一种下视眩光。车影线有别于斑马条纹，它是路灯的强光受到车辆阻隔后在原本亮度均匀的路面形成的高强度明暗反差[23, 24]（图2.19）。

图 2.19 长安街上路面的车影线

另外，在公路隧道照明中，国外探索已久的高位路灯逆向照明方式同样因为显著的前视眩光问题而迄今难以大规模推广，即使该照明方式在节能方面显示出巨大的优势。

上述分析表明，无论对于高速公路、市政道路及公路隧道照明，传统道路照明体系都存在显著的前视眩光、后视眩光、对视眩光及下视眩光。

2.1.2 照度分布问题

传统照明方式下，为提高（水平）照度均匀度[25]，需将光源以下空间尽可能均匀照亮，结果是沿道路断面上方形成近10～12 m高的光照区（图2.20）。

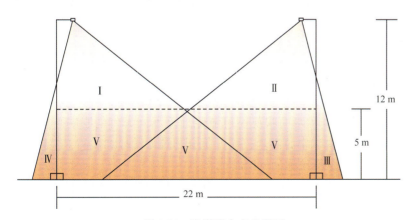

图 2.20 沿道路上方光照区

由于高速公路的封闭性质，尤其在高架路段，机动车驾驶员仅需观察路面及道路前方情况而不需要同时观察道路以外的情况。因此，道路照明没有必要将路面上方接近12 m高的空间照亮，其光照空间可降低至一半甚至更低（图2.20的虚线以下），仅这一高度内的光照空间是有效的光照区域，路灯为有效光照区域提供的光通量才是有效光通量。但即使在有效光照区域内，传统路灯所提供的也不全是有效光通量。

有研究指出，有效光照区域内的路灯照明分为有效照明分量与无效照明分量。该研究同时证明：传统照明方式不仅有效光照区域仅占全部照明区域中的很小一部分，而且即使在有效光照区域内，无效照明分量也远大于有效照明分量。因此，传统照明方式下，路灯产生有效照明的光通量仅占总光通量中很小部分，这导致传统道路照明体系无效能耗较大[26]。

另外，理想的道路照明应是越接近路面，照度越高，向上递减，下亮上暗。但传统照明方式恰恰相反，在灯高至少10 m的条件下，根据平方反比定律，照度在竖直方向的分布规律是上亮下暗，这使得处于上部的无效光照区的照度远高于下部的有效光照区的照度。例如，公路上水平照度最高的平面不是驾驶员需要观察的路面而是人们根本看不到也不需要看到的大型机动车的车顶。这表明传统照明方式在照度分布上同样不合理。

2.1.3　可见度低的问题

可见度通常指正常天气条件下，人眼对路面上物体的识别能力。传统照明方式下，行车方向垂直照度不均匀，这导致部分暗区可见度较低，同时也降低了整体可见度。

有研究通过理论分析与模拟后明确指出，现行道路照明系统主要以路面水平照度及均匀度作为照明设计的评价指标，必然导致路面亮度均匀度的降低。

第1章曾指出，导致上述可见度降低的根本原因是以水平照度作为道路照明设计与测试的主导因素，违背驾驶员行车过程中的观察规律。

传统路灯照明可见度水平低的问题并不能单纯靠增大路灯的功率来解决。在第4章将阐明：传统照明方式下，随着路灯光源功率增大，背景与前景的物理亮度均以近乎相同的比例提高；由于它们之间的对比度变化不大，并且眩光增大，驾驶员的主观亮度（视亮度）增加极其有限。

2.1.4　恶劣天气问题

道路的露天性质决定了路面状况不可避免地受不同天气的影响。恶劣天气是指大雨、大雪和重雾霾等。空气中游浮尘、酸、化合物等大量极细微的干尘粒子，当湿度增大时，转化为雾霾，气象学统称为气溶胶[27, 28]。

恶劣天气下，空气浑浊、可见度低，驾驶员视野中的前方物体及环境变得模糊，无法有效地辨别道路标志、标线等交通安全设施，甚至失去对前方车辆、路况和道路走向做出判断的能力[29, 30]（图2.21）。

图 2.21　恶劣天气导致可见度低

驾驶员在大雾下因辨不清道路而偏航，将车开出路面甚至酿成事故，如图2.22所示。

图 2.22　驾驶员在大雾下发生的偏航及追尾事故

每年因恶劣天气导致的快速道路被迫关闭后导致大塞车，亦造成巨大的经济损失[31]，例如，央视新闻客户端2018年1月17日9时58分发布的消息①。相关图片如图2.23所示。

图 2.23　高速公路因严重雾霾而被迫关闭

当机动车驾驶员无法正确判断前方是否存在车辆，以及前方车辆与本车辆的实际距离时，追尾和连环相撞等交通事故发生的概率比平常高出几倍甚至几十倍②。

在大雪天，同样存在视线受阻问题。日本北海道为此设计了道路走向专用指示标

---

①　山东省气象台今晨5时发布大雾橙色预警信号，菏泽、济宁、枣庄、临沂、烟台、威海和青岛已出现能见度低于200 m的强浓雾，局部地区出现能见度不足50 m的特强浓雾今日夜间到明天凌晨前后全省大部地区仍将有能见度低于500 m的浓雾天气。受此影响，山东境内目前100多个高速路口关闭。

②　2012年4月，因雾，沈海高速公路连云港段发生7起交通事故，造成5死11伤；同年5月，在京珠高速公路（信阳段）因突发团雾相继发生交通事故13起，8人死亡，13人受伤。

2016年4月2日，沪宁高速上海至无锡方向玉祁段发生重大车祸，现场至少50辆车连环相撞，车祸造成3死31伤，雨天路滑和雾是事故主要原因；同年11月，上海浦东区域内的S32公路因大雾引发两起多车追尾事故，死亡9人，伤40多人；同年11月，邢汾高速公路突发团雾，导致发生9起交通事故，2人死亡，6人受伤，涉及车辆21辆。

志，如图2.24所示。

图2.24　北海道道路走向专用指示标志

　　另一种恶劣天气是局部浓雾，也称团雾。团雾是受局部地区微气候环境的影响，在数十米到上百米的局部范围内，出现的特"浓"的雾。团雾有几个特点：团雾范围小，雾外视线良好，雾内能见度低，覆盖范围、面积不稳定，如图2.25所示。

图2.25　团雾的几种形态

　　团雾的危害是严重的[①]。

　　公路上出现团雾的原因是：①路面白天温度高，昼夜温差大；②公路附近焚烧秸秆、工业粉尘、汽车尾气等；③当地地理环境为低洼路段。

　　至今，对于大雨、大雪和重雾霾这样的恶劣天气，特别是浓雾的情况下，无论是道路照明规范、现有道路照明系统还是现有研究成果均无任何针对性技术与措施。交通管理部门目前的对策只是要求驾驶员在雾天行车时，要限制车速并打开示廓灯与前、后

----

① 2012年6月，沈海高速公路盐城开发区段，因突发团雾，相继发生7起共约60辆机动车追尾事故，11人死亡，30多人受伤；同年10月，唐津高速突发三起因雾引起的交通事故，近60辆车相撞，20名人员伤亡。

2013年6月，在京港澳高速公路因突发团雾引发16起交通事故，共56车相撞致14人死亡。

2014年1月，因雾导致大广高速信阳段发生4起重大交通事故，共致6死2伤；同年1月，汉十高速老河口仙人渡大桥段发生一起由突发团雾引发的追尾事故，造成5死1伤；同年4月，在宁洛高速漯河段，多辆车因雾发生连环相撞，造成3死8伤；同年10月，因雾，西延高速延安开往西安方向三原段发生10起追尾事故，22辆车发生碰撞，造成4人死亡，3人受伤。

2015年11月29日，在山西大运高速上发生了一起因突发团雾酿成47辆车连环相撞的特大交通事故，造成3死7伤。

2017年11月8日，河南高速大雾致40余辆车连环相撞，造成1人死亡，6人受伤，31辆车受损。

2017年11月15日，安徽省滁新高速路段，因突发团雾，发生30余辆车连环相撞事故，事故造成18人死亡，21人受伤。

雾灯，但不得开远光灯[①]，或者干脆封路[32]；有时不得不出动警车为驾驶员在大雾下带路，如图2.26所示。

图 2.26　警车在大雾下为驾驶员带路

事实上，传统道路照明系统的路灯在恶劣天气下还存在着另一种隐患——风荷载与维护安全问题。传统路灯使用的灯杆高达十多米，加上顶端的灯头部分，本身风荷载不容小觑。当安装在高架道路和桥梁特别是跨海桥梁上时，在沿海地区暴风雨的天气下，灯杆顶部灯具的晃动幅度较大，松动甚至脱落的危险性增大，如图2.27所示。

图 2.27　高架道路和桥梁上的灯杆

2.1.5　疲劳驾驶问题

疲劳驾驶[33]导致交通事故增加，后果严重。据统计，美国每年由于疲劳驾驶所导致的交通事故约10万起，导致死亡的约1500起[34]。德国由疲劳驾驶引发的交通事故占

---

① 2004年5月施行，2017年10月修订的《中华人民共和国道路交通安全法实施条例》第八十一条规定，机动车在高速公路上行驶，遇有雾、雨、雪、沙尘、冰雹等低能见度气象条件时，应当遵守下列规定：
1. 能见度小于200米时，开启雾灯、近光灯、示廓灯和前后位灯，车速不得超过每小时60公里，与同车道前车保持100米以上的距离；
2. 能见度小于100米时，开启雾灯、近光灯、示廓灯、前后位灯和危险报警闪光灯，车速不得超过每小时40公里，与同车道前车保持50米以上的距离；
3. 能见度小于50米时，开启雾灯、近光灯、示廓灯、前后位灯和危险报警闪光灯，车速不得超过每小时20公里，并从最近的出口尽快驶离高速公路。

该国交通事故总量的约25%。法国由于疲劳驾驶而导致的交通事故，占人身伤害事故的14.9%、死亡事故的20.6%。

我国因疲劳驾驶而引发的交通事故也屡屡发生。2008年因疲劳驾驶所导致的交通事故达2500多起，死亡1353人，直接经济损失约5738万元。由于目前对疲劳驾驶并没有具体认定准则，实际因驾驶人员疲劳所导致的交通事故所占比例要比统计数据高出许多。

疲劳驾驶作为重大交通事故的主要元凶之一，其状态判断、所受各种因素影响的机制及有效的对策手段等方面，近年来受到世界各国研究人员的关注[35]。

由于疲劳驾驶导致的恶性交通事故大多发生在夜晚，道路照明的光色及其周期变化会影响驾驶员的疲劳程度及对道路环境的观察，如图2.28所示。

图 2.28　驾驶员的疲劳驾驶

道路照明作为道路交通设施的一个重要组成部分，在暗环境下，灯光成为影响疲劳的外在因素，但传统的道路照明系统在抑制驾驶员疲劳方面并无有效作为。因此，如何通过道路照明的改进，降低因疲劳驾驶所导致交通事故的发生概率，是保障道路交通安全的重要内容之一。

2.1.6　故障警示问题

机动车在快速道路上行驶过程中，故障不可避免。迄今，故障发生后的标准做法是：驾驶员将车驶至最右侧的救援车道，停车后步行至车后方安全距离以外，将三角警示牌置于路面并通知4S店进行救援或修理[36]。在这一过程中，会出现两个不安全因素：一是行走过程中人与警示牌之间并无安全距离，人处于危险之中，我们称为距离安全问题；二是置于路面的三角警示牌未被后面来车的驾驶员及时发现、提前躲避而发生追尾，称为识别安全问题。无论发生上述哪种情况，普通的车辆故障均不幸演变为交通事故。

例如，2016年末《成都商报》的一则消息①；此外，还有深圳城事深圳交警企鹅号

---

① 11月15日晚，在G5高速2474公里处，一辆汽车发生交通事故，现场有人受伤。攀枝花仁和区人民医院的救护车到达现场后，医务人员立即对现场伤员展开救治。21时20分左右，一辆鲁C牌照的拖挂车由于车速过快，冲进救援现场，撞击救援的救护车。仁和区人民医院的一名23岁女护士不幸遇难，事发时她正在参与救援。"病人该如何包扎固定？"说完这句话后，一声巨响女护士便躺在了车底。据交警介绍，事发当时，交警、路政、交通执法三方现场按要求在150～200 m外摆放了警示标志。

2017-12-05 15:16的消息[①]。

据中央电视台消息，2018年全国共发生200多起二次事故。目前，传统道路照明系统对于警示机动车故障与事故没有任何辅助功能。

2.1.7　树木遮挡问题

在传统道路照明系统设计过程中完全忽视了行道树的存在。对于市政道路，传统道路照明系统设计时，布灯形式多为围合式，并且有一个默认条件——道路上仅有路灯，没有其他物体。设计中无论是路面照明，还是照度、亮度及其他指标的计算，都不考虑其他物体的存在。

实际上，修路初期行道树较小，远低于路灯，因此对路灯照明并无影响；几年后，行道树长大，枝叶将路灯包围，使得路灯到达路面的投射光部分甚至大部分被树木遮挡，既无法对道路路面进行有效照明，也难以辨别道路周围物体（图2.29）。

图 2.29　路灯被行道树遮挡

事实上，市政道路的一些路段，行道树的遮挡导致路灯有效光通量的衰减远大于路灯本身的维护率下降。同样由于行道树遮挡，路面过暗，迫使机动车开远光灯行驶，造成了强烈的对视眩光，如图2.30所示。

图 2.30　开远光灯行驶的机动车

---

① 2017年12月4日上午9时30分许，深牌货车司机王某将车停在应急车道，打开危险报警闪光灯检查故障，却不幸被撞。经查，事发时，该路段视线良好，事发交通流量正常。肇事港牌货车当时车速为90 km/h。事发时，故障车辆停靠在应急车道内，王某下车前已打开危险报警闪光灯，走到该车左侧尾部车底检查油箱故障时，被港牌货车碰撞致当场死亡。

　　迄今为止，传统道路照明系统尚无针对路灯被行道树遮挡问题的有效措施。面对行道树，路灯管理部门只有两种选择：要么放任树木增长，任由遮挡，此时路灯形同虚设，导致路面过暗，机动车开远光灯行驶，眩光强烈；要么砍树或不停地修剪树木，砍树固然不可取，但修剪也很难及时且会占道阻碍交通，树木修剪后还会继续增长，周而复始，最终也只能回到路灯任由树木遮挡的状态。

　　解决行道树遮挡问题的一种方法是将路灯悬于道路上方，而不是简单立于道路两侧，以此来减少行道树对灯光的遮挡，如图2.31所示。

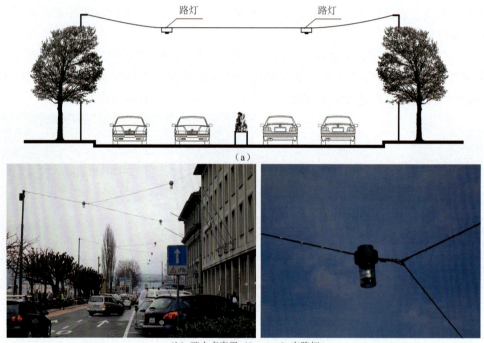

（b）瑞士卢塞恩（Lucerne）市路灯

图 2.31　悬于道路上方的路灯

　　对于地处热带、亚热带的城市，每年的热带风暴使得行道树对路灯造成威胁。由于行道树被风吹倒吹歪而压倒路灯的现象时有发生，如图2.32所示。

图 2.32　路灯被行道树压倒

面对大量人力与能源的浪费及眩光肆虐，行道树影响路灯的问题一直令人们束手无策，本书也期望能够通过技术手段从根本上解决行道树与路灯的矛盾。

2.1.8　路灯污垢问题

路灯底部均积满污垢，是一个长期困扰路灯维护部门的问题。路灯运行一段时间后，在路灯灯头的灯罩玻璃内底部会聚集大量污垢，遮挡了光源向下照射的光线，导致路灯实际光效大大降低（图2.33）。

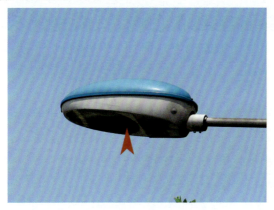

图 2.33　长期运行的路灯的污垢

目前的解决办法是人工清洗，对于传统高位路灯，清洗路灯需要高空车配合且占用道路（图2.34），耗时费力，无法及时清洗，结果是路灯污垢长期存在。

图 2.34　传统高位路灯的清洗

因此，从技术上真正解决路灯的内部污垢问题，才是提高路灯光效的有效途径。

2.1.9　溢散光污染问题

传统道路照明系统的光污染的主要表现形式是在市政道路照明中，高位路灯不同程度地对道路旁边的住宅造成溢散光污染，特别是位于城市中心区域高架桥上的高位路灯的溢散光更加不可忽视[37]（图2.35和图2.36）。

图 2.35　市政道路高位路灯对道路旁边的住宅产生溢散光

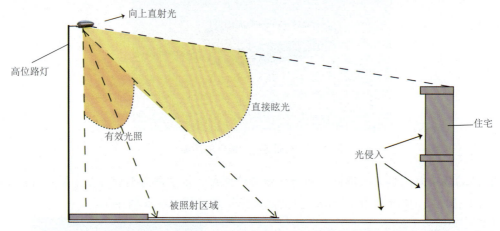

图 2.36　市政道路高位路灯对道路旁边的住宅溢散光分析

在城市中心道路"越来越亮"的大背景下减少溢散光污染显得愈加重要，而传统照明方式迄今无法做到[38]。

2.2　LED 路灯照明方式

LED路灯的出现为解决传统道路照明系统存在的上述问题提供了契机。LED路灯亮度高、体积小、显色性高、低压安全；LED光源的光分布设计的可塑性和可分散安装等特点，在节能方面显示出巨大的潜力。因此，人们对LED路灯的期望即从根本上解决传统道路照明系统存在的上述问题[39, 40]。

2.2.1　LED 高位路灯

与人们的期待相反的现状是，LED路灯在大规模应用于道路照明近20年后，其研发仍然聚焦在对传统的HID光源进行简单的替换，几乎所有的LED路灯都在仿造"蛇头灯"进行设计和制造[41]。

为推进LED路灯的应用，多地采取政策引导甚至强制性替代措施[42]。但以LED路灯特定的优势为出发点进行自主型而非替代型路灯的研发活动，则并不多见[43]。

目前，LED路灯有两种形式：一种是平板灯，采用每个1～2 W的小型光源，单独配光，整灯由多个LED模组组成；另一种是采用板上芯片COB封装技术的LED路灯，如图2.37所示。

传统HID路灯光源的尺寸很小但光通量很高。在总光通量一定时，增大发光面面积，会减小单位发光面的光通量，从而减小与背景之间的亮度比，降低了眩光的刺激强度。

由于LED平板灯发光体的尺寸大于传统HID路灯的发光体，能量密度低，人们感觉到的刺眼程度低于传统HID路灯；由于COB封装的LED路灯光源体型比HID光源更小、能量密度更高，眩光高于传统HID路灯[44]。

图 2.37　LED 路灯的两种封装形式

另外，以蓝光加荧光粉产生白光的功率型LED光源中，光谱的蓝色部分能量较多[45]，故LED路灯的色温高过HPS路灯；人们感觉蓝光导致更强烈的强光刺激（图2.38和图2.39）。

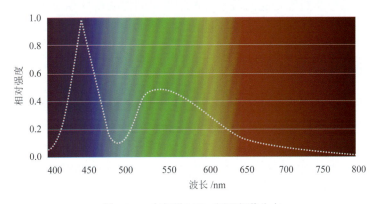

图 2.38　功率型 LED 光源光谱分布

图 2.39   COB 封装的路灯光源体型更小、色温更高导致刺激更强

实际上，由大功率LED光源简单替换HID（包括MH及HPS）光源在本质上并未改变传统照明方式，也不可能解决现行照明体系存在的种种弊端，甚至带来新的问题。例如，大功率LED光源的COB封装技术，虽然降低了成本，但存在眩光、散热、呼吸、光衰（有研究指出其实质是荧光粉化合反应）和维修不便等问题；而小功率（1～5 W）的LED光源则没有上述难题，小功率封装技术[如集群板上芯片（multi chips on board，MCOB）]成本低，出光面积大，光效率通常要高于大功率（如COB）封装技术。但由于MCOB模组的外形与配光均与传统路灯不同，反而不如COB路灯受到重视。同时，目前由小功率LED模组组合而成的高位路灯这种应用形式本质上也未能脱出传统路灯形式。

以恶劣天气（包括重雾霾天）道路照明为例，HPS传统路灯已被证明无法适应恶劣天气下的道路照明，但LED路灯光源的穿透力并不比HPS光源强。实验表明，即使将LED路灯光源的色温由5000 K降低为3000 K，也只能很有限地提高穿透力。目前，无论在理论或实验方面目前均未找到"任何低色温的LED光源能够在恶劣天气下有效提高驾驶员视觉能力"的确切证据。

需要指出，目前出现了一种"智慧路灯"[46]的概念。但考察后发现，这些所谓的"智慧路灯"与"路灯"的关系远远低于与"路灯杆"的关系；"智慧路灯"与照明功能的关系远远低于与非照明功能的关系。本章指出的传统路灯存在的所有弊端，也统统存在于所谓的"智慧路灯"中，更谈不上道路照明领域的"智慧性"技术进步。

2.2.2   LED 低位路灯

近入21世纪，低位路灯照明方式开始出现[46-48]。采用低位路灯照明方式最初的需求背景是在机场附近道路，路灯被"限高"；在高速公路的桥梁和高架路段，对附属道路设施的防风和抗震有较高的要求，高位路灯存在风险；在高速公路匝道部分，因为道路过窄，高空车在维修常规路灯时会堵车，升降车斗也有安全隐患[49]。

常规的低位路灯照明方式，将小功率的LED光源直接安装在道路护栏、隔离带、防撞墙上，向路面投光[50]，满足路面必要的照明需求，利于维护与检修[51]。因灯具无需灯杆，亦称"护栏灯"。

国外关于低位路灯照明的介绍最早出现于2003年，日本岩崎电气与日本道路公团、高速公路公司合作进行了LED低位路灯实验：在道路一侧高1.1 m、间隔1 m安装3种共14个LED路灯，通过调光对路面进行照射，路面水平照度达到7～10 lx[52]。

2007年，某照明公司在常州为解决立交桥特别是匝道的维修难题而采用低位路灯。工程采用小功率HPS光源，灯具直接安装在道路护栏、隔离带或防撞墙上[53]，如图2.40所示。

图2.40　立交桥上 HPS 低位路灯照明情况

2008年，文献[54]报道了"一种低高度平光道路照明技术"，该技术采用MH光源，安装间距为8～11 m，高度在1.2 m以内，采用平光束（flat beam）配光以向下照明的方式限制眩光。据称，该灯85%的直射光通量分布于路面以内。因灯位降低，该灯部分克服了高位路灯照明方式存在的较大的无效光照区问题。但由于光源照明功率密度过高，这一照明方式最大的问题在于靠近路灯行车道的驾驶员会感到强烈的眩光[55]。

2011年，文献[56]提出了一种非对称配光的照明用护栏灯。该护栏灯向前下方投光的透镜具有一供光源的光线入射的内凹的入光面及出光面，其出光面为自由曲面，该自由曲面分为大小两侧，面积较大侧曲面的曲率变化缓于面积较小侧曲面，以此使光线经透镜向出光面上面积最大的曲面偏转。

2012年，文献[48]提出了低位路灯眩光的两个关键性问题：一个是驾驶员通过反光镜观察后部车辆状况时比较严重的后视眩光；另一个是不适合的路灯间距会造成频闪效应，问题最严重的路灯间距为1.67～3.33 m。该研究提出的"评价体系"仍然是以当时规范的路面照度（水平照度）作为评价指标。

同年出现了一种双向低位LED护栏灯（图2.41）[57]。该灯采用LED光源，与普通护栏灯的主要差别是该灯可向两侧照射。该灯的最大问题是不能满足快速道路基本路段照明的要求。

2012年，低位路灯采用大功率超高亮度LED光源及二次配光[58]技术实现光的大角度水平投射。

2013年，文献[59]提出了一种LED低位路灯，将灯具置于驾驶员视线以下，通过透镜的配光设计使得路面获得必要的亮度，以向下照明的方式限制眩光。为使其光线较多地射向地面，在LED光源前方设有折射角上下不对称的透镜。

图 2.41　双向低位 LED 护栏灯

分析表明，该照明方式存在两个问题：一是全部光照集中于路面1.2 m高度以下，无向上过渡区，反差过大，视觉舒适性差；二是并不能真正消除眩光，驾驶员仍能看到来自于前侧方灯具"发光面"的眩光，低位路灯照明区域如图2.42所示。

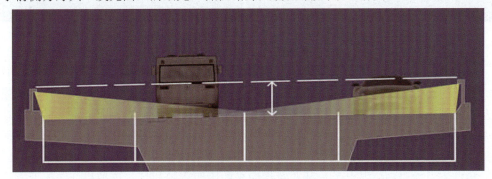

图 2.42　低位路灯照明区域

2014年，一种非对称配光的LED低位路灯被发布，防眩光措施是光源投光方向由垂直于行车方向改为向前下方投光，采用非对称配光来限制眩光（图2.43）。

图 2.43　向前下方投光的低位路灯

2017年，文献[60]等提出了一种多弧面反射体的低位路灯。反光杯包括2个抛物线弧面和1个自由弧面，灯体下部的抛物线弧面长度大于灯体上部的抛物线弧面，灯源与反光杯背部平板的夹角为64°～66°，如图2.44所示。

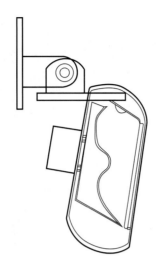

图 2.44　低位路灯照明反光杯[60]

2015年，飞利浦公司公布了用于"无杆路灯"[55]的BWP231/230，整灯采用2.5 mm高强度压铸铝外壳，防腐蚀不锈钢灯具，如图2.45所示。

图 2.45　"无杆路灯"灯具

2016年，文献[61]等介绍了一种LED低位路灯，包括灯体、供电电源、LED光源组件、透镜、固定安装在灯体上的透光罩、套置在灯体上下端的两个装饰壳板，如图2.46所示。

可用于桥梁与道路LED栏杆灯具，如图2.47所示。

采用非对称光学配光的LED低位路灯，如图2.48所示。

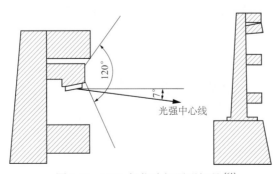

图 2.46　LED 低位路灯照明灯具[61]

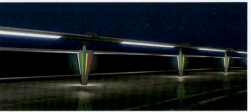

图 2.47　LED 栏杆灯具

图 2.48　低位路灯

上述低位路灯应用于道路照明存在的普遍问题是缺乏实际效果的现场测试系统、完整的资料[62]。

2012年，深圳大学建筑物理实验室对山东胶州湾大桥的LED低位路灯进行了较大规模的低位路灯照明现场实测。该桥总长度41.58 km，路宽35 m，双向6车道，部分8车道。采用9.7 W小功率LED光源（1W/颗），灯具安装于护栏上，高度1.2 m，如图2.49所示。

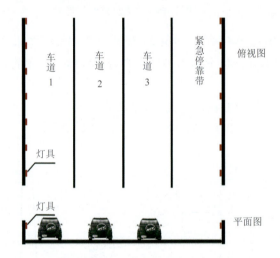

图 2.49　山东胶州湾大桥 LED 低位路灯安装示意图

道路照明灯具为暖白色LED点光源，如图2.50所示。

图 2.50　LED 低位路灯（徐庆辉 摄）

经深圳大学建筑物理实验室现场测定，由于采用低位路灯照明方式，部分克服了传统高位路灯照明方式的缺点，但该项目部分测试指标未能满足现行道路照明设计规范标准。测试结论如下。

①较佳指标：水平、垂直和柱面照度的横向均匀度、纵向均匀度，亮度的纵向均匀度和整体均匀度。

②达标指标：平均照度值、照明功率密度值、照度整体均匀度和中车道的眩光指数。

③未达标指标：平均亮度值、边车道眩光指数。

④水平照度：3D分布（车道1、车道2）如图2.51所示。

⑤垂直照度：3D分布如图2.52所示：

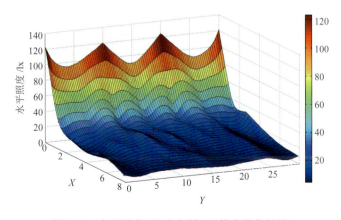

图 2.51　水平照度 3D 分布图（4 格点样条插值）

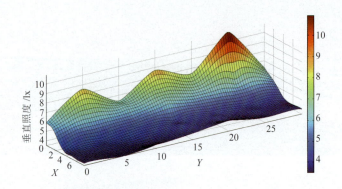

图 2.52　垂直照度 3D 分布图（4 格点样条插值）

光谱能量分布曲线如图2.53所示。

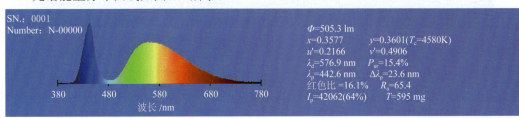

图 2.53　光谱能量分布曲线[63]

光谱色度数据，如表2.2所示。

表 2.2　光谱色度数据

x	y	u'	v'	T_c/K	主波长 λ_d/nm	色纯度 /%	峰值波长 λ_p/nm	半波宽 $\Delta\lambda_p$/nm	红色比 /%	R_a
0.3577	0.3601	0.2166	0.4906	4580	576.9	15.4	442.6	23.6	16.1	65.4

光谱明暗视觉分布，如表2.3所示。

表 2.3　光谱明暗视觉分布

波段 /nm	明视觉相对光视效率	暗视觉相对光视效率	LED 绝对光谱 /(mW/nm)	S 值（暗视觉相对值）	P 值（明视觉相对值）
380	0.0000	0.0006	0.0774	0.0000	0.0000
390	0.0001	0.0022	0.0557	0.0001	0.0000
400	0.0004	0.0093	0.0000	0.0000	0.0000
410	0.0012	0.0348	0.0920	0.0032	0.0001
420	0.0040	0.0966	2.0884	0.2017	0.0084
430	0.0116	0.1998	7.4791	1.4943	0.0868
440	0.0230	0.3281	12.6083	4.1368	0.2900
450	0.0380	0.4550	8.8328	4.0189	0.3356
460	0.0600	0.5670	2.4687	1.3998	0.1481

波段 /nm	明视觉相对光视效率	暗视觉相对光视效率	LED 绝对光谱 /(mW/nm)	S 值 （暗视觉相对值）	P 值 （明视觉相对值）
470	0.0910	0.6760	1.0348	0.6995	0.0942
480	0.1390	0.7930	0.6549	0.5193	0.0910
490	0.2080	0.9040	0.7442	0.6728	0.1548
500	0.3230	0.9820	1.6992	1.6686	0.5488
510	0.5030	0.9970	3.3488	3.3388	1.6844
520	0.7100	0.9350	5.3486	5.0009	3.7975
530	0.8620	0.8110	7.1721	5.8166	6.1824
540	0.9540	0.6500	8.2006	5.3304	7.8234
550	0.9950	0.4810	8.7912	4.2286	8.7472
560	0.9950	0.3288	8.9785	2.9521	8.9336
570	0.9520	0.2076	8.8352	1.8342	8.4111
580	0.8700	0.1212	8.5231	1.0330	7.4151
590	0.7570	0.0655	8.0193	0.5253	6.0706
600	0.6310	0.0332	7.3724	0.2444	4.6520
610	0.5030	0.0159	6.7020	0.1068	3.3711
620	0.3810	0.0074	6.0656	0.0447	2.3110
630	0.2650	0.0033	5.1946	0.0173	1.3766
640	0.1750	0.0015	4.3742	0.0065	0.7655
650	0.1070	0.0007	3.6183	0.0024	0.3872
660	0.0610	0.0003	3.0167	0.0009	0.1840
670	0.0032	0.0001	2.4169	0.0004	0.0077
680	0.0170	0.0001	1.8075	0.0001	0.0307
690	0.0082	0.0000	1.2974	0.0000	0.0106
700	0.0041	0.0000	1.0466	0.0000	0.0043
710	0.0021	0.0000	0.8085	0.0000	0.0017
720	0.0011	0.0000	0.5308	0.0000	0.0006
730	0.0003	0.0000	0.4165	0.0000	0.0001
740	0.0003	0.0000	0.1491	0.0000	0.0000
750	0.0001	0.0000	0.1918	0.0000	0.0000
760	0.0001	0.0000	0.0557	0.0000	0.0000
770	0.0000	0.0000	0.0493	0.0000	0.0000
780	0.0000	0.0000	0.0518	0.0000	0.0000
S/P 值	1.5250				

　　注：LED 绝对光谱数据由 STC4000 光谱仪测量而得；S/P 值是暗视觉亮度和明视觉亮度的比值，用来表征光源的光谱在暗视觉的情况下的有效程度。

　　测试汇总对照表如表2.4所示。

表 2.4　山东胶州湾大桥测试汇总对照表

汇总对照表		现状			中国				国际							
---	---	---	---	---	建设部 CJJ 45—2006		交通部 JTJ 001-97		国际 CIE 标准		美国 IESNA 标准		日本 JIS 标准		德国 DIN 标准	
		车道 1	车道 2	两车道	标准	评价	标准	评价	标准	评价	标准	评价	标准	评价	标准	评价
水平照度 /lx	横向均匀度	0.43	0.64	0.54	*		*		*		*		*		*	
	纵向均匀度	0.81	0.79	0.80	*		*		*		*		*		*	
	平均照度	47.94	13.10	30.52	20～30	√	20～30	√	*		≥6	√	*		*	
	总均匀度	0.30	0.49	0.40	0.4	√	*		*		0.33	√	*		*	
垂直照度 /lx	横向均匀度	0.70	0.96	0.83	*		*		*		*		*		*	
	纵向均匀度	0.85	0.90	0.88	*		*		*		*		*		*	
	平均照度	5.92	4.01	4.97	*		*		*		*		*		*	
	整体均匀度	0.64	0.88	0.76	*		*		*		*		*		*	
柱面照度 /lx	横向均匀度	0.79	0.97	0.88	*		*		*		*		*		*	
	纵向均匀度	0.95	0.96	0.96	*		*		*		*		*		*	
	平均照度	6.76	4.98	5.87	*		*		*		*		*		*	
	整体均匀度	0.76	0.93	0.85	*		*		*		*		*		*	
亮度 /(cd/m²)	横向均匀度	0.38	0.86	0.62	*		*		*		*		*		*	
	纵向均匀度	0.96	0.84	0.90	0.7	√	0.7	√	0.7	√	0.17	√	0.7	√	0.7	√
	平均亮度	1.30	0.67	0.99	1.5～2	×	1.5～2	×	2	×	0.6	√	2	×	1	×
	亮度均匀度	0.58	0.90	0.74	0.4	√	0.3	√	0.4	√	0.29	√	0.4	√	*	
色温 /K			4520		*		*		*		*		*		*	
阈值增量 /%		19.64	5.62		≤10	□	6	□	≤10	□			6	□		
照明功率密度 /(W/m²)				0.85	1.05	√	*		*		*		*		*	
诱导性		良好	良好	良好	*		*		*		*		*		*	

注：标准中未曾涉及的技术指标以"*"号表示。评价结果中"√"表示符合，"×"表示不符合。

2.3　LED 低位路灯存在的问题

上述低位路灯虽然一定程度上克服了高位路灯照明方式存在的某些弊端，但仍然存在下述一系列问题。

2.3.1　眩光强烈

通常认为低位路灯安装高度在1.5 m以下，低于驾驶员视点，因此可避免眩光[64]，但事实并非如此。

某城市干道LED低位路灯照明，单灯功率24 W，灯距6 m。呈现出侧方眩光，尤其在靠近路灯的车道，高亮度的灯具发光面影响较大，眩光强烈（图2.54）。

图 2.54　强烈的侧方眩光

基于低位路灯强烈的眩光现象，一些照明工程师明确提出评价低位路灯照明效果的需求顺序为：眩光控制、平均亮度、均匀度的设想，首次将眩光控制提到低位路灯照明需求的首位[65]。

2.3.2　照明能效低

目前，常规的低位路灯照明方式在照明节能的主要指标——照明功率密度方面并不比现行LED高位路灯有优势。单向三车道的LED路灯多为150 W，线功率密度为5 W/m。而有厂商提供的LED低位路灯资料显示，2 m的路段共用电16 W，推算线功率密度达8 W/m，高于传统LED路灯。

有研究推荐一种常规的低位路灯照明方式的配光情况，图2.55表示该照明方式的投光方向。

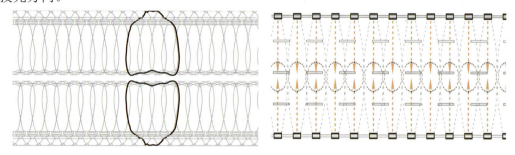

图 2.55　常规低位路灯照明投光方向示意图

常规低位路灯照明方式不节能的原因在于路灯投光到路面的有效照明分量很小，如图2.56a所示，红线表示路灯对于路面照度的入射矢量，蓝线表示该矢量在平行于驾驶员视线方向的分量，绿线表示该矢量在垂直于驾驶员视线方向的分量。对于较平滑的路面，仅平行于驾驶员视线方向的入射分量在路面产生的反射才可在驾驶员眼睛形成视网膜照度，因此蓝色分量是有效照明分量，而垂直于驾驶员视线方向的入射分量在路面产生的反射不能进入驾驶员眼睛，是无效照明分量。

由于两边的路灯相对投光，光轴与道路方向几乎垂直，有效照明的蓝色分量最小，垂直于驾驶员视线方向的绿色分量最大，当光轴与道路方向的夹角减小时，平行于驾驶员视线方向蓝色分量逐渐变大，如图2.56b所示。

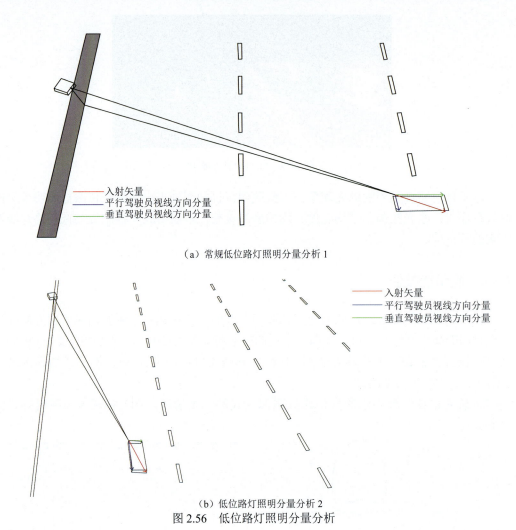

（a）常规低位路灯照明分量分析 1

（b）低位路灯照明分量分析 2

图 2.56　低位路灯照明分量分析

照明效率[66]过低导致在照明功率密度相同的条件下，常规低位路灯照明方式的路面平均亮度值过低。

2.3.3　距高比低

现行路灯光学配光技术标准要求半截光路灯的保护角不低于15°，对应的截光角为75°；按此规定，高位路灯所能达到的投光有效距离与灯体高度的比值（距高比）最大不超过4.0，如图2.57所示。

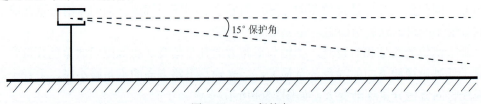

图 2.57　15°保护角

　　低位路灯虽无保护角要求，但配光方面的主要矛盾在于增加投光距离与抑制眩光。要减小路灯眩光必然要采用截光技术，这意味着整灯光效要损失，投光距离变短，难以达到道路中央部分的亮度需求；为满足道路中央部分的亮度需求，势必要加大光源功率，这会导致路灯发光面变亮，眩光增大。因此，常规低位路灯的距高比虽然大于传统高杆路灯，但一般不超过6.0。

　　距高比低的原因是现有路灯——无论高位或低位路灯——均采用单一（光学）配光方法，包括一次、二次甚至三次光学配光，受透镜的折射角度所限，典型常规路灯蝙蝠型配光曲线及其分解如图2.58所示。采用单一配光的结果已被大量事实证明无法同时满足道路中央的亮度需求与防眩光的共同要求。

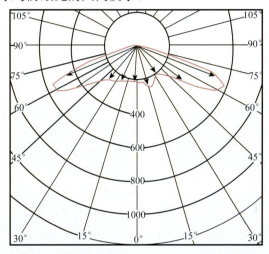

图 2.58　典型常规路灯蝙蝠型配光曲线及其分解

　　下面是一个典型的常规低位路灯照明的投光角度与投光范围设计图，设计灯高0.8 m，矩形配光，投光面积15 m²，可覆盖两个标准车道，如图2.59所示。

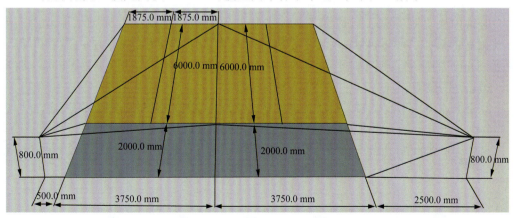

图 2.59　常规低位路灯照明的投光角度和投光范围设计图

　　该常规低位路灯照明的投光角度与投光范围，对于三条车道未能全面覆盖，如图2.60所示。

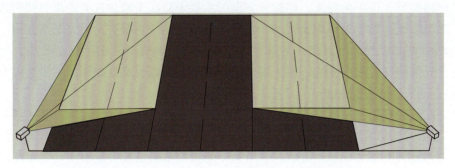

图2.60　投光范围无法全面覆盖区域（路面暗影部分）

按照上述设计制造的LED低位路灯在实际道路（标准3车道+1救援车道）测试时，道路边侧的路面亮度过高，超过5.0 cd/m²（红色），已超出中间视觉范围；而道路中央处的路面亮度仅为0.25 cd/m²（深蓝色），远低于CIE 115:2010和CJJ 45—2015规定的路面亮度标准（图2.61）。

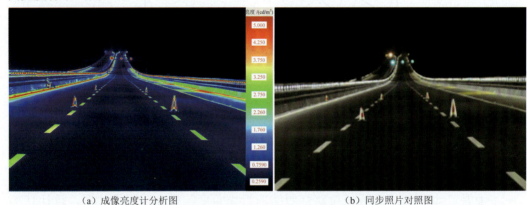

（a）成像亮度计分析图　　　　　　　　　　　（b）同步照片对照图

图2.61　3车道道路中车道2的成像亮度计分析图及同步照片对照图

道路中央"照不亮"已成为常规LED低位路灯的"通病"，导致很多业内人士形成相近的观点：低位路灯只适合不超过两车道的匝道（标准2车道+1救援车道，路宽<8 m）的照明，而不适合快速道路基本路段（标准3～4车道+1救援车道，路宽10～20 m）的照明。

解决上述问题不能简单采用加大路灯功率来满足道路中央亮度要求，因为这会导致眩光强烈。因此，增大距高比是低位路灯配光技术不可回避的研究内容。

另外，常规的低位路灯照明方式，全部光照集中于路面1.2 m高度以下，仅考虑了路面照明，不能为驾驶员提供观察前方障碍物所必需的空间照度（垂直照度），如图2.62所示。

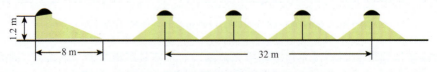

图2.62　低位路灯照明照射范围（纵向）

正常天气下，驾驶员对道路照明的首要需求是提供路面基本亮度。但分析表明，相对投光的照射方式对于路面亮度的贡献很小，故这种照射方式并非高能效的路面照明方式。

2.3.4　纵向均匀度低

某些低位路灯采用非对称配光技术，同样存在问题：①路面背景与前方物体均采用相同光源照射，那么在背景与前景之间就无法形成比较明显的亮度对比与色度对比；②路面亮度的纵向均匀度低，相比高位路灯呈现出明显的斑马条纹，如图2.63所示。

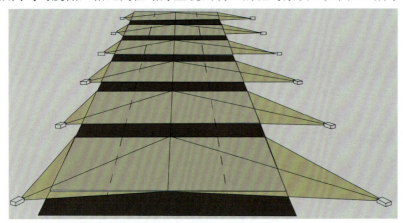

图 2.63　低位路灯非对称配光路面亮度纵向均匀度低

另外，当有车辆处在低位路灯投光轴线附近时，会在局部形成下视眩光——明显的路面暗影。

2.3.5　改善雾天能见度不明显

相比于高位路灯（图2.64a），常规的低位路灯对于浓雾条件下驾驶员能见度的提高并没有明显改善，但对道路边缘的诱导与显示作用明显，如图2.64b所示。

（a）　　　　　　　　　　　　　　　　（b）

图 2.64　浓雾条件下高位路灯与低位路灯照明对比

常规低位路灯对于发现前方车辆的能力无显著提高，如图2.65所示。

 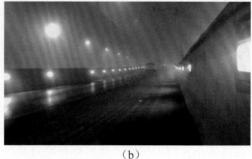

（a）　　　　　　　　　　　　　　（b）

图 2.65　雾天时常规低位路灯的照明

综上所述，现有低位路灯的主要问题是：

①投光距离过近，表现为道路中央过暗，实质是距高比过低；

②眩光强烈，主要表现为来自侧面的眩光，实质是几赫兹至十几赫兹的低频频闪；

③亮度纵向均匀度U_l低，表现为斑马条纹明显，实质是投光方向单一；

④能效普遍低于高位路灯，表现为能量密度偏高，实质是照明方式问题。

2.4　小　　结

以高灯位、大功率为主要特征的照明方式已显露眩光强烈、无效照明和可见度低等问题；上述弊端是大型化、集中式的传统照明体系之痼疾。依靠局部的革新，如更有效的配光技术、光源的COB封装技术等无法有效改变上述弊端。

经过数十年的应用与进步，HID光源找到并完善了最佳照明形式——蛇头灯，但蛇头灯绝不是LED光源的最佳应用形式——因为两者的发光原理、发光形式完全不同。单纯用LED简单替换HID光源，既不能消除高位路灯照明中原有的弊端，又要面临如散热、老化、光衰等问题，最后不得不归于蛇头灯的老路。

大量事实表明，LED作为新光源，目前仍未找到参与道路照明的合理形式。而基于LED光源自身的特点，采用比传统方式更为先进的照明技术，在道路照明中形成简单的替代模式，应成为LED应用于道路照明的研究方向。

关于LED路灯眩光，可以得到三个结论：

①高位路灯不可能大幅消除眩光，采用低位路灯照明是消除路灯眩光的必由之路。

②低位路灯并非消除眩光的充分条件，现有技术全部采用单一性光学配光方法无法消除前视眩光、侧视眩光、后视眩光与下视眩光。

③低位路灯要解决的共性关键问题是：控制削减眩光，特别是来自侧面的周期性脉冲闪烁；有效增加低位路灯投光的距高比，保证道路中央达到必要的路面亮度；控制斑马条纹现象，提高纵向均匀度；降低照明功率密度，提高照明效率。

LED低位路灯照明方式的出现，为LED小型化、分布式应用提供了新的途径，在多方面已显示出巨大的潜在优势。但目前常规的LED低位路灯并未给道路照明带来重大革新，其一系列技术问题急需在理论源头进行更深入的总结与系统化研究。

参 考 文 献

[1] 交通运输部. 2017年交通运输行业发展统计公报[EB/OL]. [2019-05-20]. http://www.gov.cn/xinwen/2018-03/30/content_5278569.htm.
[2] 蒋钰. 城市道路智能照明控制系统研究[D]. 成都：西南石油大学，2017.
[3] 中华人民共和国国家统计局.城市市政设施近最10年数据[DB/OL]. [2019-05-20]. http://data.stats.gov.cn/easyquery. htm?cn=C01&zb=A0B06&sj=2016.
[4] 中华人民共和国国家统计局. 广东省最近10年道路长度[DB/OL]. [2019-05-20]. http://data.stats.gov.cn/easyquery.htm?cn=E0103&zb=A0B06&reg=440000&sj=2016.
[5] 杨方勤. 上海市LED隧道灯、路灯应用技术标准编制与相关研究工作汇报[C]//2014中国（上海）国际半导体照明应用技术论坛论文集. 2014：110.
[6] 唐晓栋. 降低路灯照明用电量[J]. 科技展望，2016，(19)：301-303.
[7] 中国LED网. LED路灯成全球趋势，芝加哥10亿元项目进行中[Z/OL]. [2019-05-20]. http://www.sohu.com/a/216211182_115028.
[8] 中华人民共和国住房和城乡建设部. 城市道路照明设计标准（CJJ 45—2015)[S]. 北京：中国建筑工业出版社，2016.
[9] IESNA. Roadway lighting(ANSI/IESNARP-8-00)[S/OL]. 2000-06-27.
[10] Chenani S B，Vaaja M T，Kurkela M，et al. Target detection distances under different road lighting intensities[J]. European Transport Research Review，2017，9(2)：17.
[11] World Health Organization. The top 10 causes of death[Z/OL]. [2019-05-20]. https://www.who.int/en/news-room/fact-sheets/detail/the-top-10-causes-of-death.
[12] van Bommel W. Road Lighting Fundamentals，Technology and Application[M]. Cham：Springer，2015.
[13] Klädtke R，Hauptmann S，Böhm G. Lighting technology for communication in autonomous driving[J]. ATZ worldwide，2018，120(2)：28-33.
[14] Bacelar A. The contribution of vehicle lights in urban and peripheral urban environments[J]. Lighting Research and Technology，2004，l36(1)：69-78.
[15] Williamson A F，Lombardi D A，Folkard S，et al. The link between fatigue and safety[J]. Accident Analysis & Prevention，2011，43(2)，498-515.
[16] 林树坚. 道路照明失能眩光的评价及测试方法[J]. 中国照明电器，2017，(5)：42-44.
[17] 郭鹏飞. 不同类型立交桥道路高杆照明失能眩光评价指标限值研究[D]. 天津：天津大学，2014.
[18] 赵海天，胡艳鹏，王少健. 高速公路现行照明方式解析[J]. 土木建筑与环境工程，2014，36(5)：71-75.
[19] 张曼. 关于LED路灯光强空间分布特性测试的研究[J]. 扬州职业大学学报，2016，20(4)：42-44.
[20] Veitch J A，McColl S L. Modulation of fluorescent light：flicker rate and light source effects on visual performance and visual comfort[J]. Lighting Research and Technology，1995，27(4)：243-256.
[21] Bullough J D，Derlosfsk J V. Headlamp illumination and glare：an approach to predicting peripheral visibility[C]// Society of Automotive Engineers 2004 World Congress & Exhibition，2004，1：1094.
[22] Adrian W，Eberbach K. Über den zusammenhangzwischen sehschwelleund umfeldgrösse[J]. Optik，1968：132.
[23] 周辉，黄焕立，户晋文，等. 一种曝光时间自适应宽动态行车记录仪设计[J]. 汽车零部件，2017，(4)：1-5.
[24] 赵海天，赖冠华，邝志斌. 高速公路照明效率实验研究[J]. 深圳大学学报（理工版），2014，31 (6)：618-625.
[25] 李娟洁，杨春宇，汪统岳，等. 高校道路照明现状分析及照明方案优化：以重庆大学B区道路为例[J]. 灯与照明，2017，41(2)：27-32.
[26] 运高谦，贾永，杨红军，等. 基于方位角调制的LED道路照明灯具的配光设计研究[J]. 红外，2014，35(7)：33-36.
[27] EBSNCCA. The Second National Assessment Report on Climate Change[M]. Beijing：Science Press，2011.
[28] Sun Y，Ma Z F，Niu T，et al. Characteristics of climate change with respect to fog days and haze days in China in the past 40 years (in Chinese)[J]. Climatic and Environmental Research，2013，18：307-406.
[29] Zhang R H，Li Q，Zhang R N. Meteorological conditions for the persistent severe fog and haze event over eastern China in January 2013[J]. Science China：Earth Sciences，2014，44(1)：27-36.
[30] Liu D Y，Niu S J，Yang J，et al. Summary of a 4-year fog field study in northern Nanjing, part 1：Fog boundary layer[J]. Pure and Applied Geophysics，2012，169(5-6)：809-819.
[31] Porson A，Price J，Lock A，et al. Radiation fog. Part II：Large-eddy simulations in very stable conditions[J]. Boundary-Layer Meteorology，2011，139(2)：193-224.
[32] Price J. Radiation fog. Part I：Observations of stability and drop size distributions[J]. Boundary-Layer Meteorology，2011，139(2)：167-191.
[33] Hammoud R I. Passive Eye Monitoring Algorithms，Applications and Experiments[M]. Berlin：Springer，2008.
[34] 陈志勇，杨佩，彭力，等. 基于BP神经网络的驾驶员疲劳监测研究[J]. 计算机科学，2011，(z1)：67-69，93.
[35] 李都厚，刘群，袁伟，等. 疲劳驾驶与交通事故关系[J]. 交通运输工程学报，2010，(4)：104-109.
[36] 陈慧勤. 交叉路口交通事故分析及防撞预警系统效果研究[D]. 长沙：湖南大学，2012.

[37]　骆小军. 逸散光污染的技术控制[J]. 湖南科技学院学报，2010，31(8)：27-29.

[38]　苏晓明. 居住区光污染综合评价研究[D]. 天津：天津大学，2012.

[39]　He Y，Rea M，Bierman A，et al. Evaluating light source efficacy under mesopic conditions using reaction times[J]. Journal of the Illumination Engineering Society，1997，26(1)：125-138.

[40]　夏淯博，牛越，王康，等. LED城市路灯的发展现状及展望[J]. 灯与照明，2011，35(2)：47-51.

[41]　俞安琪. LED照明产品检测方法中的缺陷和改善的对策[J]. 照明工程学报，2010，21(4)：61-65.

[42]　张继强，唐恺亮. 道路照明设计过程中光源的应用[J]. 城市道桥与防洪，2016，(1)：32-35，7.

[43]　吴其鹏. 城市道路照明设计[J]. 城市建设理论研究(电子版)，2017，(10)：274-275.

[44]　翁季，陈仲林. 道路照明质量与可见度水平研究[J]. 灯与照明，2011，35(4)：6-9.

[45]　罗亮亮，樊嘉杰，经周，等. LED白光芯片的光色一致性及光谱优化设计方法研究[J]. 照明工程学报，2018，29(1)：1-6，33.

[46]　刘义平，张明明，张畅，等. 智慧路灯建设的实践与思考[J]. 照明工程学报，2017，28(5)：103-105，111.

[47]　Reilhac P，Moizard J，Grimm M，et al. Innovative lighting systems enhance road safety[J]. ATZ worldwide，2008，110(3)：18-23.

[48]　周生力，李腾，苏浣，等. 采用低安装高度LED灯具的道路照明[J]. 照明工程学报，2012，23(1)：66-72.

[49]　Zhao H T，Hu Y P，Yao Q. Relationship between irradiation direction of the light source and direction of visual axis[J]. Resourceand Sustainable Development，2013：1561-1564.

[50]　Kojima H，Yokota T，Nagata H. Low-position lighting using Hf fluorescent lamp in lampway at Dai 2 Tomei Expressway of Toyota-higashi I. C[J]. [s.n.]，2005，23：77-80.

[51]　Chenani S B，Vaaja M T，Kurkela M，et al. Target detection distances under different road lighting intensities[J]. European Transport Research Review，2017，(9)：17.

[52]　赵建平. LED道路照明应用示范工程检测数据分析[J]. 半导体照明，2013，(3)：1-12.

[53]　梁毅. 一种应用于低位照明的LED光源组件及LED灯具：CN102109132A[P]. 2011-06-29.

[54]　姚亚纬. 护栏照明方式的立交桥道路照明失能眩光控制指标研究[D]. 天津：天津大学，2014.

[55]　李文华. 复兴路立交桥的绿色节能照明应用[J]. 资源节约与环保，2015，(10)：68，100.

[56]　梁毅. 一种应用于低位照明的LED灯具：CN102109132B[P]. 2011-06-29.

[57]　俞招刚，时晓波. 双向低位LED道路灯：CN303896998S[P]. 2016-10-19.

[58]　吕树华. LED照明系统二次配光设计方法研究[J]. 电子技术与软件工程，2015，(8)：116.

[59]　庾健航. 一种LED低位路灯：CN203162715U[P]. 2013-08-28.

[60]　邵新鹏，高尚，艾贻忠，等. 一种隧道低位照明灯具：CN105020656B[P]. 2017-09-19.

[61]　田文峰，谈俊，冉大全，等. 一种LED低位照明灯具：CN205372252U[P]. 2016-01-28.

[62]　Ngai P Y. Evaluations of low ambient task-surround lighting system in a simulated environment[J]. Journal of Solid State Lighting，2016，3：1.

[63]　吴魏峰. 高光谱遥感数据特征提取与特征选择方法研究[D]. 西安：西北工业大学，2015.

[64]　郭大雄. 浅谈低位照明灯具的设计[J]. 机电工程技术，2017，(S2)：195-198.

[65]　Wilkins A，Veitch J，Lehman B. LED lighting flicker and potential health concerns：IEEE standard PAR1789 update[C]// Energy Conversion Congress and Exposition. IEEE，2010：171-178.

[66]　王飞文，王忠华. 基于DAG-SVM算法的城市路灯照明系统的研究[J]. 江西师范大学学报（自然科学版），2017，41(6)：656-660.

第3章 多维度道路照明：安全、可靠

提供安全、可靠的照明，是道路照明系统的首要任务。

安全照明[1]是指道路照明系统将保障道路交通安全作为首要任务，采取一切可能的措施来提供车辆安全运行的视觉条件。一是要保证全天候、全时段地提供有效的路灯照明，满足机动车驾驶员安全行车所需的基础视觉环境；二是通过道路照明系统对驾驶员视域内光环境的"介入"，延缓驾驶员行车过程中产生的视觉疲劳感[2]。

可靠照明[3]是指道路照明系统本身要能够可靠、持续、耐久的运行。同时，在有车辆发生故障的情况下，提供醒目的警示信息，通过路灯使后面的机动车驾驶员能够可靠、精确地辨识故障车辆的位置，防止将车辆故障演变为车辆"追尾"的交通事故。或者在道路上发生交通事故后，通过路灯提供醒目的警示信息，防止发生"二次事故"。

正常天气下的正常照明与恶劣天气下的非正常照明在照明目标上具有本质的不同：正常天气下，道路照明以提高能效为主要追求，其寻优模式为在满足眩光、可见度的边界条件下，以照明功率密度最小化为目标进行设计与优化；恶劣天气下，道路照明以提高道路安全性为主要追求，照明设计以提高驾驶员视距、增强道路诱导性为目标。

安全、可靠的照明包括4项内容：①照明模式自适应切换；②恶劣天气照明；③抑制昏睡照明；④故障警示照明。

3.1 照明模式自适应切换

安全性照明分为正常天气下（正常照明）的安全性照明与恶劣天气下（非正常照明）的安全性照明。正常天气下的安全性照明包括抑制昏睡照明和故障警示照明；恶劣天气下的安全性照明包括大雪、大雨和重雾霾等恶劣天气的照明[4]。

恶劣天气下的安全性照明，要求在恶劣天气来临时，道路照明系统能够及时地对照明模式进行自适应控制并以可靠的方式提供恶劣天气下有效的道路照明条件。自适应控制[5]包括天气情况自主辨识与道路照明模式自动转换。

天气情况的自主辨识是指道路照明系统具有实时监测天气信息、识别天气变化、比较天气变化阈值、为自动切换提供决策数据的功能。实现上述功能，需要自动化监测设备与后台计算系统。自动化监测设备[6]包括温度、湿度、雨量、风速、PM_{10}浓度、$PM_{2.5}$浓度、天空光照度、路面亮度等传感器。后台计算系统包括网络、计算与数据库系统，

监测设备采集的诸参数通过网络进入计算机后，软件会调用数据库中的相关数据进行比较与分析综合，快速确定控制策略并发出控制指令。

道路照明模式自动转换是指恶劣天气到来时，路灯控制系统根据计算机软件发出的控制指令，实时地由正常照明模式切换为非正常照明模式。非正常照明模式运行后，路灯在开启恶劣天气下的安全性照明的同时，关闭正常照明模式的全部或部分光源。一旦天气好转，则切换回正常照明模式，自适应实时控制框图如图3.1所示。

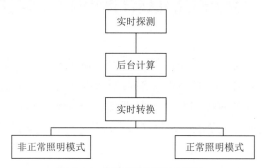

图 3.1　自适应实时控制框图

从图3.1可以看出，在恶劣天气下，道路照明模式应从正常照明实时转换为非正常照明。

3.2　恶劣天气照明（非正常照明）

根据反平方定律，点光源照度计算公式为[7]

$$E = \frac{I}{r^2} \cdot \cos\varphi \tag{3.1}$$

式中：E为点光源在目标表面的照度；I为点光源在目标方向的光强；r为点光源与目标之间的距离；φ为点光源到目标之间连线与目标物表面法线之间的夹角，如图3.2所示。

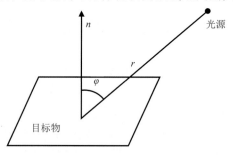

图 3.2　点光源照度计算

式（3.1）的一个基本假设是：在光源与目标之间、人眼与目标物之间的空间是洁净的，因而传播中光能的衰减被忽略不计[8]。

但在恶劣天气下，作为气溶胶在大气中存在的一种形式，雾霾会造成光在大气中产生较大的衰减，导致光源透射能力变弱[9]，甚至完全阻挡光线。

因此，以式（3.1）为基础所进行的照度计算，会因为大气气溶胶粒子的存在和对光的吸收，产生较大误差。

另外，所有人工光源均是含有多个波长光谱的复合光源[10]。由于气溶胶粒子对不同波长光的吸收不同，当人工光源透过气溶胶粒子后，光谱也将产生畸变[11]。

3.2.1 恶劣天气特征与视觉障碍

作为一种大气现象，雾霾从构成、来源，以及光与大气作用具有完整的物理过程[12-14]。

（1）雾霾构成

雾是由大量悬浮在空气中的微小水滴组成的气溶胶系统，相对湿度＞90%，可见度在1 km以内[15-17]；霾是空气中灰尘、硫酸、硝酸、有机碳氢化合物等组成细微均匀的气溶胶系统，霾粒子直径多为0.001～10 μm，相对湿度＜80%，可见度在10 km以内[18,19]。

根据雾发生的天气背景、物理成因、形态结构、地理环境和出现范围等，雾分成辐射雾、平流雾、锋面雾、蒸发雾、上坡雾和地方性雾，上坡雾和地方性雾合称为团雾。团雾形成突然、范围小、浓度大、能见度低。

雾霾是雾与霾的混合物，主要由二氧化硫、氮氧化物和可吸入颗粒物结合雾气组成。在水汽充足、地表风速弱和对流层存在逆温层的条件下，空气中分布的微小水滴与干尘结合成气溶胶[20]。

人为因素造成的雾霾主要来自于[21]：①工业生产排放的废气；②冬季烧煤供暖所产生的废气；③机动车尾气；④建筑工地和道路交通产生的扬尘；⑤生物质燃烧。

北京地区$PM_{2.5}$两种主要来源分别是燃煤（30%）和机动车（22%），占总值的一半以上，如图3.3所示。

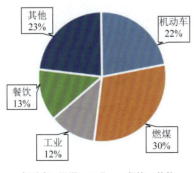

图 3.3 北京 $PM_{2.5}$ 来源构成图

气候因素造成的雾霾主要来自于：

①城市里越来越多的高楼阻挡了流经城区的风速，使得大气中悬浮微粒不断地聚积在城区和近郊区周边，难以扩散和稀释。

②正常情况下，大气气温随高度增加而降低，但逆温则是高空气温高于低空气温，逆温的出现阻碍了大气层低空的悬浮微粒沿垂直方向向高空飘散。

（2）雾霾分级

按《环境空气质量指数（AQI）技术规定（试行）》（HJ 633—2012）的分级方法，雾霾分为三级：一级（极重污染），连续24 h空气质量指数在500以上；二级（严重污染），连续48 h空气质量指数在301～500（含500）；三级（重度污染），连续72 h空气质量指数为201～300（含300）。

实验室中通常借用雾的可见度概念来衡量雾霾的严重程度，可见度划分为：

①重雾霾，可见度低于50 m；

②浓雾霾，可见度在50～100 m；

③中雾霾，可见度在100～200 m；

④轻雾霾，可见度在500～1000 m。

（3）光与大气作用的基本物理过程

光在空气传播过程中产生的散射有两种：一种是由尺寸远比光的波长小的微小粒子（<1/10光的波长）引起的，称为瑞利散射[22]；另一种是由颗粒直径大于光的波长的粒子（如气溶胶的水汽、灰尘、烟雾等）引起的散射，称为米氏散射[23]，如图3.4所示。

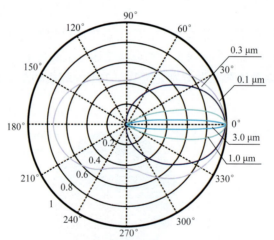

图3.4　不同直径大小粒子的米氏散射分布图

雾霾条件下，光在空气中的散射主要是米氏散射。米氏散射理论于1908年提出[24]，是指单一的、各向同性的球形粒子在高度稀释的介质系统中的光散射与该粒子直径、粒子与介质间的折射率之差、入射到介质中的粒子上的入射光的波长之间的关系。

米氏散射能量分布无对称性，只在前向具有较强的散射能力，如图3.5所示。

雾霾下，光与空气中的空气分子、水汽及半径较大的气溶胶悬浮微粒发生吸收和散射，使辐射能量发生衰减。

图 3.5　米氏散射能量分布图

（4）道路与视觉特征

目前，对大气气溶胶的科学研究集中在光学工程和气象学两个方面。光学工程主要研究大气气溶胶对单色光（如激光）的吸收现象；气象学主要研究大气气溶胶对自然光（如阳光）的吸收、散射现象及能见度判定[25]。

正常天气、雨雪天气与雾霾天气下的道路特征与道路空间的视觉特征差异很大，如表3.1所示。

表 3.1　正常天气、雨雪天气与雾霾天气下道路特征与视觉特征

	正常天气	雨雪天气	雾霾天气
道路特征	路面干燥，摩擦系数高，刹车距离短	路面湿滑，摩擦系数极低，刹车距离长	路面干燥或湿滑，湿滑情况下摩擦系数低，导致刹车距离长
视觉特征	能见度高，路面反光弱，可见度高	空气能见度低，路面镜面反光，眩光强烈，前方物体及道路轮廓模糊	空气能见度极低，前方物体及道路轮廓几乎不可见，可见度极低

恶劣天气导致机动车驾驶员出现两个关键性视觉障碍：航向识别障碍和目标识别障碍。

1）航向识别障碍

在白天，当车辆驶入雾区后，便进入一片白茫茫的世界，驾驶员会因失去参照物对道路走向产生错觉，在视觉上产生航向识别障碍，如图3.6所示。

图 3.6　车辆驶入雾区后的景象

在夜晚，正常天气下，排列整齐的传统高位路灯均具有良好的视觉诱导性[26]。由于透视的作用，传统路灯灯杆高、灯距远的特点在诱导方面具有优势，无论是直路或弯路（图3.7），驾驶员都可清晰地看到远处的路灯与灯杆。

图 3.7　夜晚正常天气下传统高位路灯具有良好的视觉诱导性

在夜晚，恶劣天气下，灯杆高、灯距远立刻成为劣势。灯杆高导致路灯光路长，在穿透雾霾后到达路面的照度不够，无法提供前方车辆的准确位置信息；灯距远导致灯杆之间失去视觉连续性，不能有效、清晰地显示道路边界。结果就是：驾驶员既要关注前方道路，避免与前车相撞，又要看路边的路灯灯杆或沿线标志，防止偏航冲出路面，视觉负担大大增加，如图3.8所示。

图 3.8　夜晚恶劣天气下高位路灯的可见度

此时，传统高位路灯因无法明确显示道路的走向与道路边缘而完全失去了诱导性，对提高驾驶员视距几乎无贡献，如图3.9所示。

图 3.9　高位路灯对提高可见度几乎无贡献

某些路段无路灯照明危险性更大，如图3.10所示。

图 3.10　无路灯照明的桥梁上

　　某些路段采用其他照明措施，如护栏灯显示道路边沿，仍然险象环生，如图3.11所示。

图 3.11　护栏灯显示道路边沿

　　另外，在雨后的重雾情况下，路面湿滑，车辆前灯会在前方路面形成强烈刺眼的大面积反射眩光，如图3.12所示。

图 3.12　雨雾天车辆前灯形成的反射眩光

　　2）　目标识别障碍

　　雾霾下，驾驶员无法看到道路前方物体，导致在视觉上产生目标识别障碍。但这一障碍与因夜晚天暗而导致的"看不见"有本质的区别。夜晚天暗"看不见"时，人们可借助路灯来实现道路照明并采取诸如改变布灯方式、增大路灯功率及改变配光等方法来提高可见度，这就是常规的道路照明。雾霾无论发生在白天或夜晚，常规道路照明的作用都基本失效，特别是采用LED光源的路灯，在雾霾条件下光线会因穿透性不够而变得极其微弱。

当驾驶员试图通过打开机动车远光灯来增大可视距离时，会发现远光灯灯光在雾霾中形成强烈的散射与反射，产生阻碍驾驶员视觉的"白墙"效应，呈现在驾驶员眼前的是深厚、浓重、绵延不绝的白雾，造成驾驶员空间识别障碍，如图3.13所示。

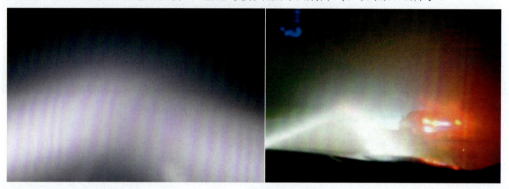

图3.13　"白墙"效应现象

① 能见度与视觉距离。能见度是评价雾浓度的指标，视觉距离（视距）是评价驾驶员视觉能力的指标。在没有外界干预的情况下，能见度就等于视距。在外界干预下，能见度并不等于视距。驾驶员有80%的路况信息直接来源于视觉，雾霾天能见度低使驾驶员视距缩短[1]。

② 道路照明与视觉距离。外界干预包括人工照明，基于人工光源的道路照明的目的是在能见度一定的条件下，增加机动车驾驶员的视觉距离（视距）。

3.2.2　"白墙"效应的形态与形成机制

在白天，"白墙"效应的表现形式为白茫茫一片，不开远光灯时原本可以看到的路面上的物体C，开灯后反而看不到了，如图3.14所示。

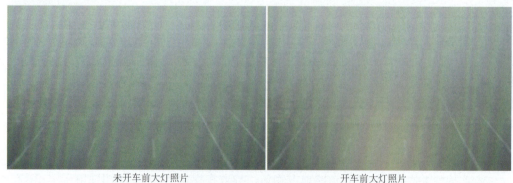

未开车前大灯照片　　　　　　　　　　　开车前大灯照片
图3.14　模拟白天情况实验照片

夜晚，同照度光源，暖白光下目标物的识别性优于冷白光，如图3.15所示。

开暖白光前大灯照片

开冷白光前大灯照片

图 3.15　模拟夜晚情况实验照片

在大暴雨时，连续的雨滴在前大灯照射下会在前挡风玻璃前呈现"银色雨丝"，可以透过前挡风玻璃看到车前银白色的雨丝，但看不清路面。这是"白墙"效应的另一种表现形式。

"白墙"效应的实质是米氏散射对光的吸收与散射作用，如图3.16所示。

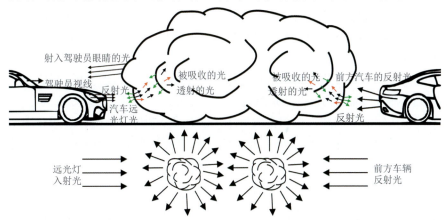

图 3.16　米氏散射而产生的"白墙"效应示意图

"白墙"效应形成的机制是在机动车前方的气溶胶分子团导致远光灯射向前方物体的入射光还未到达物体便被光路上的气溶胶分子团所吸收和散射，散射部分形成白雾幕，即"白墙"效应，即使是到达机动车前方物体的入射光经反射后仍然为气溶胶分子团所吸收和散射，减弱了反射光的亮度与对比度。两者共同作用的结果是使机动车前方障碍物的可见度大大降低。

3.2.3　不同天气下驾驶员的视觉需求与视觉模型

范博梅尔（van Bommel）强调：驾驶员从道路照明中所获得的能够帮助看清前方的路面及察觉稠密雾气掩盖区域的视觉导向尤为重要[28]。但现有的雾霾条件下的道路照明研究，基本都是对不同光源的研究。

本小节的研究思路是关注恶劣天气下驾驶员的视觉关注模型，探索照明方式和可见度的关系，通过照明的"介入"作用来提高雾霾条件下驾驶员裸眼视距。

（1）正常天气下，驾驶员的视觉需求

在正常天气下，驾驶员心理需求是安全、速达与省油（电），与之对应的视觉关注对象是及时发现可能阻碍车辆正常行驶的"小目标"及辨识该物体所用的反应时间，描述方法是可见度模型及其一系列物理（测试）指标。那么，可见度模型与第1章中的3D感觉之间是否存在某种对应关系？

我们注意到，可见度模型涉及的是物体的背景亮度、表面亮度及亮度对比度。显然，这与视觉感知中3D的"察实感"有关，而与"方向感"及"距离感"无关。那么，现有的道路照明设计标准是如何完成视觉感知中的3D感觉呢？

在CJJ 45—2015中，能够与3D感觉对应的有以下条款：

①对应方向感的主要措施 ↔ 规定路灯灯杆排列具有一定视觉诱导性；

②对应察实感的主要措施 ↔ 规定必要的路面平均亮度、亮度均匀度指标；

③对应距离感的主要措施 ↔ 限制阈值增量TI在10%以下。

虽然我们目前还难以精确地一一证明，但驾驶经验表明，这些物理指标确实与构成驾驶员视觉认知的3D感觉之间存在某种对应关系。比如，在路面平均亮度值L_{av}过低时，驾驶员难以察觉前方障碍物的存在；在前方障碍物亮度对比度过低时，驾驶员难以辨识前方障碍物的细节（可惜目前道路照明设计标准中无此项）；在阈值增量TI值过高时，驾驶员难以实时判断与障碍物迫近还是脱离。

关于视觉认知的方向感，在正常天气下，CJJ 45—2015中采用标志诱导[29]，如路面画线、路缘、边沿标志物、路况信息板、路灯杆的排列等标志构建道路走向的视觉诱导，使驾驶员明确所在的位置和道路前方的走向。

（2）恶劣天气下，驾驶员的视觉需求

在恶劣天气下，机动车驾驶员产生视觉障碍，不论白天或夜晚，道路的边界、边沿标志物、路况信息板、灯杆不再清晰，辨别视觉标志物异常困难。此时，驾驶员视神经将失去（部分）方向感（图3.17）、察实感（图3.18）、距离感（图3.19），产生视错觉，包括方向错觉、速度错觉及距离错觉甚至丧失视觉影像。

恶劣天气下，驾驶员心理和视觉需求会主动围绕安全而延伸，恢复视觉能力与视觉影像成为驾驶员最为迫切的心理需求和视觉需求。

但是，正常天气下的可见度模型本质上表征的是驾驶员正常视觉能力下对于客观道路情况的认知程度，完全不能描述驾驶员在基本丧失视觉能力的条件下的三个视觉感知需求。描述人眼视觉系统的一种方法是设定视觉阈值，影响视觉系统因素包括目标的大小、亮度和颜色与背景亮度和颜色的差异，任何一个都可以作为阈值度量。

空间阈值度量：从背景中捕捉目标或看清目标细节的能力，常见的是阈值亮度对比和视锐度。

时间阈值测量：视觉系统反应的速度及它对亮度波动的感知能力。

颜色阈值测量：基于两种刚好能被分辨的颜色的色彩空间的分离。

图 3.17　雾霾天气下失去方向感

图 3.18　雾霾天气下失去察实感

图 3.19　雾霾天气下失去距离感

恶劣天气下驾驶员的方向感、察实感和距离感[30]需要通过照明的手段加以提升。

1）方向感

恶劣天气下，由于气溶胶的散射作用时时存在，道路走向的视觉诱导只能采用主动性发光形式[31]。当采用某种发光体使道路边沿与中央呈现不同的光色，就可在驾驶员视神经中形成比较清晰的道路边界走向。按照这一构想，在恶劣天气下，驾驶员视觉关注的第一个需求是发光体的视觉诱导作用。

2）察实感

察实感是驾驶员视觉关注的第二个需求。观察到前方障碍物的存在所起到的作用是"预警"，并不需要识别障碍物的所有细节，而只需要确认障碍物的存在，即确认障碍物轮廓边缘。

由于恶劣天气中气溶胶粒子的散射作用，让视锐度最大化的有效途径就是增加前方障碍物边缘轮廓反差，也就是在前方障碍物边缘过渡区域不变的前提下，通过增加过渡区域亮度差来提升障碍物边缘过渡曲线的斜率。为此，可以设想通过某种特定的照明方式，最有效地加强前方障碍物（通常是前方车辆）和背景（路面及近路面空间）的亮度差，让驾驶员在安全距离外感受到前方车辆的存在。

3）距离感

恶劣天气下，驾驶员需要判定与前方障碍物的距离关系（逼近或脱离）。立体视锐度是视觉器官对周围物体远近、深浅、高低三维空间位置的分辨感知能力，是建立在双眼同时视看和融合功能基础上的独立的双眼视功能。

当己方车辆逼近前方车辆时，驾驶员的视觉辨识过程是：首先在前方观察区域内出现前方车辆边缘轮廓，再到部分或更亮或更暗的局部闪现，再到更清晰的轮廓，最后是能够辨识大部分的细节。反之，若驾驶员观察到前方车辆对比减弱，轮廓形象辨识困难，表明己方车辆与前方车辆的距离在增加，处于脱离状态。

如果能直接呈现大量的有视差信息的像素点，将有助于提升驾驶员立体视锐度。在保障前方障碍物有较高边缘视锐度时，再采取某种照明措施来增加目标区域内更多或暗或亮（相对背景亮度）的像素点，将在驾驶员大脑构建一个更完整的前方障碍物三维模型，辅助判断和障碍物的位置关系是相对逼近或脱离，保证必要的刹车距离。

综上所述，恶劣天气下提升驾驶员视距的措施包括：提高驾驶员的色彩视锐度、边缘视锐度和立体视锐度。

恶劣天气下驾驶员的视觉需求所对应关系如表3.2所示。

表 3.2　驾驶员的视觉需求与视锐度物理指标的关系

视觉需求	视锐度模型
方向感	色彩视锐度
察实感	边缘视锐度
距离感	立体视锐度

（3）正常及恶劣天气下，驾驶员视觉的差异

正常及恶劣天气下驾驶员视觉存在以下三个方面的差异。

①正常天气下，在夜晚，排列整齐的传统高位路灯均具有良好的视觉诱导性，路灯排列形态预示前方道路走向。但灯杆本身并不发光，灯杆的可辨识度来自于灯杆对灯光的反射，因此，这种诱导性为非发光体的被动式诱导方式；恶劣天气下，被动式诱导失效，色彩视锐度则采用自发光体的主动式诱导方式，通过连续的、与雾霾色调反差显著的、甚至含有一定眩光的明亮路灯光源标示出道路边沿、表明道路走向。

②正常天气下，驾驶员视觉关注点在路面，观察对象为前方路面上的"小目标"，视线方向向下，描述观察条件的是一系列亮度指标，包括平均亮度值 L_{av}、亮度总均匀度 U_o 和纵向均匀度 U_l；恶劣天气下，驾驶员基本失去周围的视觉影像，路面情况特别是"小目标"已经无法有效观察。驾驶员视觉关注点转移至路上，观察对象为前方路面上的车辆（大物体），只能通过辨识前方车辆的轮廓证实车辆的存在，视线方向基本与路面平行。

③正常天气下，驾驶员观察对象为前方路面上的"小目标"，受到眩光照射后，由于"光幕"作用，驾驶员无法清晰地辨识路面上的（小目标）障碍物，进而建立起逼近或远离的动态距离感。但是失能眩光的损害并非持久，很快便可修复，驾驶员受到的心理压力是暂时性的，绝大部分时间处在安全的照明环境之下；恶劣天气下，驾驶员几乎丧失视觉能力，绝大部分时间处在危险环境之中，驾驶员受到的心理压力贯穿于整个驾驶过程。若采用适当的路灯投光方向和光色有效增强立体视锐度，可使得驾驶员能够通过影像透视的大小变化来感受前方车辆在迫近或脱离。

3.2.4　基于视锐度的道路照明方式

1. 恶劣天气下新型道路照明方式的理论预测

基于视锐度模型，恶劣天气下的照明对策可转化、分解为三个方面：
①提高色彩视锐度；
②提高边缘视锐度；
③提高立体视锐度。
下面分别对这三个方面进行介绍。

（1）道路走向辨识——色彩视锐度

恶劣天气下，可采用低色温光源，等间距、高密度地布置于道路两侧，构成专用诱导照明系统，使得驾驶员在行驶过程中，通过道路中间冷色调的雾气与道路边沿暖色调灯光的光色对比来辨识道路边缘，判断道路走向。

（2）前车轮廓辨识——边缘视锐度

在恶劣天气下，驾驶员在低速（30 km/h）行驶过程中须知前方是否存在大的障碍物。照明光线在被吸收及散射过程中，遇到前方障碍物时形成反射，在驾驶员的眼中，前方障碍物会出现一个明显的阴影区域，而这个阴影区域就是前方是否有障碍物的判断依据，道路照明产生的背景差异如图3.20所示。

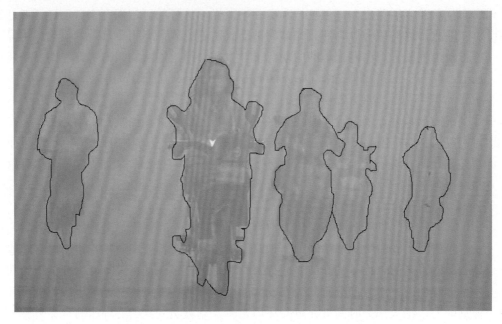

图 3.20　雾霾天气下的背景差异（背景白，人影黑）

横向照明子系统以克服"白墙"效应为目标，功能是提供照射方向与驾驶员的视线方向近于垂直的空间与路面照明，加强前方空间与前方障碍物轮廓之间的对比，提高恶劣天气下驾驶员的视锐度水平。

（3）前车距离辨识——立体视锐度

只有通过观察到障碍物的细部，才可判断障碍物与驾驶员之间的大致距离，需要根据光源穿透力优化恶劣天气下路灯光源的光谱。

2. 实验验证

提高三个视锐度的道路照明措施，需要通过视锐度实验来验证与甄别。实验装置与实验过程分别见第8章。

（1）道路走向辨识——色彩视锐度

在第1章中定义的统一坐标系中，选取7个有代表性的投光方向进行比较：横向90°投光、正向30°投光、正向45°投光、正向60°投光、逆向30°投光、逆向45°投光、逆向60°投光。

1）直观比较对比度

在模拟的不同雾霾条件下，分别拍摄前车照片，观察7个投光方向所导致的前车与背景环境之间的不同亮度反差，对于其清晰度进行直观的比较（图3.21）。

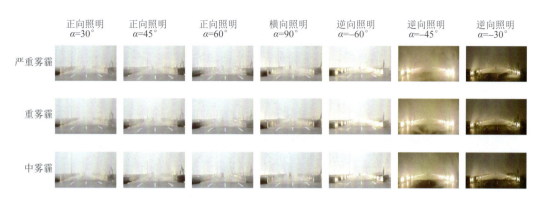

图 3.21　不同雾霾条件下拍摄的低位路灯（普通照片）

图 3.21 中，横方向排列的是 7 个不同的投光角度，横向 90° 投光方式位于中间，向左分别为正向 60°、45°、30° 投光方式，向右分别为逆向 60°、45°、30° 投光方式。竖方向排列的是 3 个不同的雾霾浓度，分别为严重雾霾、重雾霾、中雾霾。

横方向观察图 3.21，可以看出：

①在所有投光方式中，横向 90° 投光方式下，由于照射方向和路轴方向垂直，驾驶员可明显察觉到道路侧边的路灯，所以照片中虽然背景总体并不是最亮的，但路灯最清楚，表明道路方向诱导性是最好的。

②在正向投光方式中，正向 60° 投光方向是诱导性最好的。另外，由于"白墙"效应开始显现，背景变亮，路灯清楚性、诱导性不如横向 90° 投光方向。同时，随着正向投光角由 60° 向 30° 减小，背景变得更亮，导致路灯更模糊、诱导性越来越差。

③在逆向投光方式中，虽然逆向 30° 投光方向是诱导性最好的，但眩光严重干扰驾驶员，此种情况下，诱导性无评价意义。

④总的趋势是，无论正向或逆向投光，投光方向越接近横向，道路方向诱导性越好。

2）数值比较对比度

在进行普通照片拍摄的同时，由成像亮度计拍摄亮度照片[32]（图 3.22）。

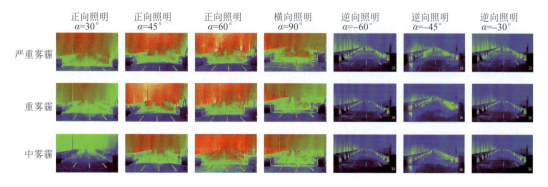

图 3.22　不同雾霾条件下拍摄的低位路灯（亮度照片）

　　图3.22为亮度伪色图，其中绿色最亮，蓝色次之，黑色最暗。图中的亮度已经数值化了，任意两点之间的亮度差及对比度均可数值计算。由图3.22可以看出，横向90°投光方向中，路灯与边界是最亮的，使驾驶员易于判断边界。

（2）前车轮廓辨识——边缘视锐度

1）直观比较对比度

　　模拟不同的雾霾条件下，分别拍摄前车照片，观察7个投光方向所导致的前车与背景环境之间的不同亮度反差，对其清晰度进行直观的比较（图3.23）。

　　图3.23中，横方向排列的是7个不同的投光角度，横向90°投光方式位于中间，向左分别为正向60°、45°、30°投光方式，向右分别为逆向60°、45°、30°投光方式。竖方向排列的是三个不同的雾霾浓度，分别为严重雾霾、重雾霾、中雾霾。

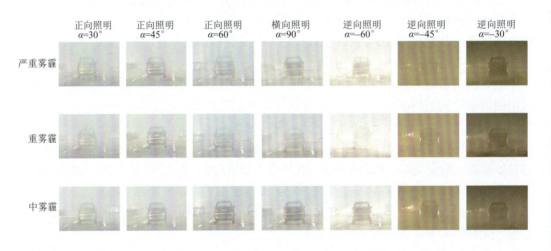

图 3.23　不同雾霾条件下拍摄的前车照片

　　横方向观察图3.23，可以看出：

　　①在所有投光方式中，横向90°投光方式可辨识性是最好的。由于照射方向和路轴方向垂直，使得前车后尾箱较暗，形成和较亮的背景的负对比，所以横向90°投光方式有效克服了雾霾天气产生的"白墙"效应。

　　②在正向投光方式中，正向60°投光方向的辨识性及诱导性是最好的。亮点集中在侧面区域的发光面，侧面较暗和背景有一定负对比。另外，由于"白墙"效应开始显现，背景变亮，轮廓与背景之间的亮度反差变小，轮廓辨识性不如横向90°投光方向，但细部辨识性变好。同时，随着正向投光角由60°向30°减小，背景变得更亮，导致前车轮廓与背景之间的亮度反差更小，"白墙"效应愈加明显。

　　③在逆向投光方式中，虽然逆向30°投光方向的辨识性是最好的，但眩光严重干扰驾驶员，此种情况下，前车轮廓辨识程度无评价意义。

　　④总的趋势是，无论正向或逆向投光，投光方向越接近横向，前车轮廓辨识性越好。

纵方向观察图3.23，可以看出：通过观察普通照片所得到的上述结论，在不同雾霾浓度条件下基本相同。

2）数值比较对比度

在进行普通照片拍摄的同时，由成像亮度计拍摄亮度照片，目的是确定面元亮度及边元亮度并通过亮度计算，对不同雾霾浓度条件下的面元亮度对比度、边元亮度对比度进行比较（图3.24）。

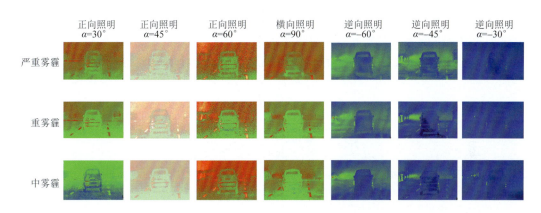

图 3.24　成像亮度计拍摄的亮度照片

经亮度对比度计算，可分别得到7个投光方向的面元对比度及边元对比度在3个雾霾浓度值下的变化情况。

选取上述两个对比度较大的3个投光方向——正向60°投光方向、横向90°投光方向和逆向60°投光方向进行比较，结果如图3.25所示。

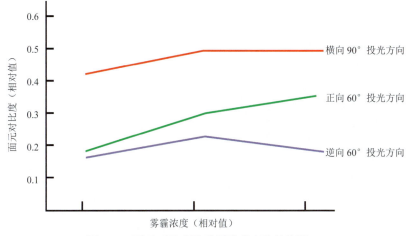

图 3.25　面元对比度随雾霾浓度变化的情况

综合来看，横向组入射方向和驾驶员前视方向成直角，有效减少了重雾霾中气溶胶粒子对光的散射。

3）实验结论

①实验中采用面元对比度和边元对比度来表征视觉关注模型的3个视锐度，实验进一步证实了2个对比度指标和对目标区域辨识程度的关系。

②实验表明，恶劣天气下（白天），横向照明方式是提高边缘视锐度的最佳照明方法；低位路灯照明是提高立体视锐度的最佳照明方法；分布式提示照明是提高色彩视锐度的最佳照明方法。

4）横向照明的机制分析

由于雾霾天气中气溶胶粒子的散射作用，雾气在驾驶员视点方向上对光的散射程度取决于入射光方向与散射光方向之间的夹角θ[33]。图3.26中显示了浓雾条件下的相对散射等级。从图3.26中可以看出，当轴向夹角接近90°时，散射光的程度降低到了最低值。

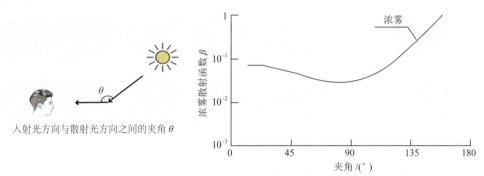

图3.26　散射函数β作为入射光方向与散射光方向之间夹角θ的函数

横向照明方式有效克服"白墙"效应的机制是：路灯的投射光与道路走向（即驾驶员视线）之间的夹角接近垂直时，位于机动车前方的悬浮状的气溶胶系统对于照射前方物体的路灯光线的吸收和散射机会最少。

低位路灯横向照明方式下，路灯的光路最短，同时因其特殊的照射方向，会在物体边沿形成较明亮的轮廓线，图3.27是在相同雾浓度情况下，无道路照明与有横向照明前方车辆轮廓的比较（图中白线为车道线）。

（a）无道路照明　　　　　　　　　　　　　（b）有横向照明

图3.27　无道路照明与有横向照明前方车辆轮廓的比较

因此，亮度差仅显示为线型的轮廓而非车辆整体。图3.28显示在日光条件及较亮的背景（路面）环境下，道路边缘有无横向照明的比较。无道路照明时，背景（路面）与前方车辆尾部形成负反差，采用横向照明后，边缘更加清晰。

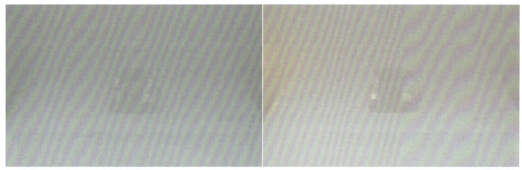

　　（a）无横向照明　　　　　　　　　　　　　　　　　　（b）有横向照明

图 3.28　有无横向照明的道路边缘

综上所述，在雾霾天气下的白天，采用横向照明方式是提高驾驶员视觉能力、进而提高道路安全性的最有效照明策略。

（3）前车距离辨识——立体视锐度

首先，恶劣天气下照明光源的光谱不应与正常天气照明光源的光谱相同，需要根据光源穿透力而优化恶劣天气下路灯光源的光谱。

通过两个实验，对光源在不同条件下的穿透力进行评价。

目前，对天然光在空气气溶胶中的透射特性研究，主要应用两类技术：过滤器技术和（粒子）非移动技术。

1）过滤器技术

通过抽气，使大气气溶胶中的粒子被吸附于过滤器内的过滤膜上，利用光的衰减与粒子的沉积成正比的性质，比较穿过气溶胶过滤膜的光线与参考光的强弱变化确定透射特性。

实验过程中，气溶胶粒子被吸附（移动）于过滤器内的过滤膜上，过滤器中光程过短（通常小于0.3 m），使气溶胶粒子处于非自然悬浮状态，沉积粒子相互的光学作用加大，加上过滤器形态和获取微粒沉积的抽气强度不同，导致精度不高。

2）（粒子）非移动技术

在气溶胶粒子自然悬浮状态下测量其光吸收量，利用镜面多次反射，增大光束的光程距离，减小粒子相互的光学作用，避免了间接测量的不确定性，是目前公认最先进的测量方法。

库尔尼亚万（B.A.Kurniawan）在LED灯的透雾性方面的实验表明：在雾环境下，一般情况下短波LED比长波LED更易发生散射[34]。

文献[35]采用加湿器造雾的方法，对黄光LED穿透能力的最佳波长进行了研究。实验中设置薄雾、中雾、浓雾三种雾浓度，在相同传播距离下，比较光的辐射穿透程度。实验表明，当LED波长为578 nm时透雾性最佳[36]。

关雪峰采用非粒子移动弥漫器，人工模拟出不同浓度的雾霾环境，分析了不同环境下，LED灯具、金属卤化物灯及钠灯三种典型户外光源灯具的透射率，从而得出在不同浓度的雾及不同浓度的霾中各种光源的穿透性（实验详见第8章）。

该实验得到以下结论：

①小功率卤钨灯随着雾浓度的上升，各波段的透雾性能均下降，但下降差异不明显；低色温白光功率型LED光源的透雾性好于高色温LED光源。

②对于白光LED，色温为3200 K的透雾性最佳，色温越高，透雾的能力越强。

③不同LED透霾能力依次为：黄光＞红光＞绿光＞蓝光。

图3.29为高压钠灯（黄灯）与LED路灯（白灯）效果的比较。

图 3.29　高压钠灯（黄灯）与 LED 路灯（白灯）

目前，国内大多数机动车的前挡风玻璃均有贴膜。无疑，贴膜会阻碍光线的入射，降低驾驶员视距。从这个意义上说，贴膜对驾驶员的视觉效应与雾霾有类似之处（图3.30）。前挡风玻璃贴膜在欧洲与北美的机动车上是"小众"现象，无论CIE还是IESNA对此的研究均未与照明及光源相联系，贴膜也没有被包括在进行光源性能比较的项目中[36]。

图 3.30　机动车前挡风玻璃未贴膜的与贴膜的差别

针对这一现状，我们首先进行前挡风玻璃贴膜条件下光源穿透力的实验（见第8章）。《机动车运行安全技术条件》（GB 7258—1997）的第一号修改单（2000年7月1日起实施）规定："机动车驾驶室必须保证驾驶员的前方视野和侧方视野，前风窗玻璃驾驶员视区部位的透射比必须大于或等于70%，驾驶员座位两侧的窗玻璃的透射比必须大于或等于50%。所有车窗玻璃不允许张贴镜面反光遮阳膜。"

目前，贴膜厂商针对天然光（或卤钨灯）给出了贴膜的各种参数指标（如透光度[38]、隔热率、紫外线阻隔率），但参数对路灯是否可直接套用，有待验证。这是因为：第一，视觉条件不同，厂商给出的贴膜参数是明视觉条件，而道路照明处于中间视觉条件；第二，光源光谱不同，厂商给出的贴膜参数的测试光源是天然光（或卤钨灯），光谱连续平滑，而路灯光源为人工光源（如HPS灯、MH灯、LED灯等），脉冲光谱有峰值。同时，LED光源与传统HPS光源在光谱上存在较大差异。

3.2.5 驾驶员观察的另一重要现象

当机动车进入重雾霾区后的实际情况是：大部分车辆会打开后尾（示廓）灯。这有两个原因：一是驾驶员在视线受阻的情况下，在交通法规的限制下不能打开远光灯，但会本能地开近光前照灯，而后尾（示廓）灯与近光灯在设置上是联动同步的；二是驾驶员会为了安全而开启雾灯，也联动后尾（示廓）灯的开启。在这种情况下，作为可能发生追尾的主体——后面车辆的驾驶员所看到的可能发生追尾的受体——前方车辆的影像就包括前车轮廓与前车后尾（示廓）灯。当然，无论在白天或夜晚，前车后尾（示廓）灯对于远光灯所呈现的"白墙"效应如同前车轮廓一样存在，白天的"白墙"效应，如图3.31所示。

图 3.31 模拟浓雾（白天）的"白墙"效应

左图为未开远光灯，右图为开远光灯

晚上的"白墙"效应，如图3.32所示。

图 3.32 模拟浓雾（夜晚）的"白墙"效应

左图为未开远光灯，右图为开远光灯

在白天，发现前车轮廓依赖于阳光的反射，而发现前车后尾（示廓）灯则依靠尾灯自身发光。正常天气下，阳光的亮度远大于汽车尾灯亮度，对尾灯构成绝对掩蔽（见第

1章）。所以，驾驶员在正常天气下的白天看到的是前车庞大的车身轮廓而几乎看不到尾灯。但重雾霾条件下，阳光被遮挡、吸收，天空亮度远小于汽车尾灯亮度，掩蔽作用消失，后车驾驶员将先于轮廓而发现前车尾灯。同样距离时，亮的尾灯比前方货车的轮廓更醒目，如图3.33所示。

图 3.33　汽车尾灯和前方货车轮廓

当可见度小于50 m时，甚至前车尾灯很亮时，前车轮廓仍不可见，如图3.34所示。

图 3.34　浓雾下，前车尾灯很亮时，前车轮廓仍不可见

相同距离下，更亮的尾灯可有效提高驾驶员视距，如图3.35所示。

图 3.35　浓雾下车辆的距离相同时不同亮度的尾灯（左车的尾灯更亮）

汽车尾灯的功率远低于路灯，所以正视亮度远低于路灯。但由于汽车尾灯发光方向直射后方，以后方车辆驾驶员视角看去，前车尾灯的亮度并不弱于路灯，如图3.36所示。

图 3.36　同样距离下尾灯亮度与路边亮度的比较

图3.37是距前方车辆渐近过程中尾灯亮度的变化。

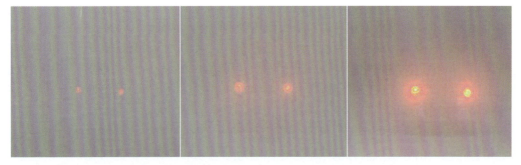

图 3.37　距前方车辆渐近过程中尾灯亮度的变化

在一定条件下，亮的尾灯前方可使视距提高一倍以上，前方车辆打开尾灯的情况如图3.38所示。

图 3.38　前方车辆打开尾灯的情况

因此，在恶劣天气下，特别是可见度接近于零的条件下，当前方车辆打开尾灯时，尽早发现前方车辆的途径就由辨识前车轮廓转变为发现前车尾灯。这是正常天气与恶劣天气下辨识前方车辆的重大差异。

由于发现前车尾灯的机制是夜晚天空与尾灯之间的亮度差，那么，在夜晚天空亮度不变的条件下，尽早发现前车尾灯的问题就转变为如何提高前车尾灯亮度。

提高汽车尾灯亮度有两种方法：一是自发光途径，这要求加大尾灯功率，需要改装千千万万车辆的尾灯，特别是改造后过亮的尾灯在正常天气下对后方车辆驾驶员会造成眩光，这一途径不现实；二是反射光途径，这要求采用其他交通设施的光源在车辆尾灯造成强烈的反射，这种途径是可能实现的，如图3.39所示。

　　未开尾灯　　　　　　　　　　尾灯自发光途径　　　　　　　　　反射光途径

图 3.39　不同尾灯效果（图片内白线为车道线）

将上述现象与提高边缘视锐度的措施结合，可以大大提高恶劣天气下驾驶员对前车的辨识能力。

不同天气下，驾驶员关注焦点转换可以从以下两个方面来看。

①正常天气下，如果道路状况良好（不复杂），只需要关注前方车辆、路面和道路行人即可。如果道路状况相对复杂，我们在关注前方车辆和行人的基础上，还要注意道路边上的相关交通标志，提前对路况进行简单分析；这种情况下，视觉焦点在路面、前方车辆和道路周边环境之间切换；

②恶劣天气下，驾驶员对外界的交通状况难以清楚地认知；这种情况下，驾驶员的视觉信息可能大部分来自前方的车辆，道路周边信息获取的较少。这种情况下，视觉焦点转换到前方车辆，特别是尾灯等上面。

3.2.6　视能量模型

1. 视能量差与亮度差

在雾环境下，物体边缘模糊，驾驶员视觉第一需求在于能够快速发现物体，而非看清楚物体细节。由于照明方式不同，光线的入射方向不同，在同一个物体上会产生多重亮度对比和多重可见度水平，夜晚浓雾环境下物体观测效果如图3.40所示，其中左图透光方向正面照射物体（仿水平射灯），右图透光方向斜上方照射物体（仿常规路灯）。

图 3.40　夜晚浓雾环境下物体观测效果

里科定律（见第1章）指出，在均匀的亮度背景下，目标能够被发现（检测到）的总能量是相同的，不管能量是集中在一个点还是分布在更大的区域上。

里科定律揭示了：人眼能够看到物体的条件是，目标物能够被检测到的总能量（目标视能量）达到刺激视觉系统所需的总能量（必要视能量）；全部视能量包括背景能量与目标能量，目标能量是指"被检测到"的辐射光能量，而非全部辐射能量。

（1）辐射能量与能量对比度

设 E_a 为目标物辐射能量（严格说应为光通量），简称目标能量；E_b 为背景辐射能量，简称背景能量；S_a 为目标物面积；S_b 为背景面积；L_a 为背景亮度；C_a 为亮度对比度。由里科定律，目标能量及背景能量分别为 $E_a = L_a \cdot S_a$ 及 $E_b = L_b \cdot S_b$。

进一步，设 N_a 为能量对比度，即

$$N_a = \frac{E_a - E_b}{E_b} \tag{3.2}$$

根据里科定律，当能量差 N_a 达到一定阈值时，目标物的总能量才达到刺激视觉系统所需的总能量，从而能够被人眼视觉所检测到。

由亮度对比度公式

$$C_a = \frac{L_a - L_b}{L_b} \tag{3.3}$$

可得到能量对比度与亮度对比度的关系为

$$N_a = \frac{S_a}{S_b}(1 + C_a) - 1 \tag{3.4}$$

当 $C_a = 0$ 时，无亮度反差，能量对比度为

$$N_a = \frac{S_a}{S_b} - 1 \tag{3.5}$$

因为 $S_a > 0$，$S_b > 0$，但 $S_a < S_b$，所以 $\frac{S_a}{S_b} < 1$，这导致

$$N_a < 0 \tag{3.6}$$

能量对比度小于0表明看不到该物体。物理意义是，背景辐射能量大于目标辐射能量，但目标的总能量没能达到刺激视觉系统所需的阈值，无法被人眼视觉所检测到，即目标被背景所掩蔽。

当 $N_a = 0$ 时，无能量差，背景能量与目标能量相同，应是目标物被人眼视觉所检测到的临界阈值。此时，

$$\frac{S_a}{S_b}(1 + C_a) = 1 \tag{3.7}$$

$$C_a = \frac{S_b - S_a}{S_a} \tag{3.8}$$

应为 C_a 的临界值（阈值）C_{th}，设 L_{th} 为目标物亮度阈值，由 $C_{th} = \dfrac{L_{th} - L_b}{L_b}$，有

$$\frac{L_{th} - L_b}{L_b} = \frac{S_b - S_a}{S_a} \tag{3.9}$$

$$L_{th} \cdot S_a = L_b \cdot S_b \tag{3.10}$$

式（3.10）揭示出：在能量对比度 N_a（阈值）一定的条件下，物体与背景亮度之比与面积之比互为反比。

S_b 的绝对值与速度有关，在行车速度稳定的条件下，视域范围 S_b 为常量。

（2）雾霾环境下目标物可见的充要条件

雾霾环境下，由于空气中气溶胶系统强烈的散射与折射，目标物可见的必要条件为目标物与背景环境之间存在亮度差，即

$$C_a > 0 \tag{3.11}$$

但这不是充分条件，充分条件为目标物与背景环境之间存在能量差，即

$$N_a > 0 \tag{3.12}$$

综合式（3.11）与式（3.12），雾霾环境下目标物可见的充要条件是：目标物与背景环境之间同时存在亮度差与能量差。

（3）"能量模型"与"亮度模型"的关系

在 $S_a = S_b$ 时，即目标物与背景环境的面积相近，"能量对比度"（简称能量模型）与"亮度对比度"（简称亮度模型）表达式相同，即 $C_a = N_a$。因此，亮度模型可视为能量模型在 $S_a = S_b$ 条件下的特例。

这意味着，能量模型在理论上已经覆盖了亮度模型。

2. 视能量模型

（1）视能量

根据费希纳定律，目标物的视能量定义为

$$VE_a = P \cdot \log E_a + Q \tag{3.13}$$

式中，P、Q 为常量。

（2）视能量差

根据费希纳定律，目标物与背景环境之间的视能量差定义为

$$\begin{aligned}VN_a &= W \cdot \log(N_a \cdot E_b) + z \\ &= W \cdot \log(E_a - E_b) + z\end{aligned} \tag{3.14}$$

式中，W、Z 为常量。表达式（3.14）称为视能量模型。

在阿德里安（Adrian）给出的视锐度模型[27]中，视锐度与可见度关系式为

$$VC_a = K \cdot \log(L_a - L_b) + T \tag{3.15}$$

再与式（3.14）进行比较，可以得到：视锐度模型与视能量模型的差别，即前者仅计及前景与背景之间的亮度差，目标物的发光面积被忽略，后者计及的是前景与背景之间的能量差，要考虑到目标物的发光面积，见图3.41。

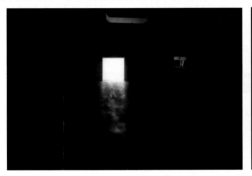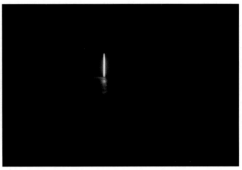

图 3.41　视锐度模型与视能量模型的差别

3. 基于视能量模型对视锐度模型的审视

根据视锐度模型，产生了横向照明方式（链式照明原理相同）。该方式可大幅增加目标物边缘的亮度，形成较高的边缘亮度对比。但是，横向照明方式存在下面两个问题。

（1）目标物反光系数低

由于目标物本身不发光，因此驾驶员方向看到的目标物边缘亮度来自于路灯照射到目标边缘而形成的反光。对于晚间的行人来说，表面反光系数很低，想要大幅提高目标物边缘亮度将大量耗能，并不现实。

（2）目标物受光的面积小

横向照明方式下目标物受光面积很小，即便以大量耗能的代价，能够大幅提高目标物边缘亮度，但按照"视能量模型"原理，视能量增加并不显著。

4. 视能量模型的应用

根据视能量模型，欲使得目标可见，必须保证 N_a 为正，根据式（3.10），则要求

$$L_a > L_b \frac{S_b}{S_a} \tag{3.14}$$

式（3.14）表明，理论上提高视能量差的方法有4种途径：降低背景（环境）亮度，减小背景上的"白墙"效应范围，提高目标物表面亮度，增加目标物发光面积。

（1）减小 L_b，即降低背景（环境）亮度

这一点可以从重雾霾环境下，车辆前大灯越亮"白墙"效应越强烈得到证实。因

此，"减小背景（环境）亮度"在理论上的解释了交通法规"浓雾天不得开远光灯"的规定。

（2）减小 S_b，即减小背景上的"白墙"效应范围

对比两种照明方式：低位路灯照明方式，对应的背景范围为 S_{b1} 如图3.42所示；高位路灯照明方式，对应的背景范围为 S_{b2} 如图3.43所示。

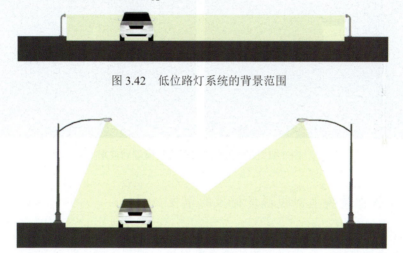

图 3.42　低位路灯系统的背景范围

图 3.43　高位路灯系统的背景范围

显然，

$$S_{b1} < S_{b2}$$

这一点从理论上证实了：在雾霾环境下，低位路灯比传统高位路灯能够更好地克服驾驶员视觉感知障碍。事实上，减小 S_b 面积本身就意味着低位路灯的照明方式比传统高位路灯更为精准。

（3）提高 L_a，即提高目标物表面亮度

这一点指出了，在夜间及雾霾双重条件下，有助于提高目标辨识性的条件一定是正对比，而非负对比。

（4）加大 S_a，即增加目标物发光面积

根据视能量模型，在目标物表面亮度一定的条件下，加大目标物发光面积，等同于加大目标视能量。

综上所述，增加目标视能量的方法是：降低背景（环境）亮度，减小（可与目标物亮度进行对比的）背景环境范围，提高目标物表面亮度，增加目标物发光面积。这一结论为我们在雾霾环境下，增强裸眼视距提供了新的途径。

在极端天气条件下，基于里科定律所建立的视能量模型，对于增加驾驶员裸眼的能见距离，有可能产生比视锐度模型及可见度模型更为有效的照明方法。

3.2.7　基于视能量模型的雾霾照明的解决方案

雾霾照明要解决的问题是克服驾驶员因雾霾而导致的三个视觉感知障碍：航向识别障碍、目标识别障碍和距离识别障碍。

1. 克服航向识别障碍——采用分布式低位照明

范博梅尔曾指出："在雾天天气下，从道路照明设施中所获得的视觉导向尤为重要。"

分布式低位路灯以其排列有序、自发光的特有安装方式，在雾霾环境下，将道路边缘标志物亮度提高至30 cd/m²以上，具有良好的视觉诱导性，可帮助驾驶员有效克服航向识别障碍，恢复方向感，如图3.44所示。

图 3.44　在重雾霾环境下排列有序的分布式低位路灯

2. 克服目标识别障碍——优化照射角度，增加目标视能量

雾霾环境下，根据视能量模型，在目标物表面亮度一定的条件下，增加目标视能量的有效方法是加大目标物发光面积。

要将物体发光面积增加，最好的方式是物体的正面照射，如图3.45所示。

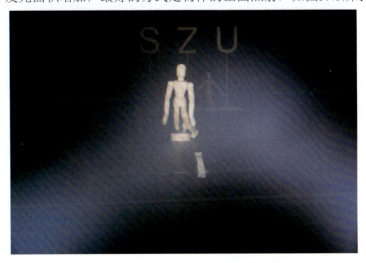

图 3.45　正面照射下物体的受光面

但是，雾霾环境下，正面照射会产生强烈的"白墙"效应，在增加发光面积的同时，又减小了物体亮度，如图3.46所示。

图 3.46　正面照射会产生强烈的"白墙"效应

那么如何在获得必要的边缘亮度（增加边缘亮度对比）的同时，增大物体受光面的亮度与面积，就成为增加目标视能量的关键。

（1）目标物模型

设目标物为八角形，点划线下部为朝向机动车驾驶员方向，如图3.47所示。

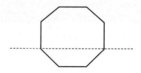

图 3.47　前方目标物的模型

该模型性质：每个内角为135°，外角为45°。物体面向驾驶员视线方向由3部分组成，如图3.48所示。

图 3.48　目标物反射面的组成

物体表面积：$S_2 = S_3$。

（2）物体表面的照度

根据反平方定律，目标物体反射面由两部分组成，如图3.49所示。

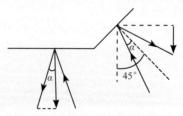

图 3.49　物体的表面照度及亮度

设E为目标物表面法线方向照度；I为光源在光线方向光强；l为光源距物体距离；α：光源光轴与物体法线夹角。

对应S_2：

$$E_2 = \frac{I}{l^2}\cos\alpha \qquad (3.15)$$

对应S_3：

$$E_3 = \frac{I}{l^3}\sin\alpha \qquad (3.16)$$

（3）视能量

根据里科定律，目标物视能量为

$$VE_a = P\cdot\log E_a + Q$$
$$= P\cdot\log(L_a\cdot S_a) + Q \qquad (3.17)$$

式中，L_a为目标物表面亮度；P、Q为常量。

设ρ为目标物表面反射率，则

$$L = \rho\cdot E \qquad (3.18)$$

因此，

$$E_{a2} = S_2\cdot\frac{\rho\cdot I}{l^2}\cos\alpha \qquad (3.19)$$

$$E_{a3} = S_3\cdot\frac{\rho\cdot I}{l^2}\cdot\sin\alpha\cdot\cos45° \qquad (3.20)$$

$$E_a = E_{a2} + E_{a3}$$

$$= S_2\cdot\frac{\rho\cdot I}{l^2}\cdot\left(\cos\alpha + \frac{\sqrt{2}}{2}\sin\alpha\right) \qquad (3.21)$$

当$\alpha=0°$时，物理意义是纵向投光，相当于汽车灯照明。根据可见度模型，在理想条件下，此时目标物亮度与背景环境亮度之间的反差应最高。

$$VE_a = P\cdot\log S_2\cdot\frac{\rho\cdot I}{l^2} + Q$$
$$= P\cdot(\log S_2\cdot\frac{\rho\cdot I}{l^2} + \log1.0) + Q \qquad (3.22)$$

当$\alpha=90°$时，物理意义是横向投光，相当于纯路灯照明。根据视锐度模型，在理想条件下，此时目标物边缘亮度与背景环境亮度之间的反差应最高。

$$VE_a = P\cdot\log S_2\cdot\frac{\rho\cdot I}{l^2}\cdot0.707 + Q$$
$$= P\cdot(\log S_2\cdot\frac{\rho\cdot I}{l^2} + \log0.707) + Q \qquad (3.23)$$

这说明，在理想情况（无雾状态）下，汽车前照灯在目标物产生的视能量高于横向照明路灯及链式路灯产生的视能量。

函数 $N_V = f(\alpha)$ 为模长相异的两条正、余弦曲线之和，因此在闭区间[0°，90°]必存在最大值。求VE_a对α的导数，令其为0，即

$$\frac{d\text{VE}_\alpha}{d\alpha} = 0 \qquad (3.24)$$

得到

$$\frac{\sqrt{2}}{2}\cos\alpha - \sin\alpha = 0 \qquad (3.25)$$

$$\tan\alpha = \frac{\sqrt{2}}{2}$$

$$\alpha = 35.3°$$

该α角物理意义是，在理想情况下，灯光照射角度设计为35.3°左右时，该模型取得最大视能量。其值为

$$\text{VE}_{max} = P \cdot \log S_2 \cdot \frac{\rho \cdot I}{l^2} \cdot 1.225 + Q$$

$$= P \cdot (\log S_2 \cdot \frac{\rho \cdot I}{l^2} + \log 1.225) + Q \qquad (3.26)$$

比较式（3.22）、式（3.23）、式（3.26），在其他系数相同的条件下，汽车前照灯投射目标物所取得的视能量为log1.0；横向照明路灯的视能量为log0.707；优化投光角度后的视能量为log1.225。显然，上述照明条件下取得的目标物的视能量

优化投光角度 > 汽车前照灯 > 横向照明路灯

上述结论是在理想条件下取得的，考虑雾霾条件下气溶胶系统的散射作用，入射角α的取值应向90°方向靠近，即斜侧面方向照射，使得目标物的视能量与视锐度达到协调，见图3.50。

图 3.50　斜侧面照射时的目标物

（4）不同照明方式下视能量的变化

图3.51是实验（实验方法见第8章）得到的三种照明方式在雾环境下视能量变化曲线。

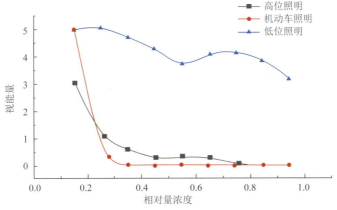

图 3.51　不同雾环境下三种照明方式视能量变化曲线

机动车照明在无雾环境下视能量最高，主要原因是视亮度高；浓雾条件下视能量最低，主要原因是视面积低。传统高位路灯在雾浓度较低区间，视能量主要取决于视亮度；在雾浓度较高区间，视能量主要取决于视面积。

低位照明的视能量随雾浓度增加降低缓慢。

（5）不同照明方式视能量的比较

雾浓度较低（相对浓度低于0.25）时，机动车灯的视能量高于传统高位路灯；雾浓度较高（相对浓度超过0.25）后，传统高位路灯视能量高于机动车灯。

低位路灯的视能量高于其他两种照明方式，雾浓度越高越显著。

不同色温光源对上述结论无影响，但对相同照明方式下的视能量有影响。

3. 克服距离识别障碍——警示照明系统

沿道路间隔10～20 m在低位路灯灯体上设置一个遥控警示按钮。车辆发生故障或事故时，只需司机下车并按下路边的警示按钮，后方200 m内的灯连续闪烁，提醒后方来车，为后方来车提供必要的预警时间和预警距离，如图3.52所示。

图 3.52　连续 200 m 闪烁的红灯

3.3　抑制昏睡照明（警醒照明）

驾驶员视觉疲劳症状为眼睛疲劳、酸痛、眼干等，还有可能伴随着头晕、头疼的症状[40]。

驾驶疲劳是指由于长时间驾驶，驾驶员生理、心理机能失调而造成驾驶机能失调现象[41]。驾驶疲劳使驾驶员出现思维缓慢、注意力涣散、打哈欠、视力模糊、闭眼等情况[42]。

生理失调，是驾驶人员在长时间驾驶中，超过一定阈值后出现的全身疲倦、麻木、视力模糊、反应迟钝等现象[43]；心理失调，是驾驶人员在驾驶过程中精力超出心理负荷限度后，所表现出注意力不集中、思想迟钝等现象[44]。

车辆行驶过程中，驾驶员首先通过对道路交通信息的感知，识别、理解道路交通状态的各项要素，初建驾驶意识[45]。这一过程如果受到视觉疲劳因素的影响，就可能出现感觉误差乃至感觉不到，并向下传递到分析、判断、决策阶段。根据驾驶三阶段的规律，驾驶员按照感知—判断决策—动作反应链对车辆进行操作与控制。但此时，驾驶状态已经处在错误的反应状态。同时，车辆行驶状况和道路与周边环境信息再次反馈给驾驶员，驾驶员继续依照上述反应链进行新一轮信息传递与加工，直至驾驶过程结束。疲劳驾驶行为形成过程如图3.53所示。

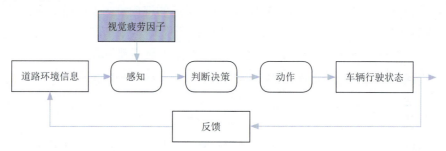

图 3.53　疲劳驾驶行为形成过程

从图3.53可以看出，若视觉疲劳因素不能及时消减，则上述反应链是"正反馈"过程，车辆偏航会逐渐增大，驾驶过程结束也就意味着事故发生。

3.3.1　产生视觉疲劳的机制

道路照明环境下，驾驶员视觉疲劳程度受中间视觉、非视觉生物效应、周边视场[46]等视觉规律支配。

对驾驶员视觉疲劳的研究分为两个层次：

视觉疲劳成因与机制分析——分析驾驶过程中不同因素对视觉疲劳的影响和驾驶中视觉疲劳的形成过程；

视觉疲劳评价标准与对策——通过测量的方式确定可靠的视觉疲劳评价标准，提出相对应的策略。

1. 视觉疲劳的成因

研究表明，驾驶过程中导致驾驶员因疲劳对车辆的操控能力逐渐下降的因素可归为两大类：外部因素和内部因素[47]。

产生视觉疲劳的外部因素是，高速公路上行车的参照物少，进入驾驶员视界内的景物过于单调。高速公路行驶过程中，道路条件对驾驶极为有利，既没有交通管制和道路交叉口，又没有低速行驶的机动车、非机动车和行人，车辆分别行驶在各自车道上，驾驶员不需要耗费太多的注意力操控车辆和避让其他车辆。驾驶员持续处于单调、缺乏变化的道路环境中，容易导致视觉疲劳[48]。

内部因素是驾驶员自身的状态。主要包括昼夜节律、驾驶时间及视觉有效视野缩小，视觉注视点逐渐移向远处，动态视力随着速度的提高而降低，驾驶员对车辆的速度感被弱化。

在夜晚，机动车高速行驶状态下，驾驶员受到来自道路之外的、富有变化的景物的刺激更少，视界内的景物更为单调，视野变得更窄。驾驶员视觉器官所接受的刺激减少，进一步促使驾驶员大脑活动程度降低，使视觉疲劳感觉出现得更加强烈，这一切导致了所谓的高速驾驶状态下的"催眠"现象。

2. 照明环境对视觉疲劳的影响

根据司辰视觉，人眼内存在第三种感光细胞——神经节细胞，不同类型光谱的照明能够影响该细胞对人体内褪黑素的分泌作用。

现阶段国内外关于道路照明对视觉疲劳影响作用的研究，多是集中在基于单一、恒定光源的照明亮度上。主要论点有：

①道路线型、环境、照明等外部因素能够影响视觉疲劳，道路照明是影响视觉疲劳的重要外部因素；

②道路照明中，光源种类、相关色温、路面及空间亮度均影响视觉疲劳程度。

3.3.2　动态视觉与照明对策

恢复视觉感知的正确功能，有效地抑制驾驶员疲劳与昏睡感，使之清醒专注于前方道路，是对道路照明提出的高级要求，在国内外道路照明研究领域是全新课题[49]。

多维度道路照明系统应用非视觉生物效应规律，借鉴医学上的"介入"治疗概念，通过路灯照明的介入，使用光色刺激来减少人体褪黑素分泌，对驾驶员的疲劳感进行抑制。

驾驶员在实际驾驶过程中的动态视觉特性，是研究光色对驾驶员视觉疲劳影响程度的重要线索，动态视觉及其周期性变化对抑制驾驶人员疲劳具有特殊意义。

1. 动态视觉

与静态视觉相比，动态视觉[50,51]下的视觉疲劳程度影响因素有以下几点差异：

①动态视觉下，空间识别范围缩小，驾驶员的视觉注意力更加集中，视野变窄对于驾驶室内的相关信息的关注程度将会降低，驾驶室内的光色变化对驾驶员的疲劳程度影响相较于静止状态下大幅下降，因而对于光色的改变是基于外界环境而非驾驶室内的光色变化；

②动态视觉下，空间识别范围缩小，因而对于外界的视觉疲劳刺激信息的接收范围也将随之变窄，对于传统的灯杆式道路照明的灯具的光色变化信息很大一部分将被摒除在视野之外，而低位路灯照明的光色变化则在驾驶人员的视野范围内[52]；

③动态视觉下，单位时间内所接收的外界环境信息量将会大大增加，这对于照明光色变化周期的选择产生相关影响；

④动态视觉下，低位路灯光源位于视域边缘，因此需考虑的光谱光视效率更应偏向于短波方向。

因此，从理论上可以推断：夜间驾驶状态下，对于驾驶员的周边视域，其视觉信号接收主要由视杆细胞起作用，视觉特性更趋近于中间视觉的下限亮度[53]。动态视觉的周边视域的蓝光光谱将更有利于对于驾驶人员视觉疲劳的抑制。

⑤动态视觉下点光源线性化。静态条件下设置的点光源，当点距较小时，在以速度90～120 km/h行驶的机动车驾驶员看来，会变成线光源；当点距较大时，则会有"频闪"出现[54]。低位路灯间距一般为5～6 m，当以时速100 km运行时，速度为27.8 m/s，相当于5个灯位，闪烁周期为1/5 s。在这种频率下，过强亮度的光源会导致低频"频闪"，干扰驾驶员正常驾驶，因此，抑制昏睡应采用低亮度光源。

2. 不同光色影响下的视敏度分析

视敏度分析的方法是研究驾驶员视觉疲劳的通常方法[55, 56]。通过实验（见第8章），对三种不同光色环境下的被试者视敏度分析，可以筛选出对抑制视觉疲劳程度下降最为有效的光色，如图3.54和图3.55所示。

白、蓝、黄三种不同光色下的闪光融合频率分别下降3 Hz、2.2 Hz、2.5 Hz。白光环境下视敏度下降最为显著，蓝光的视敏度下降量最低。这表明位于周边视野的蓝光对于驾驶人员视觉疲劳的抑制作用最为显著。从视敏度变化曲线的对比可以看出，蓝光环境下的视敏度下降程度与时间为正相关关系。视敏度变化曲线的上部围合面积越小，则该光色对视觉疲劳抑制越有利，如图3.56所示。

3. 照明策略实验

实验（第8章）表明：

车速为90 km/h时，在2.5 km间距的光色变化，对于驾驶人员的视觉疲劳抑制作用最为突出，如图3.57所示。

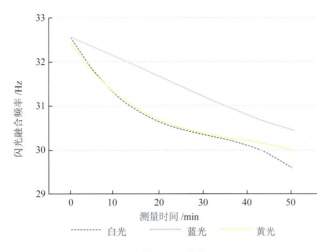

图 3.54　三种光色环境下视敏度变化趋势

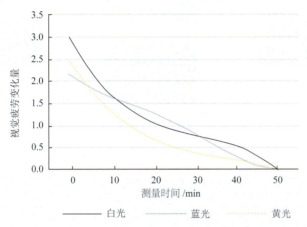

图 3.55　三种光色环境下视敏度变化量对比

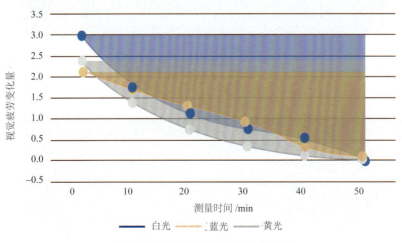

图 3.56　三种光源的疲劳程度比较

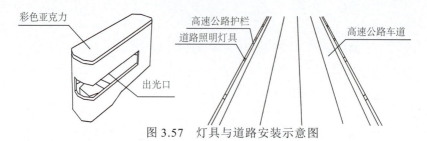

图 3.57　灯具与道路安装示意图

灯具模型如图3.58所示。

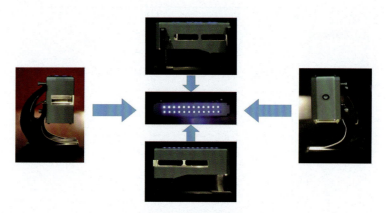

图 3.58　灯具模型图

2019年1月，在深圳大学操场的现场实景照片如图3.59所示。

图 3.59　无人机拍摄的警醒照明图片

驾驶员视角的警醒照明现场照片见图3.60。

图 3.60　驾驶员视角的警醒照明图片

3.3.3　司辰光源选择

在多维度道路照明系统中，依据非视觉生物效应[57]，抑制昏睡照明光源光谱主光轴选择为507 nm，蓝光光谱为主，绿、紫光谱为辅，间隔长度为2.5 km的倍数。

当蓝光间隔长度5.0 km，驾驶员以90 km/h速度运行时，蓝光在视野中的持续时间约3.33 min；当绿、紫光分别间隔长度2.5 km，则绿、紫光在驾驶员视野中的持续时间分别约1.67 min；一组蓝、绿、紫光周期所用的时间接近6.67 min，道路的长度为10 km。

3.4　故障警示照明（警示照明）

警示照明是向后车驾驶员警示前方车辆出现故障，需要有足够的醒目性，强大的视觉冲击力[58]；同时也要有必要的预警距离，让后车的驾驶员有足够的反应时间[59]。

1. 强化视觉冲击力的方法

当车辆发生故障时，传统的方法是在车后路面放置三角形示警标志来警示后方来车。但在非明视觉条件下，特别是在可见度低的雾霾天气，放在地面上的、静止的、尺度很小的三角形示警标志并不明显，而动态、闪光的物体的可辨识性远远高于比同样亮度但静止的物体。因此，警示前方车辆出现故障的最有效方法是设置连续地脉冲闪烁的路灯。另外，若以集群主动闪光方式向后面机动车驾驶员发出警示，又比单个脉冲闪烁的路灯报警标志要醒目得多，将大大提高后面机动车驾驶员辨识的可靠性。警示照明子系统原理图如图3.61所示。

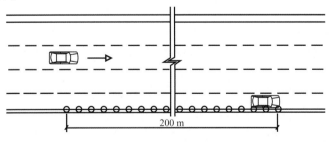

图 3.61　警示照明子系统原理图

2. 警示照明方法

多维度照明系统为驾驶员警示前方车辆出现故障的方式是让路灯连续闪亮。当驾驶员因车辆故障将车驶入紧急停靠带内停稳后，可以迅速地找到位于道路右侧护栏的灯体上的手动无线遥控报警按钮。按下按钮后，在按钮至来车方向距离200 m处的所有路灯均以红色闪光方式向后面来车发出警报，表示前边有车故障，从而提醒后车驾驶员减速行驶。在200 m的距离上左右共有约30～40个红色闪光的路灯，以此来防止由车辆故障演变为交通安全事故，增加夜间行车的安全，如图3.62所示。

图 3.62　警示灯安装与控制方式及效果模拟

3.5　小　　结

1. 雾霾照明的关键技术

雾霾问题是交通安全领域共性技术难题。提供安全、可靠的道路照明，是道路照明系统的第一属性，要求及时对天气情况进行自主辨识与照明模式自动转换。

恶劣天气下，驾驶员视觉需求与关注模型均发生转变。道路照明以提高驾驶员裸眼视距、增强道路诱导性为目标，需要重构机动车驾驶员视觉的存在感、察实感和距离感，克服方向辨识障碍，空间辨识障碍和距离辨识障碍。

本质上，人眼能够发现目标物的原因在于目标物辐射了足够强的能量并保持必要的持续时间。里科定律揭示了辐射能量强度的规律，布洛赫定律揭示了能量持续时间的规律。当辐射的能量和持续时间超过了相应的阈值后，人们便可发现这个目标。

小目标可见度模型(简称可见度模型)的实质是对源于天文学领域的上述两个物理定律做了如下简化：

（1）以驾驶员长期关注路面为假定，将能量持续时间由变量变成常量（无穷大）。

（2）以小目标（180 mm×180 mm）为尺度，将目标物可视面积由变量变成常量。

可见度模型将复杂问题做降维简化的结果，是成功的促进了基于可见度标准的道路照明研究的繁荣。

可见度模型在正常天气下是合理的。此时，驾驶员的心理需求是安全、速达与节能，描述这一需求的是可能阻碍车辆行驶的"小目标"，以及辨识该物体所用的反应时间，与之对应的是可见度模型及其一系列物理指标。

但可见度模型对两个视觉规律的上述简化也带来了局限性和合理性问题：

关于第一点简化，导致道路照明中眩光问题由动态眩光简化为静态眩光，从而忽视了下述三个动态过程：眩光刺激下人眼瞳孔的动态变化过程、多目标条件下驾驶员视觉焦点在车灯与路灯光源之间的动态转换过程和多光源会聚条件下驾驶员后视与前视动态变换过程（见本书第4章）。

关于第二点简化，在可见度模型和视锐度模型中，能量对比度被简化为亮度对比度，并以各种标准（CIE标准、IESNA标准及CJJ 45—2015）的形式将其固定下来。在长期接受这样的简化教育后，目前的道路照明研究者甚至以此作为研究的依据（这一点可以从我们看到的文献中均采用亮度对比得到佐证），简化演变为异化，并由此而派生出大量的研究成果。这使得雾霾问题的研究始终被限制在这个理论框架内。

但事实上，在这个理论框架内进行的雾霾照明研究，都没能触及视觉感知的本质。当来自目标物的反射能量未能达到视能量阈值时，目标无法识别。在以雾霾为视觉特征的气溶胶系统中，物体能够被视觉感知的根本原因是目标物与背景环境之间存在辐射能量差。

在雾霾天气下，白天的视觉模型应为视锐度模型，突出目标物轮廓，对应的照明策略应是开启单一的"横向照明"；夜晚的视觉模型应为视能量模型，加大目标物发光面积，对应的照明策略应是开启"横向照明+正向照明"，即"复合投光"照明。

恶劣天气下，特别是能见度接近于零的条件下，当前方车辆打开尾灯时，尽早发现前方车辆的途径就由辨识前车轮廓转变为发现前车尾灯及如何提高前车尾灯亮度。提高汽车尾灯亮度的有效方法是采用路灯光源在车辆尾灯造成强烈的反射。

2. 抑制驾驶员视觉疲劳的路灯技术

驾驶员视觉疲劳感受中间视觉条件、周边视野、非视觉生物效应及动态条件下的视觉特性等视觉规律的制约。

针对光色光谱对视觉疲劳影响研究，将路灯灯体部分表面设置为发光体，发光体光色采用能有效抑制驾驶员视觉疲劳的冷蓝色调为基调。

发光体光色静态不变，但根据安装地点的不同，从驾驶员视点看，发光体光色呈动态的周期变化。利用光色及其组合，从信息刺激角度，以交替的光色变化、合理的周期变化，从光色光谱角度对单一驾驶环境下的驾驶员视觉起到适当刺激作用，最大程度地抑制驾驶员长时间驾驶所产生的视觉疲劳。

3. 机动车故障后的警示照明方法

动态闪光的物体的可辨识性远远高于同样亮度但静止的物体。警示前方车辆出现故障的有效方法是设置足够长度的、连续脉冲闪烁的醒目路灯。

参 考 文 献

[1] 李宏杰，马二顺，吕晓峰，等. 公路隧道照明调光过程中的危险因素分析及安全性指标[J]. 隧道建设，2015，35(12): 1252-1257.

[2] 马硕. 道路照明光源的视觉功效与视疲劳机理的研究[D]. 北京：北京交通大学，2016.

[3] 朱秋曙，沙磊，唐家麒，等. LED照明灯具的可靠性及安全标准分析[J]. 日用电器，2013，(3): 28-30.

[4] 王嘉亮. 道路照明设计中交通安全性的影响因素分析：基于驾驶员视觉特性的研究[J]. 建筑电气，2006，(1): 33-35.

[5] 郑梦娜，高金凤. 基于分布式自适应方法的多智能体系统的包容控制[J]. 浙江理工大学学报(自然科学版)，2018，

39(4)：1-10.

[6] 申利民，刘称称，尤殿龙. 一种面向自动化设备的行为监测与异常诊断方法[J]. 小型微型计算机系统，2015，36(1)：126-132.

[7] 黄金龙，肖华鹏，萧泽新. 照明系统中点光源的光照度分布分析[J]. 光学技术，2006，32(z1)：301-303.

[8] Lewis I. Lumen effectiveness multipliers for outdoor lighting design[J]. Journal of the Illuminating Engineering Society，2001，30(2)：40-52.

[9] 刘春媛. 基于激光大气透射仪的能见度测量误差研究[D]. 天津：中国民航大学，2016.

[10] 隋成华，徐丹阳. 基于卤钨灯和LED的复合光源设计与实现[J]. 浙江工业大学学报，2017，45(3)：351-354.

[11] 胡帅，高太长，刘磊. 非球形气溶胶粒子散射特性及其等效Mie散射误差分析[J]. 气象科学，2014，34(6)：612-619.

[12] 孙彧，马振峰，牛涛，等. 最近40年中国雾日数和霾日数的气候变化特征[J]. 气候与环境研究，2013，18(3)：397-406.

[13] 吴兑，吴晓京，李菲，等. 1951-2005年中国大陆霾的时空变化[J]. 气象学报，2010，68(5)：680-688.

[14] 高歌. 1961-2005年中国霾日气候特征及变化分析[J]. 地理学报，2008，63(7)：761-768.

[15] 张人禾，李强，张若楠. 2013年1月中国东部持续性强雾霾天气产生的气象条件分析[J]. 中国科学：地球科学，2014，44(1)：27-36.

[16] 赵秀娟，蒲维维，孟伟. 北京地区秋季雾霾天气污染特征分析[J]. 环境科学，2013，34(2)：416-423.

[17] 潘本锋，汪巍，李亮，等. 我国大中型城市秋冬季节雾霾天气污染特征与成因分析[J]. 环境持续与发展，2013，(1)：33-36.

[18] 赵桂香，杜莉，卫丽萍，等.一次持续性区域雾霾天气的总和分析[J]. 干旱区研究，2011，28(5)：871-878.

[19] 于兴娜，李新妹，登增然登，等. 北京雾霾天气期间气溶胶光学特性[J]. 环境科学，2012，33(4)：1057-1062.

[20] 曹华伟，梁旭东，李青春. 北京一次持续性雾霾过程的阶段性特征及影响因子分析[J]. 气象学报，2013，71(5)：940-951.

[21] 王翔. 浅谈雾霾成因及治理对策[J]. 低碳世界，2017，(7)：7-8.

[22] 张旭苹，张益昕，王峰，等. 基于瑞利散射的超长距离分布式光纤传感技术[J]. 中国激光，2016，43(7)：14-27.

[23] 王永华. 一种基于米氏散射理论的粉尘颗粒物浓度检测传感器的设计[C]//天津市电子工业协会2017年年会论文集. 2017：5.

[24] Mie G. Contributions on the optics of turbid media，particularly colloidal metal solutions (translation)[J]. Annalen der Physik，1908，25：377-445.

[25] 李学彬，胡顺星，徐青山，等. 大气气溶胶消光特性和折射率的测量[J]. 强激光与粒子束，2007，19(2)：207-210.

[26] 雷春轶，徐鸣. 浅析视觉流程的四特性[J]. 中国包装工业，2015，(18)：140+142.

[27] Hagiwara T. Background Luminance as a function of Illuminance Conditions and Visual Range in Fog [C]//15th Symposium on Visibility of TRB.USA：[s.l.]，2000.

[28] van Bommel W. Road Lighting Fundamentals，Technology and Application[M]. Cham：Springer，2015.

[29] 李敏，黄敏，李尔达，等. 城市指路标志诱导系统对驾驶员行为影响的分析研究[J]. 公路交通技术，2015，(4)：151-155，161.

[30] 林燕丹，陈大华，邵红，等. 中间照明水平下视锐度的亮度响应特性研究[J]. 复旦学报(自然科学版)，2002，(4)：453-458.

[31] 陈小飞. 光诱导光学晶格阵列的波导行为研究[D]. 杭州：浙江工业大学，2010.

[32] 战俊彤，付强，张肃，等. 前向散射角度对偏振成像对比度影响的研究[J]. 光学学报，2015，35(7)：166-171.

[33] 乌特·范波莫. 道路照明：理论、技术与应用[M]. 王坤，译. 北京：机械工业出版社，2017.

[34] 陈文成，林燕丹，邵红，等. 道路照明光源选择依据的探讨[J]. 复旦学报(自然科学版)，2003，42(6)：950-955.

[35] 赵海天，姚其，邝志斌，等. 基于视网膜照度的路面照明效率分析[J]. 深圳大学学报(理工版)，2013，30(2)：186-189.

[36] Lin Y D，Chen W C，Chen D H，et al. The effect of spectrum on visual field in road lighting [J].Building and Environment，2004，39：433-439.

[37] 关雪峰，邝志斌，赵海天. 中间视觉条件下汽车玻璃贴膜对视力清晰度影响的实验研究[J]. 照明工程学报，2011，22(5)：51-57.

[38] 李昌厚，孙吟秋. 透光度误差与吸光度误差和吸光度真值关系的研究[J]. 现代科学仪器，2000，(1)：35-37.

[39] Adrian W. Visual Performance，Acuity and Age[M]. Canada：Lux Europa，1993.

[40] Williamson A F，Lombardi D A，Folkard S，et al. The link between fatigue and safety[J]. Accident Analysis & Prevention，2011，43(2)，498-515.

[41] Zhang H，Wu C Z，Yan X P，et al. The effect of fatigue driving on car following behavior[J]. Transportation Research Part F：Psychology and Behaviour，2016，43：80-89.

[42] 李正阳. 中间视觉下驾驶员视觉疲劳的道路照明色度学研究[D]. 深圳：深圳大学，2017.

[43] Useche S A，Ortiz V G，Cendales B E. Stress-related psychosocial factors at work，fatigue，and risky driving behavior in bus rapid transport (BRT) drivers[J]. Accident Analysis and Prevention，2017，104：106-114.

[44] Tran C，Trivedi M M. Vision for driver assistance：Looking at people in a vehicle[J]. Visual Analysis of Humans，2011：597-614.

[45] Choi H C，Kim S Y，Oh S Y. In and out vision-based driver-interactive assistance system[J]. International Journal of Automotive Technology，2010：883-892.

[46] 杨士强，赵堪兴. 周边视网膜对调节适应影响的研究[J]. 天津医科大学学报，2008，(2)：245-247.

[47] 牛亚尊，张翠青. 驾驶疲劳识别方法研究综述[J]. 内蒙古科技与经济，2012，(13)：17-19.

[48] Alhaag M H，Ramadan M Z. Using electromyography responses to investigate the effects of the display type，viewing distance，and viewing time on visual fatigue[J]. Displays，2017，49：51-58.

[49] Hammoud R I，Zhang H. A lertometer：Detecting and mitigating driver drowsiness and fatigue using an integrated human factors and computer vision approach[C] //Hammoud R I. Passive Eye Monitoring. Berlin：Springer，2007：301-322.

[50] 袁伟. 城市道路环境中汽车驾驶员动态视觉特性试验研究[D]. 西安：长安大学，2008.

[51] 李永芳. 汽车驾驶员动态视觉特性试验研究[J]. 拖拉机与农用运输车，2010，37(6)：16-18.

[52] 赵炳强. 驾驶员动态视觉特征及其影响[J]. 公路交通科技，1998，(A01)：102-104.

[53] Qiu Z Y，Wu Z C，Wu J J，et al. Research on the influence of traffic conditions on the psychology of indirect vision drivers based on EEG analysis[C]. Procccdings of thc 14th International Conference on Man-Machine-Environment System Engineering，2015：267-276.

[54] 张殿业. 驾驶员动态视野与行车安全可靠度[J]. 西南交通大学学报，2000，35(3)：319-322.

[55] Cowey A，Rolls E T. Human cortical magnification factor and its relation to visual acuity[J]. Experimental Brain Research，1974，(21)：447-454.

[56] 王卓. 基于眼睛状态的驾驶员疲劳识别[J]. 汽车工程师，2009，(11)：50-52.

[57] 陈仲林，李毅，杨春宇，等. 道路照明中的光生物效应研究[J]. 照明工程学报，2007，18(3)：1-5.

[58] Fuchs K，Abendroth B，Bruder R. Night vision-reduced driver distraction，improved safety and satisfaction[C]. Engineering Psychology and Cognitive Ergonomics，2009：367-375.

[59] Schubert M，Bohner C，Berger W，et al. The role of vision in maintaining heading direction：Effects of changing gaze and optic flow on human gait[J]. Experimental Brain Research，2003，150(2)：163-173.

第4章 多维度道路照明：健康、舒适

健康照明[1]正在由室内走向更为广阔的包括城市道路的城市空间[2]。

健康、舒适的道路照明包括11项内容：第9项，消减前视眩光；第10项，消减后视眩光；第11项，消减侧视眩光；第12项，消减对视眩光；第13项，消减上视眩光；第14项，消减下视眩光；第19项，提供视觉诱导照明；第20项，前方路况提示照明；第22项，改善"黑洞"效应；第23项，改善"白洞"效应；第25项，适当的边缘照度比。

4.1 眩 光 问 题

眩光问题，无论在传统道路照明系统还是目前的LED照明系统中，一直是无法回避的共性技术难题，任何路灯、任何照明方式只要防眩光技术不过关，都不能可持续发展。

仔细考察路灯眩光问题后发现，路灯眩光的实质是用于照明的光源在提供道路照明的同时，也提供了灯体（发光面）亮度。若在驾驶员视域中灯体亮度超过路面亮度时，其表现就是眩光。由于灯体乃光源载体，这一要求显然过于苛刻，现实情况就是：眩光与路面亮度共生共存，无法避免。因此，解决路灯眩光问题就需要在理论层面重新审视眩光，在技术层面上采用创新手段。

4.1.1 传统高位路灯眩光的机制与特点

传统高位路灯体系中，通常采用蝙蝠型或矩形配光，用截光技术[3]减少眩光。必须指出，在路灯眩光认识上的一个普遍误区是：只要人眼处在截光角以外的暗区内，就不会感觉到眩光。但事实是无论采用哪种配光，在灯具下方都会有一个高亮度的发光面，并且与驾驶员视点之间存在高度差H，这就必然产生一个视角α使该发光面直接暴露于驾驶员前方视域内，导致驾驶员感觉到来自右前上方路灯的眩光，如图4.1所示。

显然，该眩光非路灯内光源发出的直射眩光，其强度必然低于直射眩光，这就是截光型路灯减小眩光的机制。但所谓"截光"截的是光源的直接眩光，而非路灯的直接眩光。因此，该眩光的性质仍为路灯发出的直接眩光只不过对光源来说是非直接眩光。

通过加长前视方向灯具的截光挡板，可以进一步截断距路灯前视眩光，但只能截断距对较远车辆的眩光，而不能截断对近处车辆的眩光，如图4.2所示。

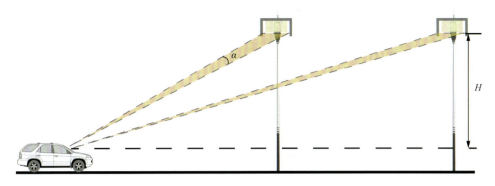

图 4.1　导致前视眩光的高亮度发光面

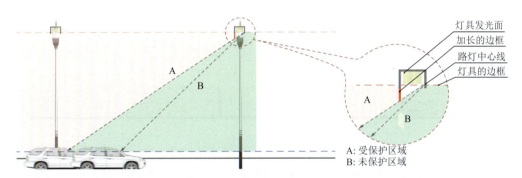

图 4.2　灯具挡板可截断距路灯对远处车辆的眩光，但未截断距路灯对近处车辆的眩光

继续加长前视方向灯具挡板，可截断路灯对近处车辆的前视眩光，如图4.3所示。

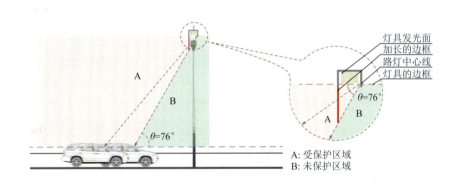

图 4.3　继续加长前视方向灯具挡板，截断对近处车辆的眩光

同时，加长前视方向灯具截光挡板后，由于挡板的反光作用，会增强后视眩光，如图4.4所示。

另一种可能的做法是，把灯具倾斜放置，使灯具的发光面与驾驶员向前上方的视线平行，可改变这一条件，从而将α角变为0°（图4.5）。

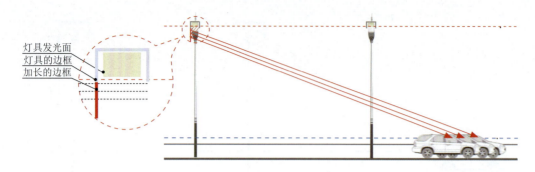

灯具发光面
灯具的边框
加长的边框

图 4.4　加长前视方向挡板后，造成后视境内形成眩光（后视眩光）

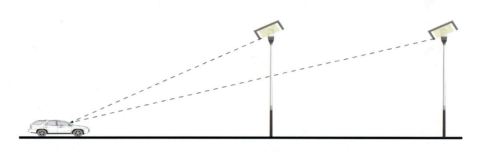

图 4.5　眩光改进示意图

　　机动车运动时 α 角在不断变化，故这种方法仍然无法消除路灯对处于不同位置车辆的眩光；另外，这一倾斜的"发光面"会照射到对面行车方向，因而产生干扰对面行车的对面眩光。

　　上述分析表明，通过传统截光的方式来消减路灯眩光的技术路线不可行。路灯眩光强度有三项影响要素：眩光光源、位置和背景亮度。眩光光源包括尺寸、亮度、色度；位置指眩光光源与人眼之间的连线和人眼与路面注视点之间的连线所形成的空间立体角[4]；背景亮度指眩光光源与背景（路面）的亮度比，其中光源的亮度是主因。

　　有人将LED路灯光源由COB形式改为平板灯，即由点光源组合为面光源，通过降低能量密度来减小与背景之间的亮度比，从而降低眩光的刺激强度，如图4.6所示。

图 4.6　平板灯

但这只是在路灯下面看的结果，在驾驶员视角看时，由于透视规律，平板灯在60 m处已经由面光源变成点光源，在这个距离上，平板路灯与COB全截型光路灯[5]在眩光上面并无差别，但平板路灯整体造价增加、风阻增大。在标准距离（90 m）看，平板灯呈现的完全是点光源的形态。

事实上，上述降低流明密度的方法在20世纪60年代已经成熟地应用在大型露天体育场馆的照明设计中。

当考察传统高位路灯在驾驶员视野内的眩光区时可以发现，高位路灯造成眩光的原因是路灯、人眼和路面三者之间的相对位置。由此分析高位路灯产生眩光的机制。

（1）高位路灯产生眩光的机制

当路灯发光面与路面位于驾驶员非同侧时，驾驶员在观察路面的同时，不可避免地要看到路灯的发光面，产生眩光[6]。

将路灯与路面置于驾驶员同侧，那么驾驶员在观察路面时，看到的是路灯的背面，发光面被灯体本身遮挡，看不到眩光。由此得到高位路灯消除眩光的必要条件。

（2）消除高位路灯眩光的必要条件

高位路灯消除眩光的必要条件是路灯低于机动车驾驶员视点。

将路灯高度降至驾驶员眼高以下后，路灯位于驾驶员与路面之间，通过向下照明的配光设计使得路面获得必要的亮度，此时驾驶员所看到的是路灯的背光面，因而视域内已不可见直接眩光，如图4.7所示。

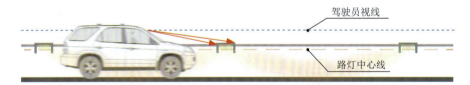

图 4.7　驾驶员视线和路灯中心线

将路灯降低至低于驾驶员眼睛高度后，成为低位路灯照明方式。

4.1.2　低位路灯眩光形成机制与特点

4.1.1节指出消除高位路灯眩光的必要条件是采用低位路灯照明方式，但这只是必要条件而非充分条件。低位路灯照明方式并不能保证必然无眩光。

1. 低位路灯眩光的来源与表现形式

（1）投光方向与溢散光

封装后的LED贴片经一次配光后发出接近120°的散射光。为了照射远，需要进一步聚光。菲涅耳透镜[7]的功能是将光源发出的直射至透镜的正面光（中心光）会聚为光束角小的近乎平行的光束，抛物体全反射光学透镜的功能是将其中的非正面光（非中心光）会聚为光束角小的近乎平行的光束（图4.8）。将两者结合，构成菲涅耳-抛物体透镜。经菲涅耳-抛物体透镜配光后，LED光源发出的光转变为直径较小的圆形光斑。

理论上，抛物体透镜发出平行光的充分必要条件是光源是一个精确位于抛物体空间焦点的体积无限小的质点，任何偏离该质点位置的发光点通过抛物体透镜所发出的光则必然与主光轴不完全一致，即包含非平行光。非平行光为溢散光，距焦点越远，溢散光越多。图4.9指出了偏离焦点的光源产生非平行光。

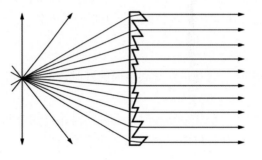
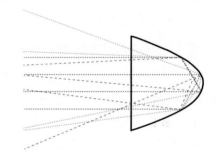

图 4.8　菲涅耳透镜产生平行光束　　　　图 4.9　偏离焦点的光源产生非平行光

实际中，人们无法做出体积无限小的光源，体积越大的光源，溢散光也越多。

路面照明需要的并非是直径较小的圆形光斑，而是条形光斑。在菲涅耳-抛物体透镜前面放置单面波纹状的微构造透镜，能将较小直径的圆形光斑沿水平方向扩散为条形光斑。但这种分离式结构会在菲涅耳-抛物体透镜与微构造透镜之间存在一个空气间层，该间层将使菲涅耳-抛物体透镜投射的平行光发生部分散射，同时也会沉淀灰尘，导致光效降低。

解决的途径是将微构造透镜与菲涅耳-抛物体透镜进一步集成，使之一体化。方法是将菲涅耳-抛物体透镜倒置，进而在倒置的菲涅耳-抛物体透镜表面刻画波纹，形成倒置菲涅耳-波纹-抛物体透镜，一次成形投射出上截止线较分明的条形光斑（图4.10）。

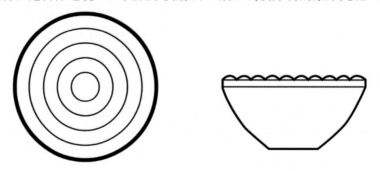

图 4.10　倒置菲涅耳－波纹－抛物体透镜

倒置菲涅耳-波纹-抛物体透镜解决了路面照明所需的条形光斑问题，但并没有解决眩光问题。这是因为理论上平行但实际上无法做到完全平行的光束在倒置菲涅耳-波纹-抛物体透镜的外表面发生散射，其非主光轴方向的光形成溢散光（图4.11）。

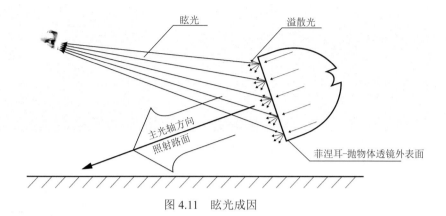

图 4.11　眩光成因

上述透镜配光[8]的方法在实际中都存在无法解决的眩光问题。要解决的关键问题是要使得驾驶员视线避开在倒置菲涅耳-波纹-抛物体透镜的外表面发生的散射光。

事实上，由于溢散光散射的角度很宽，驾驶员在行驶中甚至道路附近的很多位置都会感觉到溢散光的存在[9, 10]。

（2）低位路灯的前视眩光

溢散光在机动车驾驶员视线方向的分量，就构成直接眩光。常规低位路灯可有效减弱斑马条纹现象，宽配光方式下，斑马条纹较小，如图4.12所示。

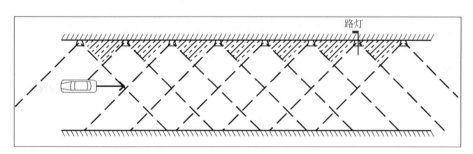

图 4.12　宽配光方式

非截光同时也导致机动车前方的眩光增强，驾驶员眼前将呈现出一个高亮度发光面，感到来自前方路灯"发光面"的强烈眩光，如图4.13所示。

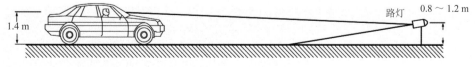

图 4.13　来自前方路灯"发光面"的强烈眩光

（3）后视眩光

低位路灯后视眩光的具体情形如图4.14所示。

图 4.14　低位路灯产生的后视眩光

2. 低位路灯眩光形态与特点

（1）低位路灯眩光的动态性质

低位路灯的投光照射方向与道路路面近乎平行，这决定了低位路灯眩光来自侧向的"发光面"，为水平方向，如图4.15所示。

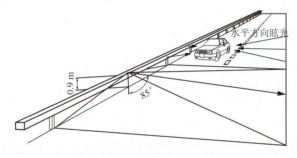

图 4.15　低位路灯照明示意图

实验表明，用于评价高位路灯阈值增量TI已不能全面反映驾驶员对低位路灯眩光的感觉。在TI达到10%附近的失能眩光究竟有多"刺眼"这一点上，时至今日，在机动车驾驶员中甚至测试人员中也并没有取得高度共识[11]。测试表明，低位路灯条件下，尽管TI低于10%，明显感到的不是单纯的"刺眼"，而是连续的明暗闪烁。

其根源在于，阈值增量TI的测定，是在路灯静止、测试设备静止的"双静止"条件下，观测到的前方路灯的眩光情况。所以，阈值增量TI有两个最主要特征：一是静态测量，二是前方视域，如图4.16所示。

图 4.16　高位路灯的眩光情况

低位路灯的最大眩光方向来自于侧面，并非前面，如图4.17所示。

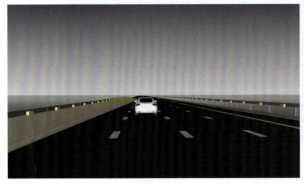

图 4.17　低位路灯的眩光情况

另外，低位路灯的眩光效应需要通过动态测量才能充分反映出来。因此，低位路灯眩光测试的两个最主要特征应是动态测量和侧方视域。由于上述两点的差异，评价低位路灯眩光应采用与TI不同的测定方法与指标。

（2）低位路灯眩光呈现的角度特点

低位路灯条件下，驾驶员距前方眩光光源的距离远大于该光源距目标物的距离，导致其观察前方路面的视线与眩光光线之间近乎平行，夹角通常不超过1°，眩光光线与视线混为一体。低位路灯眩光的立体角如图4.18所示。因此，即使眩光光源并不直接向驾驶员眼睛照射，本身亮度绝对值也不高，但只要位于前方的眩光光源与前方目标物亮度达到一定的反差，驾驶员依旧会感觉到强烈不适。这种主光轴并不指向人眼的眩光性质是非直射的直接眩光，根据阈值增量TI计算式，阈值增量与光幕亮度成正比，而光幕亮度与立体角正相关。因此，任何路灯的逆向照明分量对于阈值增量均有贡献，特别是低位路灯的逆向照明分量。

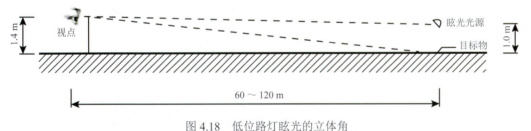

图 4.18　低位路灯眩光的立体角

（3）低位路灯眩光呈现的空间尺度

低位路灯条件下，路灯占用道路宽度，体积受到更严格的限制。在低位路灯眩光最显著的区间内，由于透视原因，在驾驶员眼中呈现的低位路灯尺度超小，就是一个"亮点"，并且路灯和前车尾灯相混在一起，如图4.19所示。

这种情况下，在路灯透镜表面进行扩散处理的防眩光方法，如在透镜表面磨砂、加装截光格栅[12]、简单的非对称配光[13]等方法均告失效。

图 4.19　低位路灯和前车尾灯

正是上述特点决定了低位路灯眩光问题的特殊性。

3. 低位路灯眩光的分解

低位路灯眩光可分解为两个部分：水平方向眩光和垂直方向眩光。

（1）水平方向眩光

对于靠道路右侧行驶的机动车来说，水平方向眩光指驾驶员感觉到的来自右侧路灯灯体正面（水平方向）的直射光，如图4.20所示。

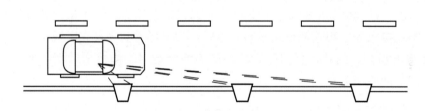

图 4.20　水平方向眩光（右侧）

对于靠道路左侧行驶的机动车来说，水平方向眩光指驾驶员感觉到的来自左侧路灯灯体正面（水平方向）的直射光，如图4.21所示。

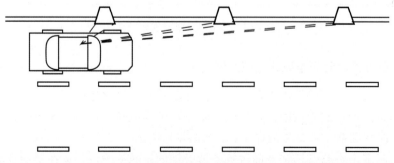

图 4.21　水平方向眩光（左侧）

　　水平方向眩光具有车道效应：驾驶员视觉中产生的低位路灯眩光强度与所驾驶车辆的车道有关。离光源越远，感觉越弱，即低位路灯眩光具有车道效应。造成这一现象的主要原因是反平方定律，距离光源越远，视网膜照度所接收的能量成平方降低，如图4.22所示。

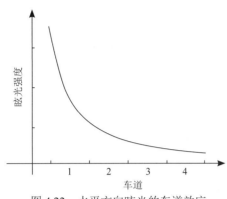

图 4.22　水平方向眩光的车道效应

（2）垂直方向眩光

　　垂直方向眩光指驾驶员感觉到的来自前方路灯前向发光面（垂直方向）的直射光（图4.23）。

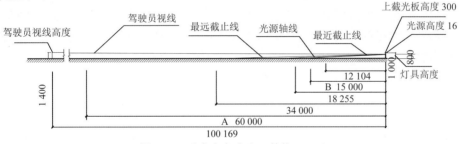

图 4.23　垂直方向眩光（单位：mm）

　　垂直方向眩光具有比水平眩光更难控制的特点。

4. 低位路灯眩光的范围

（1）眩光范围的定义

　　根据统一坐标系的定义（见第1章），参照路灯截光角的规定，全截光型路灯的截光角β为65°，所对应的遮光角[14]（保护角）α为25°，半截光路灯的截光角β为75°，对应的遮光角（保护角）α为15°。

（2）前视眩光范围与特点

　　遮光角位于$-\alpha$至α之间的眩光为前视眩光。前视眩光的范围为2α，性质为失能眩光，效应是暂时性失去部分辨识能力，最不利观察点位于$-\alpha$及α角度处。

（3）侧视眩光范围与特点

截光角位于 90°–β至90°+β（左侧）及270°–β至270°+β（右侧）之间的眩光为侧视眩光。侧视眩光的范围为2β，性质为不适眩光，效应是失去舒适性，最不利的观察点位于90°及–90°角度处。

（4）后视眩光范围与特点

遮光角位于180°–α～180°+α之间的眩光为后视眩光。后视眩光的范围为2α，性质为失能眩光，最不利观察点位于180°–α～180°+α角度处。

前视、侧视及后视眩光的范围如图4.24所示。

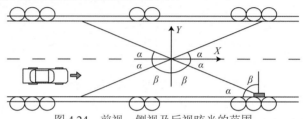

图 4.24　前视、侧视及后视眩光的范围

上述分析表明，低位路灯照明方式的眩光具有相当的特殊性和复杂性，在控制眩光方面，低位路灯比高位路灯应有更高的标准。对于任何低位设置的路灯来说，眩光问题解决得成功，则优于传统的高位路灯，解决得不好则眩光会表现得更为强烈。因此，眩光问题仍然是低位路灯照明方式应用中最核心的技术问题，亦是低位路灯照明方式所面临的尖锐挑战。

4.2　低位路灯眩光消减原理与技术

4.2.1　光幕说及其"静态"特性

低位路灯的眩光问题不能孤立研究，路灯要照路，不但要"照亮"（平均亮度要求），还要"照好"（亮度总均匀度与纵向均匀度要求），这个过程目前是通过光学配光来解决，不但要满足单一的某项指标，而且要满足上述要求。那么这样做的代价就是要损失整灯光效。在此基础上再解决眩光问题，还需要采用截光技术，这意味着整灯光效要进一步降低。经过两次降低光效的路灯要满足路面亮度特别是道路中央亮度的需求，势必要加大灯的功率，但这样会使得路灯更亮，眩光增强。因此，消减路灯眩光的过程将自始至终伴随着既要满足路面亮度标准（尤其是道路中央的亮度）又不能随意增加功率的矛盾。

迄今为止，解释、度量眩光的最权威、经典的理论是光幕说。图4.25为路灯的眩光光幕。

图 4.25 路灯的眩光光幕

光幕说[15]对于路灯眩光采用一种等效的方式——阈值增量（TI）来描述。

在CJJ 45—2015中以阈值增量TI作为度量路灯失能眩光的阈值[16]。阈值增量：当存在眩光源时，为了达到同样看清物体的目的，在物体及其背景之间的亮度对比所需要增加的百分比。

CIE 115:2010和CJJ 45—2015均规定，若TI不超过10%时，道路的眩光被认为是在可接受范围内，超过10%则眩光不可接受[17]。机动车驾驶员所体验到的光幕亮度如图4.26所示。

图 4.26 机动车驾驶员所体验到的光幕亮度

由于依据光幕说所进行的TI测量与计算具有"静态"特性，其结果是忽视了下述4个过程：对前方动态眩光的忽视，对主观亮度变化过程的忽视，对驾驶员视觉焦点移动过程的忽视，对其他视线方向眩光干扰过程的忽视[18,19]。

1. 对前方动态眩光的忽视

在目前的道路照明中，一般路灯均采用截光技术，故路灯眩光基本为非直射的直接眩光，驾驶员所经受的眩光量随着沿照明路的向前运动而不断变化。这种变化的眩光称为动态眩光[20]，导致动态眩光的原因是驾驶时眩光源照射到视网膜上呈现光幕脉冲变化效应。驾驶时引起不适感的眩光变化，如图4.27所示。

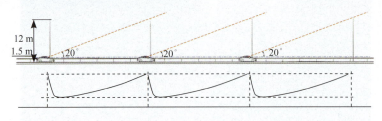

图 4.27　驾驶时引起不适感的眩光变化

眩光脉冲的频率取决于车辆行驶的速度、眩光本身的强度及路灯间距[21]。

2. 对主观亮度变化过程的忽视

当人眼视域中出现高强度眩光刺激后，使原本适宜状态的视网膜受到扰动，致使视力下降[22]；同时，人眼瞳孔会缩小，导致进入到晶状体的总光通量减少，以"抵制"高强度光对视网膜的扰动增大。反之，大幅度降低眩光后，则上述过程可逆，人眼瞳孔会开大，对物体的辨识度提升。

这一过程，可以通过相机拍摄，清楚地观察到眩光对于路面景物清晰度的干扰。图4.28为遮挡眩光光源前的照片，图4.29为遮挡眩光光源后的照片。

图 4.28　遮挡眩光光源前的照片（拍摄：徐庆辉）　　图 4.29　遮挡眩光光源后的照片（拍摄：徐庆辉）

　　　　　　目标不清晰，环境很暗　　　　　　　　　　　　　　　　目标清晰，环境明亮

图4.28、图4.29明确地显示了：在地面的物理亮度（测量亮度）没有任何改变的情况下，仅减小眩光，就可使主观亮度（视亮度）大为提升。

在有强烈眩光的条件下，人眼观察目标物的感觉亮度（也称主观亮度、视亮度）已经不同于用亮度仪测得的目标物亮度（也称客观亮度、物理亮度）。对道路照明而言，人们用亮度测量仪器测得的路面亮度是物理（客观）亮度，而非驾驶员的感觉亮度。

理想条件下，无路灯眩光，路面亮度来自地面反射光，亮度值在中间视觉范围，驾驶员瞳孔孔径（面积）主要决定于路面亮度。

另一种情况是，在前方无车辆时，行驶在道路上的驾驶员仅感受到路面反射光，驾驶员瞳孔孔径（面积）主要决定于路面亮度；在前方有车辆时，驾驶员感受到前方车辆尾灯，瞳孔孔径（面积）主要取决于路面（工作面）及前方车辆尾灯的亮度，但这两类亮度的水平通常较低，因此瞳孔孔径（面积）较大。

在有强烈路灯眩光的条件下，驾驶员感受到的眩光亮度远高于目标物亮度。此时，瞳孔孔径（面积）主要决定于路灯眩光的光幕亮度。当驾驶员视域内眩光光幕亮度高于前方车辆尾灯与路面亮度时，人眼为"抵制"总进光量的增加，瞳孔将大幅收缩，导致驾驶员感觉到的路面亮度（主观亮度）显著降低。

若上述眩光的亮度变化处在驾驶员瞳孔孔径（面积）可调节范围内，则视为"中等（眩光）刺激"。

3. 对驾驶员视觉焦点移动过程的忽视

夜晚在快速道路上驾驶车辆，无非会遇到两种情况：前方无车与前方有车。

对于前者，驾驶员前方视域中存在两类光源：路灯与（具有一定亮度的）路面。此时，路面是驾驶员唯一的视觉目标（视觉焦点[23]），路灯光源的性质是非视觉目标（非视觉焦点）。当路灯在驾驶员视域中的亮度高于路面亮度时，就对驾驶员观察视觉焦点形成了干扰，若干扰过强，就成为需要限制的眩光。前方无车时驾驶员视觉的焦点如图4.30所示。

图 4.30　前方无车时驾驶员视觉的焦点

对于后者，此时机动车驾驶员视域中存在三类光源：路灯、路面与前方车辆尾灯。此时，驾驶员所关注的视觉焦点将被分散，路面将不是驾驶员视觉的唯一焦点，因为一旦发现前方有车，那么前车的行驶状态便成为驾驶员所关注的主要焦点。前方有车时驾驶员视觉的焦点如图4.31所示。

图 4.31　前方有车时驾驶员视觉的焦点

此时，驾驶员需要通过观察前方车辆的行驶状态来获得前方路况信息与决定自己的驾驶动作。例如，通过注视前方车辆的影像的大小变化、高低变化来推断前方车辆速度变化、与前方车辆的距离变化和前方路面的起伏、路况好坏，进而判断前方有无影响安全的因素并决定跟随、超车或刹车等动作（图4.32）。

图4.32 驾驶员观察到前方车辆刹车

事实上，目前的自动驾驶系统中，防止与前方车辆碰撞的功能也是通过持续探测、锁定、跟踪前方车辆（图4.33），并根据与前车距离来提醒驾驶员或自主决定采取相应的驾驶措施。

图4.33 自动驾驶系统持续探测、锁定、跟踪前方车辆

由于夜晚的路面较暗，机动车驾驶员不可能像白天一样观察到前方车辆的全貌，而不得不通过观察前车尾灯来决定采取何种驾驶动作。因此，驾驶员视觉焦点将在路面与前车尾灯之间移动，在交通繁忙的路段，驾驶员视觉焦点甚至大部分时间将不是聚焦到路面，而是聚焦到前方车辆的尾灯上。在这种情况下，由于路灯及汽车尾灯亮度均远高于路面亮度，那么当路灯在驾驶员视域中的亮度与前车尾灯的亮度相接近甚至超过前车尾灯亮度时，就对驾驶员观察路面情况的视觉焦点形成了干扰，成为眩光。当干扰过强时，就必须要消减。

值得指出的是，制定CJJ 45—2015标准的背景是针对高位路灯，快速道路上高位路灯与汽车尾灯的垂直距离往往超过10 m，在驾驶员视域内与前车尾灯的距离较远，即使存在视觉干扰也影响较小；但低位路灯则不同，低位路灯的第二个特点表明，路灯与车灯在驾驶员视域内位置重叠甚至混在一起，如图4.34所示。

图 4.34　低位路灯与车灯在驾驶员视域内位置重叠

这时，过亮的路灯就会对驾驶员观察汽车尾灯形成干扰。所以，使用针对高位路灯提出的 TI=10% 来衡量低位路灯眩光的结果会导致对眩光干扰的限制过宽。

4. 对其他视线方向眩光干扰过程的忽视

CJJ 45—2015 中，阈值增量标准规定仅限于对驾驶员构成前视光幕的前视眩光。但事实上，在快速道路上除了对驾驶员构成前视干扰的前视眩光外，还存在其他方向的眩光。

（1）后视眩光

后视眩光的存在，使得机动车后视镜明亮一片，无法有效辨识后方车辆的位置与距离。

与描述路灯眩光对于驾驶员前视视觉的"失能效应"不同，CJJ 45—2015 依据光幕说对于后视眩光则完全无法描述。因为驾驶员观察后视镜内的路面是没有任何意义的，后视镜内所能够观察到的只是后方车辆的前照（近光）灯与路灯。

（2）侧视眩光

侧视眩光指路灯光源位于驾驶员侧面，侧视眩光主要的表现形态是周期性脉冲闪烁。

（3）对视眩光

对视眩光为前视眩光，具有移动性和多重性。

（4）上视眩光

上视眩光为前视眩光，由位于前上方的、用于视频监控补光的 LED 闪光灯产生。

（5）下视眩光

下视眩光由路灯本身或车辆在路面投影产生。在空间上，路面暗影分为静态的斑马条纹和动态的车影线。

　　现有设计规范的上述忽视，在实践中导致三个结果：对路面亮度要求过高，能耗增大；对眩光限制标准过宽，前视眩光过强；对来自其他方向的眩光完全没有限制，导致失控。

　　低位路灯眩光的深层次科学问题，在理论上是驾驶员视觉的三个动态过程：路灯眩光刺激下人眼瞳孔的动态变化过程、多目标条件下驾驶员视觉焦点在车灯与路灯之间的动态转换过程和多光源会聚条件下驾驶员后视与前视的动态转变过程。

4.2.2　驾驶员三个视觉动态过程

1. 路灯眩光刺激下，人眼瞳孔的动态变化过程

　　图4.35中，眩光光幕被遮挡前后，人眼视域中的物景会有明显变化：天空变暗了，路面变清晰了，树木的枝叶变绿了，眼睛的疲劳感降低了……那么，这一现象是否可在心理物理学中找到规律，在道路照明中是否可找到应用呢？

图4.35　眩光光幕被遮挡前后的物景（徐庆辉摄）

　　在眩光强烈的条件下，瞳孔直径为112个单位（图4.36），路面明显很暗（图4.37）；关闭眩光光源并稳定后，瞳孔增大，直径为148个单位（图4.38），路面变得明亮（图4.39）。

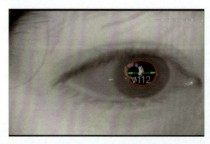

图4.36　眩光下的瞳孔　　　　　　　图4.37　眩光下的路面

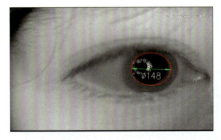

图 4.38　关闭眩光光源后的瞳孔　　　　　图 4.39　关闭眩光光源后的路面

上述实验表明，加入路灯眩光光源后，该光源一方面导致路面的物理（测量），另一方面导致驾驶员瞳孔面积缩小，最终驾驶员感受到的路面的主观亮度反而低于加入眩光光源之前。

事实上，路灯光源的总光通量可以分为两部分：有效光通量和无效光通量。有效光通量是指照射路面并通过路面反射，能够提供驾驶员视网膜照度的光通量；无效光通量是指总光通量中除去有效光通量的所有其他辐射量。事实上，所有无效光通量均可视为眩光光幕光通量，只不过观察者处于不同的空间位置使其呈现不同的形态与强度罢了。无效光通量的一个直接效应就是在驾驶员视域中造成（通常是不均匀的）眩光光幕从而导致驾驶员瞳孔收缩。

由于人眼察觉亮度变化能力的有限性，即使相同的光幕在不同背景下的眩光效应也不同。在白天环境亮度10 000 cd/m²时，人眼大约能分辨的亮度范围为200～20 000 cd/m²，低于200 cd/m²的亮度感觉为黑色。而夜间环境为30 cd/m²时，可分辨的亮度范围为1～200 cd/m²，这时100 cd/m²的亮度就引起相当亮的感觉。

CJJ 45—2015 中，规定只依据一个因素来决定路面亮度的设计值：道路性质。这对于无眩光或眩光微弱的理想条件是合理的，此时驾驶员感觉到的路面亮度（主观亮度）与用亮度测量仪器测得的路面物理亮度（客观亮度）比较一致。但在有路灯眩光的条件下，即使路灯眩光的强度被限制在TI低于10%范围内，人们也仍然能够感受到在路灯眩光刺激下，路面的客观（物理）亮度与主观（感觉）亮度之间的差异。某路段路灯照片、照明伪色图见图4.40，在路灯眩光刺激下路面主观亮度的变化见图4.41。

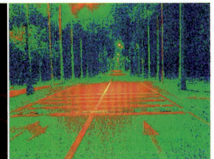

某路段路灯照片　　　　　　　　　　该路段照明伪色图
图 4.40　某路段路灯照片、照明伪色图

只以仪器的测量值来描述路面亮度，而忽视路灯眩光刺激下人眼瞳孔的变化，显然

不能正确地反映驾驶员主观亮度的变化过程。例如，假设有A、B两段公路，路面的平均亮度分别为L_A及L_B，阈值增量分别为TI_A及TI_B，所对应的主观亮度值为V_A及V_B，如表4.1所示。

　　在有路灯眩光下，路面的照片　　　　　　　　　在无路灯眩光下，路面的照片
图 4.41　在路灯眩光刺激下路面主观亮度的变化

表 4.1　两段高速公路的平均亮度、阈值增量及主观亮度值

	平均亮度 /(cd/m²)	阈值增量 /%	主观亮度
道路 A	2.0	9.0	V_A
道路 B	1.0	1.0	V_B

　　那么，按照CJJ 45—2015中的规定，道路A的路面平均亮度L_A达到要求而道路B的路面平均亮度L_B达不到要求。这时，我们面临两种选择：一是提高路灯功率即增加耗电量来提高路面的平均亮度L_B；二是采取措施，不改变亮度L_B而通过大幅降低阈值增量TI_B，提高道路B的路面的主观亮度V_B。当TI_B降至1.0%时，道路B的路面主观亮度V_B完全可能等于甚至大于道路A的路面主观亮度V_A。因此，对于道路B，只要大幅消减眩光，就能够达到满足CJJ 45—2015中规定的道路A的主观亮度，而不必通过增加耗电量来提高路面平均亮度L_B。

　　2. 多目标条件下，驾驶员视觉焦点在车灯与路灯之间的动态转换过程

　　在前方有车辆的情况下，驾驶员视觉焦点转换的动态过程可进一步表述为：驾驶员视域中有三类多个目标：路面、前车尾灯、路灯，而驾驶员所关注的视觉（目标）焦点需要在上述多个目标中的路面与前方车辆尾灯之间转换，如图4.42所示。

　　（a）眼动仪拍摄的驾驶员视觉焦点　　　　　　（b）眼动仪拍摄的驾驶员视觉焦点
　　（红色十字圈）位于前方路面　　　　　　　（红色十字圈）在前方路面与前车尾灯之间转换
图 4.42　眼动仪拍摄的驾驶员视觉焦点（红色十字圈）在路面与前车尾灯之间的转换

　　设驾驶员前方视域中共存在n个亮度相近的光源（由于路面亮度远低于前车尾灯与路灯的亮度，并且是数量级的差别，不包括在这n个光源中），目标光源为前车尾灯，

亮度为S_j，同时还存在非目标光源——路灯，亮度为$S_i \approx S_k$（$i=1,\cdots,n,i\neq j,k\neq i$）。

按照光幕说，阈值增量是唯一衡量眩光的指标。若TI<10%，即使目标光源S_j的亮度低于其余$n-1$个非目标光源S_i（$i=1,\cdots,n,i\neq j$）的亮度，即

$$S_j < S_i \qquad (i=1,\cdots,n,i\neq j)$$

仍表明总的眩光光源的光幕亮度未超过阈值，结论是路灯眩光S_i可以接受。

那么实际情况怎样呢？事实上，当非目标光源亮度相等，并且接近目标光源亮度时，在数量上占少数的目标光源将受到数量占绝对优势的非目标光源的"吞噬"。

当吞噬效应过强时，便会出现目标光源被非目标光源所"掩蔽"的视觉现象。

视觉掩蔽[24, 25]是指某个物体因另一在空间或时间上与其相邻的物体的呈现而导致可见度降低的现象。道路照明中，空间域中的视觉掩蔽的条件是非目标光源与目标光源处于相同视域空间，非目标光源面积超过目标光源面积；速度域中的视觉掩蔽的条件是非目标光源速度高于目标光源速度；亮度域中的视觉掩蔽的条件是非目标光源亮度高于目标光源亮度；色度域中的视觉掩蔽的条件是非目标光源光谱主波长接近目标光源光谱主波长；时间域中的视觉掩蔽的条件是先、后发生的视景的光度（包括亮度与色度）反差较大。

3. 多光源会聚条件下驾驶员与前方视域中光源互相掩蔽的动态过程

设空间域元素集合为A，速度域元素集合为V，亮度域元素集合为B，色度域元素集合为C，时间域元素集合为T，上述集合各自独立，无交集。

对于驾驶员前方视域，不存在时间域的视觉掩蔽；同时，前车尾灯S_j与路灯S_i（$i,j=1,\cdots,n,i\neq j$）共处相同的前方视域空间中，满足空间域视觉掩蔽条件；正常行驶中，前后车辆之间的相对速度低于车辆与路灯之间的相对速度，满足速度域视觉掩蔽的条件，因此速度域内的视觉掩蔽必然发生（在实际中，这就是所谓的路灯"频闪"现象），故有

$$S_i \quad (i=1,\cdots,n) \in A \cup V$$

上式表明，在低位路灯照明中，作为目标光源的前车尾灯与非目标光源的低位路灯在驾驶员前方视域中占有相同的空间域、速度域，并存在空间与速度掩蔽。

事实上，高位路灯并不满足上述视觉掩蔽条件，因此掩蔽仅是低位路灯特有的现象。

此时，若

$$S_i \quad (i=1,\cdots,n,i\neq j) \in B \cup C$$

则表明S_j与其余S_i（$i=1,\cdots,n,i\neq j$）为非亮度域与色度域的共同元素。此时，驾驶员仍可通过其余的B、C两个域来分辨目标光源与非目标光源的差异，此时，"秩"为2。

进一步，若

$$S_i \quad (i=1,\cdots,n) \in A \cup V \cup B$$

但

$$S_j \notin C$$

则表明S_j与其余S_i（$i=1,\cdots,n,i\neq j$）为相同空间域、速度域及亮度域中的元素，但非色度域的共同元素，此时，"秩"为3。

上式表明，在低位路灯照明中，作为目标光源的前车尾灯与非目标光源的低位路灯在驾驶员前方视域中占有相同的空间域、速度域及亮度域，在达到亮度域视觉掩蔽条件时，便会在空间域、速度域及亮度域中产生三重视觉掩蔽。这种重叠的多重掩蔽效应，在理论上类似于声学中发生的"简并"现象。这时，驾驶员分辨目标光源与非目标光源的差别仅能依据唯一的色度域，这导致驾驶员分辨能力大为降低。

进一步，若S_i（$i=1,\cdots,n$）$\in A\cup V\cup B\cup C$，则表明S_j与其余S_i（$i=1,\cdots,n,i\neq j$）占有完全相同的可能发生视觉掩蔽的4个域。当满足在亮度域及色度域视觉掩蔽条件时，将会在4个域中产生"满秩"的视觉掩蔽，前车尾灯会被数量占绝对优势的前视低位路灯所完全掩蔽。

当前车尾灯被低位路灯所掩蔽时，驾驶员想清楚地辨识目标光源变得十分困难，甚至无法判断视觉目标的距离与距离变化情况，图4.43和图4.44为北京长安街上路灯亮度高对部分车灯形成的掩蔽。在低位路灯照明中，由于目标光源为汽车尾灯，本身亮度不高，而作为非目标光源的、数量占绝对优势的路灯的亮度很容易超过汽车尾灯，所以这种掩蔽效应会随着低位路灯的更多应用而表现得更加突出。

图 4.43　北京长安街上前车尾灯被低位路灯所掩蔽情形 1

图 4.44　北京长安街上前车尾灯被低位路灯所掩蔽情形 2

4.2.3　消减低位路灯前视眩光

1. 路灯前视眩光标准

上述分析表明，现有眩光理论——光幕说适用于前方无车辆条件，但前方有车辆时，路灯眩光是否可接受的标准应是非目标光源是否对目标光源构成多重掩蔽而非TI不超过10%。

构成多重掩蔽的条件是简单而明确的：非目标光源亮度高于目标光源亮度及两者光谱主波长相近，反之亦然。因此，低位路灯眩光对于前车尾灯不构成掩蔽的亮度标准是：路灯的前视亮度低于汽车尾灯。

另外，当低位路灯光谱主波长与前车尾灯光谱主波长相距过近时，虽然两者亮度不同使得低位路灯对汽车尾灯不构成掩蔽，但在颜色方面可能形成掩蔽，在此干扰下，降低了前车尾灯的辨识度。因此，低位路灯光谱主波长与汽车尾灯光谱主波长应保持一定距离。

据此可得到低位路灯前视眩光的光度学标准：

①低位路灯的前视亮度低于汽车尾灯平均值，实验表明，$L_F \leqslant 30$ cd/m^2。

②低位路灯的前视光谱主波长位于汽车尾灯光谱主波长左侧且相距100 nm以上。

2. 掩蔽说对光幕说的覆盖

当眩光的光幕说与掩蔽说并存时，相应地也存在两个不同的眩光标准，这导致路灯设计无所遵循。因此，有必要对这两个理论做进一步分析。

在光幕说中，路灯眩光的参照物是现有路灯的截光率，大量的测量结果表明，对于"全截光"的高位设置的传统路灯，通常都能够满足阈值增量的规定，即TI＜10%。

在掩蔽说中，路灯眩光的参照物现有汽车尾灯（示廓灯而非刹车灯，在亮度上，示廓灯低于刹车灯），由于现有汽车尾灯的正视亮度均远低于任何现有路灯的正视亮度，那么满足前视眩光标准的路灯必然满足阈值增量的规定，反之则不然。因此对于高位路灯，掩蔽说的眩光标准比现有阈值标准更加苛刻。换言之，基于掩蔽说制定的"前视眩光标准"对基于光幕说制定的"阈值增量标准"已经完全覆盖。

对于低位路灯来说，既要考虑路灯的前视亮度，又要考虑立体角的影响，情况较复杂。传统路灯与现有汽车尾灯亮度对比如图4.45所示。

图 4.45　传统路灯与现有汽车尾灯亮度对比

从图4.45可以看出：图中的路灯亮度远高于现有汽车尾灯亮度，根据"前视眩光标准"，该路段路灯眩光超标；但该路段路灯同时又满足"阈值增量标准"。因此，低位路灯的"前视眩光标准"同样涵盖了"阈值增量标准"。

4.2.4 · 消减低位路灯后视眩光

1. 后方视域的掩蔽性质

由于汽车凸面后视镜的会聚作用，后视的低位路灯与后方车辆的前灯在后视镜面上会聚在一起，形成更强的叠加光。一方面，表现为对于后方车辆前灯的吞噬变得强烈（后方车辆前照灯的吞噬是车灯眩光问题）；另一方面，在驾驶员视线由明亮的后视镜向较暗的前方道路或前车尾灯之间转移过程中，如果达到时间掩蔽的条件，将发生时间域的视觉掩蔽效应。

设驾驶员后方视域中共存在 n 个亮度相近的光源（由于路面亮度远低于前车尾灯与路灯的亮度，并且是数量级的差别，不包括在这 n 个光源中），目标光源为前车尾灯，亮度为 S_j，同时还存在驾驶员后方视域中的非目标光源——后视路灯，亮度为 $S_i \approx S_k$（$i, k = 1, \cdots, n, i \neq k$）。

驾驶员后方视域中，前车尾灯 S_j 与后视路灯 S_i（$i, j = 1, \cdots, n, i \neq j$）分处不同的视域空间中，不存在空间域的视觉掩蔽，但满足时间域视觉掩蔽条件；正常行驶中，前后车辆之间的相对速度低于车辆与路灯之间的相对速度，满足速度域视觉掩蔽的条件，故有

$$S_i\,(i = 1, \cdots, n) \in T \cup V$$

此时，若

$$S_i\,(i, j = 1, \cdots, n, i \neq j) \in B \cup C$$

但

$$S_j \notin B \cup C$$

则表明 S_j 与其余 S_i（$i = 1, \cdots, n, i \neq j$）为非亮度域与色度域的共同元素。此时，驾驶员仍可通过其余 B、C 两个域来分辨前方目标光源与后方非目标光源的差异，此时，"秩"为2。

进一步地，若

$$S_i\,(i = 1, \cdots, n) \in T \cup V \cup B$$

但

$$S_j \notin C$$

则表明 S_j 与其余 S_i（$i, j = 1, \cdots, n, i \neq j$）为相同时间域、速度域及亮度域中的元素, 但非色度域的共同元素, 此时, "秩"为3。

上述表明，在低位路灯照明中，作为目标光源的前车尾灯与非目标光源的后视低位路灯在驾驶员前方视域中占有相同的时间域、速度域及亮度域，在达到亮度域视觉掩蔽条件时，便会在时间域、速度域及亮度域中产生三重视觉掩蔽。这时，驾驶员分辨目标光源与非目标光源的差别仅能依据唯一的色度域。

进一步，若

$$S_i\,(i = 1, \cdots, n) \in T \cup V \cup B \cup C$$

则表明 S_j 与其余 S_i（$i, j = 1, \cdots, n, i \neq j$）占有完全相同的可能发生视觉掩蔽的4个域。当满足

在亮度域及色度域视觉掩蔽条件时，将会在4个域中产生"满秩"的视觉掩蔽，前车尾灯会被后视低位路灯在时间域内所掩蔽（由分析可以看出，这一时间域掩蔽过程的实质是暗适应）。在此干扰下，降低了前车尾灯的辨识度。因此，低位路灯光谱主波长还应与前车尾灯光谱主波长保持一定距离，保证对汽车尾灯不构成时间域掩蔽。

据此，我们可得到低位路灯后视眩光的光度学标准。

2. 低位路灯后视眩光标准

①低位路灯的后视亮度（后视镜中路灯的亮度）接近汽车尾灯亮度平均值，实验表明，满足这一要求的后视亮度 $L_B \leqslant 200 \ \mathrm{cd/m^2}$。

②低位路灯的前视光谱主波长位于汽车尾灯光谱主波长左侧且相距100 nm以内。

基于掩蔽说，可进一步完善关于低位路灯眩光的定义与标准。当该标准规定的眩光亮度指标低于TI=10%所对应的路灯亮度值时，将构成满足CJJ 45—2015的充分条件，从而实现对CJJ 45—2015中眩光标准的覆盖。

3. "三度"分离方法：限制后视眩光

正向、前向照明光源在照射前方障碍物的同时也产生后视镜眩光。前向照明与正向照明的主光轴不同，在低位路灯照明方式下，前向照明的光源安装高度较低，与汽车前照灯基本处于同一高度，照射方向也与车灯相同，这将导致驾驶员通过后视镜难以辨认后面的车辆，造成一定的行车安全隐患。

前向照明子系统通过调整前向照明光源的色度、亮度及安装高度的"三度"分离方法来解决后视镜眩光问题。

"三度"分离方法不是降低前向照明光源的总流明数，而是使前向照明光源与汽车前照灯在后视镜中进行分离，具体如下。

高度分离：前向照明光源的安装高度为1.2～1.4 m，这样前向照明光源与汽车大灯处于不同的空间位置，在后视镜中呈现不同高度。

亮度分离：前向照明光源选用功率低于2 W的光源，而机动车前照灯光源功率一般在35 W以上，二者在亮度上差别较大，在后视镜中呈现不同亮度。

色度分离：前向照明光源色温高于4000 K，而目前汽车远光灯在后视镜中呈现不同光色。

"三度"分离方法设计的路灯如图4.46所示。

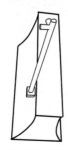

图4.46　"三度"分离方法设计的路灯

4.2.5　侧视眩光形成机制

为了减小低位路灯的前视眩光，常规的方法是采用类似于高位路灯的全截光（窄配光）方式，如图4.47所示。

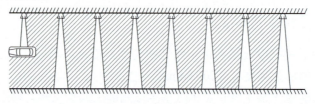

图 4.47　全截光方式

采用全截光方式后，前视眩光被有效遏制，但同时也带来了侧视眩光问题。

1. 侧视眩光的表现形式与成因

采用全截光方式后，用阈值增量TI来考察眩光时，低位路灯前视眩光并不强烈（图4.48），但侧视眩光强烈（图4.49）。

图 4.48　长安街的路灯前视眩光

图4.49是深圳市某路段低位路灯的侧视眩光。

图 4.49　深圳市某路段低位路灯的侧视眩光

例如，在深圳市东环路段，低位路灯的侧视眩光如图4.50所示。如果仅仅按照阈值增量TI来测定低位路灯的眩光，得到的测试结果将是TI低于10%。

由德国LKM-II型成像亮度计拍摄的该路段照明伪色图如图4.51所示，侧视眩光的阈值增量TI如表4.2所示。

图 4.50 深圳东环路段低位路灯的侧视眩光　　　图 4.51 该路段低位路灯的侧视眩光照明伪色图

表 4.2 该路段低位路灯的平均亮度、亮度均匀度和 TI

参数	数值					
U_1	0.7	0.7	0.6	0.4	0.1	0.2
基准网络 $L_{av}/(\text{cd/m}^2)$	3.557 2183 33					
U_0	0.039 02	0.191 8	0.198 4	0.000 0566	3.558E-07	0.000 056 25
TI/%	9.19	4.52	4.67	0.01	0.00	0.01

由成像亮度计拍摄的该路段亮度伪色图如图4.52所示。

图 4.52 该路段低位路灯的侧视眩光伪色图

该路段测量所得的结果为：$L_{av}=1.47$ cd/m²；TI= 8.85%。虽然测量设备所测得的该路段阈值增量TI均满足CJJ 45—2015的规定，但作为驾驶员，在视域范围内却强烈地感到侧视眩光的存在。因而该路段眩光问题为市民所诟病。

例如，长安街上的截光型投光灯有效地减弱了前视眩光的强度，但却成为侧视眩光的来源（图4.53）。

图 4.53　截光型投光灯成为侧视眩光主要来源

对于位置更低的路灯，侧视眩光与后视眩光往往表现得更为突出。驾驶员不但能感到来自侧方路灯"发光面"的强烈眩光，还会出现由于窄配光产生的斑马条纹现象（图4.54）。

图 4.54　路灯侧视眩光的斑马条纹现象

不连续光源对人眼造成的刺激结果是引起人眼的视觉疲劳[26-29]，对驾驶员而言，视觉疲劳程度事关安全。

综上所述，侧视眩光已成为低位路灯眩光的主要表现形式，并且至今仍没有适当的评价方法和解决方案。因此，低位路灯眩光问题的核心是侧视眩光问题。

2. 低位路灯侧视眩光的性质

机动车行进时，沿道路等距分布的低位路灯在驾驶员视网膜上不会呈现清晰的影像，但会在视神经形成周期性、明暗相间的感觉。若路灯表面亮度较高，并且高度与机动车驾驶员视线高度相重合，随驾驶员的视线高速掠过路灯，形成产生闪烁的侧视眩光的必要条件。

（1）侧视眩光的周期性脉冲闪烁特性

侧视眩光所呈现的周期性脉冲闪烁特性是低位路灯的特有性质。其成因是驾驶员在机动车高速行驶通过低位路灯的等间距、高亮度的发光面时所感受到的周期性脉冲闪烁刺激，但侧视眩光的闪烁周期是随速度变化的。一旦机动车停驶，则该眩光的周期性脉冲式闪烁刺激（或称频闪）即告结束，自行消除。低位路灯产生的侧视眩光如图4.55所示。

图 4.55　低位路灯产生的侧视眩光

（2）侧视眩光与通常的电光源"频闪"的差异

在机动车行驶状态下，侧视眩光所呈现的周期性脉冲闪烁形态，俗称"频闪"。但需要指出的是，低位路灯的侧视眩光与通常所说的电光源"频闪"有本质不同，是两个不同的概念。

①电光源传统意义的"频闪"为时间域内的周期性闪烁，为交流电的周期性质所决定，频率不变；而低位路灯的侧视眩光则是空间域的动态闪烁，其周期性与电光源频率无关；

②电光源"频闪"频率高，"频闪"的周期为交流电源固有周期，周期变化的时间远短于人眼能够分辨的残像驻留时间，人们并不能感觉到路灯光源本身在周期性闪烁。合格的路灯产品在时间域内的周期性闪烁深度很浅。因此，合格路灯产品的发光品质在宏观上是稳定的、无"频闪"的；而低位路灯的"频闪"为空间域内的周期性闪烁，闪烁周期高于人眼分辨残像驻留所需时间，并且闪烁周期随行车速度变化，驾驶员对"频闪"的感受受多重因素影响。

电光源的"频闪"与路灯的"频闪"是发生在不同域中的现象。前者发生在时间域内，若时间不变，在空间域内感受不到"频闪"出现；后者发生在空间域内，若空间位置不变，在时间域内感受不到"频闪"出现。所以，此"频闪"非彼"频闪"也！

3. 低位路灯"频闪"与高位路灯"频闪"的差异

（1）路灯间距的差别

尽管高位路灯也会造成周期性闪烁，但由于高位路灯间距较宽，机动车驾驶员所感受到的基本是静态的眩光。

（2）闪烁在视域中的差别

低位路灯的闪烁比传统高位路灯更接近驾驶员视域中心。由于上述差异的存在，低位路灯的闪烁比传统高位路灯对驾驶员的影响更为严重。

CIE在2016年引入了名词暂态光调制（temporal light modulation，TLM）[30]，表示亮度或光谱随时间波动的光刺激引起观察者视觉感知的变化，包括了闪烁（flicker）、幻影效应（the phantom array effect）和频闪效应（stroboscopic effect）三种不同类型。

①闪烁：亮度或光谱分布随时间波动的光刺激引起的不稳定的视觉现象。例如，忽明忽暗的不稳定的烛光，如图4.56所示。对于闪烁，人视觉能感到光的变化，闪烁频率范围是1～50 Hz。

图4.56　忽明忽暗的不稳定的烛光

闪烁所对应的环境是：发光体处于静止状态但亮度不稳定，观察者眼球处于静止状态，被观察物体处于静止状态。

② 幻影效应：对于静态环境中的非静态观察者，亮度或光谱随时间波动的光刺激引起的对物体形状或空间位置的感知变化[31]。例如，人眼在扫视某一定频率变化的发光体时，因其光输出波动，使观察到的光斑（像点）出现系列位移虚像的现象。人眼横向扫视不断闪烁的汽车尾灯出现的幻影如图4.57所示。

图4.57　人眼横向扫视不断闪烁的汽车尾灯出现的幻影

幻影效应所对应的环境是：发光体处于静止状态但不断闪烁，观察者眼球处于运动状态，被观察物体处于静止状态。

③频闪效应：亮度或光谱随时间波动的光刺激引起的对运动感知的变化。对于频闪

效应，人视觉不能感到光的变化，但能感到运动物体的运动现象的变化，闪烁频率范围是50～2000 Hz[32, 33]。例如，在周期波动的亮度下，连续运动目标会被感知成不连续的移动。

频闪效应所对应的环境是：发光体处于静止状态但不断闪烁，观察者眼球处于静止状态，被观察物体处于运动状态。

按CIE对于TLM的定义，路灯的侧视眩光均不符合"闪烁"、"频闪"或"幻影"所对应的场景。因此，无论是"闪烁"、"频闪"或"幻影"均不能准确反映该眩光的性质。因此，将侧视眩光称为"频闪"并不是严格、科学的叫法。对于侧视眩光这样的闪烁形式，目前我们只能采用较直观的、近似的、不严格的"频闪"来称呼低位路灯的侧视眩光。

低位路灯所产生的侧视眩光的正确表达是：光源非闪烁条件下呈现在驾驶员视网膜上的、超低频的、可变周期的、接近视域中心的、空间域内的脉冲式闪烁，如图4.58所示。

图 4.58　频闪效应示意图

4.2.6　消减低位路灯侧视眩光

根据上述对低位路灯"频闪"的认识，机动车驾驶员对周期性的"频闪"感觉与路灯间距有关。目前，多数研究均以调整路灯间距为手段消减侧视眩光的方法。

调整路灯间距的方法在逻辑上存在完全相反的两种途径：一是缩短路灯间距至机动车通过路灯之间的时间短于人眼能够分辨的残像驻留时间；二是加长路灯间距至机动车通过路灯之间的时间远长于人眼能够分辨的残像驻留时间。

1. CIE 的车速-灯距曲线

有研究指出[35-37]，当道路照明中闪烁的频率小于2.5 Hz（每秒闪烁次数）或大于15 Hz，则不会对驾驶员产生干扰。CIE在《公路隧道和地下通道照明指南》（*Guide for the Lighting of Road Tunnels and Underpasses*，CIE 88:2004）中指出：照明闪烁频率应该控制在小于2.5 Hz或大于15 Hz的范围内，闪烁频率取决于行驶速度及灯距[38]。当闪烁频率在5～10 Hz范围内，产生的干扰最严重[39,40]。图4.59中给出了为避开该频率范围所需的灯具间距与车速之间的关系[41,42]。

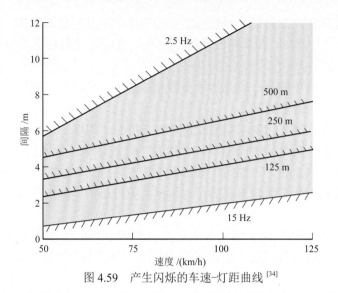

图 4.59　产生闪烁的车速-灯距曲线 [34]

JTJ 026.1—1999也表明，只是路灯的间距与车速对闪烁频率有影响。

按照JTJ 026.1—1999的规定，可以算出行车速度在90 km/h时的路灯间距上限、下限值：

$$D_{th1}=v / F_1 \qquad\qquad (4.1)$$

$$D_{th2}=v / F_2 \qquad\qquad (4.2)$$

这表明，根据车速-灯距曲线，在行车速度为v时，只要不在区间（D_{th1}，D_{th2}）内布置路灯，则低位路灯的"频闪"可被有效克服。例如，车速为90 km/h时，区间（1.67 m，10.0 m）内为低位路灯避开"频闪"的"禁区"。当速度为50～110 km/h时，应避免路灯间距为0.93～12.2 m。

但理论分析表明，在低位路灯布灯中直接套用JTJ 026.1—1999规定，存在以下三个问题。

（1）适用性

4.2.5节中，我们已经指出了低位路灯"频闪"与高位路灯"频闪"闪烁的差异。由于差异的存在，JTJ 026.1—1999规定并不适用于快速道路的低位路灯。不难想象，消减低位路灯"频闪"的措施应远比该规定严苛。

（2）科学性

该规定仅限于考虑路灯间距（其实质是闪光频率）对"频闪"闪烁的影响，完全没有顾及低位路灯的侧视（眩光）亮度的影响，这种只考虑闪光频率而完全忽略闪光能量的方法并未全面揭示出"频闪"闪烁的内在机制，在理论上缺乏科学性。

（3）可操作性

根据JTJ 026.1—1999的车速-灯距曲线，实际上为低位路灯布灯设立了"灯距禁区"（1.67 m，10.0 m）。然而不得不指出的是，现实中实际应用的低位路灯几乎都在这个"灯距禁区"之内，小于1.67 m的间距，只能是基本形同"护栏管"的灯具；而大于10.0 m的间距，会导致在路面上形成明显的斑马条纹。从这个意义上说，JTJ 026.1—1999在事实上宣布了快速道路低位路灯的侧视眩光问题在理论上是无解的。

那么事实上怎样呢？一方面，我们所进行的低位路灯"频闪"的实验结果并不支持车速-灯距曲线所规定的"灯距禁区"范围；另一方面，即使以JTJ 026.1—1999关于隧道灯间距的规定作为灯距设计的依据而设置的低位路灯，机动车驾驶员实际感受中仍存在明显的"频闪"现象[43]。

因此，以JTJ 026.1—1999关于隧道灯间距的车速-灯距曲线，无法克服低位路灯"频闪"，无法作为低位路灯间距设计的依据。IESNA提出用调制深度（modulation depth，MD）和闪烁指数（flicker index，FI）两个参数作为传统的电光源闪烁的评价指标（IES），它们也依旧适用于评价低安装高度路灯形成的闪烁效应，但是MD和FI并没有和频率联系起来。以前的研究几乎都只是阐述了闪烁效应与频率的关系，认为避开闪烁敏感区，可以消减对人眼的刺激，忽略了闪烁的本质是闪烁能量比率的问题。

2. 缩短或拉长"频闪"时间间隔

克服低位路灯"频闪"需要回到影响驾驶员视觉的机制层面来讨论。

人眼观看物体时，成像于视网膜上并由视神经输入大脑，感觉到物体影像。视觉建立需要一个过程：当一定强度的光突然照射到人眼视网膜时，人眼并不是立刻形成稳定的主观亮度感觉，而是有一个短暂的建立过程。随着作用时间的增长，主观亮度感觉先由小到大，很快达到最大值，然后回降至稳定值。视觉消失也有一个过程：当光线消失后的，亮度感觉并不是瞬间消失，而是按近似指数函数的规律逐渐减小，延续1/24 s左右的时间，人眼的这种性质被称为"残像驻留"。若物体影像以大于24 Hz频率间歇性重复呈现，视觉上始终保留有景物存在的印象。该重复频率称为融合频率。当重复频率不够高时，人眼会产生一明一暗交替变化的闪烁感觉，人眼在亮度感觉上能辨识出它们的差异。

当机动车通过路灯之间的时间短于人眼能够分辨的残像驻留时间时，驾驶员将会感觉到路灯形成的点光源被"拉"成了线光源，人眼视网膜上驻留的暗区残像被"拉"成了长线的明区所"掩蔽"，"频闪"感觉会减轻，如图4.60所示。

图 4.60　视网膜上驻留的暗区残像被"拉"成了长线的明区

缩短闪烁的时间间隔是通过布置光源，人为缩短闪烁的时间间隔，使两次闪烁之间的间隔在驾驶员视网膜上驻留的时间短于人眼能够分辨的残像驻留时间，从而形成完全连续的、无间断的"线型"光形，如护栏管灯，如图4.61所示。

图 4.61　护栏灯管

拉长闪烁的时间间隔是通过布置光源人为拉长闪烁的时间间隔，当机动车通过路灯之间的时间加长，以至于两次闪烁之间的间隔在驾驶员视网膜上驻留的时间远远长于人眼能够分辨的残像驻留时间，从而形成近乎连续的、间断闪烁的暗区间。"频闪"闪烁感觉同样会消失。

3."频闪"的闪烁指数

（1）闪烁指数模型

根据布洛赫定律（见第1章），外界的刺激信号对人眼的刺激行为不仅需要有一定的强度，而且对于信号刺激的时间也有一定的要求。若是信号产生的反馈对驾驶人员的作用时间十分短，人的视觉感知方面就无法清晰地感知到。

周期性刺激信号在一个周期内的能量A为[44]

$$A = \int_0^T f(y)\,\mathrm{d}y \tag{4.3}$$

对于如图4.62所示的周期性波形，在一个周期内的闪烁能量A为

$$A_1 = A_1 + A_2 \tag{4.4}$$

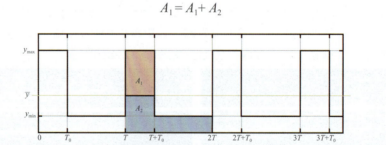

图 4.62　闪烁刺激信号示意图

IESNA解释产生频闪的根本原因在于路灯表面与周边环境之间存在明显的亮度反差，并在IEEE PAR1789中定义了闪烁指数（flicker index，FI）[45]。闪烁指数的计算公式

如下：

$$FI = \frac{A_1}{A_1 + A_2} \tag{4.5}$$

式中，A_1 和 A_2 分别为一个周期内光信号输出平均值以上和以下的面积，频闪指数将数值细分为 0 至 1，其中 0 代表稳定的光输出。数值越高代表察觉频闪的可能性提高。显然，频闪指数越低越好。

$$A_2 = (y - y_{min}) \cdot T_0 + y_{min} T \tag{4.6}$$

$$A_1 = (y_{max} - y) \cdot T_0 \tag{4.7}$$

$$y \cdot T_0 = y_{max} T_0 - A_1 \tag{4.8}$$

$$A_2 = y \cdot T_0 - y_{min} T_0 + y_{min} \cdot T$$

$$= y_{max} T_0 - A_1 - y_{min} T_0 + y_{min} T$$

$$= y_{max} T_0 - A_1 + (T - T_0) y_{min} \tag{4.9}$$

$$A_2 + A_1 = y_{max} T_0 + (T - T_0) y_{min} \tag{4.10}$$

$$FI = \frac{A_1}{A_1 + A_2} = \frac{(y_{max} - y) \cdot T_0}{y_{max} T_0 + (T - T_0) \cdot y_{min}} \tag{4.11}$$

$$y = \frac{1}{T} \int_0^T f(x) dx = \frac{1}{T}(A_1 + A_2) \tag{4.12}$$

$$y \cdot T = y_{max} T_0 + (T - T_0) y_{min}$$

$$y = \frac{y_{max} T_0 + (T - T_0) y_{min}}{T} \tag{4.13}$$

式（4.13）代入式（4.11），

$$FI = \frac{\left(y_{max} - \dfrac{y_{max} T_0 + (T - T_0) y_{min}}{T}\right) \cdot T_0}{y_{max} T_0 + (T - T_0) \cdot y_{min}}$$

$$= \frac{[y_{max} T - y_{max} T_0 - (T - T_0) y_{min}] \cdot T_0}{[y_{max} T_0 + (T - T_0) \cdot y_{min}] T}$$

$$= \frac{T_0}{T} \cdot \frac{(T - T_0) y_{max} - (T - T_0) y_{min}}{y_{max} T_0 + (T - T_0) \cdot y_{min}}$$

$$= \frac{T_0}{T} \cdot \frac{(T - T_0)(y_{max} - y_{min})}{(T - T_0) \cdot y_{min} + y_{max} T_0} \tag{4.14}$$

在道路照明环境下，闪烁信号强度最大值 y_{max} 对应于低位路灯的正视表面亮度值

L；最小闪烁信号幅度y_{min}对应于沿道路侧边的背景平均亮度B。式（4.14）可写为

$$FI = \frac{T_0}{T} \cdot \frac{(T-T_0)(L-B)}{(T-T_0) \cdot B + LT_0} \qquad (4.15)$$

设D为两个路灯中心线之间的水平距离，S为低位路灯发光面水平长度，v为机动车行车速度。则闪烁信号（路灯）间隔时间为　　—，闪烁信号（路灯）作用时间为$T_0 = \dfrac{S}{v}$，则式（4.15）可改写为

$$FI = \frac{—}{—} \cdot \frac{\left(\dfrac{D}{v} - \dfrac{S}{v}\right)(L-B)}{\left(\dfrac{D}{v} - \dfrac{S}{v}\right) \cdot B + L\dfrac{S}{v}}$$

$$= \frac{S}{D} \cdot \frac{(D-S)(L-B)}{(D-S)B + LS} \qquad (4.16)$$

分子分母分别除以B及S，得到

$$FI = \frac{S}{D} \cdot \frac{\left(\dfrac{D}{S} - 1\right)\left(\dfrac{L}{B} - 1\right)}{\dfrac{D}{S} - 1 + \dfrac{L}{B}} \qquad (4.17)$$

令$L_r = \dfrac{L}{B}$；$D_r = \dfrac{D}{S}$，得

$$FI = \frac{1}{D_r} \cdot \frac{(D_r - 1)(L_r - 1)}{D_r + (L_r - 1)}$$

$$FI = \frac{(D_r - 1)(L_r - 1)}{D_r^2 + D_r \cdot (L_r - 1)} \qquad (4.18)$$

$$FI = f(D_r, L_r) \qquad (4.19)$$

（2）闪烁指数的基本性质

低位路灯闪烁指数是闪烁亮度比与闪烁长度比的函数，并且闪烁效应的本质是强闪烁信号与弱闪烁信号之间能量比率的关系。从闪烁指数$FI \propto (D_r - 1)(L_r - 1)$，即闪烁指数正比于闪烁亮度与闪烁长度之积，而两者的乘积恰为闪烁能量与背景能量之比，其物理意义是视觉刺激的能量比率。在数值上，闪烁指数体现的是视觉刺激最大强度与本底强度之间的关系。低位路灯的正视亮度越高，路灯间距要越大；反之，路面平均亮度越高，路灯间距越小。当强闪烁信号的能量与弱闪烁信号的能量接近时，频闪效应降低。

要改善低位路灯的正视眩光在驾驶员视网膜上产生明显频闪效应，可以通过两种途

径实现：改变路灯间距和改变路灯表面亮度。

1）改变路灯间距

在数值上，闪烁指数正相关于低位路灯间距及路灯发光面长度的比值，但其实质是视觉刺激的持续作用的时间之比。因此，可以减小间距，也可增大间距来减小闪烁指数。减小间距的例子是连续的"护栏灯"不会产生"频闪"，这与CIE的车速-灯距曲线一致。

2）改变路灯表面亮度

当低位路灯间距及路灯发光面长度一定时，闪烁指数和"路灯正视亮度与沿道路侧面平均亮度之比"为正相关关系。要减小低位路灯的侧视眩光在驾驶员视网膜上产生明显频闪效应，可通过减小低位路灯正视亮度与沿车道侧面的平均亮度比值来实现。既可减小低位路灯正视亮度，也可增大沿车道侧面的平均亮度。减小低位路灯正视亮度意味着路灯的正视亮度值必须在某个临界亮度值以下，在理论上开辟了"通过减小低位路灯的正视亮度"来消减侧视眩光的新途径；增大沿车道侧面的平均亮度可以通过设置辅助光源来实现。

3）闪烁指数的取值范围

由式（4.5），当$A_2=0$时，FI$=F_{max}=100\%$，物理意义是沿道路侧面平均亮度为零；当$A_1=0$时，FI$=F_{min}=0$，物理意义是路灯正视亮度低于沿道路侧面平均亮度。

实际中，上述两种极端的情况都不会出现，所以FI的取值范围在闭区间[0,100%]。

4）闪烁指数计算

式（4.19）揭示了低位路灯的正视亮度值与边侧车道的路面平均亮度、低位路灯间距及路灯发光面水平长度之间的相关关系。

在式（4.19）的3个变量中，固定任一变量，可以得到另外2个变量之间的关系。通常，路灯的尺寸由制造厂出厂时确定，因此，低位路灯发光面水平长度S是最先被确定的；正视亮度L也由制造厂出厂时测定，路灯间距D为设计值，由设计图纸确定。需要现场实测确定的是沿道路边侧的平均亮度B。由此，可得到闪烁指数FI。

由上述内容可知：

①$L_r=\dfrac{L}{B}$，而灯的正视表面亮度L要大于沿道路边侧的平均亮度B，所以，当$L{\to}B$时，$L_r{\to}1$，但不等于1，意义在于灯的正视表面亮度一定要比沿道路边侧的平均亮度高；当$L{\gg}B$时，$L_r{\to}+\infty$。

②$D_r=\dfrac{D}{S}$，而路灯间距D要大于灯发光面水平长度S，所以，当$D{\to}S$时，如护栏灯，$D_r{\to}1$，但不等于1；当$D{\gg}S$时，即灯发光面水平长度S相对于路灯间距D可以忽略不计，则$D_r{\to}+\infty$。根据实际情况，我们将L_r取值范围设定为（1，3500），D_r的取值范围为（1，350）绘制了如图4.63的函数图像。图4.63中的曲线本书称之为"亮度（比）-灯距（比）"曲线，简称"亮度-灯距"曲线。

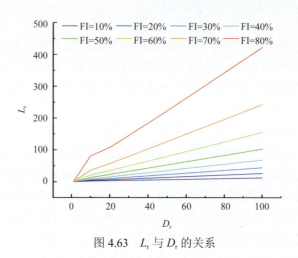

图 4.63　L_r 与 D_r 的关系

例4.1　设路灯发光面水平长度S=0.40 m，路灯正视亮度L=700 cd/m²，路灯间距D=6.0 m，沿道路边侧的平均亮度值B =7.0 cd/m²，可得到闪烁指数FI =80.7%，这是非常高的"频闪"现象，在实际中是不能容许的。

③闪烁指数的敏感度。

由

$$FI = \frac{(D_r - 1)(L_r - 1)}{D_r^2 + D_r \cdot (L_r - 1)}$$

对D_r求偏导数，得

$$\frac{\partial FI}{\partial D_r} = \frac{(L_r - 1)[D_r^2 + D_r \cdot (L_r - 1)] - (D_r - 1)(L_r - 1)(2D_r + L_r - 1)}{[D_r^2 + D_r \cdot (L_r - 1)]^2}$$

$$\frac{\partial FI}{\partial D_r} = FI'(D_r) = \frac{(L_r - 1)(2D_r - D_r^2) + (L_r - 1)^2}{[D_r^2 + D_r \cdot (L_r - 1)]^2} \qquad （4.20）$$

对L_r求偏导数，得

$$\frac{\partial FI}{\partial L_r} = \frac{(D_r - 1)[D_r^2 + D_r \cdot (L_r - 1)] - (D_r - 1)(L_r - 1)D_r}{[D_r^2 + D_r \cdot (L_r - 1)]^2}$$

$$\frac{\partial FI}{\partial L_r} = FI'(L_r) = \frac{(D_r - 1)D_r^2}{[D_r^2 + D_r \cdot (L_r - 1)]^2} \qquad （4.21）$$

令$U(L_r) = (L_r - 1) - D_r(D_r - 1) = 0$，得

$$L_r = D_r(D_r - 1) + 1 > 1 \text{ 恒成立}$$

在区间$(1, D_r^2 - D_r + 1)$ 上函数$U(L_r) > 0$，$FI'(D_r) > FI'(L_r)$，即D_r对FI影响比L_r对FI影

响要大；在区间 $(D_r^2 - D_r + 1, +\infty)$ 上函数 $U(L_r) < 0$，$\mathrm{FI}'(D_r) < \mathrm{FI}'(L_r)$，即 L_r 对 FI 影响比 D_r 对 FI 影响要大。

例4.2　若保持路灯发光面水平长度 $S=0.40$ m，路灯正视亮度 $L=700$ cd/m²，沿道路边侧的平均亮度值 $B=7.0$ cd/m² 不变，但将路灯间距扩大一倍，即 $D=12.0$ m，可得到闪烁指数 FI $=73.7\%$。可见，单纯地增加路灯间距，对改善"频闪"效果不明显。

例4.3　保持路灯发光面水平长度 $S=0.40$ m，沿道路边侧的平均亮度值 $B=7.0$ cd/m² 不变，路灯间距 $D=6.0$ m，但将路灯正视亮度减小一半，即 $L=350$ cd/m²，可得到闪烁指数 FI $=70.7\%$。可见闪烁指数对于降低路灯正视亮度更为敏感。

④护栏灯的闪烁指数。

例4.4　取护栏灯发光面水平长度 $S=1.2$ m，路灯正视亮度 $L=100$ cd/m²，路灯间距 $D=0.1$ m，沿道路边侧的平均亮度值 $B=70$ cd/m²，可得到闪烁指数 FI $=2.2\%$，"频闪"几乎可忽略。

⑤路灯正视亮度阈值。

若先给定闪烁指数 FI，也可以求得其他几个参数。例如，若给定闪烁指数 FI $=10.0\%$。路灯发光面水平长度 $S=0.20$ m，沿道路边侧的平均亮度值 $B=4.0$ cd/m²，路灯间距 $D=6.0$ m，可得到对应的路灯正视亮度 $L=13.3$ cd/m²。

上述结论表明，通过光度学方法消除低位路灯的侧视眩光的首要措施是：将低位路灯在驾驶员视线方向的亮度控制在沿道路边侧亮度的5倍之内。

（3）对闪烁指数的讨论

闪烁指数的模型为：对于脉冲刺激，在空间上，刺激信号以方波脉冲形式运动，观察者处于静止状态；对于低位路灯照明，在空间上，刺激信号（路灯侧视发光面）处于静止状态，观察者高速运动掠过路灯，上述两个模型的静、动关系恰恰相反。这两个模型的共同之处是刺激信号与观察者之间均处于相对运动状态，差异是静、动主体相反。

由于两个模型的差异，其得出的相关结论是否可以共用？进一步分析如下。

第1章中曾指出，处于高速运动状态的观察者相比于静止状态的观察者，在视觉上的变化主要有两个方面：驾驶员视域变窄及驾驶员视距变短。那么，这两种变化对侧视眩光的影响会怎样呢？

1）驾驶员视域变窄

驾驶员视域变窄的影响是，虽然90°角的侧视眩光光源的亮度值最高，但在驾驶员视域中变得不清晰，驾驶员在这个方向上只有亮度周期性强弱变化的感觉，而真正清晰地看到的侧视眩光光源在前方 2α 的范围内，如图4.64所示。

2）驾驶员视距变短

驾驶员视距变短的影响是，驾驶员视域内处于远方的、位于驾驶员视点下方的路灯光源变得不清晰，并且视域内的杂散物体的数量减少了，路灯眩光变得突出。

综合上述两个效应的结论是：处于高速运动状态的机动车驾驶员，在视域中清晰的路灯光源数量减少了，减少的部分主要分布在最远处和最近处。

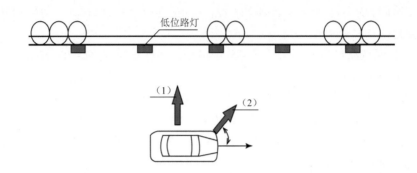

图 4.64　驾驶员视域

(1) 90°角的侧视眩光；　(2) 前方 2α 的角的侧视眩光

上述分析表明，由于模型差异导致的上述驾驶员视距变短、变窄的两种变化所产生的影响主要体现在光源清晰度方面，而对机动车驾驶员感受光源亮度变化的强度与周期则基本无影响。因此，采用"刺激源运动、观察者静止"的闪烁指数模型，在低位路灯侧视眩光这一特定范围内，同样适用于"刺激源静止、观察者运动"模型。

另外，由于上述两种变化的存在，也要求有关消减侧视眩光的实验，并非严格地在90°角的位置进行，而应在2α的范围内以视点上方路灯为主要对象进行。

根据式（4.18），我们可以做出针对路灯频闪的空间域频闪测量与分析系统。路灯发光面水平长度S由制造厂出厂时确定，正视亮度L由制造厂出厂时测定或现场测定，路灯间距D由设计图纸确定或现场测量。沿道路边侧的平均亮度需要现场实测；由此，可得到闪烁指数FI。开发的路灯频闪效应计算与评估软件界面如图4.65所示。

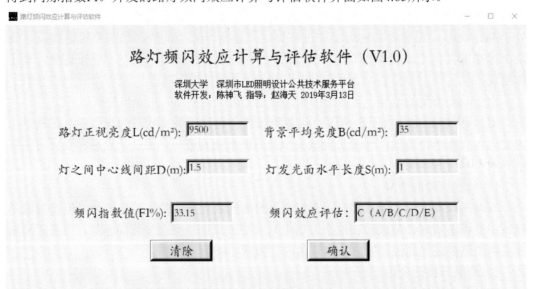

图 4.65　路灯频闪效应计算与评估软件界面

评估软件将频闪效应划分为5个等级，如表4.3所示。

表 4.3　频闪效应的 5 个等级

等级	A	B	C	D	E
FI 值 /%	≤ 20	> 20～30	> 30～40	> 40～60	> 60～100

我们注意到，上述测量对于新建路灯系统是容易做到的，但对于既有道路照明系统、特别是隧道路灯系统则既麻烦又不安全。我们可否如同测量 TI 值一样，在特定地点拍一张亮度照片（只需 1 s）就可得到全部信息进而取得结果呢？

在引入能量比率概念后，这个问题变得简单了。在式（4.18）中，FI 仅与亮度比及占空比有关。我们并不真正需要 4 个参数，而只需 2 个参数：L_r 及 D_r。

事实上，亮度照片已经包含了得到 L_r 及 D_r 的必要信息，如图 4.66 所示。

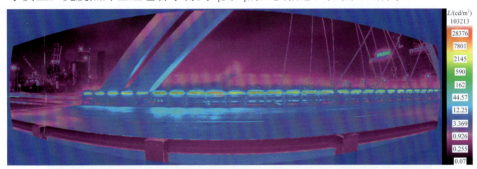

图 4.66　亮度照片包含了 L_r 及 D_r 的信息

图 4.66 中，灯正视亮度为 9495.74 cd/m²，灯间隔的空间亮度为 34.66 cd/m²。

计算者只需比较路灯正视亮度与环境亮度的相对值，比较路灯长度与路灯间距的相对值，而完全不必真实测出其绝对值。因此，基于能量比率概念的直接效益，就是频闪指数测量的大幅度简化。这使得无论对于新建路灯系统或是既有路灯系统，现场测量频闪指数 FI 仅需拍摄一张亮度照片。与测量 TI 值相比，只不过一个镜头朝向前方，一个镜头与之成 90° 角，朝向侧方。

4. 动态频闪指数 FI_d

（1）车速 v 的作用

在 FI 的计算式中，我们发现缺少了车速 v 的身影，这似乎并不符合人们的日常感受，也与 JTJ 026.1—1999 的规定不相符。

由于存在"残像驻留时间"，人眼视网膜上驻留的路灯之间间隔的暗区残像被"拉"成了长线的路灯明区所"掩蔽"而形成"明掩蔽"效应。

因为人眼具有这个特性，它们直接影响占空比 D_r 的性质与取值。当人眼与光源不发生相对运动时，光源在人眼视网膜上呈现点状的图像，此时，光源在视网膜上的影像并没有被拉长，如图 4.67 所示。

这种状态下的占空比 D_r，我们将其定义为静止状态下的占空比，用 D_{r-s} 表示。

当人眼与光源发生相对运动时，光源在人眼视网膜上呈现连续的线状图像，由于人眼视觉具有惰性，光源在视网膜上的影像被拉长了，如图 4.68 所示。

图 4.67　　人眼与光源不发生相对运动时，光源在人眼视网膜上呈现的点状图像

图 4.68　　当人眼与光源发生相对运动时，光源在人眼视网膜上呈现的线状图像

光源在视网膜上的影像被拉长部分的大小由视觉暂留时间t和相对运动的速度v的乘积决定。这种状态下的占空比D_r，我们将其定义为动态占空比，用$D_{r\text{-}d}$ (dynamic)表示。人眼感受到的光源尺寸大小S_d与光源实际尺寸大小s有一下关系：

$$S_d = S + t \cdot v \tag{4.22}$$

$$D_{r\text{-}d} = \frac{D}{S_d} = \frac{D}{S + t \cdot v} \tag{4.23}$$

式（4.23）中人眼视觉暂留时间t不为零。研究表明，正常人眼的视觉暂留时间约为 1/24 s。当相对运动的速度$v = 0$时，$D_{r\text{-}s} = D_{r\text{-}d}$。即当驾驶员没有发生相对运动时，尽管存在亮度差，驾驶员视觉中感受不到闪烁刺激。

设静止状态下光源单位面积上的对人眼的刺激能量为P_o，则人眼视觉接收到的单个光源刺激能量P_s：

$$P_s = S \cdot P_o \tag{4.24}$$

当存在亮度差，并且驾驶员发生了相对运动，人眼感受到的光源尺寸明显被拉长，在人眼视觉中能感受到闪烁刺激。这种感觉的大小由视觉暂留时间与相对运动速度大小的乘积决定。即人眼受到的单个光源刺激能量P_d：

$$P_d = S_d \cdot P_o = (S + t \cdot v) \cdot P_o \tag{4.25}$$

由式（4.24）和式（4.25）可以得到

$$P_d = P_s + t \cdot v \cdot P_o \tag{4.26}$$

由式（4.26）可以看出，当驾驶员相对光源发生了运动时，人眼视网膜多接收到了 $t \cdot v \cdot P_o$ 的能量，若背景亮度能量为 B_o，则由式（4.23）可以得到

$$D_{r\text{-}d} = \frac{D \cdot B_o}{S_d \cdot B_o} \tag{4.27}$$

所以，D_r 的实质仍是能量比率问题。

S_d 相对于 S，增加了 $t \cdot v$，物理意义是，由于人眼视觉惰性，延长了对于人眼视觉的刺激时长，导致视网膜接收的刺激能量增加，当路灯间距一定时，L_r 不变的情况下，要想减弱闪烁效应，只有当速度非常小或趋近于0，相当于静态状态；或者速度非常大并满足 $K \cdot v \geqslant D$，即前一个信号在视网膜上残留的像还没有消失时，出现了下一个信号。速度增大或曝光时间变长时，光点被拉长，如图4.69所示。

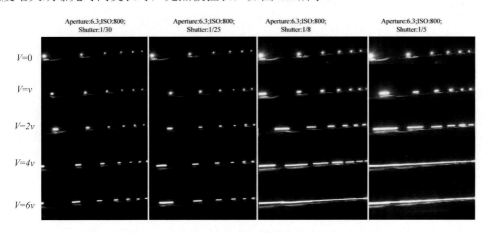

图 4.69　速度增大或曝光时间变长时，光点被拉长

此时，人眼视觉感受到的是连续的光带。

（2）动态频闪指数 FI_d 计算

根据式（4.22）对式（4.17）进行修正，得到

$$\mathrm{FI}_d = \frac{\left(\dfrac{D}{S_d} - 1\right)\left(\dfrac{L}{B} - 1\right)}{\left(\dfrac{D}{S_d}\right)^2 + \left(\dfrac{D}{S_d}\right) \cdot \left(\dfrac{L}{B} - 1\right)} \tag{4.28}$$

（3）动态频闪指数 FI_d 与速度 v 的关系

根据式（4.28）绘制的间距为6 m的动态频闪指数 FI_d 与速度 v 的关系如图4.70所示。

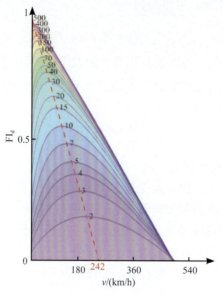

图 4.70　动态频闪指数 FI_d 与速度 v 的关系

图4.70中同一条曲线 L_r 值相同，数字为 L_r 值。红色虚线为不同 L_r 曲线对应的 FI_d 峰值拟合 ($R^2=0.9862$)，是最大可能达到的闪烁效应。拟合函数：$y = -0.0139v + 0.9357$。

图4.70表明，同一条曲线上 FI_d 值并不是随速度增大而增大，而是会出现一个峰值，并且出现峰值时所对应的速度会随着 L_r 值增大而减小，它的意义是，亮度对比度较高时，只要有相对运动，就会产生严重的闪烁效应；而当速度达到一定值时，由于人眼视觉惰性，形成了连续的光带，闪烁效应减弱。

（4）占空比的临界值

根据式（4.28），$FI_d > 0$ 的充要条件是

$$\frac{D}{S_d} - 1 > 0 \tag{4.29}$$

即

$$D > S_d \tag{4.30}$$

根据式（4.30），占空比的临界值为 $D = S_d$。

5. 对"频闪"系数的讨论

（1）"频闪"系数的理论意义

1）揭示了"空间域频闪"的本质——能量比率

由 $D = K + S$ 及 $K = D - S$，根据3.2.6节的内容,目标物辐射能量 $E_S = L \cdot S$；背景辐射能量 $E_B = B \cdot K$。则有

$$FI = \frac{S}{D} \cdot \frac{(D-S)(L-B)}{(D-S)B+LS}$$

$$= \frac{S}{D} \cdot \frac{K(L-B)}{GB+LS}$$

$$= \frac{1}{D} \cdot \frac{E_S K - E_B S}{E_S + E_B}$$

$$= \frac{1}{D} \cdot \left[\frac{E_S D - (E_S + E_B)}{E_S + E_B} \right]$$

$$= \frac{1}{D} \cdot \left[\frac{E_S D}{E_S + E_B} - S \right]$$

$$= \frac{E_S}{E_S + E_B} - \frac{S}{D}$$

物理意义是：闪烁能量/总能量—闪烁面积/总面积。

欲使 $F_I > 0$，则 $E_S D > (E_B + E_S)S$

$$\therefore E_S(K+S) > (E_B + E_S)S$$

得到

$$E_S K > E_B S$$

$$\frac{E_S}{E_B} > \frac{S}{K}$$

其物理意义是，闪烁视能量/环境视能量＞闪烁面积/环境面积。这是频闪出现的充分必要条件，是能量关系，而非距离关系，本质是能量强度及能量持续时间（占空比）。

根据上述解释，车速V的作用是"拉长"了物的长度S，那么S增大时K减小，所以速度的增加会导致频闪指数FI增大。由此，我们可以得到减小FI的途径：①减小E_S；②增加E_B；③增加S；④减小K。

IESNA关于闪烁指数FI的定义的本质是能量比率的关系。能量比率概念的应用，使得FI_d的测量大为简化。

2）揭示了"空间域频闪"的作用机制——明、暗掩蔽

位于路灯间距两个区间内的"空间域频闪"在机动车驾驶员视网膜成像机制不同：在（0，1.0）区间，消减闪烁的机制为"残像驻留时间"，是人眼视网膜上驻留的路灯之间间隔的暗区残像被"拉"成了长线的路灯明区所"掩蔽"的"明掩蔽"效应；在（1.0，∞）区间，消减闪烁的机制为"闪烁强度与持续时间"，是人眼视网膜上驻留的路灯明区残像被"拉"成了长线的路灯之间间隔的暗区所"掩蔽"的"暗掩蔽"效应。

3）指出克服"频闪"的关键技术——消减路灯正视亮度

在数值上，消减频闪效应的充分条件是降低亮度比。因此，降低低位路灯正视亮度

成为消减路灯侧视眩光的关键。

（2）频闪指数与车速 – 灯距曲线的比较

1）频闪指数更为科学

车速-灯距曲线仅反映了闪烁刺激的时间比率，时间比率不是闪烁在视网膜成像的本质；"频闪"指数反映了闪烁刺激的能量比率，这才是闪烁成像的本质，包括刺激的强度与持续时间。

2）频闪指数更为实用

频闪指数考虑到路灯正视亮度对频闪效应的影响，同时也打开了车速-灯距曲线所设立的布灯"灯距禁区"，为低位路灯在实际中的应用提供了坚实的理论基础。

3）频闪指数更为严苛

对于常规低位路灯，正视亮度多数超过200 cd/m²，部分甚至达到1000 cd/m²，显然无法达到频闪指数对路灯正视亮度的要求。但要达到车速-灯距曲线却不需对路灯眩光进行任何控制，所以，表面来看车速-灯距曲线很严格，但对路灯本身的配光及其防眩光措施却没有任何控制。

4）频闪指数提出消减频闪的新途径

当我们无法将路灯正视亮度降低至几十尼特(nt, 1 nt=1 cd/m²)以下时，可以通过设置辅助光源来降低亮度比，进而降低闪烁指数。

上述分析表明，要克服"频闪"，必须满足频闪指数对路灯正视亮度的标准，但目前常规的低位路灯根本无法达到。因此，唯有对低位路灯防眩光技术采取具有颠覆性的创新，才能真正克服低位路灯"频闪"。

6. 消减侧视眩光的色度学方法

由于存在浦肯野位移，在夜晚相同亮度情况下，光谱主光轴偏左的路灯表面比光谱主光轴偏右的路灯表面看起来更为"刺眼"[46]。

单靠明视觉或明视觉与暗视觉的光谱敏感度组合并不能决定不适眩光的光谱敏感度。尤其是"感蓝"视锥细胞会起到作用。因此，冷色光特别是蓝光较多的光源所引起的不适眩光比暖色光特别是黄色光较多的光源严重[47, 48]。

更广泛地，根据韦伯-费希纳定律，眩光同样存在"主观眩光强度"与"客观眩光强度"之间的差异。所谓"客观眩光强度"指仪器测得的眩光亮度值，"主观眩光强度"指人的视觉系统感觉到的眩光强度。对于相同"客观眩光强度"数值下的眩光，由于光源光谱的不同，"主观眩光强度"即人的感受则不同。由此可得到消除低位路灯的侧视眩光的色度学方法：

低位路灯光源的光谱主光轴应控制在555 nm的右端。

考虑同色异谱现象，我们以光谱而非色温来订制光源。但在实际中，封装厂在制造时还是根据色温值来调制荧光粉（可能出于习惯与成本的考虑）。因此在实际中"妥协"的结果是，要求逆向照明（见第5章）模块光源的相关色温应控制在4000 K以下，正向照明（见第5章）模块光源的相关色温应控制在4500 K以下。

4.2.7　能量比率理论的验证

1. 实验装置

实验装置由传动装置（图4.71）、观测装置、检测装置（图4.72）组成，实现速度可控，亮度可控，频率可控。

传动装置由步进电机提供动力，带动皮带及LED灯匀速运动，通过输入特定参数，达到速度控制，实现频率可控操作；观测装置，为受试者实验时所需佩戴的镜筒，避免测试者视野受外界干扰；检测装置是采用闪光融合频率计，通过检测测试者闪光融合临界频率（CFF）作为视觉疲劳的参考指标[49-52]。

图 4.71　传动装置模型

图 4.72　观测装置和检测装置图

1. 步进电机与控制系统；2. 传动部分与 LED 灯；3. 观察装置；4. 闪光融合频率计

2. 实验方法与步骤

通过设计模拟道路照明光环境试验台，测试者通过观察前面试验台上模拟的道路照明的灯光进行道路驾驶实验测试。实验采用的频闪频率为6 Hz。

实验分三组，每组实验开始前后，测试者需测出其CFF，多次测试取平均值，记为$C_{1\text{-}1}$、$C_{1\text{-}2}$，$C_{2\text{-}1}$、$C_{2\text{-}2}$，$C_{3\text{-}1}$、$C_{3\text{-}2}$，并计算其差值记为ΔC_1，$\Delta C_1 = C_{1\text{-}1} - C_{1\text{-}2}$；$\Delta C_2$，$\Delta C_2 = C_{2\text{-}1} - C_{2\text{-}2}$；$\Delta C_3$，$\Delta C_3 = C_{3\text{-}1} - C_{3\text{-}2}$。每组实验中途休息半小时以上。实验装置相应位置关系图见图4.73。

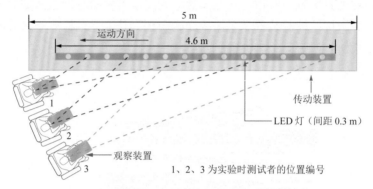

图 4.73　实验装置相应位置关系图

3. 数据处理与分析

（1）亮度测试 CFF 平均值数据统计

CFF平均值数据统计数据如图4.74～图4.76所示。

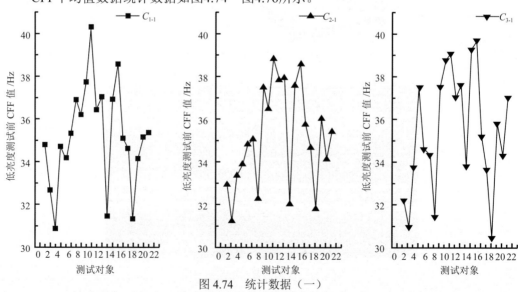

图 4.74　统计数据（一）

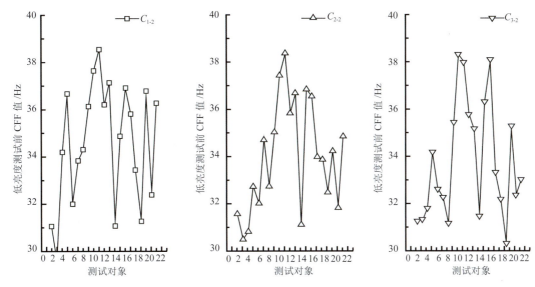

图 4.75　统计数据（二）

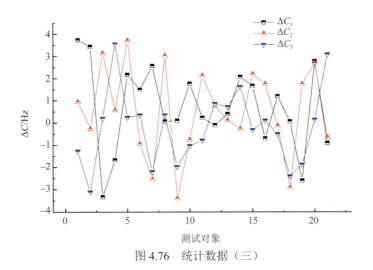

图 4.76　统计数据（三）

（2）数据正态分布检验

ΔC_1、ΔC_2、ΔC_3 正态分布检验从研究过程来分析，每个测试者最终测试的结果互相之间保持独立，因此，需要先检验 ΔC_1、ΔC_2、ΔC_3 是否满足正态分布的假设。

采用夏皮罗-威尔克（Shapiro-Wilk）检验方法[52]对总体的分布进行检验[54]。假设，

H_0：ΔC_1、ΔC_2、ΔC_3 与正态分布没有显著区别。

H_1：ΔC_1、ΔC_2、ΔC_3 与正态分布存在显著区别。

检验统计量定义为 W：

$$W = \frac{\left(\sum\limits_{i=1}^{n} a_i x_i\right)^2}{\sum\limits_{i=1}^{n} (x_i - \bar{x})^2} \tag{4.31}$$

$\boldsymbol{a}=(a_1,a_2,a_3,\cdots,a_n)^{\mathrm{T}}$符合以下条件：$\left(\sum\limits_{i=1}^{n} a_i x_i\right)^2$是$(n-1)\sigma^2$的最佳线性无偏估计（best linear unbiased estimate，BLUE），σ是样本来自的正态分布的标准差。$\boldsymbol{a}$的确切值是

$$\boldsymbol{a} = \frac{\boldsymbol{m}^{\mathrm{T}} \boldsymbol{V}^{-1}}{\sqrt{\boldsymbol{m}^{\mathrm{T}} \boldsymbol{V}^{-1} \boldsymbol{V}^{\mathrm{T}} \boldsymbol{m}}} \tag{4.32}$$

其中矩阵$\boldsymbol{V}$是协方差矩阵，属于n个标准正态分布的随机变量的顺序统计量（order statistics），$\boldsymbol{m}$是这些变量的期望组成的向量。

如果样本数据的确来自一个正态分布，统计量W的分子和分母均会趋向一个常数：$(n-1)\sigma^2$的估计值。对于非正态分布的数据而言，分子和分母通常不会趋向同一个常数。

统计量W最大值是1，最小值是$\frac{na_1^2}{n-1}$。当总体分布为正态分布时，W的值接近1。设定显著性水平α（常见的是0.05），然后获得它的临界值W_α，如果$W<W_\alpha$则拒绝H_0，否则接受H_0。

单样本K-S结果表明：ΔC_1，$P = 0.200>0.05$；ΔC_2，$P=0.200>0.05$；ΔC_3，$P = 0.200>0.05$，接受原假设H_0。所以三个测试都属于正态分布。

（3）实验结果

将实验变量进一步简化，得到ΔC与实验亮度等级的散点分布图，如图4.77所示。由图4.77可以看出，随着实验环境亮度的增大，ΔC也随着增大。说明实验环境亮度越大，对视觉疲劳程度影响越大。

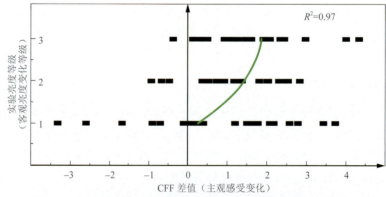

图 4.77　闪光融合临界频率差值（ΔC）与实验亮度等级散点分布图

（4）讨论

图4.77的数据反映了闪光融合临界频率差值与实验环境亮度等级的关系。从图中可以看出，在相同频率下，相同时间内，光照强度越大，测得的人眼闪光融合频率越小，ΔC越大，说明对人眼视觉刺激越大，视觉疲劳程度越大。即在相同的条件下，光强越小，对人眼形成的刺激越小，达到视觉疲劳的时间就越长。实验中，亮度采用低、中、高三个等级，闪光融合临界频率差值ΔC的升高与实验亮度等级的对数呈线性关系。根据费瑞-波特定律[55]，闪光融合临界频率差值与亮度等级对数应满足$\Delta C = k \lg l + c$，k和c都是常数。由于亮度等级次数较少，需进一步探索不同等级亮度对闪光融合临界频率的影响[56]。

4.2.8　动态眩光指数 GI

在讨论了侧视眩光的评价和测试方法后，人们自然会提出这样的问题：既然频闪指数FI与阈值增量TI表示了眩光对驾驶员的刺激作用的两个方面，能否设置一个综合性的眩光指标将二者统一起来？

1. 眩光指数定义

眩光指数（glare index，GI）为评价路灯眩光情况的综合性指数，用来表示频闪指数FI与阈值增量TI对驾驶员的综合性刺激作用。

眩光指数的表达式为

$$GI = TI + kFI \tag{4.33}$$

上式表示：无论阈值增量还是频闪指数在数值上单方面过大都对驾驶员视觉有影响。

系数k是侧视眩光的权重系数，需根据眩光不同的性质而定。例如，当前视眩光占眩光的主要成分，则$k < 1$，这对应于传统高位路灯的情况；反之，当侧视眩光占眩光的主要成分，则$k > 1$，这对应于低位路灯的情况。

眩光指数GI的定义式中，TI 和 FI 均可依据数学公式和相关计算软件求出。但系数k的存在，使得眩光指数 GI 的计算变得复杂。由定义式来确定k，要依赖于大量的模拟与经验。这使得GI计算中增加了人为因素，在相同的 TI 值与 FI 值情况下，由于计算者的不同，可能得到不同的结果，导致可信度降低。因此，眩光指数 GI 由概念走向应用，必须解决实用化计算问题。

2. 眩光指数计算

分析眩光指数 GI 中的 TI 与 FI，它们的阈值范围具有相当大的差别，根据CJJ 45—2015，阈值增量 TI 的上限临界值为10%，即$TI_{max} = 10\%$。频闪指数 FI 与频率的关系如图4.78所示。

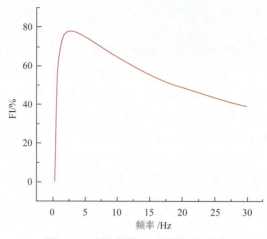

图 4.78　频闪指数 FI 与频率的关系

由图4.78可知，在频率2.5～15 Hz范围所对应的频闪指数 FI 约为60%。因此，FI 的上限临界值为60%，即FI_{max}=60%。阈值增量与频闪指数上限临界值的巨大差异，即是两者不能直接相加的原因，也为确定权重系数提供了有力线索。

分别对 TI 与 FI 进行归一化（normalization），即

$$TI_N=TI/TI_{max}$$

及

$$FI_N=FI/FI_{max}$$

则归一化的眩光指数GI_N可表达为

$$GI_N=TI_N+FI_N \tag{4.34}$$

3. 眩光指数阈值 GI_T

眩光指数阈值（threshold）GI_T的取值范围为（0,1），即

$$GI_T=1.0 \tag{4.35}$$

式（4.35）的物理意义是提出了一个新的、综合性的眩光控制指标。若

$$GI_N > GI_T \tag{4.36}$$

则眩光值超标！

4. 眩光指数 GI 计算结果

（1）深圳前海

深圳前海11号桥（图4.79）采用低位路灯（护栏灯）照明，首先进行阈值增量 TI 测试。

图 4.79　深圳前海 11 号桥

测试阈值增量 TI 的亮度照片如图4.80所示。

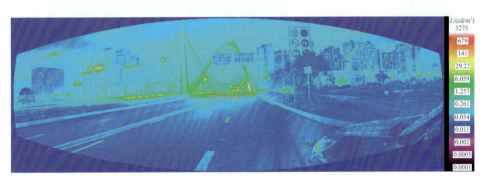

图 4.80　用于测试阈值增量 TI 的亮度照片

计算得到：阈值增量 TI=6%；归一值TI_N=0.60，符合CJJ 45—2015标准。频闪指数FI_d的计算结果如图4.81和图4.82所示。

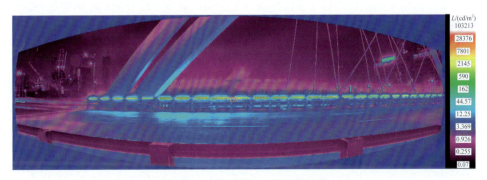

图 4.81　频闪指数 FI 的计算结果

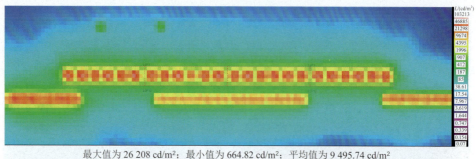

最大值为 26 208 cd/m²；最小值为 664.82 cd/m²；平均值为 9 495.74 cd/m²

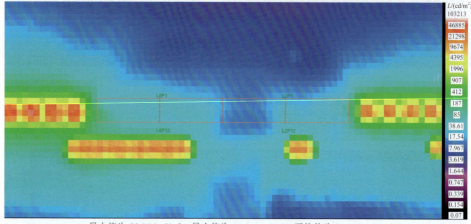

最大值为 59.066 cd/m²；最小值为 21.289 cd/m²；平均值为 34.66 cd/m²

图 4.82　用于测试频闪指数 FI 的亮度照片

　　计算得到：频闪指数 FI=33.15%，归一值FI_N=0.55；根据式（4.34），该桥梁照明的眩光指数GI_N=1.15，并且$GI_N > GI_T$。根据式（4.36）深圳前海11号桥的眩光已经超过眩光指数阈值，不满足眩光控制要求。其主要原因是频闪效应强烈，特别是最边上的车道，刺激最强烈，引起驾驶员的疲劳感也最为强烈。

（2）深圳大学操场（多维度路灯）

　　深圳大学操场采用低位路灯（多维度路灯）照明，成像亮度计测量截图如图4.83所示。

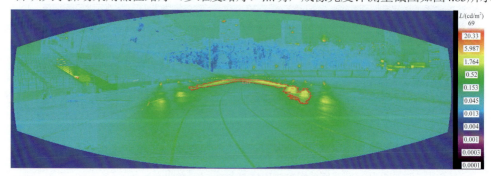

图 4.83　成像亮度计测量截图

　　经计算，TI = 2%，归一值为0.2，TI值符合CJJ 45—2015标准；FI=20%，归一值

为0.33。该试验路段照明的眩光指数$GI_N=0.53$，$GI_N<GI_T$。测试结果表明，该照明系统能够为驾驶员提供相对良好的视觉环境。

5. 眩光指数对阈值增量的覆盖

当动态暂态光闪烁指数为零，即$FI_d=0$时，眩光指数就等于阈值增量，即$GI = TI$。这表明了传统的阈值增量 TI 是眩光指数 GI 在忽略了FI_d时的特例，同时也表明了眩光指数 GI 对阈值增量 TI 的覆盖。

4.2.9　改善驾驶员视觉失能状态

用于监控的LED闪光灯是视频监控设备抓取高清图像和视频的关键设备，我国已经制定了相关技术标准[57]。

1. 补光灯眩光机制

（1）刺激能量过高

造成补光灯眩光强烈的原因在于LED闪光灯沿驾驶员人眼方向所释放的刺激能量，即辐射亮度与闪光时间的乘积。闪光灯闪光时，人眼瞳孔会缩小，光源刺激消失，闪光会在视网膜上保持短暂的驻留。如果把灯的亮度和闪光时间控制在一定的范围内，保证每一次刺激总能量小于一定值，即可减轻驾驶员眩目感觉，提高交通安全性。

目前，市场上主流闪光灯的功率是200 W，闪光时间3 ms，每次刺激总能量0.6 J·S。

减小刺激能量取决于控制技术和摄像设备。具体而言，减小闪光时间要求补光灯开关与摄像机快门精确地同步性；减小闪光灯辐射亮度则取决于镜头感光元件的灵敏性与清晰度。

随着控制技术和摄像设备的技术进步，未来的补光灯的刺激能量会越来越小。

（2）溢散光过多

造成补光灯眩光强烈的另一个原因是补光灯照射不精确，溢散光过多。

2. 削减补光灯眩光原理

（1）瞳孔变化延迟特性

瞳孔延时效应：瞳孔在受到刺激后，并不是立即发生变化而是一定时间后才会发生变化，而在这段时间里不同车速的车辆行驶的距离是不同的，根据实际的车速得出亮度补偿区的设置起点，如图4.84所示。

（2）利用瞳孔的延时效应

在强光照射之前加设预照明区，在瞳孔延时区域后加设亮度补偿区。

通过常亮型补光灯初步减小道路环境和车内的亮度差，减小原本道路照相机拍照时需要补足的车内外亮度差；同时使驾驶员的视觉在被闪之前有一定的明暗过渡，减少驾驶员在被闪时出现视觉失效的时间和被闪后恢复的时间。

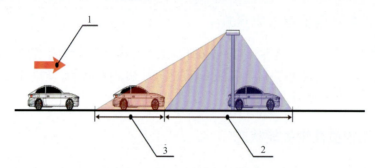

图 4.84　瞳孔延时效应示意图
1. 行车方向；2. 瞳孔延时区；3. 强光照射区

由于常亮型补光灯已经减小了之前车内外的亮度差，所以闪光型补光灯的亮度和功率均可降低，如此既节约了能源，同时又降低了驾驶员的视觉明暗变化程度，增加了驾驶安全性。

加设预照明区：在闪光区前加设预照明区的主要目的是通过提前提升驾驶员视觉的背景亮度使驾驶员瞳孔在未受强烈眩光干扰前提前缩小，减小强光刺激时瞳孔的进光量，减小强光对驾驶员视觉刺激程度。同时加设预照明区可以使驾驶员预先适应亮度的变化，在被强光照射后缩小明适应时间。

加设亮度补偿区：在瞳孔延时区域后加设亮度补偿区的主要目的是通过增加路面亮度使驾驶员在瞳孔变小时增加瞳孔的进光量，进光量增加使驾驶员对路面的感觉亮度变大，驾驶员观察路面更清晰，如图4.85所示。

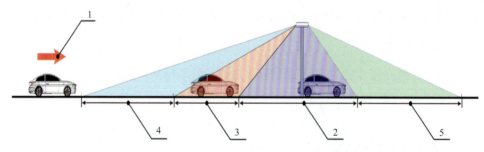

图 4.85　瞳孔延时区加设预照明区和亮度补偿区示意图
1. 行车方向；2. 瞳孔延时区；3. 强光照射区；4. 预照明区；5. 亮度补偿区

3. 驾驶员瞳孔变化描述

图4.86～图4.88是经过上述措施后，在补光灯强闪过程中，驾驶员瞳孔变化的情况。

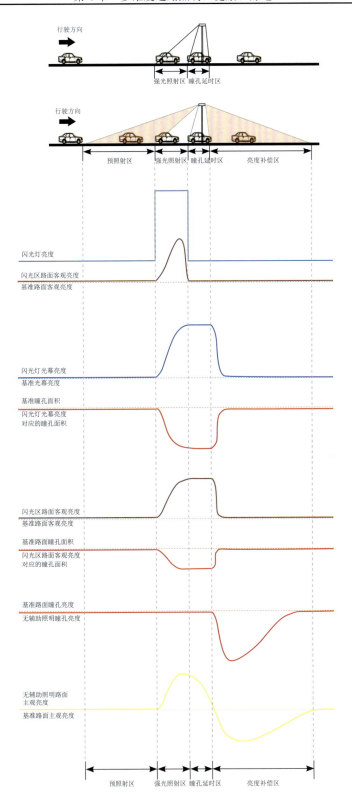

图 4.86 补光灯强闪过程中，驾驶员瞳孔变化的情况

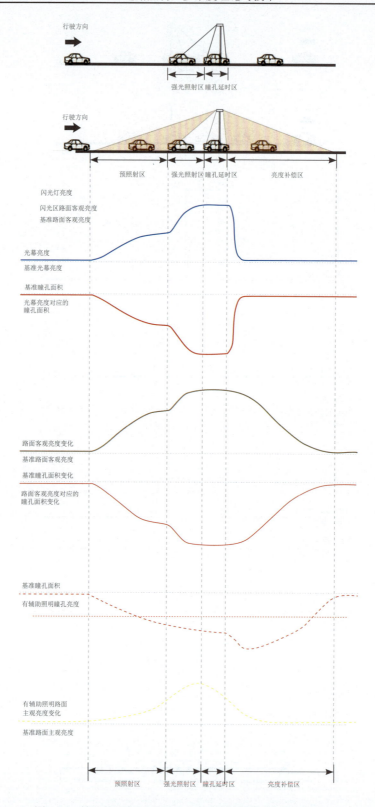

图 4.87　补光灯强闪过程中，有补偿时驾驶员瞳孔变化的情况

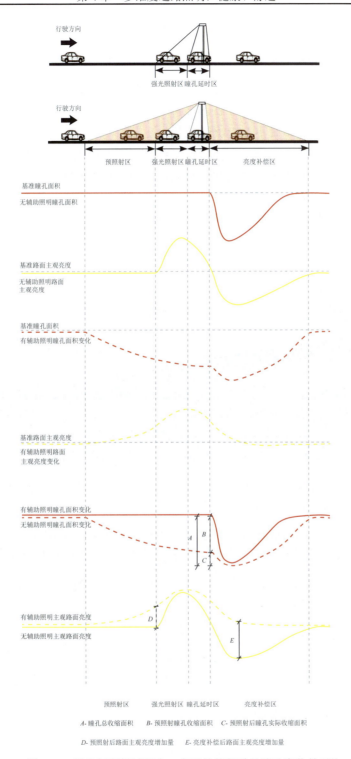

图 4.88　补光灯强闪过程中，有无补偿驾驶员瞳孔变化的对比

由图4.88的比较不难看出，经过辅助照明的预照射补偿及亮度照射补偿后，无论是瞳孔面积还是主观路面亮度均变得平滑。

4. 精确控制被闪区域

首先，由于拍照的需要，所有车辆及驾驶员被照射一次是必须的，不可避免。目前存在的问题是被闪范围过大，导致车辆在经过有闪光灯的路口或路段时要被闪多次，所以消减补光灯眩光的实质是解决多次照射问题。

解决多次照射问题，需要将闪光照射区域划分为"保护区"与"非保护区"。在"保护区"路段，闪光灯的所有溢散光被截断，保证车辆不被照射到；在"保护区"路段，闪光灯可照射到车辆。"保护区"与"非保护区"的划分需根据车辆时速、长度、跟车距离、闪光灯及摄像机拍摄角度确定，如图4.89所示。

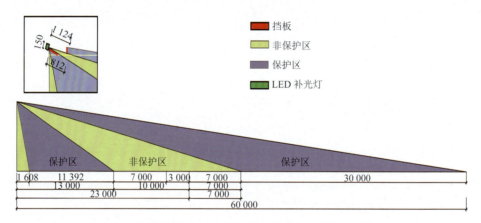

图 4.89　　"保护区"与"非保护区"的划分（单位：mm）

通过在闪光灯的前端加置格栅首先将闪光灯向四周发出的光进行拦截，使这些光不会影响相邻道路的驾驶员，并将照射区域严格控制在闪光灯的工作道路上；其次通过调节内部格栅的角度与间隔将闪光灯发出的光重新分配使光集中照射在特定的区域，既满足了增加亮度的需要，同时也使其他车辆不受到闪光灯的影响。格栅角度与保护范围示意图如图4.90所示。

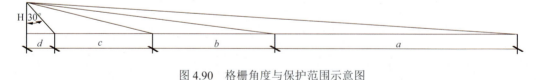

图 4.90　　格栅角度与保护范围示意图

4.2.10　消减低位路灯下视眩光

1. 静态斑马条纹的形成机制与度量

形成规则斑马条纹需要两个条件：一是路面存在排列有序、明暗交替的光影，二是投光的光轴与驾驶员观察视线的水平夹角在 α_1 至 α_3 之间。投光水平角与斑马条纹，如图4.91所示。

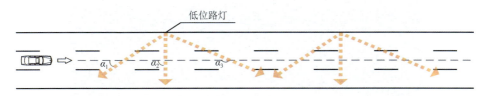

图 4.91 投光水平角与斑马条纹

形成规则斑马条纹的条件中，低位路灯向路面投光的光轴与水平面的垂直角度有一定影响，垂直角在β_1至β_3之间。投光垂直角与斑马条纹如图4.92所示。

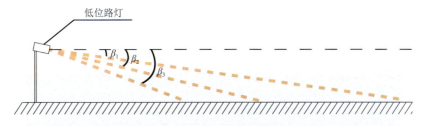

图 4.92 投光垂直角与斑马条纹

斑马条纹强弱的度量采用CIE建议的纵向均匀度$U_1 = \dfrac{Y_{\min}}{Y_{\max}}$。以第2章的下视眩光为例，$U_1 = \dfrac{0.25}{2.5} = 0.1$远低于CIE所要求的0.7。

2. 影响斑马条纹的因素

（1）照射水平角度

低位路灯向路面投光的光轴与驾驶员观察视线的水平角度α对形成路面光斑（包括斑马条纹）有明显影响。实验表明，U_1与水平角α之间为负相关关系。α越小，U_1越高。若将角度α由低至高排列，依次是

$$\alpha_1 < \alpha_2 < \alpha_3$$

则

$$U_1(\alpha_1) > U_1(\alpha_2) > U_1(\alpha_3)$$

对于不同的照明方式，则有

$$U_1（逆向照明） > U_1（横向照明） > U_1（正向照明）$$

当采用不同的照明方式时，虽然路灯光源的参数一样，但仅改变投光方向，由于路面反射的差别，驾驶员视域中呈现的是不同的亮度均匀特性。逆向照明方式最好的原因是逆向照明在驾驶员视线方向上的斑马条纹最强烈处形成一定的"光幕"，减弱了斑马条纹的对比度。

实验实例：2019年1月，深圳大学操场。图4.93为仅开正向照明光源的斑马条纹情

况，因未开逆向照明光源，几乎观察不到路灯的存在。

图 4.93　仅开正向照明光源的斑马条纹情况

图4.94为正向照明光源与逆向照明光源同时开启的斑马条纹情况，因开逆向照明光源，观察不到路灯的存在。不难看出，逆向照明方式下，斑马条纹得到明显改善。

图 4.94　正向照明光源与逆向照明光源同时开启的斑马条纹情况

（2）照射垂直角度

低位路灯向路面投光的光轴与水平面的垂直角度对形成路面光斑（包括斑马条纹）有一定影响。实验表明，U_1 与垂直角 β 之间为负相关关系。

若 $\beta_1 > \beta_2 > \beta_3$，则

$$U_1(\beta_1) < U_1(\beta_2) < U_1(\beta_3)$$

（3）照射面积

低位路灯向路面投光的光斑面积对形成路面光斑（包括斑马条纹）有一定影响。实验表明，U_1 与光斑面积 S 之间为正相关关系。加大单个路灯的照射面积可有效提高 U_1。在多维度路灯中，通过增加路灯照射距离，即提高距高比来实现加大路灯照射面积。

3. 消减动态暗影——车影线

对于通常采用相向照明方式的低位路灯，地面暗影无法消除，原因是路面上的车辆车身阻断了路灯射向车辆另一侧的光路，如图4.95所示。

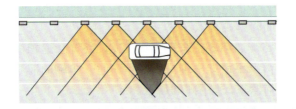

图 4.95　车身阻断了路灯射向车辆另一侧的光路

路面上实际的暗影如图4.96所示。

图 4.96　路面上实际的暗影

改进的方法是低位路灯同时采用逆向照明方式和正向照明方式，这时车辆车身阻断路灯射向车辆另一侧光线的遮挡面积大大缩小，地面暗影几乎消除，如图4.97所示。

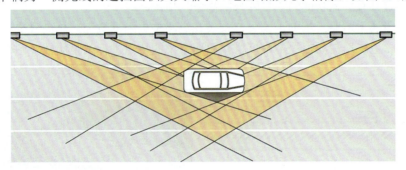

图 4.97　逆向照明方式和正向照明方式

显示低位路灯采用逆向照明方式和正向照明方式后，地面暗影几乎消除，如图4.98所示。

图 4.98　地面暗影几乎消除

　　比较图4.95与图4.97，不难看出，低位路灯所采用的逆向照明、正向照明水平角度绝对值越小，对消除地面暗影越有效。

　　有人假设，如果道路交通堵塞、车辆排成长龙，终究会遮挡住一侧的灯光，造成路面暗影。事实上，这种情况不可能出现：夜晚堵车时，车辆的前灯会将路面照得一片雪亮，其作用远远超过任何路灯，如图4.99所示。

图 4.99　堵车时车辆的前灯将路面照得雪亮

4.2.11　消减对视眩光及溢散光

　　在多维度道路照明系统中，由于正向照明子系统和前向照明子系统均为低位安装，即将灯具直接安装于快速道路护栏上，路灯在安装时其投光方向与该侧车行方向形成小于90°的夹角，会对对面来车直视投光方向的驾驶员造成对面眩光。为了防止对视眩光，采用设置具有遮光功能的"百叶式隔离带"措施。

　　该隔离带属于道路工程的一部分，安装在道路中央隔离墩上。总高度要高于1.8 m，斜角和材质、色彩均需要根据多维度道路照明系统的特点进行试验比较（图4.100）。

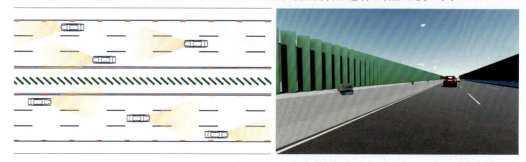

图 4.100　具有遮光功能的百叶式隔离带

　　多维度道路照明系统中，对于市政道路，路面照明由逆向/正向照明子系统承担，前方障碍物照明由中灯位前向照明子系统承担。此时，前向照明子系统的光源可能会对邻近住宅产生溢散光污染。限制对邻近住宅溢散光污染的措施，是在前向照明子系统灯具采用上截光遮光板（图4.101）。横向照明子系统溢散光也会对邻近住宅造成影响，但横向照明子系统平时不开灯，仅在雾霾天气下使用，是临时性交通安全措施，并且光污染不严重，可不采用遮光措施。

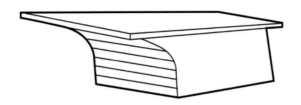

图 4.101　灯具上的上截光遮光板

4.3　格栅阵列技术

格栅阵列作为限制眩光的截光技术，已经发展成熟。关于格栅片的形状、材质的研究却很少，而格栅阵列中仍然蕴藏着丰富的技术内涵。

一体化防眩光技术采用倒置菲涅耳-波纹-抛物体透镜+防眩光截光板技术来阻断倒置菲涅耳-波纹-抛物体透镜外表面对于驾驶员的直射溢散光（图4.102）。

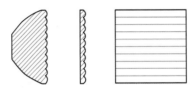

图 4.102　倒置菲涅耳-波纹-抛物体透镜 + 格栅阵列

格栅阵列的基本构造是将格栅片一次排叠形成阵列，防眩光的基本原理是保证倒置菲涅耳-波纹-抛物体透镜外表面的溢散光必须经过格栅片的反射与吸收后才可到达驾驶员的眼睛。当选用适当的材料制作格栅片，使得格栅片既有反射又有一定吸收能力时，经过格栅片的反射与吸收后的溢散光必然减弱。溢散光减弱的程度与格栅片的反射与吸收特性及格栅阵列的参数有关，这些参数包括格栅片阵列的尺寸格栅片的间距、长度、厚度、形状、材质、颜色、反射率和排叠方式等。

4.3.1　格栅阵列设计

1. 直片式格栅阵列

根据IESNA 规定的道路照明的测量与计算方法，观察点的高度距路面1.5 m，距纵向位置第一排点60 m，如图4.103所示。

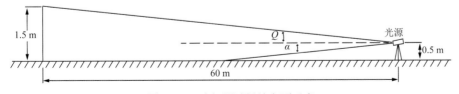

图 4.103　路灯测试场地立面示意

　　此时，驾驶员视线与水平面形成的夹角约1°，与格栅片形成一个约2°的夹角，为了驾驶员不能直视格栅片后的光源，格栅片的长度与间隔关系应至少满足：

$$\gamma = \alpha + Q \tag{4.37}$$

$$Q = \arctan \frac{H}{K} \tag{4.38}$$

$$\tan\gamma = \frac{Z}{Y} \tag{4.39}$$

式中，Y为格栅片最小长度；Z为格栅片间距；Q为驾驶员视线与水平面间的夹角；α为格栅阵列灯垂直下倾角；γ为驾驶员视线与格栅片的夹角；H为驾驶员与格栅阵列间的高差；K为驾驶员与格栅阵列灯之间的距离。

　　格栅片长度与间距的关系为

$$Z = Y \cdot \tan\gamma \tag{4.40}$$

图4.104为直片式格栅阵列设计分析示意图。

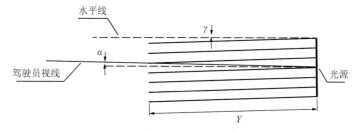

图 4.104　直片式格栅阵列设计分析示意图

格栅片的长度与间隔关系还应满足：

$$D = 2Y$$

$$Z = \frac{D}{2}\tan\gamma$$

$$D = \frac{2Z}{\tan\gamma} \tag{4.41}$$

式中，D为格栅片加长后的最小长度。

　　但直片式格栅阵列下仍存在溢散光且溢散光角度不变，需要消除这种反射带来的眩光，如图4.105所示。

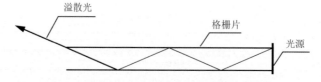

图 4.105　直片式格栅阵列下的溢散光示意图

实验表明，由直片式格栅陈列组成的阵列减弱溢散光的效率较低，而折弯式格栅阵列能更有效地减弱溢散光。折弯式格栅阵列由具有一定透射能力的薄膜平铺叠置构成。每一薄膜按一定弯折角度连续弯折成形，其纵截面大致呈波浪状。溢散光的眩光分量在格栅阵列的两相邻薄膜之间传播时要经过反射与吸收，如图4.106所示。

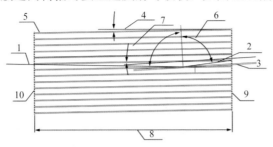

图 4.106　折弯式格栅阵列原理图

1. 驾驶员视线；2. 溢散光；3. 具有倾角的格栅片；4. 灯具的水平倾角；5. 格栅片外壳；6. 格栅片法线与溢散光角度；7. 格栅片倾角；8. 格栅片总长度；9. 菲涅耳波纹透镜外表面；10. 灯具出光口

2. 折弯式格栅阵列

格栅片表面比较光滑，容易形成镜面反射而引起一次反射眩光。

即使细微增大直片式格栅阵列灯的垂直角也能大大降低眩光，原因是垂直角增大后，驾驶员视线与格栅片角度也随之增大，光源的溢散光经过格栅片一次反射后仍然无法进入驾驶员的眼中，从而驾驶员感受不到眩光。

通过改变格栅片内部结构，减少这种能通过一次反射进入驾驶员眼中的溢散光，在不改变主光轴角度的情况下，同样可以达到降低眩光的目的。

在直片式格栅阵列的基础上对直片进行角度再分析设计，如图4.107所示。

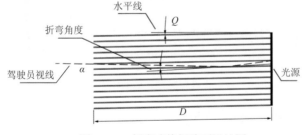

图 4.107　折弯式格栅阵列设计图

观察角、垂直角、折弯角、格栅片间距和格栅片折弯角度之间的关系：

$$Q = \arctan \frac{H}{K} \tag{4.42}$$

$$\gamma = \alpha + Q \tag{4.43}$$

$$\tan\gamma = \frac{Z}{A + W} \tag{4.44}$$

$$\tan\varphi = \frac{W}{Z} \tag{4.45}$$

$$\tan\beta = \frac{Z}{B-W} \tag{4.46}$$

$$D = A + B \tag{4.47}$$

$$W = Z \cdot \tan D \tag{4.48}$$

$$\beta = 2\varphi + \gamma \tag{4.49}$$

式中，D为格栅片最小长度；Z为格栅片间距；Q为驾驶员视线与水平面间的夹角；α为格栅阵列灯垂直下倾角；γ为驾驶员视线与格栅片的夹角；φ为格栅片折弯角度；H为驾驶员与格栅阵列间的高差；K为驾驶员与格栅阵列灯之间的距离。

格栅片最小长度为

$$D = Z\left[\frac{2}{\tan(2\varphi+\gamma)} - \frac{\tan\gamma \cdot \tan\varphi}{\tan(2\varphi+\gamma)} - \tan\varphi + \frac{1-\tan\gamma \cdot \tan\varphi}{\tan\gamma}\right] \tag{4.50}$$

通过上文可知，格栅片内部折弯角度增大，可以使驾驶员视线与格栅片折弯后的夹角变大，使得在保持格栅阵列总长度不变，垂直角不变的情况下，更多的光源溢散光经过格栅片一次、二次反射后无法进入驾驶员眼中，从而进一步降低眩光。更重要的是，部分原溢散光经过折弯式格栅片一次、二次反射后转变为平行于路灯主光轴有效光通量（图4.108）。

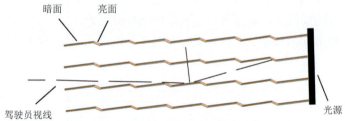

图 4.108　折弯式格栅阵列结构影响表面亮度分析

成型后的折弯式格栅阵列如图4.109所示，外观模型如图4.110所示。

图 4.109　折弯式格栅阵列外形　　图 4.110　格栅阵列外观设计模型

逆向照明光源在照射路面的同时产生前视眩光。经实验，该前视眩光的最大值区间发生在驾驶员距离光源60～120 m。驾驶员距离光源过近，由于视线与路灯发光面法线方向水平角度过大，眩光亮度减弱；驾驶员距离光源过远，眩光亮度减弱。此区间内，为保证驾驶员观察灯的正发光面时无光源成像，需使得溢散光在两相邻格栅之间传播时经过反射与吸收至少两次（图4.111）。

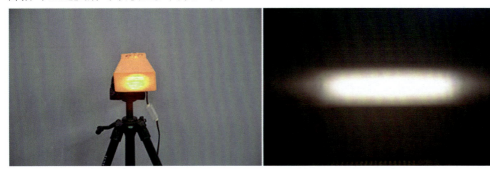

图 4.111　逆向照明的防眩光格栅眩光及光斑

正向照明光源的投光方向与本车道行车方向相同，在照射路面的同时也产生由菲涅耳透镜外表面溢散光带来的后视镜眩光。该后视镜眩光的最大值区间发生在驾驶员距离光源40～50 m处，需保证在驾驶员在该区间内观察灯的正发光面时无光源成像。由于后视镜眩光弱于前视眩光，因此溢散光在两相邻格栅之间传播时需经过反射与吸收至少一次。

上述倒置菲涅耳-波纹-抛物体透镜+格栅阵列的"一体化"防眩光技术，因具有良好的防仰角溢散光特性，除道路照明外，还可用于机动车前照灯。

如图4.112所示是直片式格栅阵列与折弯式格栅阵列眩光的比较，可以看出，在薄直片式格栅阵列、厚直片式格栅阵列和折弯式格栅阵列中，折弯式格栅阵列眩光最小。

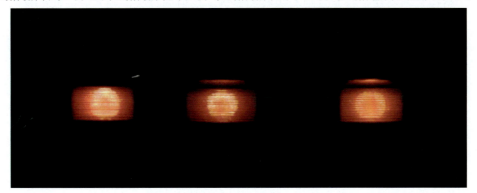

图 4.112　不同格栅阵列眩光的比较

左为薄直片式格栅阵列，中为厚直片式格栅阵列，右为折弯式格栅阵列

由于防眩光格栅阵列使溢散光在两相邻格栅片之间传播时经过至少一次的反射与吸收，在减低眩光的同时，其代价是降低了整灯光效。为保证在有效减少眩光的同时，保持整灯光效不至于因反射与吸收而降得过低，需要对非完全反射的格栅片及格栅阵列的

参数进行优化设计。

图4.113为经过参数进行优化设计后，薄直片式、厚直片式和折弯式格栅阵列在相同功率LED投光灯照射下的照度对比。

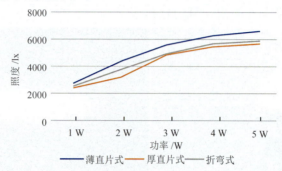

图 4.113　薄直片式、厚直片式和折弯式格栅阵列在不同功率下的照度对比

结果表明

①薄直片式格栅阵列灯由于其整体挡光面积最小，照度在三者里面最高；

②厚直片式格栅阵列灯由于整体挡光面积的增加，照度最低；

③与厚直片式格栅阵列有相同挡光面积的折弯式格栅阵列灯，由于其折弯结构的性质，使一部分溢散光成为与主光轴平行的光，照度比厚直片式格栅阵列灯要高。

有8个至关重要的参数会显著影响格栅片阵列结构的防眩光效果：

①格栅阵列长度，决定光路总长度，影响眩光效果。

②格栅片的厚度，决定挡光面积。厚度过厚，则光效降低；厚度过薄，则强度较低。

③格栅片的间隙，决定了片数与光型。间隙过大，则眩光变强；间隙过小，则光效降低。

④格栅片的材质，决定反射与吸收的比例。反射率过大，则光效降低；反射率过小，则眩光变强。

⑤格栅片的排叠方式。当采用平均间隙排叠格栅片时，上截止线不够清晰；当采用非平均间隙排叠时，上截止线更为清晰。

⑥格栅片的折弯角度，决定总光效与眩光强弱。角度过大，则光效降低；角度过小，则眩光变强。

⑦格栅片光束角，决定光型。

⑧格栅片颜色，决定反射比例。

上述要素均是相互独立的物理量，但效果则与它们有关。根据具体需要实现的效果，对上述的参数进行调整与优化，将大大提高整灯的光效。

另外，防眩光格栅阵列将原本由玻璃封闭的"灯口"，改为在灯的前方形成开放的"灯口"，在长期使用下灰尘会附着在灯体内外，包括格栅片及菲涅耳透镜外表面。如何高效地对防眩光格栅阵列进行清洗成为不可回避的问题，因此，需要对防眩光格栅阵列清洗技术进行研发。

清洗技术应满足：平时无风天气时，温差压力使得热气流从外部进入灯体内部，后水平运动至灯口流出，达到自洁效果（图4.114）。

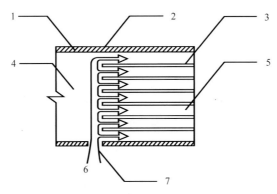

图 4.114　防眩光格栅阵列自洁示意图

1. 菲涅耳透镜外表面；2. 灯具外壳；3. 格栅片；4. 菲涅耳透镜；5. 格栅片间隙；6. 热空气入孔；7. 热空气

人工强力冲水时，喷出带有清洁剂高压水汽自灯口沿格栅阵列片进入灯体，一方面冲击菲涅耳透镜外表面，另一方面洗刷格栅阵列片，污水至泄水槽流出，达到强制清洁目的（图4.115）。

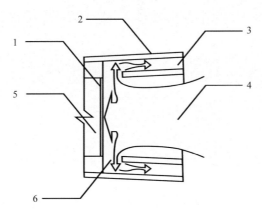

图 4.115　防眩光格栅阵列清洗示意图

1. 菲涅耳透镜外表面；2. 灯具外壳；3. 泄水槽；4. 清洗水流；5. 菲涅耳透镜；6. 水平泄水孔

近期，与COB大尺寸集成封装相对应的芯片段封装（chip scale package，CSP）技术发展迅速（CSP通常定义为芯片面积与封装体面积之比大于80%的封装）。对于照明领域，有两个主要特点：一是体积小、重量轻，在各种封装中，CSP是面积、厚度最小，因而体积最小的封装；二是热性能好，CSP很薄，芯片产生的热可通过很短的通道传到外界，利用空气对流对芯片进行有效的散热，还可以从背面散热。在叠层CSP中，也可将引线键合技术和倒装片键合技术组合起来使用。

CSP有其诸多LED所特有的其他光源不具备的优点，例如，当LED光源体积由于采用CSP技术而变小时，配光将更为精确。

CSP技术意味着我们可以得到更小的光束角和更有效地减少溢散光，从而增加有效光通量，实现精确照明。这些优点表明，若分布式多维道路照明系统采用高光效CSP封装的LED光源，可能表现出更为理想的光源特性。

3. 道路实地实验

实验条件：路宽14 m，4车道，位于深圳市南山区，布灯路段长60 m，双向布灯，灯距2 m，灯高0.6 m，单灯功率3 W，光源相关色温3000 K，共60个灯。防眩光措施：折弯式格栅阵列。照明方式：逆向照明方式，照明功率密度0.1428 W/m²。

该多维度低位路灯基本能量功效的测试结果：平均亮度1.8 cd/m²，亮度总均匀度0.35，纵向均匀度0.5，阈值增量5.7%。实测现场如图4.116所示。图中，背景为正在施工的高层建筑群，沿道路两侧布置的是折弯式格栅阵列路灯，道路中央左侧两个光源为一汽车的卤钨前照灯（近光灯），道路中央远方白色路灯为LED路灯，照明方式为传统的高传路灯照明。

在格栅阵列性能实测中，通过对图4.116中不同光源产生的眩光的直观对比，可以看出，无论汽车的卤钨前照灯还是现行的LED路灯，其眩光均远远超过折弯式格栅阵列路灯。

图 4.116　实测现场

远处为汽车的卤钨前照灯及 LED 路灯，近处为折弯式格栅阵列路灯

结果总结：

①采用折弯式格栅阵列的LED低位路灯在道路照明的主要指标方面已经达到国家标准，部分数值达到优；

②由于逆向照明的高能效原理，照明功率密度大大低于现行LED路灯，使得在非商品化的（3D打印成型）灯具上实现了远远超过现有商品化LED路灯的节能效果；

③由于采用了折弯式格栅阵列限制眩光，使得眩光在可接受范围内，并远低于现有LED路灯与汽车近光灯（图中，远处白光为LED路灯，黄光为汽车近光灯）；

④实验表明，亮度均匀度与纵向均匀度两个指标未能达到国家标准，主要原因是路灯"准直"不够，路面呈现明显的亮、暗光斑，尚有较大提升空间，另外，如采用加工工艺更高的注塑灯体及色温更高的光源，还可进一步提高路面亮度或降低照明功率密度，显示出更好的节能效果。

同时我们也注意到，格栅阵列的眩光仍然高于汽车尾灯（示廓灯），仍然存在进一步降低眩光的研发空间。

4.3.2　格栅阵列应用于机动车灯

汽车前照灯眩光最强的是大型客车和货车。目前大型机动车前照灯基本为卤素灯和氙气灯，灯高度 1 m 左右，有的达 1.4 m。图 4.117 为大中型客车前照灯位置照片，图 4.118 为大中型客车前照灯眩光照片。

图 4.117　大中型客车前照灯位置

图 4.118　大中型客车前照灯眩光

1. 机动车前照灯光学标准

美国标准看重汽车前照灯的照射亮度和照射距离，欧洲标准看重汽车前照灯的防眩光效果。

SAE 标准，首先保证汽车前方道路上有充足的光，驾驶员可以看清车前道路的路况，再考虑本车的前照灯的眩光对其他汽车驾驶员的影响。ECE 标准首先考虑本车的前照灯对其他驾驶员的影响，尽可能降低眩光，然后再考虑车前道路有足够的照明。现在，世界上使用 SAE 标准的是美国和加拿大，其他国家都采用 ECE 标准。

图 4.119 为欧洲 ECE 汽车前照灯照明标准测试区域图。

Ⅰ区代表车灯前到距离汽车 25 m 距离内的道路照明区域。

Ⅱ区是水平明暗截止线和 15° 截止线范围区域。

　　Ⅲ区是水平明暗截止线和15°截止线以上区域，即防眩光区，这个区域必须小于或等于标准值，避免对左前方会车或者正前方汽车看后视镜的驾驶员造成眩光影响。

　　Ⅳ区代表车灯前25～50 m范围内的道路照明区域，这个区域是光能较强、射程较远的区域，这个区域的照度值不应小于标准值。

　　Ⅴ区代表无照明区域，这个区域是光能最弱，不应有光投射至该区域，这个区域的照度值不应大于标准值。

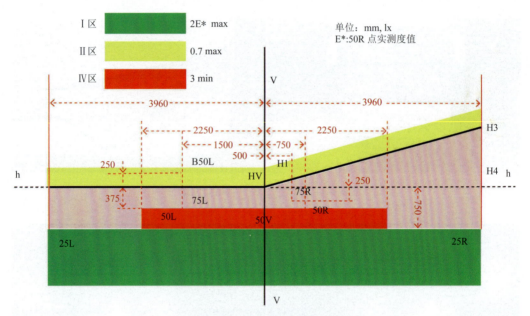

图4.119　欧洲ECE汽车前照灯照明标准测试区域图

　　配光设计时，应使Ⅲ区，特别是B50L点（对面驾驶员眼睛位置）的照度尽可能小，同时使Ⅰ区和Ⅲ区之间区域的照度足够大。欧洲ECE汽车前照灯照明标准立面分析，如图4.120所示。

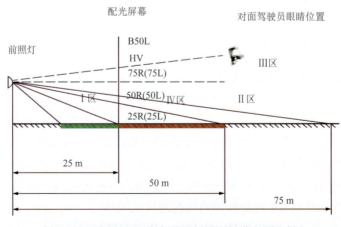

图4.120　欧洲ECE汽车前照灯照明标准立面分析

2. 与某品牌汽车前照灯照明对比

某品牌汽车前照灯（图4.121）总功率为58 W，即双灯的总功率为116 W，而单灯的光通量为734.9 lm，最大光强值达到23088.693 cd。格栅阵列组合防眩光汽车前照灯（图4.122）：格栅阵列灯共24只，单灯功率3.0 W，总功率为72 W。

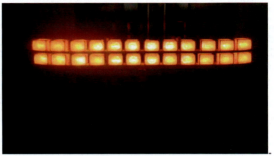

　　图 4.121　某品牌汽车前照灯　　　　　　图 4.122　格栅阵列组合防眩光汽车前照灯

某品牌汽车前照灯照明光形如图4.123所示。

图 4.123　某品牌汽车前照灯照明光形

格栅阵列组合防眩光汽车前照灯的光形如图4.124所示。

图 4.124　格栅阵列组合防眩光汽车前照灯的光形

照度数据分析：某品牌汽车前照灯的照度数据与照度色阶表4.4所示。

表 4.4 某品牌汽车前照灯的照度数据与照度色阶

L6	L5	L4	L3	L2	L1	0	S	R1	R2	R3	R4	R5	R6
							626	740	287	93	45	31	15
42	80	130	181	308	759	1087	1645	1290	525	250	148	56	19
31	84	200	365	409	1080	1474	1353	1082	379	331	206	80	24
30.5	64	131	220	370	700	920	870	675	374	228	129	75	28
27	33	67	163	302	369	485	447	389	316	159	71	36	19
18	21	54	93	183	271	257	273	300	190	101	51	25	13

总照度：25003 lx；最高点照度：1645 lx

从表4.4可知，从某品牌汽车的前照灯照度数据中可知它的总照度为25003 lx，最高点照度达到了1645 lx。照度色阶图反映出照度分布，其照度集中投射于截止线附近，最高照度位于整个光形的明暗截止线偏下的正中间，并逐渐向四周扩散，如图4.125所示。靠近截止线的照度越高，说明该前照灯的有效照射距离越远，该前照灯的性能非常高效。格栅阵列组合防眩光汽车前照灯的照度数据与照度色阶如表4.5所示，最高照度纵向分布如图4.126所示。格栅阵列组合防眩光汽车前照灯光色为白光。

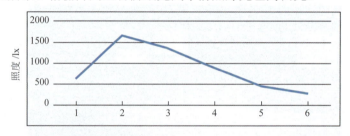

图 4.125 某品牌汽车前照灯的最高照度纵向分布图

表 4.5 格栅阵列组合防眩光汽车前照灯照度数据与照度色阶

L6	L5	L4	L3	L2	L1	O	S	B1	B2	B3	B4	B5	B6
19.2	30.6	56	104	141	103.6	110	99	112	120	102	63.3	34	22
53.1	186	573	1306	2180	2880	2780	2190	1967	1454	1020	398	119	39
25.5	60	153	345	844	1465	1642	1430	1386	1190	940	355	94	33
15	18.7	24.4	30.5	45.3	72.6	147	217	237	250	200	89	36	19.5

功率：70 W；总照度：29626 lx；最高照度点：2880 lx

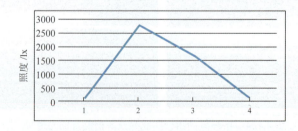

图 4.126 格栅阵列组合防眩光汽车前照灯的最高照度纵向分布

3. 路面实测对比实验

在实验室内的立面照度对比与实际路面上的情况仍有区别，需在实际路面进行测量，观察不同角度下的照度和眩光结果。

路面实验中，把某品牌汽车与格栅阵列组合的防眩光汽车前照灯分别放置于道路中心相同的位置，前照灯前方放置一面与前照灯平行的幕布，在幕布上距离地面0.7 m、0.8 m、0.9 m高度画水平线，测量水平线上的照度值。幕布放置于距离车灯10 m、20 m、30 m……直到100 m处，每10m测量一次，得到不同距离的垂直照度参考值。路面实测前照灯对比实验立面示意图如图4.127所示。

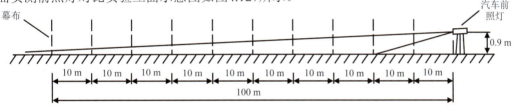

图 4.127　路面实测前照灯对比实验立面示意图

由于距离远后，某品牌汽车前照灯和格栅阵列组合防眩光汽车前照灯的明暗截止线都变得十分模糊，不利于远处截止线重合调光，所以选择在25 m处可分辨截止线的情况下，调节各灯，使明暗截止线完全重合。路面实测前照灯对比实验示意图如图4.128所示。图4.129为格栅阵列防眩光汽车前照灯；图4.130为某品牌汽车前照灯。

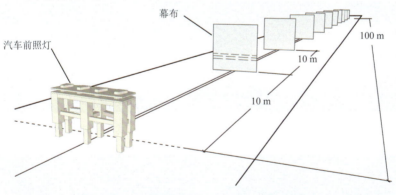

图 4.128　路面实测前照灯对比实验示意图

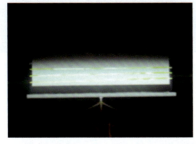 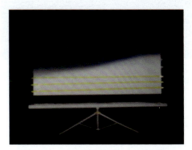

图 4.129　格栅阵列组合防眩光汽车前照灯　　　图 4.130　某品牌汽车前照灯

0.9 m高度处测得的立面垂直照度值如图4.131所示。

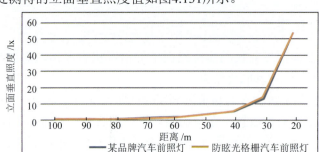

图 4.131　0.9 m 高度处的照度值

　　从照度表和折线图中可以看出在100 m处，两者照度接近相等的情况下，越靠近前照灯，照度越高，格栅阵列组合防眩光汽车前照灯的照度上升比某品牌汽车的前照灯要快，而且越靠近地面，两者差距越明显。所以在既定的角度下，格栅阵列组合防眩光汽车前照灯的照明效果要好于某品牌汽车前照灯，而且距离越近，高度越靠近地面，格栅阵列组合防眩光汽车前照灯的效果越好。

　　眩光对比：将某品牌汽车前照灯和格栅组合防眩光前照灯同时放置于道路上，平行放置，保证两者的光在100 m处的照度相等。同时点亮某品牌汽车前照灯和格栅组合防眩光前照灯，再从对面驾驶员位置（60 m处）观察二者，对比二者的眩光大小。图4.132为正常曝光时间下两前照灯眩光的照片，图4.133超为短曝光时间下两前照灯眩光的照片。从图中明显看出格栅阵列组合防眩光前照灯的眩光要远低于某品牌汽车前照灯的眩光。

图 4.132　60 m 处观察两前照灯的眩光（正常曝光时间）

图 4.133　60 m 处观察两前照灯的眩光（超短曝光时间）

4. 明暗截止线分析与优化方法

　　从实验中发现，格栅阵列组合防眩光汽车前照灯的明暗截止线仍然不如某品牌汽车的明暗截止线，取单个灯进行光形分析，每个单灯光形的上端的明暗截止线都比较弱，这样多个灯组合照明的结果是不可能形成明确的明暗截止线[58]。

光源分析：由于光源是圆形的，形成的光形也是圆形，而光强主要集中于光形中央。在经过波纹镜或者拉光膜后，光被横向拉开，形成的矩形光斑，矩形光斑上端的光是由原来圆形光斑上边缘部分拉光形成的，弱光强的上半部分被拉光后光强依然微弱，这样就导致格栅阵列组合防眩光汽车前照灯无法形成明确的明暗截止线，最大光强也无法到达明暗截止线附近（图4.134）。

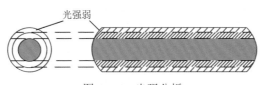

图 4.134　光强分析

透镜：对透镜内部进行微优化，根据透镜材料的折射率进行光学配光优化，通过改变透镜内部结构，使光源光强上移（图4.135），从而达到矩形光斑上端光强增强的目的，并且使矩形光斑上端明暗截止线更明显。

从上述分析看，明暗截止线光强弱是无法通过改变格栅阵列来优化的，应该从光源处进行优化，可以从LED光源和透镜两方面进行优化。

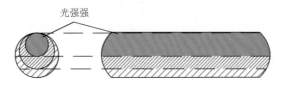

图 4.135　光强上移

4.3.3　格栅阵列应用于羽毛球场

人们越来越重视羽毛球场馆的舒适性，包括光环境的舒适性。目前，羽毛球场馆照明布置是点式光源阵列布局，防眩光措施较弱，眩光一直影响运动员视觉舒适性。

由于羽毛球运动员的视觉行为极具特殊性，羽毛球场馆中防眩光也应有特殊照明方式。将折弯式格栅阵列在羽毛球场馆照明中应用，不但能够节能，而且会降低照明眩光。

1. 羽毛球场馆中的眩光分析

一般的羽毛球场的照明布置方式可分为4种：①在整个场地内的均匀布灯；②以单个羽毛球场地分别布灯；③将第一种和第二种方式结合起来布置；④采用间接照明方式。

《体育场馆照明设计及检测标准》（JCJ 153—2016）推荐使用由CIE提出的眩光指

数（CIE glare index，CGI）作为检测标准，公式为

$$CGI = 8\log_2\left[\frac{1 + E_d / 500}{E_d + E_i}\sum \frac{L\omega}{p^2}\right] \tag{4.51}$$

式中，CGI为CIE眩光指数；E_d为眼睛处的直接垂直照度，来自光源；E_i为眼睛处的间接垂直照度，来自背景；L为眩光源的亮度；ω为眩光源的大小；p为位置指数。

从上述公式相关因子中可以看出：来自光源眼睛处的直接垂直照度越大，眩光指数越大；来自光源背景眼睛处的间接垂直照度越大，眩光指数越小；光源的亮度越大，发光面越大，眩光指数越大。

我国对羽毛球场馆中的眩光测量方法采用与羽毛球场地较为相近的网球场地的眩光测量方式[59]（图4.136）。

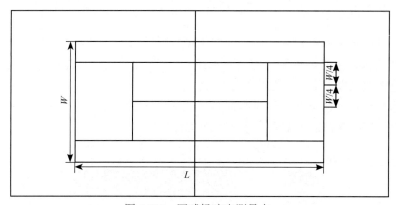

图 4.136　网球场眩光测量点

2. 羽毛球运动员的视觉行为分析

羽毛球运动员在打羽毛球的过程中，视线在空间范围内是分布不均匀的。

通过软件将实际的相机位置、拍摄角度和相机拍摄参数用虚拟相机模拟出来，主要是模拟出在三维空间里运动员身高、视线、场地范围线和相机之间的相对关系。

建立一个视觉坐标系以便于角度的测量与表述（图4.137）。以人眼处的水平方向为X轴，正前方为0°，向左为负，向右为正；以人眼处的垂直方向为Y轴，正前方为0°，正上方90°，正下方−90°。

确定视线的空间方向：

首先，将所用同步相机所拍摄的照片中运动员的视线"平行移动"到所模拟的场景的三维视图当中（图4.138）。

其次，同步相机下两张照片的两条视线可以在同一模型中确定出两个平面，而两个平面可以确定一条直线，这个直线就是运动员在空间中的视觉方向线（图4.138）。

当视线在三维空间里被确定后，依照前述人眼视觉坐标系，便可以将运动员的视线在分析软件的三维空间里测量出来。

运动员在打球过程中，视线水平角度平均值在3°左右，垂直角度的平均值为40°左

右。我们再对数据进行频率分布检验（图4.139）：

此时得到的分析曲线仅仅是类似于正态分布，我们再对数据表进行一次单样本K-S检验，发现水平角度和垂直角度的渐近显著性数值均大于0.05，因此可以认为水平角度和垂直角度的数值均服从正态分布（图4.140）。

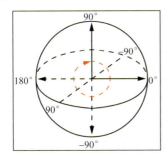

图 4.137　视觉坐标系　　　图 4.138　运动员视线方向的确定

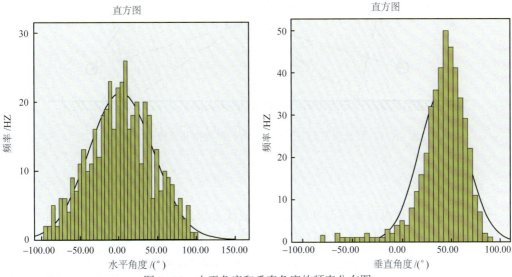

图 4.139　水平角度和垂直角度的频率分布图

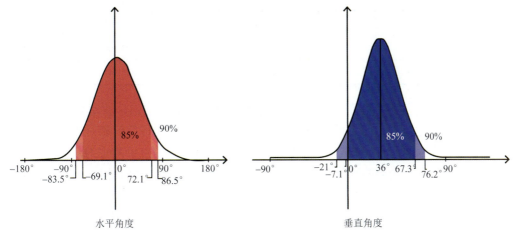

图 4.140　水平角度和垂直角度的概率分布图

3. 实验方法及过程

　　照明系统由多个"格栅阵列"灯相互组合而成。模拟由高处的照明灯具向下照射，照亮整个场地，每盏灯能单独控制，如图4.141所示。

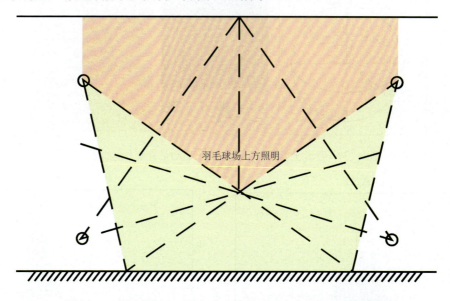

图 4.141　假设模拟羽毛球场地上方的照明由其他照明方式完成

4. 防眩光分析

　　根据测量精度及视线概率分布范围，将视线分析范围定义在以下范围：水平角度为–90°～90°；垂直角度为0°～90°；空间照度描述性统计量如表4.6所示。

表 4.6　方案比较过程中 9 个特征点空间照度的描述性统计量

	N	极小值	极大值	均值	标准差	方差
倒八字型	288	1.51	483.00	129.3364	134.90196	18198.540
平行型	288	1.53	466.00	123.4949	123.10066	15153.772
正八字型	288	1.64	440.00	110.2992	114.54196	13119.861

　　上表说明正八字型的布置方式下，其照度极值相对缓和、均匀、波动变化小。

　　通过比较视觉范围内照度歧异点的个数即可对比出防眩光程度的相对优劣。根据羽毛球场所的照度标准，将300 lx作为临界值，照度超过300 lx的点可判定为歧异点。将实验中在各个特征点所测得的数据在Excel中进行红-白-绿的条件格式色阶区分后，数值的大小呈现出不同的颜色（表4.7）。

表 4.7　不同范围眩光歧异点数

测量点	垂直角度\水平角度	0°	45°	90°	135°	180°	-135°	-90°	-45°
A1	0°	1.506	2.36	8.07	17.07	13.68	34.2	58.8	32.8
	30°	3.73	8.64	16.53	22.1	24.6	36.2	42.4	29.4
	60°	10.83	14.37	19.69	24	27.8	23.8	20.1	14.67
	90°	22.8	22.8	22.8	22.8	22.8	22.8	22.8	22.8
A2	0°	1.65	93.3	182.4	141.5	14.2	70.4	120.4	80.9
	30°	134.6	242	308	203	273	147.9	210	155.4
	60°	290	373	399	418	346	248	219	222
	90°	439	439	439	439	439	439	439	439
A3	0°	3.95	57.3	105.2	51.7	11.05	9.41	5.73	3.13
	30°	3.08	20.7	44.6	19.64	15.2	13.16	9.12	5.43
	60°	2.78	8.49	14.83	21.7	18.68	14.43	11.59	7.87
	90°	19.78	19.78	19.78	19.78	19.78	19.78	19.78	19.78
B1	0°	4.6	24.8	178.6	192.3	22.7	10.13	11.15	8.16
	30°	42.3	236	383	446	214	14.35	8.15	6.54
	60°	244	452	603	598	413	190.6	101.8	114.8
	90°	483	483	483	483	483	483	483	483
B2	0°	41.9	132.9	172.8	82.8	9.93	31.3	100.5	107.5
	30°	223	295	303	229	80.9	69.5	125.6	106.3
	60°	263	348	355	287	156.5	85.6	100.5	154.1
	90°	241	241	241	241	241	241	241	241
B3	0°	5.09	9.73	13.01	11.87	8.39	53.6	109.5	29.9
	30°	58.5	7.36	9.78	11.45	72.9	145.1	179.8	106.1
	60°	118.4	64.3	45.9	53.3	134.1	185.4	203	163.8
	90°	212	212	212	212	212	212	212	212
C1	0°	6.45	52.6	66.9	67.1	34.9	11.92	8.38	7.69
	30°	118.1	213	191.2	142.9	81.2	18.78	7.98	13.09
	60°	187.9	280	238	174.9	105.4	50.6	35.2	46.4
	90°	146.1	146.1	146.1	146.1	146.1	146.1	146.1	146.1
C2	0°	11.12	12.39	14.08	20.5	59.05	63.9	40.8	15.48
	30°	11.72	13.3	16	22.1	55.6	53.6	33.2	13.19
	60°	15.34	19.28	23.5	35.1	62.7	45.6	19.28	13.18
	90°	34.8	34.8	34.8	34.8	34.8	34.8	34.8	34.8
C3	0°	16.25	8.23	10.33	9.08	6.14	35.8	92.3	75.7
	30°	76.4	8.09	9.09	8.71	25.3	87.2	176.04	144.8
	60°	162.9	107.3	60.8	59.1	90.9	147.9	192.3	177.8
	90°	182.03	182.03	182.03	182.03	182.03	182.03	182.03	182.03
标准差		134.6675555							
平均值		121.3364444							

综上，正八字型眩光歧异点的数量较少，因此防眩光效果也相对较好，整个空间内的照度值较为均匀、稳定，空间照明质量较高。

5. 结论

由于实验中视觉特征点的"精度"进一步提高，每个点需测量73个数据，一共25个点、1825个照度数据值。

在前面分析中我们已经得到运动员视线范围概率分布，将所需要比较的范围纳入测量范围以内，最终选定的视线概率分布为：水平角度范围（-90°，90°）；垂直角度范围（0°，75°）。

所测数据如表4.8和表4.9所示。

表 4.8　测试点加密后的照度值描述性统计量

	N	极小值	极大值	均值	标准差	方差
测试点加密后	1825	0.80	606.00	117.1192	120.51705	14524.360
有效的 N（列表状态）	1825	—	—	—	—	—

表 4.9　对比正八字型后退式测试点"加密"前的数据统计量

	N	极小值	极大值	均值	标准差	方差
正八字型后退式	288	1.54	544.00	115.33	117.83	13891.19
有效的 N（列表状态）	288	—	—	—	—	—

经过数据的筛选与统计，视线概率分布范围内的照度值超过300 lx的数据共91个，占所测量照度值总数的4.93%。因此，在所统计的视线概率分布范围内，无眩光率占比达到95%以上。

结论：利用新型的折弯式格栅阵列LED灯可设计出在95%的羽毛球场地范围内达到85%防眩光要求的照明方式，该照明方式为正八字型后退式照明，同时悬挂于羽毛球场地的正上方。

4.3.4　折弯式格栅阵列存在的问题

格栅阵列的照明和防眩光实际效果还跟很多因素有关，通过多方面设计可使格栅阵列灯的性能更优。

1."准直"问题

低位路灯分布式布置，要求投光方向必须一致，才能够做到对于路面的无遗漏覆盖。这意味着路灯布置过程中需加以"准直"。改进的方法是：用激光光源对路灯投光方向进行定位与准直，如图4.142和图4.143所示。

图 4.142　激光辅助调角度放置示意图　　　图 4.143　激光辅助调角度实验示意图

2. 可靠性问题

格栅防眩光阵列灯的垂直角和水平角共同决定了格栅阵列的防眩光效果，但格栅阵列对垂直角更为敏感。此外由于道路车辆行驶会带来较强的振动，会改变格栅灯的角度，安装构件需要足够的抗振性能。汽车在道路上行驶会带来一定的气流，灯体受风压的影响也会出现少量的偏移，所以需保证固定构件可靠性。

3. 防尘性能

道路上各种车辆高速行驶，会带来扬尘。如果格栅阵列没有足够的防尘措施，灰尘会在格栅片上聚积，等同于增加挡光面积，导致光效降低，所以格栅阵列需要足够的防尘性能。

4. 防水性能

雨水聚积在格栅阵列灯中，除了可能导致电源短路外，还有光线折射和反射，导致形成眩光，格栅阵列失去其防眩光性能。所以格栅阵列灯的防水设计也是至关重要的。

5. 抗积雪性能

灯具应具有足够的强度，保证灯具上的积雪在下滑之前不会对灯具结构造成破坏。

6. 高次反射眩光问题

需要指出，尽管折弯式格栅阵列滤掉了LED光源的所有直射眩光和二次及二次以下的反射眩光，使得LED低位路灯的眩光低于目前普通LED路灯，并且人眼观察也可以接受，但毕竟存在二次以上（不包括二次）的高次反射眩光。该反射眩光的亮度低于现有汽车前照近光灯，但高于小汽车尾部示廓灯的亮度，与刹车灯及雾灯的亮度相近。根据本章基于掩蔽说对于前视眩光的新定义，这个眩光应进一步减小，因此，目前折弯式格栅阵列仍不适合作为快速道路特别是高速公路的基本照明路灯。

4.4 复合配光技术

折弯式格栅阵列路灯存在的眩光，其性质为光源经二次反射以上的间接眩光，且眩光均来自于格栅片的下反射面。因此，进一步消除眩光的途径就是：取消格栅片的上反射面。由此，本书作者团队研发出复合配光技术，即光学配光+结构配光的技术，在此基础上制作出在驾驶员视线方向的亮度低于汽车（示宽）尾灯的多维度低位路灯，全面解决低位路灯前视眩光与后视眩光问题。

复合配光技术：复合配光（compound light distribution，CLD）=光学配光（optical light distribution，OLD）+ 结构配光（structure light distribution，SLD），即

$$CLD = OLD + SLD$$

其中光学配光目标是以更小的损失将能量尽可能投射得更远，使大部分光通量到达道路中央，解决低位路灯对道路中央照明不足的问题；结构配光目标是以更小的光效损失做到最大限度地限制眩光，基本实现见光不见灯。

光学配光方法比较成熟，通过光学设计的自由曲面的全反射作用，达到会聚光线的效果[60]。光学配光方法是自由曲面（准抛物体）透镜+中心菲涅耳镜技术，在保持高光效的条件下，光束角4.5°、3 W的LED光源投光距离超过20 m后仍有20 lx以上照度，这从源头上保证了低位路灯对于单向4车道+救援车道共17 m的快速道路中央的照明。但上述光学配光仍是现有技术并非新技术，如同其他低位路灯一样，解决不了精确投光、优化功能、控制眩光问题。

结构配光在路灯配光中极少见，因为高位路灯采用光学配光已足够，不需要新的配光形式。但低位路灯不然，必须通过灯体结构的光学设计，才能完成折射、反射、截光功能，达到精确投光的效果。

结构配光内容包括：灯体结构的小型化总体布局、光源位置优化、投光角度优化、前视和后视眩光截光板设计、折射、反射光利用、与光学配光功能协调等。

4.4.1　截光板计算

对于低位路灯的水平、垂直方向直射光分析发现，若将光源做水平方向布置，由于路灯光轴向下投光，则仅剩下垂直方向直射光需要消除；反之，将光源做垂直方向布置时，仅剩下水平方向直射光为眩光光源。实际上，无论低位路灯逆向或正向照明方式，光源都是做水平方向布置，故仅需要防止垂直方向的直射光。事实上，这也恰恰是低位路灯的天然优势，高位路灯必须要做水平与垂直两个方向的防眩光处理，其难度在目前技术上无法克服。图4.144为遮光挡板的计算模型。

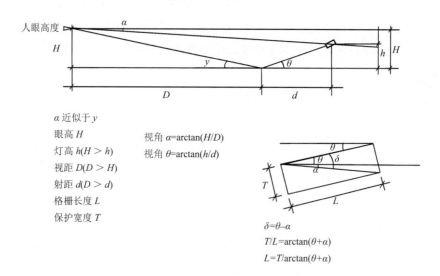

图 4.144　遮光挡板的计算模型

按照上述模型计算，可得到：

①当上挡板长度达到360 mm时，光源的净高度约为20 mm，光源净高与挡板长度之比为1/18，此时为垂直方向直射眩光的临界值。

②在此临界值下，低位路灯逆向/正向照明方式的有效射程为16 m，即高宽比为1/16，这意味着采用低位路灯逆向/正向照明方式时，1.0 m的灯高可覆盖的有效照射距离达到16 m，这远远超出目前任何高位、低位路灯配光所能达到的距离。

4.4.2　截光板验证

任何理论推导、解决方案的确立，唯一的检验标准只能是实验，包括实验室与道路场地实验。

1. 实验室内验证

由图4.145和图4.146可知，采用复合配光技术的多维度低位路灯正视亮度≤100 cd/m²，侧视亮度≤130 cd/m²。

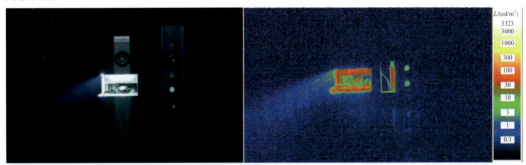

图 4.145　采用复合配光技术的多维度低位路灯正视亮度

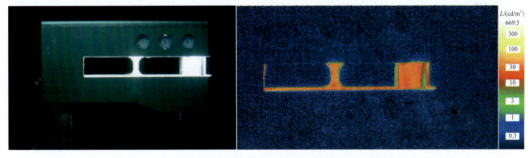

图 4.146　采用复合配光技术的多维度低位路灯侧视亮度

2. 室外现场验证

采用复合配光技术的多维度低位路灯，将眩光控制在低于格栅阵列及汽车示宽尾灯的亮度，如图4.147所示。

多维度低位路灯眩光的伪色图中，汽车示宽尾灯亮度为黄色，亮度约1000 cd/m²；多维度低位路灯亮度为绿色，亮度≤30 cd/m²。

复合式配光实现了目标光源亮度高于非目标光源，使得非目标光源（路灯）没有对目标光源（前车示宽尾灯）构成有效干扰。当然，任何防眩光措施的代价是灯的总体光

· 232 ·

道路照明：多维度理论与技术

效的降低，防眩光效果的提高与路灯光效的降低是一个博弈过程。

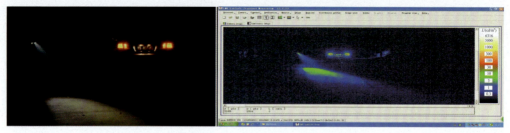

图 4.147　将低位路灯眩光控制在低于汽车示宽尾灯的亮度

4.5　健康、舒适的道路照明的其他措施

4.5.1　视觉诱导照明

视觉诱导照明包括正常天气条件和恶劣天气条件[61, 62]。

1. 正常天气条件

正常天气下，多维度路灯提供视觉诱导照明的措施是在灯壳外表面局部喷涂橘红色色块（涂料中加入了荧光粉）。

在白天，橘红色色块在路边形成两排与道路护栏反差极大的色点，在阳光下可看到道路走向。

在夜晚，正常供电时，橘红色色块在路边形成两排亮点，一方面主动呈示道路走向，另一方面提示前方道路静态路况；在突然断电时，传统路灯将漆黑一片，行车安全大大降低。橘红色色块在汽车前照灯的照射下仍可发光，增加道路走向与边缘的导示性，提高突然断电后的行车安全。

2. 恶劣天气条件

恶劣天气下，多维度路灯提供视觉诱导照明的措施见第3章。

4.5.2　前方路况提示照明

多维度路灯系统安装在道路边侧的护栏或混凝土挡板上，当路灯向边侧投光时，可将护栏或混凝土挡板照亮，采用不同光源光色可以得到带有色彩的反射光。

利用道路边侧的护栏或混凝土挡板上带有色彩的反射光变化，可以提示前方特殊路况。例如，正常路段时，灯体通过向上方、下方分别辐射蓝色、绿色和紫色的光来帮助驾驶员抑制昏睡，提高注意力。这时驾驶员前方视野中呈现的是中间暖色系的清晰的路面和两旁渐变的、冷色系的混凝土挡板反光。而在前方有急弯、下坡等特殊路况时，路面照明不变，但两侧的混凝土挡板的反光则由冷色系变为较高饱和度的红色或其他暖色调，以此提示驾驶员：前方出现了特殊路况；当道路恢复为正常路段时，路灯也恢复到冷色系。

4.5.3 改善"黑洞"效应

由于驾驶员与隧道入口之间的空气中存在着灰尘微粒，经这些微粒散射的自然光线会妨碍入口区障碍物的能见度。一部分视锥细胞内的散射光线达到中央凹部位，并与中央凹上清晰的隧道入口成像重叠。另一部分在视锥细胞外部发生散射的光线仍然可以进入眼睛并再次散射到达中央凹。这些自然光线的二次散射效应通常较小，因此基本可以忽略不计。

如果明亮的自然光线照射到汽车的风窗玻璃上，部分光线会在风窗玻璃上散射并进入驾驶员眼睛，从而降低视野中障碍物的反差值。

在原理上，改善"黑洞"效应的方法是在隧道阈值区间，采用隧道内墙面照明，通过照亮隧道内墙面，使墙壁亮度与隧道外部亮度接近。

技术上，要采用高能效的照明方式。考虑隧道内墙面通常比较光滑，前已证明，适合逆向照明，但墙壁与顶棚在位置上均高于驾驶员视平线，为限制眩光，应采用高位逆向照明方式而非低位路灯逆向照明方式。

同时，为进一步提高照明能效，需要增加隧道墙壁反射系数，在隧道内墙面形成近于规则反射的反射面。因此采用反射率高的涂料将隧道墙壁涂成浅颜色或挂浅色面砖或铝板。

在过渡区间，使隧道内墙壁特别是顶部内墙的亮度在阈值区亮度与隧道内部中间区间亮度之间形成逐步渐变。

相比于普通道路所常用的 U_0 与 U_1 范围，隧道中所有区段照明都应该采用更高的数值标准，$U_0 > 0.4$，$U_1 > 0.6$。在隧道中，2 m 以下的内壁部分形成了视野中其他车辆的背景，因此这部分内壁的平均亮度至少为平均路面亮度的0.6倍[63]。实现的技术手段是通过调光控制。

4.5.4 市政道路的边缘照度比

CIE 115:2010与CJJ 45—2015均明确要求在市政道路照明中，应有适当的环境比（SR）。2019年，CIE 140:2019引入边缘照度比（EIR）概念，用来替换原来的环境比（SR）。

多维度路灯分为两部分，设置于道路中央，高度低于5 m，主要功能是提供车行道路照明，光束具有高距高比，保证道路中央的亮度；设置于两侧的路灯，高度3 m左右，主要功能是提供车行道路照明及人行道路照明。提供车行道路照明的部分，光束具有高距高比；提供车行道路照明的部分，具有宽光束，一方面照亮人行道面，保证必要的水平照度，另一方面还提供必要的垂直照度，以利于人脸识别。

市政道路的多维度路灯平面布置图如图4.148所示。

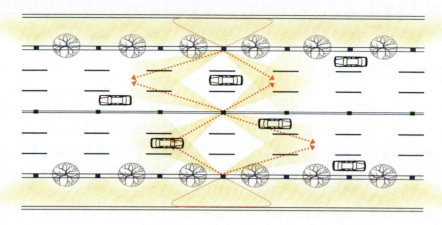

图 4.148　多维度路灯平面布置图

蓝色方块是路灯的位置，黄色斑块是光束范围，红色虚线为路灯光轴，箭头指向分别为逆向、正向照明模组的投光方向，
行车方向是上方三车道从右至左，下方三车道从左至右，行道树两侧为人行道

多维度路灯与行道树位置关系的剖面图如图4.149所示。

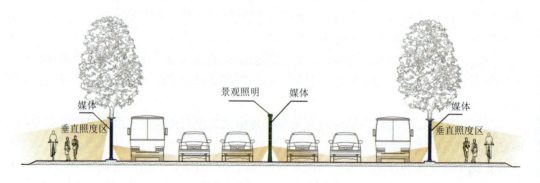

图 4.149　多维度路灯与行道树位置关系的剖面图

环境比指标需要实地测量路面水平照度、半柱面照度及道路外侧的地面照度；按照
"网格法"测量时，可采用"多通道"照度计测量，但同步移动与定位多个照度计。采
用移动式照明参数综合测试装置可快速布点、快速移动与测量。

4.6　小　　结

消减眩光是路灯照明的关键技术，不仅事关安全与健康照明，也是路灯节能的重要
途径。

传统高位路灯照明系统产生眩光的机制是：在垂直方向，机动车驾驶员位于路灯与
路面之间。因此，消除传统路灯眩光的必要条件是：使路灯与路面位于驾驶员同侧，即
将路灯高度降至驾驶员眼高以下。

低位路灯眩光可分解为水平与垂直两部分，其中水平眩光是主要分量；低位路灯眩光的两个特点是超小立体角与超小灯尺度。

用常规的TI来考察侧视眩光并不能体现驾驶员对该眩光的真实感受，用描述前视眩光的TI也不能正确地评价侧视眩光。

低位路灯眩光的深层次科学问题，在理论上是驾驶员视觉的三个动态过程：路灯眩光刺激下人眼瞳孔的动态变化过程、多目标条件下驾驶员视觉焦点在车灯与路灯之间的动态转换过程和多光源会聚条件下驾驶员后视与前视的动态转变过程。

不同于传统光幕说，掩蔽说用"干扰"的概念解释眩光对视觉的影响，依据掩蔽说的前视、侧视与后视眩光标准与机动车车灯亮度相关联，原则是：无论前视、侧视与后视，路灯亮度上限不得超过相对应的车灯。由于掩蔽说的眩光标准比传统阈值标准更加苛刻，事实上已经覆盖了光幕说的阈值标准。

掩蔽说关注的是眩光光源与视觉焦点光源亮度的相对关系，而光幕说关注的是眩光光源与路面亮度的相对关系。掩蔽说既适用于路面无车辆情况，事实上也适用于路面有车辆的情况，而光幕说仅适用于路面无车辆的情况。

在道路照明与隧道照明设计中，因机动车的运动在驾驶员的视野中形成的"频闪"是无法避免的，但现有的许多照明标准（包括CIE在内）与设计规范中都只考虑了通过控制频闪频率来降低闪烁强度，而忽略了路灯表面本身的能量关系对闪烁强度的影响。

路灯所特有的眩光形式——频闪的本质是能量比率问题。光源闪烁能量是导致"频闪"的本质特征，亮度-灯距曲线从理论上颠覆了CIE照明标准以路灯灯距和行车速度来评价"频闪"强弱的基础，频闪的发生仅与路灯间距比和路灯亮度比有关，而与行车速度无关。消减路灯正视亮度及设置辅助光源是克服"频闪"的一条有效途径。

实验进一步证实了降低闪烁光源表面的亮度（能量比率）可以有效缓解视觉疲劳，即减小频闪对人眼的影响。

路灯眩光光幕在驾驶员视网膜形成的照度，远高于路面亮度在驾驶视网膜生形成的照度，其原因是瞳孔在改变。消除眩光后，可大幅降低路面亮度值，降低眩光应成为道路照明节能的重要途径。

参 考 文 献

[1] 王晓静，段延龙，牟同升. 健康照明的评价方法及其标准化的新进展[J]. 照明工程学报，2017，28(6)：29-34.

[2] Sturgis S P，Osgood D J. Effects of glare and background luminance on visual acuity and contrast sensitivity：Implications for driver night vision testing[J]. Human Factors，1982，24(3)：347.

[3] 章海骢. 户外照明灯具截光分类小议[J]. 光源与照明，2003，(1)：42.

[4] 赵军磊. 人眼散射客观评价及其对视功能影响研究[D]. 北京：中国科学院大学(中国科学院光电技术研究所)，2017.

[5] 祁姝琪. LED芯片的COB封装技术[D]. 杭州：杭州电子科技大学，2013.

[6] 赵海天，胡艳鹏，王少健. 高速公路现行照明方式解析[J]. 土木建筑与环境工程，2014，36(4)：71-75.

[7] 陈志明. 菲涅尔透镜聚光性能研究[D]. 杭州：中国计量学院，2013.

[8] 杨凯，李晓艳，林斌，等. 基于自由曲面透镜的LED路灯配光优化设计[J]. 光子学报，2015，44(7)：59-64.

[9] Kocifaj M . A numerical experiment on light pollution from distant sources[J]. Monthly Notices of the Royal Astronomical Society，2011，415(4)：3609-3615.

[10] 谢冰. 强光污染居民叫苦[N]. 南方都市报，2000-10-25，A06.

[11] 魏永健，沈天行，马剑. 眩光持续时间的主观反应的测试[J]. 照明工程学报，2005，16(3)：15-18，32.

[12] 赖冠华. 格栅阵列防眩光技术与应用[D]. 深圳：深圳大学，2016.

[13] 程敏. 具有非对称配光特性的LED路灯的光学设计[D]. 大连：大连工业大学，2012.

[14] 林贵宝. 基于驾驶人视觉特性的交通安全设施设计研究[D]. 西安：长安大学，2016.

[15] 项震. 照明眩光及眩光后视觉恢复特性[J]. 照明工程学报，2002，13(2)：1-4.

[16] van Bommel W. Road Lighting Fundamentals，Technology and Application[M]. Cham：Springer，2015.

[17] 杨春宇，刘锡成. 失能眩光对道路照明安全影响的研究[J]. 照明工程学报，2007，(4)：1-5.

[18] 罗达. LED照明对人眼瞳孔和脉搏非视觉生物效应的影响研究[D]. 广州：华南理工大学，2016.

[19] 罗皓. 瞳孔对光动态反应检测仪设计[D]. 重庆：重庆大学，2014.

[20] 朱凯. 基于环境照度差异性的危险路段安全改善技术研究[D]. 重庆：重庆交通大学，2017.

[21] 刘羿宏. LED眩光的心理与生理影响机理研究[D]. 上海：复旦大学，2014.

[22] 曹之乐. 基于双目视觉的焦点定位方法研究与应用[D]. 重庆：重庆理工大学，2015.

[23] 陈斌，高闯，王建中. 视觉掩蔽研究现状及展望[J]. 心理科学进展，2009，17(6)：1146-1155.

[24] 关洪超. 视觉掩蔽对视觉工作记忆影响的行为与ERP研究[D]. 漳州：闽南师范大学，2016.

[25] Wilkins A，Veitch J，Lehman B. LED lighting flicker and potential health concerns：IEEE standard PAR1789 update[C]// Energy Conversion Congress and Exposition. IEEE，2010，171-178.

[26] 孙石震，张国玉，施安存，等. 手持LED光源频闪检测仪的设计与实现[J]. 光电子技术，2016，36(4)：242-247.

[27] Chen B Q. Research of white-light stroboscopic speckle interferometry[J]. Opto-Electronic Engineering，2007，34(9)：30-34.

[28] Zhang X，Zhao X，Du H，et al. A study on the effects of fatigue driving and drunk driving on drivers'physical characteristics[J]. Journal of Crash Prevention & Injury Control，2014，15(8)：801-808.

[29] CIE. Visual aspects of time-modulated lighting systems-definitions and measurement models (CIE TN 006：2016)[S]. 2016.

[30] 汪俊鑫. 交流LED幻影阵列效应研究[D]. 南京：东南大学，2017.

[31] 卢帆. 交流LED频闪效应研究[D]. 南京：东南大学，2015.

[32] 顾兆泰，卢东平，缑从军. 频闪效应数码成像的原理及仿真[J]. 照明工程学报，2015，26(6)：127-130.

[33] Fei R W，Lloyd J D，Crapo A D，et al. Light flicker test in the United States[J]. IEEE Transactions on Industry Applications，2000，36(2)：438-443.

[34] Jantzen R. Flimmerwirkung der Verkehrsbeleuchtung[J]. Lichttechnik，1960，12：211.

[35] Schreuder D A. The lighting of vehicular traffic tunnels[D]. Eindhoven：University of Technology Eindhoven，1964.

[36] Wilkins A，Veitch J，Lehman B. LED lighting flicker and potential health concerns：IEEE standard PAR1789 update[C]// Energy Conversion Congress and Exposition. IEEE，2010：171-178.

[37] CIE. Guide for the Lighting of Road Tunnels and Underpasses (CIE 88：2004)[S]. 2nd Edition. 2004.

[38] Sullivan J M. 2008. Visual fatigue and the driver[R/OL]. [2019-05-20]. https：//deepblue.lib.umich.edu/bitstream/handle/2027.42/61186/100999.pdf?sequence=1.

[39] Jantzen R. Flimmerwirkung der Verkehrsbeleuchtung[J]. Lichttechnik，1960，12：211.

[40] Schreuder D A. The lighting of vehicular traffic tunnels[D]. Eindhoven：University of Technology Eindhoven，1964.

[41] Walthert R. Tunnel lighting systems[J]. International Lighting Review，1977，4：112.

[42] Ralf I. Flash lamp has devices for adjustment of flash power and flash frequency of flash lamp and recognizer for attainment/exceeding of temperature threshold(DE10004269)[P]. 2000.

[43] Wilkins A，Veitch J，Lehman B . LED lighting flicker and potential health concerns：IEEE standard PAR1789 update[C]// 2010 IEEE Energy Conversion Congress and Exposition. IEEE，2010.

[44] Rea M S. The IESNA Lighting Handbook：Reference & Application[M]. 9th Edition. New York：Iuuminating Engineering society of North America，2000.

[45] Fekete J，Sik-Lanyi C，Schanda J. Spectral discomfort glare sensitivity investigations[J]. Ophthalmic & Physiological optics：The Journal of the British College of Ophthalmic Opticians，2010，30：182-187.

[46] Akashi Y，Asano S，Kakuta Y. Visual mechanisms of discomfort glare sensation caused by LEDs[C]//CIE Centennial Congress，CIE x038：2013：327-330.

[47] Niedling M，Kierdorf D，Völker S. Influence of a glare sources spectrum on discomfort and disability glare under mesopic conditions[C]//CIE Centennial Congress，CIE x038：2013：340-347.

[48] Zubek J P，Bross M. Depression and later enhancement of the critical flicker frequency during prolonged monocular deprivation[J]. Science，1972，176(4038)：1045-1047.

[49] Ali M R，Amir T. Critical flicker frequency under monocular and binocular conditions[J]. Perceptual and Motor Skills，1991，72(2)：383-386.

[50] Nishimura T，Morimoto K. Determination of the measurement method of CFF as a reflection of visual fatigue[J]. Journal of the Institute of Image Information & Television Engineers，1985，39(8)：726-730.

[51] Pokorny J，Smith V C. Luminosity and CFF in deuteranopes and protanopes[J]. Journal of the Optical Society of America，1972，62(1)：111-117.

[52] Shapiro S S，Wilk M B. An analysis of variance test for normality (complete samples)[J]. Biometrika，1965，52(3-4)：591-611.

[53] Razali M R，Wah Y B. Power comparisons of Shapiro-Wilk，Kolmogorov-Smirnov，Lilliefors and Anderson-Darling

　　　　tests[J]. Journal of Statistical Modeling and Analytics，2017，2(1)：21-33.

[54]　Tyler C W，Hamer R D. Eccentricity and the Ferry–Porter law[J]. Journal of the Optical Society of America A Optics Image Science & Vision，1993，10(9)：20842087.

[55]　Tyler C W，Hamer R D. Analysis of visual modulation sensitivity. Ⅳ. validity of the ferry–porter law[J]. Journal of the Optical Society of America A Optics and Image Science，1990，7(4)：743-758.

[56]　中华人民共和国公安部. 公路车辆智能监测记录系统通用技术条件(GA/T 497—2009)[S]. 2009-02-25.

[57]　孟婕. 基于"折弯式格栅阵列灯"的羽毛球场防眩光实验研究[D]. 深圳：深圳大学，2017.

[58]　中华人民共和国建设部. 体育场馆照明设计及检测标准(JGJ 153—2007)[S]. 2007-11-01.

[59]　刘言，吴大鸣，王海军，等. 应用微结构配光材料的格栅灯光学性能研究[J]. 照明工程学报，2014，25(5)：129-133.

[60]　IESNA. Roadway Lighting ANSI/IESNA(RP-8-00)[S]. 2000-06-27.

[61]　Anon. Good Lighting for Safety on Roads，Paths and Squares[R]. [2019-05-20]. http://www.docin.com/p-443842335.html.

[62]　徐一航. 高速公路隧道照明节能试验研究[D]. 南昌：华东交通大学，2018.

第5章　多维度道路照明：高效、节能

高效与节能[1]永远是道路照明研究的主要课题，CIE曾有相关建议[2]。

高效节能的道路照明，包括第2章中的8项需求：第5项，定制化道路照明；第6项，路面高效照明；第7项，空间合理照明；第8项，路面光谱合理分布；第15项，克服灯体污垢；第16项，路灯智能控制；第24项，克服隧道中央段雾霾照明；第26项，规避行道树。

5.1　定制化道路照明

5.1.1　影响路面亮度的因素

路面反射特性与低位路灯照明方式的能效起着决定性作用。

影响路面亮度的因素有两个：一是光源照射强度，二是路面反射特性。决定路面反射特性的因素亦有两个：一是投光方向，二是路面的粗糙程度[3]。后者可依据水泥路面或沥青路面而定，但若考虑前者需现场测定。简便、快速地测定路面反射特性是高能效路面照明的第一步。

路面形态的布格假定：路面形态中，每一种路面均可视为有大量的颗粒或多面体所组成，每一颗粒或者多面体均为镜面反射光；沙贝（Sabey）认为路面可根据宏观和微观结构来描述，宏观-微观描述即将宏观与微观分别用粗糙与光滑来描述路面[4]（图5.1）。共有4种情况：宏观粗糙-微观粗糙（图5.2），宏观粗糙-微观光滑（图5.3），宏观光滑-微观粗糙（图5.4），宏观光滑-微观光滑（图5.5）。沥青路面接近图5.2和图5.3所示的路面，普通水泥路面接近图5.4和图5.5所示的路面。在干燥条件下，决定入射到路面上的光被反射的方式，宏观和微观结构均起作用。通常，上述描述以R系列路面反射指数表示。

图 5.1　路面照片

图 5.2　宏观粗糙－微观粗糙表面

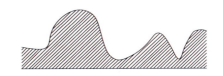

图 5.3　宏观粗糙－微观光滑表面

图 5.4　宏观光滑－微观粗糙表面

图 5.5　宏观光滑－微观光滑表面

R1：宏观粗糙-微观粗糙，如沥青路面，路面80%覆盖有含碎料的饰面材料。R2：宏观粗糙-微观光滑，路面纹理粗糙，如含有发光材料的沥青路面，粗糙、带有砾石的沥青路面，新铺设的沥青砂。R3：宏观光滑-微观粗糙，如沥青混凝土路面，纹理已磨亮。R4：宏观光滑-微观光滑，如沥青砂路面和混凝土路面。

路面反射特性不同，决定了规则反射在全部路面反射中的份额，导致反射光的方向和分布将有很大不同[5]，如图5.6所示。低位路灯照明方式的基本原理就是最大限度地利用路面反射特性，对路面的反射特性较高位路灯更为敏感。

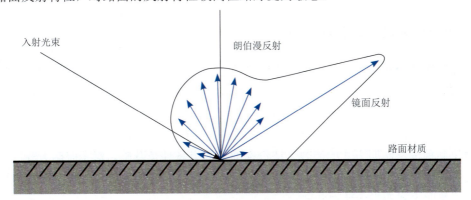

图 5.6　路面反射示意图

确定路面反射特性，不仅要依据路面的R值，还要考虑不同投光方向，即照度矢量的有效分量。这是确定适当的照明方式的第一步[6]，即道路照明"定制化"，"定制化"的含义是根据不同路面反射率来确定合理的照明方式[7]。

5.1.2　路面相对反射率测试与分析

利用路面反射光线进入照度计，照度计读数与路面反射率高度正相关的性质，以照度的高低来评价、比较所测路面的相对反射率，测试结果是所测路面的相对反射率。在横坐标为路面粗糙程度、纵坐标为照度计读数的平面内，对于低位路灯逆向照明，照度计读数随路面粗糙程度增加而降低，得到一条"逆向照明"曲线；对于低位路灯正向照明，照度计读数随路面粗糙程度增加而增加，得到一条"正向照明"曲线，两曲线相交于A点（图5.7）。

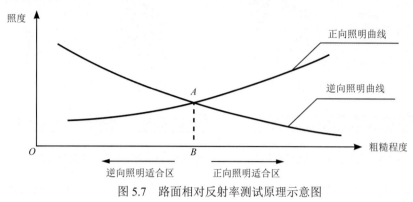

图 5.7　路面相对反射率测试原理示意图

5.2　高能效的路面（背景）照明

提高可见度水平的光度学措施：一是保证路面有必要的亮度（背景亮度），二是物体（前景）与路面（背景）有必要的对比度，即近路面空间有必要的垂直照度。

5.2.1　关于照明效率评价的讨论

路面照明是否高（能）效，由多个因素决定。传统意义上，提高整灯光效是实现高（能）效路面照明的主要途径。然而，我们的实验表明，照明方式已成为影响路面照明能效的最主要因素。在照明系统输出能量及目标物不变的条件下，改变照明方式，包括布灯方式、高度、间距、投光方向、配光曲线等，会得到完全不同的能效结果。

讨论某种道路照明方式的能效，评价标准与约束条件是基础，对于照明方式的选择与优化有决定意义[8]。如同采用发光效率来衡量光源的光电转换效率，本书采用照明效率来评价照明方式的光电转换效率。

1. 照明方式的物理参数及意义

道路照明方式的最终效果受到诸多因素的影响，影响效果的因素可以分为两类：本身具有"自主表现"能力的物理参数（如光源）和不具"自主表现"能力但可通过对具有"表现"能力的物理参数施以"作用"从而影响表现效果的物理参数（如灯具）。上述物理参数进一步划分为光源参数、灯具参数、空间参数和控制参数，它们的物理意义如下。

①光源参数：表征光源亮度和主导色调取向，包括光通量、光谱（决定了光色）等。

②灯具参数：表征主导光形取向，包括配光曲线、利用系数、截光措施等。

③空间参数：表征光源、光束的空间分布，包括灯具安装位置、间距、照射方向等。

④控制参数：表征照明系统的控制状态，包括光源与灯具的组合运行、节能措施等。

设 x 为某种照明方式，它是光源参数 L、灯具参数 A、空间参数 S、控制参数 C 等变量的函数。即

$$x = \varphi(L, A, S, C) \tag{5.1}$$

在 x 照明方式下，可得到对应的照明参数，将上述照明参数进一步分为两类：可直接测量的物理参数（如眩光）和不可直接测量但可通过计算得到的计算参数（如可见度），它们的物理意义如下。

①物理参数：包括照度、亮度、色度等。

②计算参数：包括阈值增量、对比度、均匀度、照明功率密度、可见度等。

若记 y 为与该照明方式对应照明参数，那么上述直测参数与观测参数有些对 y 提供的是"正"贡献，如照度、亮度、均匀度、对比度、可见度；有些则是"负"贡献，如阈值增量、照明功率密度。

在其他外界环境不变的条件下，则照明特性是照明方式 x 的函数，即

$$y = f(x) \tag{5.2}$$

显然，y 值越大，表示照明特性好，说明该照明方式在单位能量输出的条件下，取得的功效高。若以 z 表示某种照明方式的照明效率，则照明效率：

$$z \propto y \tag{5.3}$$

通过比较照明特性来评价不同照明方式的照明效率 z。这个模型揭示了：道路照明系统是复杂多变量系统，提高以照明效率为目标函数的参数优化是多参量优化过程，最优解将是分项优化的综合。显然，具有高的照明效率，应是优化照明方式和照明系统的必要条件。

2. 流明亮度的意义

评价道路照明的高效与否，目前采用的指标是照明功率密度（LPD）：单位面积上的照明安装功率（包括光源、镇流器或变压器等），单位为 W/m²[9,10]。但该指标并不精确，因为对于LED光源来说，芯片光效、封装方式与工艺都会对LPD产生影响[11]。

在LED光源的背景下，由于芯片初始光效、封装工艺、驱动能耗特别是相对色温的差异，路灯LED光源本身光效差异很大，甚至达到30%以上。那么比较两个照明系统时，光源本身光效差异就有可能掩盖、混淆系统照明特性的差异。反之，两个照明系统即使具有相同照明功率密度，照明特性也可能有很大差异。显然，应基于相同光源特性评价照明系统的能效高低，从光度学角度而言，相同光源的实质是相同的输出流明数。

初始光通量是指光源发生的光通量，单位为流明（lm）；实际光通量是指到达工作平面的光通量，如图5.8所示。

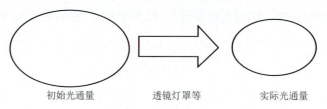

图 5.8　初始光通量与实际光通量

流明亮度[cd/(m²·lm)]：以实际光通量为基础，表示单位流明光源投射到单位面积上的实际光强。

流明亮度的概念更加符合评价照明系统的能效，在评价一个照明系统的照明效率时，由于照明方式不同、光源的总流明数不同，必然会导致照明功率密度不同，并且出现4种情况：

①光源的总流明数低，照明方式落后，照明功率密度较高；

②光源的总流明数低，照明方式先进，照明功率密度较高；

③光源的总流明数高，照明方式落后，照明功率密度较低；

④光源的总流明数高，照明方式先进，照明功率密度较低。

第①、④种情况容易判断，但第②、③种情况使评价一个照明系统的照明效率陷入困境，因为照明功率密度不但取决于照明方式是否先进，还取决于光源的总流明数，故仅凭照明功率密度高低不能作为评价照明方式是否高效的依据。

比较照明方式是否高效，应在单位流明数下进行，即在光源总流明数一定条件下，比较路面亮度及影响照明效率的因素。

应用流明亮度的概念就可以剔除光源（系统）光效的差异，只考虑照明器本身的照明方式是否合理。这一概念更适合LED灯具现状，避开LED光源的差异，通过比较每流明产生的路面亮度值，来比较照明方式的合理性，以这一概念得出的结论，较采用照明功率密度来表征照明能效的方法，更有利于采用性价比高的光源，达到既保证照明质量，又可降低能耗的目的。

5.2.2　路灯投光方向与视网膜照度

传统道路照明普遍采用蝙蝠型配光[12]，其配光曲线及分解如图5.9所示。

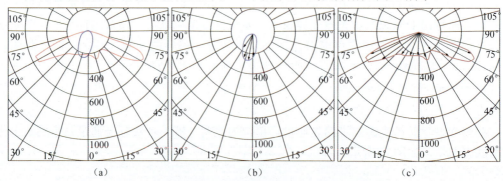

图 5.9　传统道路照明的蝙蝠型配光曲线及其分解

图5.9中与路轴方向垂直的光强主要解决路宽的照明问题，其光强分布如图5.10所示。

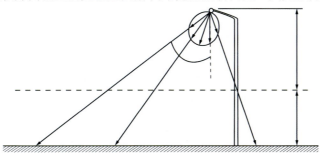

图 5.10　与路轴方向垂直的光强分布

图5.11中同路轴方向的光强可分解为向左、向右两部分光强，分别对应与机动车行驶方向相同的照射方向和相反的方向，该方向光强主导驾驶员感受到的路面亮度及空间垂直照度，将在下面重点讨论。

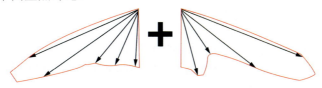

图 5.11　光强分布可分解为向左、向右两部分

光源主光轴照射方向与机动车行驶方向相同称为"正向照明"（图5.12），相反称为"逆向照明"（图5.13）。不难看出，蝙蝠型配光由高位路灯正向照明与逆向照明两种方式组合而成。

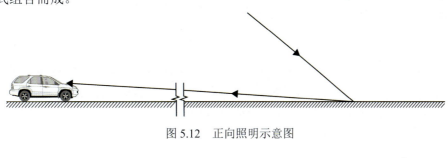

图 5.12　正向照明示意图

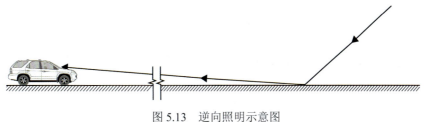

图 5.13　逆向照明示意图

1. 观察高度、观察距离与观察角设定 [13]

观察高度：作为机动车驾驶员的观察者，通常距离路面（工作面）的高度为1.2 m

（对应小车）～1.6 m（对应大车），本章观察高度取中间值为1.4 m（IESNA RP-8-2000设定为1.45 m）。

观察距离：通常为60～100 m[见《道路照明计算》（*Road Lighting Calculations*，CIE 140-2000）及《照明测量方法》（GB 5700—2008），ANSI/IESNA RP-8-00设定为83 m]。

观察角：通常φ取值为1.2°～0.45°（见CIE 140-2000及GB 5700—2008，ANSI/IESNA RP-8-00取值为1°），本书观察角取中间值为$\varphi = 1$°。

2. 规则反射条件下，二维平面上能量功效的比较

在规则反射中，由于反射辐射与光源的入射方向、入射角的大小、观察角度有关，因此正向照明方式与逆向照明方式具有明显不同的照明能量功效。下面在二维平面上分析不同照明方式（正向照明方式与逆向照明方式）对规则反射路面的反射辐射。

3. 正向照射方式下的视网膜照度

设 E_i为光源的入射照度矢量，E_r为反射照度矢量，视轴为V_e，投光入射角为α，视轴方向与反射照度矢量之间的夹角为β，与工作面之间的夹角为φ，则$\beta = 90$°$-(\varphi - \alpha)$，如图5.14所示。

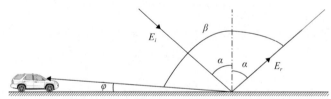

图 5.14　正向照射方向照度分析

根据配光曲线与投光角可确定该方向光强，由余弦定律可求出该点光源与计算点上形成的照度E_i。对于规则反射，在数值上 $E_r = E_i$。按照本书的下标约定，正向投光照明下机动车驾驶员视线方向接收到的视网膜照度$E_{r \cdot e}$如式（5.4）所示。

$$E_{r \cdot e} = E_r \cdot \sin(\varphi - \alpha) \tag{5.4}$$

4. 逆向照射方式下的视网膜照度

逆向照射方向照度分析如图5.15所示，其中$\beta = 90 - (\varphi + \alpha)$。

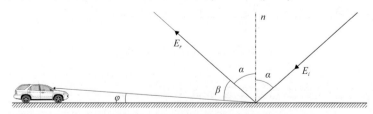

图 5.15　逆向照射方向照度分析

逆向投光照明下机动车驾驶员视线方向接收到的视网膜照度 $E_{r\cdot e}$ 如式（5.5）所示。

$$E_{r\cdot e} = E_r \cdot \sin(\varphi + \alpha) \tag{5.5}$$

5. 不同投光照明方式下能量功效的比较

以机动车驾驶员视线方向接收到的视网膜照度为指标，比较不同照明方式下的能量功效。当路面反射率不变时，视网膜照度与视网膜亮度为正比关系。

6. 正向照明下，高位路灯与低位路灯的能量功效比较

由式（5.4）可知：

当 $\alpha \to 0°$ 时，$E_{r\cdot e} \to 0$。其物理意义是路灯向路面垂直投光，相当于"高位路灯正向照明"。

当 $\alpha \to 90°$ 时，$E_{r\cdot e} < 0$。其物理意义是路灯向路面水平投光，相当于"低位路灯正向照明"。

7. 逆向照明下，高位路灯与低位路灯的能量功效比较

由式（5.5）可知：

当 $\alpha \to 0°$ 时，$E_{r\cdot e} \to 0$。其物理意义是路灯向路面垂直投光，相当于"高位路灯逆向照明"。

当 $\alpha \to 90°$ 时，$E_{r\cdot e} \to E_r$。其物理意义是光源高度接近于地面，相当于"低位路灯逆向照明"，此时观察视线上的光辐射量 E_e 达到最大。

上述比较表明，以视网膜照度作为标准，在4种照明方式中，低位路灯逆向照明的能量功效是最高的。

8. 三维道路照明模型

道路照明模型实质是视轴方向 φ 角（观察角）不变，光源照射方向与视网膜照度关系[14]。在路灯照明中各照度分量的关系如图5.16所示。

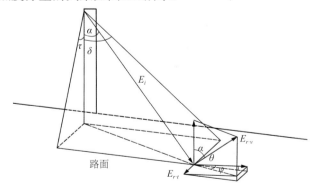

图 5.16　有效照明与无效照明分量分析图

图中，E_r为光源在路面上的反射照度矢量；E_e为路面反射照度在驾驶员眼视轴方向的分量；$α$为光源的入射角，即路面法线与光源投光方向之间的夹角；$φ$为机动车驾驶员视线方向与路面之间的夹角，取$φ=1°$；$θ$为光源投光方向所在平面与驾驶员视线方向所在平面的夹角。

9. 规则反射条件下，各照度分量的关系

当灯具处于路边，路面规则反射且不计光线空气传输中的能量损失时，竖向反射分量表达式为

$$E_{r·v}=E_r·\cosα \tag{5.6}$$

横向反射分量表达式为

$$E_{r·t}=E_r·\sin(α+φ)·\sinθ \tag{5.7}$$

光源在驾驶员眼视轴方向的照度分量为视网膜分量，可表达为

$$E_{r·e}=E_r·\sin(α+φ)·\cosθ \tag{5.8}$$

式中，$E_{r·e}$是有效辐射量；$E_{r·v}$和$E_{r·t}$是无效分量。

在道路照明模型中，$φ=1°$，可比较上述3个分量的大小。

当$θ<45°$，$α→0°$时

$$E_{r·v}>E_{r·e}>E_{r·t} \tag{5.9}$$

上式说明，高位路灯逆向照明下，无效照明分量$E_{r·v}$在数值上最大且大于有效照明分量$E_{r·e}$。

当$θ>45°$，$α→90°$时

$$E_{r·e}>E_{r·t}>E_{r·v} \tag{5.10}$$

上式说明，低位路灯逆向照明下，有效照明分量$E_{r·e}$在所有分量中最大。

当$θ<45°$，$α→0°$时

$$E_{r·v}>E_{r·t}>E_{r·e} \tag{5.11}$$

上式说明，高位路灯横向照明下，有效照明分量$E_{r·e}$最小，无效照明分量远大于有效照明分量。

当$θ>45°$，$α→90°$时

$$E_{r·t}>E_{r·e}>E_{r·v} \tag{5.12}$$

上式说明，在低位路灯横向照明方式下，无效照明分量$E_{r·t}$最大且大于有效照明分量$E_{r·e}$，这一结论进一步从理论上说明了前述的护栏灯及向道路对射的、与路沿垂直的低位安装的LED投光灯并不节能的原因。

当$θ→0°$且$α→0°$时

$$E_{r·e}=E_{r·emax} \tag{5.13}$$

上式说明，在较光滑的道路，若照明中采用低位安装的光源逆向照射路面，并且照射方向尽量与驾驶员眼视轴方向一致，则路面反射在驾驶员视网膜形成的照度E_{re}可取得最大值，无效照明分量趋于最小。

当$\theta \to 0°$时，光源照射方向与车道平行，此时观察视线上的光辐射量E_e为最大值。

当$\theta \to 90°$时，光源照射方向与车道垂直，此时$E_e \to 0$，照明效率极低。

当$\alpha \to 89°$时，$E_e \to E_r \cdot \cos\theta$，即光源高度降低时，路面反射在观察视线上的光辐射量将增大；在道路照明中，高位安装的光源的α角远小于低位安装的光源的α角，故高灯位照明时路面反射照度在驾驶员眼视轴方向的分量亦远小于低灯位照明。

对于路面照明，上述分析可以得到以下结论：

①规则反射下，逆向照明方式的横向照射分量、竖向照射分量是无效照明分量，逆向照射分量为有效照射分量，低位路灯逆向照明视点入射分量中，高位路灯照射的照明效率远低于低位路灯照射；

②在所有照明方式中，低位路灯逆向照明方式的路面照明效率最高。

光源在路面上的真实反射为非规则反射，非规则反射是规则反射和漫反射的叠加，遵从朗伯余弦定律。

结论：对于较光滑的路面，高位路灯逆向照明、高位路灯正向照明、低位路灯逆向照明和低位路灯正向照明4种照明方式中，低位路灯逆向照明在驾驶员视线方向可获得最大的路面反射辐射量，即当光源低于驾驶员视点（1.4 m）、投光角度接近平行于路面、照射方向与车行方向相反（逆向照明）照射前方路面时，驾驶员视线方向上可获得最高的路面反射亮度。

5.2.3　路面照明能效的实验室实验

路面照明能效的实验室实验见第8章。

以相机及成像亮度计记录介质表面亮度，实验结果如图5.17所示。第1、2行图片分别为正向照明、逆向照明条件下，针对不同灯高位置所对应的角度用相机拍摄的照片，第3行是逆向照明时成像亮度计与相机同步拍摄的亮度图片。

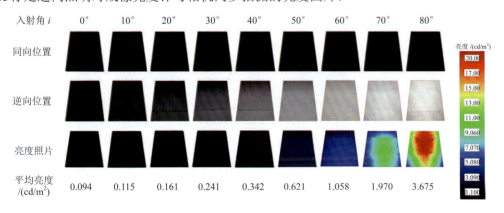

图 5.17　比较路面照明效率的相机照片与成像亮度计照片

　　实验表明，在被测试件表面较光滑的情况下，逆向照明优于正向照明；在逆向条件下，低位路灯（逆向照明视点，入射角为80°）照明的试件表面亮度最高。

　　在宏观光滑路面条件下，在所有照明方式中，低位路灯逆向照明方式的路面照明效率最高。原因是在这一情况下，路面总的倾向是光滑。根据朗伯余弦定律，逆行车方向射向路面的大部分光线将按照规则反射的方式经过路面的反射而在驾驶员视网膜形成有效照度。

5.2.4　粗糙路面照明的能效分析

　　正向照明，无论是高位路灯还是低位路灯，在规则反射的条件下，照明效率在4种照明方式中是最低的两种，可根据图5.18进行较简单的分析。

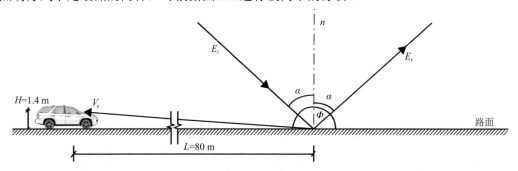

图 5.18　正向照明在二维空间的分析示意图

　　当路灯向路面垂直投光，相当于高位路灯正向照明方式。这时由于驾驶员视轴近乎平行于路面，接收到的辐射量最小。

　　当路灯向路面水平投光，相当于低位路灯正向照明方式。这时观测位置与光源在工作面法线的同侧且观察角为锐角条件下，人眼视网膜将不能接收到光源的任何反射辐射量，在α角与水平线范围内是看不到任何光线的。当α角越大时，同方向观察不可见区域越大，该区域可视为"盲区"（图5.19）。这可以解释为什么仅开汽车远光灯时，驾驶员能够清晰地看到前方物体，却看不到路面（深渊感）。

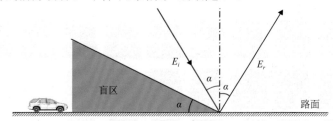

图 5.19　规则反射下低位路灯正向照明的路面盲区

　　对于基本光滑（非规则反射）的路面，最大反射方向均来自于逆向照明，如图5.20所示。

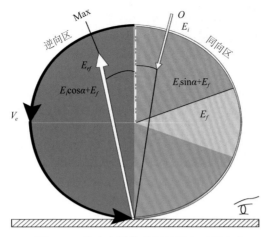

图 5.20　基本光滑的路面的最大反射方向

然而，由于粗糙路面情况复杂，路灯在粗糙路面的反射也呈现极不规则性质。大量的实验结果表明，在粗糙路面条件下，高位路灯逆向照明、高位路灯正向照明、低位路灯逆向照明和低位路灯正向照明4种照明方式中，低位路灯正向照明方式下测得的路面平均亮度值高于其他的照明方式。

在灯具各项参数保持一致的情况下，低位路灯正向照明方式下平均亮度值高于逆向照明方式的原因在于，路面为粗糙-粗糙或粗糙-光滑模式，逆向射向路面的光线由于粗糙地面颗粒突出，所以大部分被反射回去，以不定向反射为主，水泥路面颗粒相对平整，以定向反射为主，如图5.21所示。

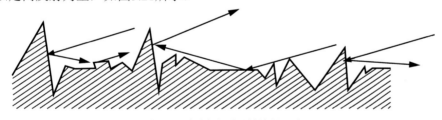

图 5.21　粗糙路面反射特性示意图

可以证明，在粗糙路面上，当光源以投光角度接近平行于路面（低位）、照射方向与车行方向相同（正向照明）照射前方路面时，驾驶员视线方向上可获得最高的路面反射亮度。

图5.22直观地显示了在实验室光滑地（路）面上，针对200 mm×200 mm×200 mm的小物体（障碍物），正向照明与逆向照明方式之间的差别：

①正向照明方式下，主要提供的是小物体（障碍物）亮度，但前景（小物体）与背景（地面）之间亮度反差低于正向照明方式。

②逆向照明方式下，主要提供的是地面（路面）亮度，小物体仅能看到轮廓，看不到细部。

图 5.22　逆向照明方式与正向照明方式对比

按实际道路尺寸的路面照明实验见第8章8.4.2节。

5.3　高能效的空间（前景）照明

提高可见度水平的措施之一是加强物体（前景）与路面（背景）的对比度[15]。

图5.23描述了在路面平均亮度、亮度均匀度和阈值增量相同条件下，不同的对比度对于显示能力的影响。在2.0 cd/m²的照明水平之下，C=0.28时，RP约为0.8；但当C=0.15时，RP降为0.3[16]。

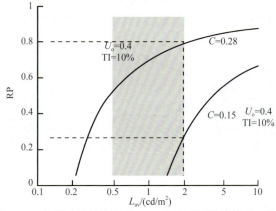

图 5.23　在不同的对比度下，RP 与路面平均亮度 L_{av} 关系[18]

描述前景亮度的目标物表面亮度值在目标物表面多样性的条件下不可能直接测到。

1. 物体表面亮度与垂直（面）照度的相关性测试

测试环境与系统是在中间视觉条件下进行的，误差由显示系统误差与测量误差组成：视力表是否摆放得当决定了显示系统误差的大小；测量误差由电源的稳定性、照度计亮度计的精密性决定。为了计算测量照度误差的大小，采用样本标准差S来衡量：

$$S = \sqrt{\frac{1}{n}\sum_{i=1}^{n}(E_i - \bar{E})^2} \qquad (5.14)$$

式中，E_i为第i次照度测量值；$\bar{E}$为照度测量值的平均值。背景光源在不同亮度值下不同测点的照度变化见表5.1。

表 5.1　背景光源在不同亮度值下不同测点的照度变化

背景亮度值 /(cd/m²)	垂直照度值 /lx					标准差
	测点 1	测点 2	测点 3	测点 4	平均值	
0.1	0.086	0.085	0.091	0.083	0.086	0.00351
0.5	0.188	0.196	0.194	0.188	0.192	0.00398
1.0	0.264	0.275	0.288	0.278	0.276	0.00972
1.5	0.356	0.374	0.383	0.380	0.373	0.01169
2.0	0.438	0.448	0.450	0.455	0.448	0.00730
2.5	0.541	0.548	0.579	0.556	0.556	0.01632
3.0	0.631	0.653	0.658	0.654	0.649	0.01206

从图5.24中拟合曲线拟合度R^2=0.999来看，背景（路面）亮度与垂直照度之间呈线性关系。

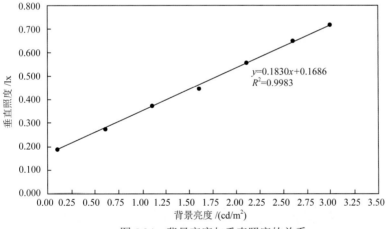

图 5.24　背景亮度与垂直照度的关系

利用垂直照度与目标物亮度之间正相关的性质，将垂直照度与目标物亮度做"归一化"间接转换，从而得到计算目标物可见度的数据：前景（物体）亮度L_a和背景（路面）亮度L_b，进而计算出亮度对比度C（相对值）。

2. 空间照明的二维模型与分析

提供前方空间照明的模型如图5.25所示。

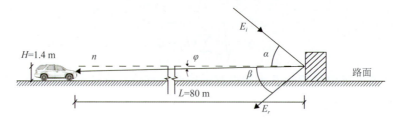

图 5.25　前方空间照明的模型

$$E_e = E_r \cdot \cos\alpha \cdot \cos\beta \tag{5.15}$$

式中，E_r 为光源在障碍物表面的反射照度矢量；E_e 为障碍物表面的反射照度在驾驶员眼视轴方向的分量；α 为光源的入射角，即路面与光源投光方向之间的夹角；β 为反射照度矢量与驾驶员眼视轴之间的夹角。

低位路灯前向照明基本原理是：当 $\alpha \to 0°$ 及 $\beta \to 0°$，$E_e \to E_r$，即观察视线上的光辐射量 E_e 将取得最大值；由此不难看出，驾驶员的视线方向几乎与路面平行，为实现辨识前方障碍物的目的，当光源以投光角度接近平行于路面（低位）、照射方向与车行方向相同（前向照明）照射前方空间时，前方空间的垂直照度最高，驾驶员视线方向上可获得最高的目标物表面亮度；前方空间的垂直照度既是有助观察的主要分量，也是产生目标物表面亮度的原因。

3. 空间照度垂直分布

高效节能要求空间照度在垂直方向上有合理的分布。灯具的配光设计还应在 3 m 以上部分提供适当的照明，以利于识别大型车辆的顶部轮廓。垂直方向划分为三个照明区，如图 5.26 所示图中 H 表示距离路面高度，D 为光源距离。

①集中照射区：0 m < H ≤ 1.0 m，主要功能是照射路面和小型汽车。

②过渡照射区：1.0 m < H ≤ 3.0 m，主要功能是照射大型车辆车体后部。

③边际照射区：H > 3.0 m，主要功能是显示大型车辆轮廓。

集中照射区为前向照明的重点区域，要求有较高的垂直照度，过渡照射区次之，边际照射区最低。三个照明分区照度的具体要求数值，需通过实验测试的方式加以确定。

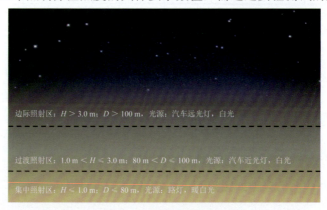

图 5.26　空间照度的垂直分布

4. 汽车前灯的影响

交通法规要求夜晚行车必须开近光灯。第三代汽车近光灯照射距离已经达到100 m，第四代近光车灯照射距离可达200 m以上。汽车前照灯这一趋势所代表的结果是，原应由路灯提供的空间照明，可部分地由汽车前照灯替代。在多维度道路照明系统中，采用模组化设计——将道路照明系统分成不同的功能模组，对于空间照明要求不高的路段，可以减去空间模组。

5.4 路面亮度与阈值增量

CIE 115:2010及CJJ 45—2015规定，快速道路主干道平均亮度1.5～2.0 cd/m²，检测结果为客观（物理）亮度。但第4章已指出，客观（物理）亮度较高的路面给人的感觉并不一定更亮，即客观（物理）亮度≠主观（感受）亮度，而眩光是导致客观亮度与主观亮度不一致的最重要因素。

5.4.1 主观亮度与眩光光幕

根据韦伯-费希纳定律，设路面（road）的客观（物理）亮度为L_R，驾驶员的主观（感受）亮度（perception brightness）为L_P，根据韦伯-费希纳定律[17]，主观亮度L_P与客观亮度L_R之间关系为

$$L_P = A + B \cdot \lg L_R \quad (A>0, B>0) \tag{5.16}$$

当路灯含有较强眩光（glare）L_G时，该眩光产生两个效应：①为路面增加亮度，其增加的客观（物理）亮度（road lightness from glare）为L_{RG}；②在驾驶员视网膜造成眩光光幕，其增加的光幕（物理）亮度（certain from glare）为L_{CG}。L_G可表示为

$$L_G = L_{RG} + L_{CG} \tag{5.17}$$

在数值上，L_{RG}可以看成是原路面客观（物理）亮度L_R的K倍，$K>0$，即

$$L_{RG} = K \cdot L_R \tag{5.18}$$

设驾驶员感受到的来自眩光光源方向的主观亮度（perception from glare）为L_{PG}，则

$$L_{PG} = C + D \cdot \lg L_{GG} \quad (C>0, D>0) \tag{5.19}$$

若采取某种消减眩光的措施，只将驾驶员视点至该眩光光源的光路截断，则截断后眩光在路面形成的客观（物理）亮度L_{RG}不变，但来自眩光光源方向的主观亮度$L_{PG}=0$。此时，驾驶员感受到的来自路面方向的主观（感受）亮度为

$$L'_P = A + B \cdot \lg(L_R + L_{RG})$$
$$= A + B \cdot \lg(L_R + K \cdot L_R)$$
$$= A + B \cdot \lg[(K+1)L_R]$$
$$= A + B \cdot \lg L_R + B \cdot \lg(K+1)$$
$$= L_P + B \cdot \lg(K+1) \qquad (5.20)$$

$\because B>0$；$K>0$，故 $B \cdot \lg(K+1)>0$，

$\therefore L'_P > L_P$。

上式的物理意义是：路面的主观亮度增加的充分条件是对于眩光进行有效"截光"。这从理论上预测了：若采用更为有效的"截光"措施降低眩光，可以获得更高的主观亮度。

反之，在有眩光的情况下，需要增大路面的客观（物理测量）亮度，才能保证主观视亮度和无眩光条件下的主观亮度相同。

如果能准确掌握客观（物理）亮度、主观亮度与眩光强度之间的定量关系，则可能在保持驾驶员主观亮度不变的前提下，通过大幅度削减眩光，降低TI，同时降低路面亮度。

5.4.2　主观亮度与瞳孔面积

在眩光刺激下人眼瞳孔的变化过程可以通过与人眼结构类似的相机镜头进行模拟。

图5.27中，晶状体如同镜头，用于聚焦成像；瞳孔犹如光圈，根据外界光线的强弱，控制进入眼睛的光通量。

如图5.27所示，通过人眼与相机镜头的比较，具体描述降低眩光后人眼视觉调整的动态过程。眩光改变后相机自动调节与人眼调节的比较见表5.2。

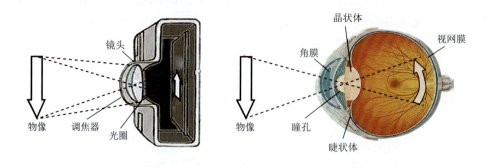

图 5.27　人眼与相机镜头的比较

需要指出的是，人眼与相机的模拟比较绝非表明人的视觉系统可与照相机对比，前者要复杂得多。

表 5.2 眩光改变后，相机自动调节与人眼调节的比较

现象	相机（摄影）调节过程	人眼（视觉）调节过程
视域内存在明显眩光	视域内产生光幕 ➡ 视域内产生光幕 ➡ 计算进光总量 ➡ 确定与之对应光圈 ➡ 目标变暗	视域内产生光幕 ➡ 视域内产生光幕 ➡ 调整瞳孔大小，控制进入眼睛的光量 ➡ 杆状细胞转换锥状感光工作状态 ➡ 目标变暗
视域内眩光被消除	视域内光幕消除 ➡ 重新对视域多点感光 ➡ 计算新变小的总进光量 ➡ 根据减小的总进光量，加大光圈 ➡ 目标变清晰	视域内光幕消除 ➡ 感受外界光线变化 ➡ 重新调整瞳孔大小，增大瞳孔面积 ➡ 锥状细胞转换杆状感光工作状态 ➡ 目标变清晰

人类视觉的主观亮度不可直接测得，但人眼瞳孔面积是可实时测得的[18]，若能够确定人眼瞳孔与主观亮度之间存在的关系，则可以通过人眼瞳孔面积的实时测量来得到实时的主观亮度值。

人类视觉的主观亮度与客观亮度之间的关系由韦伯-费希纳定律规定。根据韦伯-费希纳定律，在中等条件刺激下，主观亮度与（物理）亮度的表达式为（见第1章）

$$L_{\mathrm{P}} = K \cdot \ln L_{\mathrm{R}} + T \tag{5.21}$$

另外，根据楚兰德关系式，人眼瞳孔面积与客观（物理）亮度的表达式为（见第1章）

$$Y = B \cdot \ln L_{\mathrm{R}} + A \tag{5.22}$$

观察式（5.21）和式（5.22），虽然两式左侧的量纲不同，但右侧的变量均为人眼视域内的物理亮度。由式（5.21），得到

$$\ln L_{\mathrm{R}} = \frac{L_{\mathrm{P}} - T}{K} \tag{5.23}$$

由式（5.22），得到

$$\ln L_{\mathrm{R}} = \frac{Y - A}{B} \tag{5.24}$$

将式（5.24）代入式（5.23），得到

$$\frac{L_{\mathrm{P}} - T}{K} = \frac{Y - A}{B} \tag{5.25}$$

$$L_{\mathrm{P}} = \frac{K}{B}Y + T - \frac{K \cdot A}{B} \tag{5.26}$$

令

$$L_{P1} = \frac{K}{B}Y_1 + T - \frac{K \cdot A}{B}$$

$$L_{P2} = \frac{K}{B}Y_2 + T - \frac{K \cdot A}{B}$$

则

$$L_{P1} - L_{P2} = \frac{K}{B}(Y_1 - Y_2) \tag{5.27}$$

其中，L_P 为主观亮度；Y 为瞳孔面积；

由于 K、B 均为常数，且 $K>0$，$B<0$（见第1章），所以

$$(L_{P1} - L_{P2}) / (Y_1 - Y_2) \leqslant 0$$

令 $P = \dfrac{K}{B}$ 且 $P>0$，则可得到

$$L_{P1} - L_{P2} = P(Y_2 - Y_1) \tag{5.28}$$

式（5.28）揭示了：在中等刺激条件下，产生主观亮度与客观亮度之间差异的根本原因是人眼瞳孔的调节作用。若瞳孔不变，则主观亮度与客观亮度不存在差异。

人眼主观亮度 L_P 的改变量与瞳孔面积 Y 的改变量之间存在确切的线性关系，即瞳孔面积越小，人眼主观（感受）亮度越高。

当瞳孔面积改变量为0时，人眼主观亮度不改变。由于主观亮度不可测量，但人眼瞳孔面积可测量，故式（5.28）的物理意义是，将"等主观亮度"条件转化为"等瞳孔面积"条件，我们可根据TI值与瞳孔面积数据的关系曲线，得到降低TI后的主观亮度及改变情况。

式（5.28）进一步表明，人眼主观亮度的变化可以通过实时监测瞳孔面积得知，而在动态条件下，保持主观亮度微小变化是提高视觉舒适程度的重要途径。根据式（5.28），我们可得到检验健康照明措施是否有效的新方法。

确定比例系数 P，则可通过测量瞳孔面积改变量定量地确定人眼主观亮度的改变，这开辟了一个将人眼主观亮度由不可测量变为可测量的新研究领域。

在下面的分析中，"自变量"包括：眩光光幕亮度、TI值及路面（物理）亮度，上述参数可以通过成像亮度计测量获得；"因变量"包括：与眩光光幕亮度对应的瞳孔面积、眩光的主观（感觉）亮度、与路面客观亮度对应的瞳孔面积及路面的主观（感觉）亮度。

瞳孔面积可通过眼动仪间接测得，所谓"间接"是指由眼动仪所得到的瞳孔数据并非面积值，而是"像素"数目值，该值与瞳孔面积单调正相关且一一对应。下面的数值分析比较中，我们将"像素"数目、瞳孔面积与人眼主观亮度这三个不同量纲的量作为等效的量（在数值上等效），来考察与客观物理量之间的关系。

（1）客观亮度可分解为眩光光幕亮度及路面的客观亮度；

（2）瞳孔面积可分解为与眩光对应的瞳孔面积及与路面客观亮度对应的瞳孔面积；

（3）主观（感觉）亮度可分解为眩光的主观（感觉）亮度及路面的主观（感觉）亮度。

分解后可单独进行分析，如图5.28所示。

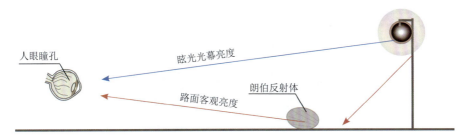

图 5.28　客观亮度可分解为眩光光幕及路面亮度

进一步的，n个光源条件下，总主观亮度L_{Pw}与各光源物理亮度L_{Ri}的关系为

$$L_{Pw} = K \cdot \ln(L_{R1} + L_{R2} + L_{R3} + \cdots + L_{Rn}) + T$$

$$= K \cdot \ln \sum_{i=1}^{n} L_{Ri} + T \qquad (5.29)$$

当两个光源的亮度相同，即 $L_{P1} + L_{P2}$ 时，

$$L_{Pw} = K \cdot \ln 2L_{P1} + T$$

$$= K(\ln 2 + \ln L_{P1}) + T$$

$$= K \cdot \ln 2 + L_{P1} \qquad (5.30)$$

式（5.30）说明，两个光源共同作用时，人们感受到的总主观亮度主要取决于最亮的那个光源的物理亮度。当两个光源的物理（测量）亮度相差10倍以上时，暗的光源对于主观感受亮度贡献极小，可忽略不计。

5.4.3　瞳孔面积与眩光阈值增量

瞳孔面积与眩光阈值增量的关系过于复杂，我们通过实验获得。

1. 实验条件

场地：为3 m(高)×6.5 m(宽)×34 m(长) 全暗室（涂黑）空间。

光源：包括眩光光源与产生路面亮度的路灯光源。

实验需要单独控制各个客观物理量，设计时将眩光光源（控制眩光光幕）与路灯光源（控制路面亮度）设定成为两个能够分别控制的独立变量。眩光光源由8 W、5000 K的LED灯组成，设置在距离地面2 m的位置；路灯光源用6 W、3500 K的LED格栅灯组成，实验场地两侧各12灯，格栅灯的水平间距约为0.75 m。

亮度测量：Radiant Vision Systems I-Plus成像亮度计，如图5.29所示，能够测量实验区域路面平均亮度、光幕亮度及TI，满足测量全部亮度数据的要求。

瞳孔测量：Dikeablis Pro 眼镜式眼动仪，如图5.30所示。数据通过场景摄像头及眼部摄像头采集，场景摄像头采集实验场景的瞳孔注视点摄像等数据，眼部摄像头采集瞳孔的大小、眨眼次数等数据。数据采集为60次/s，通过数据能够清楚地反映出瞳孔的变化。

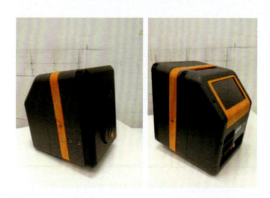

图 5.29　Radiant Vision Systems I-Plus 成像亮度计

Dikeablis Pro 眼镜式眼动仪的实物图、佩戴及操作界面见图5.30。

（a）实物图　　　　　　　　（b）佩戴　　　　　　　　　（c）操作界面

图 5.30　Dikeablis Pro 眼镜式眼动仪

2. 瞳孔数据采集

瞳孔受到光刺激后面积不断变化，参数需要动态条件下的稳定测试值。研究表明[19]，瞳孔受光刺激的反应分为4个阶段：①响应潜伏期，瞳孔的收缩在强光刺激作用后的反应具有延时性；②最大收缩期，此阶段瞳孔迅速收缩，很快收缩到局部极小值；③逃逸期，瞳孔在收缩到局部最小值后，因为视网膜的适应能力，会稍微扩展；④恢复期，瞳孔会逐渐恢复放大直至最终适应光环境。

瞳孔稳定收缩值是指受到强光刺激后5～10 s内瞳孔平均值[20]。每组测试之前受试者需在黑暗的环境下休息至少60 s，确保瞳孔有稳定的初始值；每组实验用眼动仪采集开启眩光光源前后40 s受试者的瞳孔数据，实验瞳孔一律选取受试者左眼瞳孔数据，然后从每组数据中筛选出5 s时间间隔内的瞳孔数据。

3. 客观（物理）亮度参数采集

依据CJJ 45—2015的规定：干路、次干路的路面平均亮度L_{av}为1.0～2.0 cd/m²，实验中路面亮度从1.05～1.95 cd/m²按0.20 cd/m²递增为5个等级；依据CJJ 45—2015的规定：干路、次干路的眩光阈值增量TI<10%，实验的眩光阈值增量TI设定在1%～10%，按照1%递增为10个等级。

实验中，瞳孔面积Y_a是阈值增量TI与路面平均亮度L_{av}的函数，即

$$Y_a = f(TI, L_{av}) \tag{5.31}$$

成像亮度计测得的光幕亮度值作为中间数据，用来直接监测眩光强度。

眩光光幕在实验室的变化情况如图5.31所示（实际为10张图，这里取4张），眩光的光幕亮度由弱变强，TI由1.0%增强至10%。

4. 不同阈值增量 TI 与路面平均亮度 L_{av} 下的瞳孔面积 Y_a

主要指标：阈值增量TI为7.8%；路面平均亮度为1.25 cd/m²；光幕亮度为0.14 cd/m²，成像亮度计拍摄的伪色图如图5.32所示。

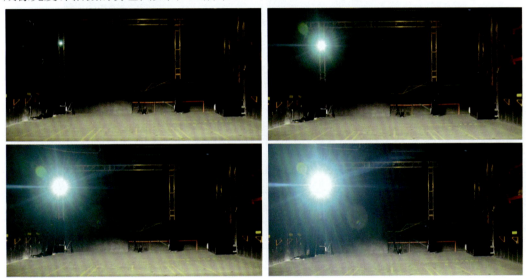

图 5.31　眩光光幕在实验室的变化情况

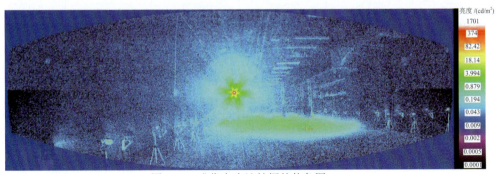

图 5.32　成像亮度计拍摄的伪色图

不同眩光阈值增量TI下的瞳孔面积如图5.33所示（对应1.45 cd/m²路面平均亮度下的眩光阈值增量TI为1.0%、4.0%、7.0%和10.0%为例）。

实验测得瞳孔数据如表5.3所示。为了使得实验数据差值相当明显，把路面平均亮度设定在1.05～1.95 cd/m²，按照0.2 cd/m²的间隔考察瞳孔面积的变化。实验所测得的瞳孔

面积数据单位：像素。

（a）TI=1.0% 瞳孔截图　　　　　　　　　（b）TI=4.0% 瞳孔截图

（c）TI=7.0% 瞳孔截图　　　　　　　　　（d）TI=10.0% 瞳孔截图

图 5.33　不同眩光阈值增量 TI 下的瞳孔截图

表 5.3　不同路面平均亮度与 TI 下的瞳孔面积　　（单位：像素）

	1.05 cd/m²	1.25 cd/m²	1.45 cd/m²	1.65 cd/m²	1.85 cd/m²
TI=1%	900.63	923.83	1003.47	1008.56	1116.86
TI=2%	820.44	853.53	900.82	968.69	1035.88
TI=3%	791.87	837.13	791.22	905.40	938.09
TI=4%	740.97	828.60	783.14	860.87	910.61
TI=5%	735.07	796.96	770.20	820.83	871.66
TI=6%	679.62	756.03	760.98	796.15	836.99
TI=7%	649.90	677.70	731.58	760.63	822.90
TI=8%	640.55	649.11	710.26	734.80	812.02
TI=9%	637.38	645.88	695.77	717.52	800.52
TI=10%	630.98	643.66	680.38	703.28	787.10

考察表5.3，可以发现其具有以下性质：

①路面平均亮度从1.05 cd/m²变化到1.85 cd/m²，TI从1%变化到10%，对应的瞳孔面积的范围为（630.98，1116.86），瞳孔面积变化量接近一倍。这表明，在中间视觉条件下，人眼瞳孔的调节范围具有充分的冗余，满足"中等刺激程度"条件（见第1章）。

②在相同的瞳孔面积条件下，高的眩光阈值增量而低的路面亮度与低的眩光阈值增量而高的路面平均亮度具有同样效果，这说明加强路面平均亮度与消减眩光都可能提高人眼主观亮度。

③对应于5组路面平均亮度值，瞳孔面积值随眩光阈值增量（竖向数值）单调下降近1/3；对应于10组眩光阈值增量，瞳孔面积值随路面平均亮度值（横向数值）单调上升近1/5。这表明，瞳孔面积对眩光阈值增量的敏感程度高于路面平均亮度。

④瞳孔面积最小处（630.98像素）位于左下角。此处眩光最强烈（TI=10%），路面

平均亮度最低（L_{av}=1.05 cd/m²）；　瞳孔面积最大处（1116.86像素）位于右上角。此处眩光最弱（TI=1%），路面平均亮度最高（L_{av}=1.85 cd/m²）。这一现象的物理意义是：中间视觉条件下，在眩光光幕超过路面反射光幕时，瞳孔面积主要由眩光光幕值决定。

⑤瞳孔面积的"中位值"为871.66像素，与之最接近的阈值增量与路面平均亮度值为（TI=5%）和（L_{av}=1.85cd/m²）；若规定路灯眩光控制值，则TI=5%对应L_{av}=1.85cd/m²是一个选择。

通过散点图对表5.3进行曲线拟合，得到不同路面平均亮度下的TI与瞳孔面积的曲线如图5.34所示。

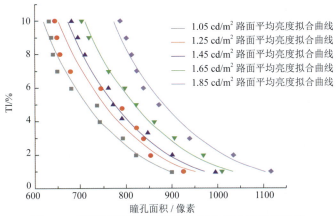

图 5.34　不同路面平均亮度下的 TI 与瞳孔面积的曲线

在图5.34基础上，在所有曲线均含有的瞳孔面积（像素）值域内（775，950），画出典型的点如775、800、850、900和950，过这些点做出垂线与图中曲线相交，其交点就是"等像素点"条件下眩光阈值增量与路面平均亮度关系，如图5.35所示。

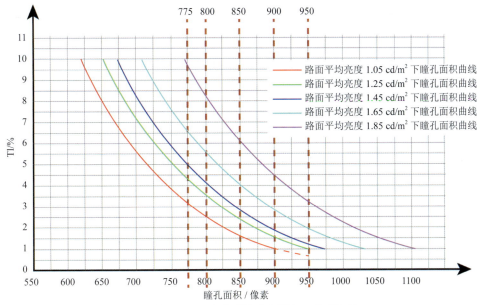

图 5.35　几个典型的瞳孔面积（像素）值

数据经过拟合形成5条曲线，每条曲线对应的方程如下。

1.05 cd/m²路面亮度：$y = 277.058-152.599 \ln(x+0.007)$。

1.25 cd/m²路面亮度：$y = 304.260-154.184 \ln(x+0.005)$。

1.45 cd/m²路面亮度：$y = 447.965-101.103 \ln(x-0.006)$。

1.65 cd/m²路面亮度：$y = 150.921-265.025 \ln(x+0.028)$。

1.85 cd/m²路面亮度：$y = 456.109-138.845 \ln(x-0.002)$。

结合曲线方程式，将图5.35的交点整理，针对不同的瞳孔面积（像素）值，会得到对应的路面平均亮度与眩光阈值增量数值（表5.4），通过曲线拟合可以得到瞳孔面积一定时，TI与L_{av}之间的关系，如图5.36所示（该图拟合度达99%）。

表 5.4　不同瞳孔面积对应的路面平均亮度与眩光阈值增量 TI　　　　（单位：%）

瞳孔面积 / 像素	1.05 cd/m²	1.25 cd/m²	1.45 cd/m²	1.65 cd/m²	1.85 cd/m²
775	3.2	4.2	4.6	6.7	10.0
800	2.5	3.3	3.8	5.8	8.6
850	1.6	2.3	2.5	4.1	6.2
900	1.0	1.6	1.8	3.1	4.3
950	0.5	1.0	1.3	2.1	3.0

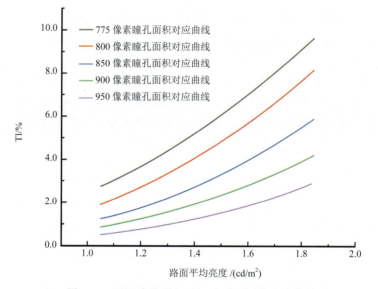

图 5.36　不同瞳孔面积下 TI 与路面平均亮度的关系

图5.36中，5条拟合曲线分别对应瞳孔面积（像素）值：775、800、850、900和950。由图5.36可以发现，当瞳孔面积在一定区间（775,950）内，TI与L_{av}在（1.05,1.85）区间正相关并且在数值上TI随L_{av}单调增大，反之亦然。以800像素的瞳孔面积值（对应红线）为例，当TI为8.0%时，对应的L_{av}值为1.85 cd/m²；当TI被消减为2.5%后，对应的L_{av}为1.15 cd/m²，L_{av}值降低0.7 cd/m²。

对图5.36的5条等瞳孔面积曲线进行最佳拟合，得到一条方差最小的等瞳孔面积曲线，如图5.37所示。

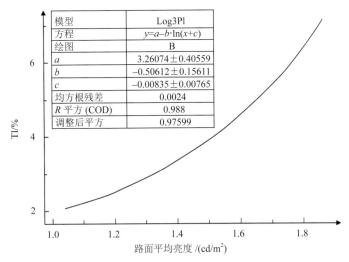

图 5.37　采用最佳拟合得到的方差最小的等瞳孔面积曲线

不难看出，这条综合性的等瞳孔面积曲线中同样存在 TI 随 L_{av} 单调增大的规律。在图 5.37 中，当眩光阈值增量 TI 为 7.0% 时，对应的 L_{av} 为 1.85 cd/m²；当 TI 被消减为 2.5% 后，对应的 L_{av} 为 1.2 cd/m²，L_{av} 降低 0.65 cd/m²，降幅超过 30%！

由图 5.37 可知，在等瞳孔面积条件下，眩光阈值增量 TI 与路面平均亮度 L_{av} 之间在数值上的关系为指数关系（拟合度达到 98%），即

$$\text{TI} = a - b \cdot \ln(L_{av} + c) \qquad (5.32)$$

式（5.32）中，系数 $a > 0$；$b < 0$；$c < 0$ 且 $c \ll L_{av}$，故 TI 随 L_{av} 单调增加，反之亦然。

5.4.4　道路照明节能新途径

由上一节实验可以得到以下结论：在中等刺激条件下，由于瞳孔面积与主观亮度之间在数值上存在的线性关系，因此能够在消减路灯眩光的同时降低路面亮度值而保持主观亮度不变。

降低路面亮度意味着降低路灯能耗，而在降低能耗的同时依然能够保证驾驶员主观亮度不变的这一事实，为我们找到了一条道路照明节能的新途径——通过消减眩光来大幅增加路面的主观亮度，而不必以增加照明功率密度为代价来追求 CJJ 45—2015 中规定的路面物理亮度的"高值"。

当路灯眩光被有效消减后，会提高驾驶员对道路路面的主观亮度。如果在消减眩光之前，路面的客观亮度已达到国家标准，对应某一个主观（感受）亮度，那么消减眩光后，驾驶员对路面的主观亮度将超过国家标准。因此，我们可以通过降低路面的客观亮度，使得主观亮度恢复到原来对应于国家标准的水平，如图 5.38 所示。

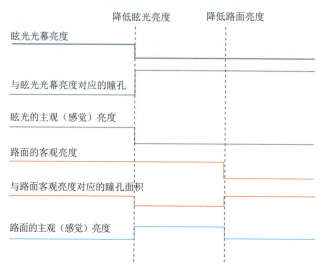

图 5.38　光幕亮度及瞳孔面积分解的过程

上述过程同时也解释了第4章4.2.1节、4.2.2节中为何仅仅用手掌对眩光进行遮挡，就可获得更亮的路面感觉的原理。

在CJJ 45—2015中，影响路面平均亮度设计值的因素仅有一个：道路性质。由于路面平均亮度与眩光光幕之间对应规律及瞳孔面积与主观亮度之间存在线性关系，我们在路面平均亮度设计值中加入一个新的因素——眩光阈值增量。例如，对于干路（M1）性质的道路，在TI低于2%时，路面平均亮度设计值L_{av}（高值）由2.0 cd/m^{2}降低为1.5 cd/m^2，（低值）由1.5 cd/m^{2}降低为1.2 cd/m^2。虽然我们目前还不能证明路面平均亮度值与耗电之间的准确关系，但仅这一项，即可达到系统性、大规模的节能效果。

5.5　光源光谱与可见度

5.5.1　光源光谱对可见度的影响

夜间驾驶员在高速公路驾驶过程中，一方面由于车辆速度快，驾驶员视力下降；另一方面在夜间环境下，由于视锥细胞作用减弱，因而人眼对于物体的外部形状分辨能力升高。提高可见度水平的色度学措施包括正确选择路灯光源光谱与设置路面上的光谱分布[21]。

1. 相异光谱的路面反射效应

路面平均亮度L_{av}对可见度的影响已在第2章分析，在相同的能量辐射下，图5.39是经实验室验证的色温（光谱主光轴）不同的各型光源在沥青路面反射特性下产生的相对路面亮度。该图表明高色温光源（包括LED光源）在沥青路面反射特性下产生路面亮度相对较高。

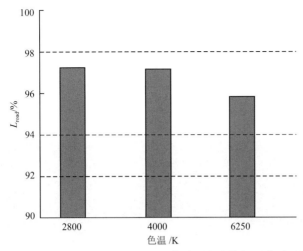

图 5.39　不同色温的 LED 光源在沥青路面产生的相对路面平均亮度 [18]

2. 光源光谱主波长的范围

道路照明的环境为中间视觉，浦肯野位移可以帮助我们选择路面照明光源光谱的主波长的范围：路面照明光源光谱的主波长应靠近并位于507 nm的右侧。

中间视觉下，人眼对于该波段的光最敏感，光源的照明效率最高。

3. 光源色温的选择

2009年，温农特针对LED光源研究了色温和照度对视觉响应的影响。该研究质疑克勒伊特霍夫的照度-色温关系是否来自视觉效果的促使或主观评价，在不同照度水平和CCT下进行了试验，包括对照明质量的性能任务和主观评级[22]。

有研究采用视觉功效法，利用"反应时间测量系统"测取了人眼在不同色温LED光源下的视觉功效，并由此获得了适用于道路照明的LED光源色温值[23]。

4. 道路中央与边缘光谱分布

中间视觉：直视条件下，人眼的视野中心落在中央凹上。视锥细胞都分布在视网膜中央凹附近，光谱光效的峰值偏向右侧。

边缘视觉：人眼的视野中心落在中央凹的边缘。因为视杆细胞都分布在视网膜中央凹边缘，光谱光效的峰值偏向左侧。

在夜间驾驶状态下，人眼的中央视野处于中间视觉亮度范围的上限，视锥细胞起主要作用，因而光谱光视效应的峰值趋近于明视觉；非中央视野范围的关注物出现在周边视野，其视觉信号主要由视杆细胞接收，此时边缘视觉起更主要的作用。

对于周边视野内的光色光谱变化，主要是视网膜上的视杆细胞起作用，而对视锥细胞的影响程度较小。在不同的视野位置上，视觉搜索过程受目标状态和刺激特征的影响程度发生了变化，随视角增大目标影响减弱、刺激特征（突现）影响增加[24]。

根据克里斯边缘视觉效应[25]可以确定道路中央与边缘光谱分布的基本关系：

5.沿道路横截面照明的光谱分布

道路中央的路面照明所用光源光谱的主光轴应位于道路两侧的路面照明所用光源光谱主光轴的右侧，即边缘色温高，中间色温低。

路面色温分布如图5.40所示。

图 5.40　路面色温分布

5.5.2　色度对比对可见度的影响

在中间视觉的情况下能产生彩色视觉的视锥细胞还能部分地被激活，因而可以认为在道路照明中色彩分辨能力对视觉功能还有贡献。表征色彩的明度、色相、饱和度等指标，它们在目标物和背景之间具有一定的差异时，能够对可见度造成影响。

以往，采用HID光源照明，大家只关注光源显色性对可见度水平的影响，关于目标物和背景的色彩差异对可见度的影响很少有研究。在照明光源一定的时候，它仅由物体色与背景色决定，通过照明设计无法改变。随着LED光源的应用和新型照明方式的出现，通过光源光色的选择，改变目标物或背景的色彩来提高可见度成为可能[26]。

色彩对可见度影响的实验研究包括两部分：一是等亮度条件下色差对可见度影响的实验；二是不等亮度条件下色差对可见度影响的实验。

1.色度学范畴的影响因素

光源的光色、色温及显色性均会影响目标物和背景的物体色，也将对可见度水平产生一定影响。

研究表明，采用显色指数大于50的白光比用显色指数只有25的高压钠灯更容易识别人的面孔[27]。要获得同样的辨认机会，所需白光的照明水平仅为黄光的一半左右[28]。这里要特别强调的是：决定性的作用是显色指数，而不是色温。白光和暖白光都有这样的优点。Boyce等早期的研究并未发现这两种白光有很大的差别[29]。英国标准BS5489规定，当采用显色指数大于60的光源时，道路照明的平均照度会减小[30]。

有研究以反应时间为依据对比研究了6400 K和2700 K的紧凑型荧光灯的照明效果，

实验结果表明6400 K的紧凑型荧光灯比2700 K的紧凑型荧光灯照明效果好，尤其是当目标物的颜色富含短波时照明效果的差别更加明显[31]。另有人以钠灯和两款不同色温的LED作为背景，由投影仪产生视觉目标，通过小目标可见度视觉实验发现在相同的明视觉亮度下，相对于钠灯，LED照明下小目标更容易被发现，反应时间更短；而对于两款不同色温的LED灯具，色温较高的LED灯具，在相同的小目标可见度水平下，受测人员的反应时间更短，视觉目标更容易被发现[32]。

有研究对LED和钠灯照明下的灰色视标与彩色视标分别进行了视觉评价，得到如下结论[33]：LED照明环境下，通过灰色的视标与彩色的视标视觉评价值的比较，可以得到彩色的视标视觉评价值与小目标可见度基本上呈正相关，但是相关性并不强，这主要是由于颜色对比增加了视标和背景之间的对比度，因而用CIE均匀颜色空间中的色差替代亮度差计算更加合理；在相同的小目标可见度情况下，彩色的视标比灰色的视标视觉评价值更高，这表明彩色的物体比灰色的物体更容易被识别，尤其是在STV值比较低时，此种现象更为明显[34]。当视标与背景的亮度差别较小时，颜色差异对物体识别的作用变得更明显，甚至起决定作用。在钠灯照明环境下，通过灰色视标和彩色视标的视觉评价值比较，可以得出：在相同STV值下，红色视标比灰色视标的视觉评价值要高，在STV值较低时此现象更明显；蓝色和绿色视标的视觉评价值与灰色物体几乎相同，这表明蓝色和绿色物体在钠灯照明环境下，颜色对可见度的影响可以忽略，均可看成是灰色物体[35]。

彩色小目标物体在不同光源下的可见度水平的研究指出[36]，彩色小目标物体在显色性好的光源下可见度高于显色性差的光源。由于在道路照明条件下进行的测试，背景亮度、目标物与背景的亮度对比度无法得到控制。因此，光源色彩控制精确的实验室实验就变得十分必要。

2. 等亮度条件下色差对可见度影响的实验

（1）同一背景亮度下的实验分析

分别绘制两组实验的实验组和对照组的亮度对比度与视力等级平均值的散点图，如图5.41～图5.44所示。

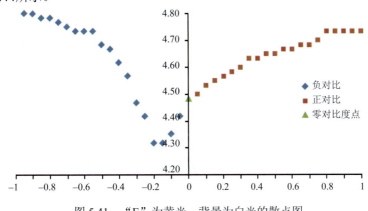

图5.41　"E"为黄光、背景为白光的散点图

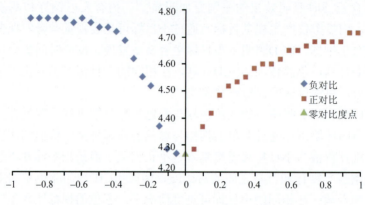

图 5.42　　"E"为白光、背景为白光的散点图

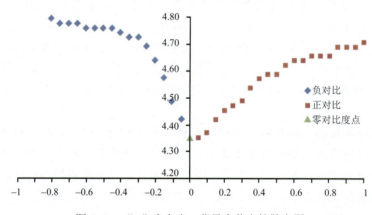

图 5.43　　"E"为白光、背景为黄光的散点图

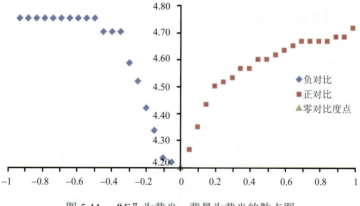

图 5.44　　"E"为黄光、背景为黄光的散点图

　　实验组视力等级减去对照组视力等级，得到的差值即是由光源的光色不同引起的变化量。将这些差值与对应的亮度对比度绘制关系如图5.45所示。

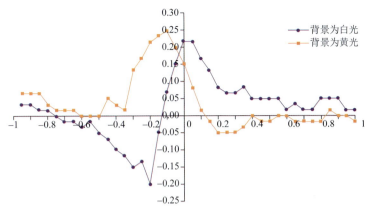

图 5.45　实验组与对照组视力等级差值

图5.45中，在横轴上方实验组比对照组可见度情况好，在横轴下方实验组比对照组可见度情况差。由于实验测量用的视力表两行视标的间隔为0.05，当差值小于0.05时可以认为两者的视力等级相同。

无论背景为黄光还是背景为白光，在零对比度点附近，实验组都比对照组好很多。背景为黄光时在负对比一侧改善较好，背景为白光时在正对比一侧改善较好。图5.46为C组减去D组，即背景为白光的实验组视力等级减去背景为黄光的实验组视力等级得到的。背景为白光的实验组在正对比时要优于背景为黄光的实验组，但是在负对比时情况刚好相反。

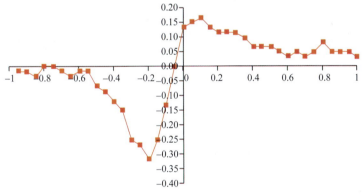

图 5.46　C 组与 D 组的视力等级差值

图5.46中，红色曲线的变化范围为−0.32～0.17，其纵坐标值即视力等级差值均为负值。说明在这些亮度对比度情况下有色差存在的时候反而比无色差的时候可见度要低。表明色差的存在对于可见度提高没有起到"促进"作用，而是起到"抑制"作用。从图5.46中可以看出，对于不同的目标物与背景色彩组合形式，该"抑制"作用发生的区域与强度均有所不同。

无论何种灯光组合情况下，当亮度对比度增强到一定程度之后，其视力等级的差别都不大。这表明当亮度对比度强烈到一定程度时，色差对可见度的影响变得很小。

通过上面的分析发现，目标物与背景的色彩对可见度的影响是非常复杂的，色差与亮度对比度之间既存在互补也存在相互抑制。

（2）不同背景亮度下的对比分析

将三种背景亮度下得到的实验数据分别用实验组减去对照组，按照背景亮度的不同绘制于图5.47～图5.49中。

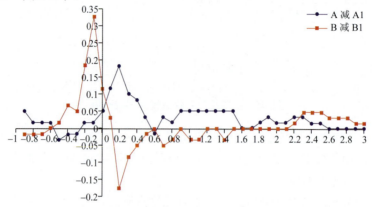

图 5.47　背景亮度为 1 cd/m^2 的实验数据处理

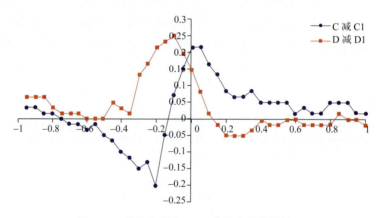

图 5.48　背景亮度为 2 cd/m^2 的实验数据处理

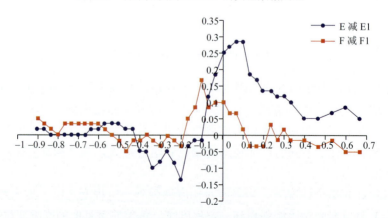

图 5.49　背景亮度为 3 cd/m^2 的实验数据处理

图5.47～图5.49中蓝色曲线均为背景为白光的两组实验数据相减得到，红色曲线均为背景为黄光的两组实验数据相减得到。

通过计算曲线与横轴的围合面积在总体上来衡量色差对可见度的影响，横轴以上面积为正值、以下面积为负。围合面积计算式为

$$S = \sum y\mathrm{d}x$$

式中，y取各点的纵坐标值；$\mathrm{d}x$取1。计算结果如表5.5所示。

表 5.5　曲线围合面积统计

	A 减 A1	B 减 B1	C 减 C1	D 减 D1	E 减 E1	F 减 F1
总体	1.20	0.53	0.87	1.53	1.92	0.77
负对比	0.07	0.58	−0.63	1.58	−0.12	0.60
正对比	1.08	−0.17	1.28	−0.20	1.78	0.07
零对比点	0.05	0.12	0.22	0.15	0.25	0.10

从表5.5中发现，无论何种情况下在亮度对比度为零的点，由于色差的存在都会使得可见度水平得到或大或小的提高。虽然在某些亮度对比度下，色差会对可见度的提高起到"抑制"作用，但是总体上由于色差的存在使得可见度得到了提高。相同背景亮度下，亮度正对比区域内背景为白光时色差对可见度的提高要优于背景为黄光时，亮度负对比区域内与之相反。无论何种背景亮度下，背景为黄光时，负对比区域内色差可使得可见度得到提高；背景为白光时，正对比区域内色差可使得可见度得到提高。

对比图5.47～图5.49发现：红色曲线的峰值随着背景亮度的增加而减小，蓝色曲线的峰值随着背景亮度的增加而增大。这表明背景亮度的变化也会影响色差的识别，进而影响可见度，影响的程度与目标物、背景的色彩组合形式有关。

3. 不等亮度条件下色差对可见度影响的实验

将实验测得的色彩的光谱数据归一化后，按照公式计算得到该色彩的X、Y、Z值，进而计算相关色彩参数。

（1）色差计算及相关性检验

计算采用Matlab程序，共计算了CIE76L*u*v*、CIE76L*a*b*、CIE94和CIEDE2000 4种色差公式的色差。

筛选出的视力等级和4种色差值导入SPSS统计分析软件，计算肯德尔（Kendall）相关系数，计算结果如表5.6所示。

表 5.6　肯德尔相关系数

		CIE76 L*a*b*	CIE94	CIEDE2000	CIE76 L*u*v*
视力等级	相关系数	0.581	0.426	0.394	0.701
	N	563	563	563	563

从表5.6中可以看出，按照CIE76L*u*v*色差公式计算出来的色差值与视力等级之间的相关性最高，CIE76L*a*b*次之，CIE94和CIEDE2000最差（本实验的色差均指CIE76L*u*v*色差）。

（2）色差与视力等级的关系

将筛选出来的视力等级和色差按照红色系和蓝色系分为四部分：背景为红色，E为红色；背景为红色，E为蓝色；背景为蓝色，E为红色；背景为蓝色，E为蓝色。图5.50为按此分类绘制的散点图。

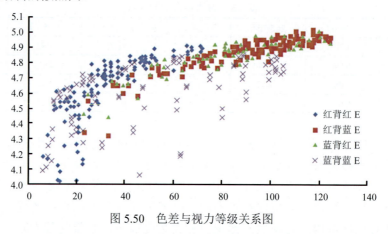

图 5.50　色差与视力等级关系图

图5.50中，我们发现该部分数据点有一个共同的特点：背景或"E"字一个为黄绿色，另一个为蓝色。在挑出这部分数据后，色差与视力等级之间的关系如图5.51所示。

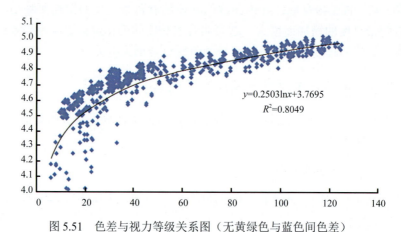

图 5.51　色差与视力等级关系图（无黄绿色与蓝色间色差）

将色差与视力等级之间按照对数拟合得到两者之间的关系为

$$D = 0.2503\ln(\Delta E_{uv}^{*}) + 3.7695 \tag{5.33}$$

式中，D为视力等级；ΔE_{uv}^{*}为CIE76L*u*v*色差。

（3）正对比与负对比的影响

对于色彩A和B，A为背景、B为"E"字与B为背景、A为"E"字时色差相同，但视力等级却略有不相同。这与色彩的亮度差有关。对于A和B，亮度高的色彩为"E"时，其视力等级略低于亮度低的色彩为"E"，如图5.52所示。

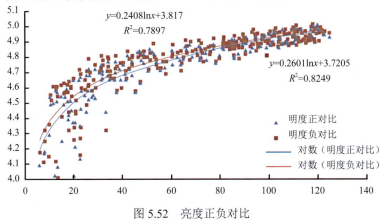

图 5.52　亮度正负对比

亮度正对比时，将色差与视力等级之间按照对数拟合得到两者之间的关系式为

$$D = 0.2601\ln(\Delta E_{uv}^{*}) + 3.7205 \tag{5.34}$$

式中，D为视力等级；ΔE_{uv}^{*}为CIE76L*u*v*色差。

亮度负对比时，将色差与视力等级之间按照对数拟合得到两者之间的关系式为

$$D = 0.2408\ln(\Delta E_{uv}^{*}) + 3.817 \tag{5.35}$$

式中，D为视力等级；ΔE_{uv}^{*}为CIE76L*u*v*色差。

（4）亮度对比度对照分析

相同条件下，相同的受试者做了亮度对比度对视力等级影响的实验，实验结果如图5.53所示。亮度正对比时，将亮度对比度C与视力等级D之间按照对数拟合得到两者之间的关系式为

$$D = 1.907\ln C + 4.8085 \tag{5.36}$$

亮度负对比时，将亮度对比度C与视力等级D之间按照对数拟合得到两者之间的关系式为

$$D = 0.2101\ln(-C) + 4.9084 \tag{5.37}$$

由上可知，正对比时，满足关系式 $\Delta E_{uv}^{*} = 65.56C^{0.7332}$ 的亮度对比度和色差具有相同的视力等级；负对比时，满足关系式 $\Delta E_{uv}^{*} = 92.98C^{0.8725}$ 亮度对比度和色差具有相同的视力等级。

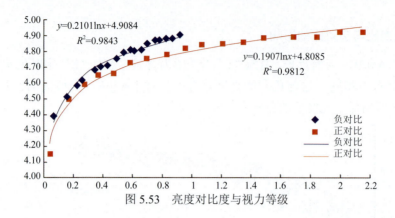

图 5.53　亮度对比度与视力等级

（5）黄绿色与蓝色误差分析与修正

黄绿色与蓝色相互构成视力表的背景和"E"时，测得的数据在色差与视力等级的图中，误差都较大，原因是该区域色彩空间均匀性较差。

从实验结果看，仅该区域有此问题，故可对黄绿色和蓝色之间的色差计算值做局部修正。可借鉴阿特里奇（G.G.Attridge）和普安特（M.R.Pointer）建议的幂指数模型 $y = ax^b$ 来表示视觉色差和计算色差之间的关系。根据前面拟合得到视觉色差与计算色差之间的关系式：

$$D = 0.2503\ln(\Delta E_{uv}^*) + 3.7695 \tag{5.38}$$

以及黄绿色与蓝色的视觉色差与计算色差的关系式：

$$D_1 = 0.5599\ln(\Delta E_1) + 2.2023 \tag{5.39}$$

按照此关系式对色差进行修正，如图5.54所示。可以看出按照上式修正后这些数据点基本都分布在主题数据附近。

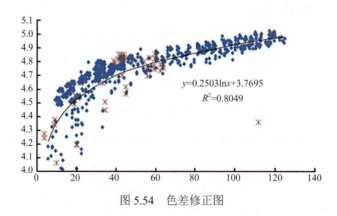

图 5.54　色差修正图

进一步说明当路面照明采用低色温光源、前方目标物照明采用高色温光源并保持负对比时，空间照明效率最高（图5.55）。

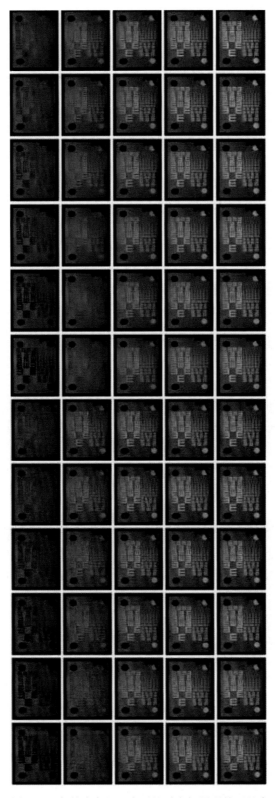

图 5.55　保持高色温、负对比时空间照明的可见度

4. 实验结论

① 在中间视觉范围内的亮度水平下，CIE76 L*u*v*色差公式对大色差的评价表现最好，CIE76 L*a*b*次之，CIEDE2000和CIE94最差，也表明按照中小色差修正的色差公式并不适用于大色差评价。

②CIE76 L*u*v*色差与视力等级之间的关系式为

$$D = 0.2503\ln(\Delta E_{uv}^*) + 3.7695 \qquad (5.40)$$

③等亮度的目标物与背景的明度差为正时的视力等级比明度差为负时的要低，这与亮度正对比的辨识力比负对比的低类似。

④亮度对比度与色差的等效关系为：正对比时，满足关系式 $\Delta E_{uv}^* = 65.56C^{0.7332}$ 的亮度对比度和色差具有相同的视力等级；负对比时，满足关系式 $\Delta E_{uv}^* = 92.98C^{0.8725}$ 亮度对比度和色差具有相同的视力等级。

⑤黄绿色和蓝色之间的色差计算值修正式：$\Delta E_{uv}^* = 0.0019\Delta^{2.2369}$ 式中，ΔE_1 为黄绿色与蓝色之间按照CIE76L*u*v*色差公式计算得到的色差值，ΔE_{uv}^* 为修正后的色差值。

实验证实，在中间视觉这一较窄的亮度范围内，由于背景亮度、目标物表面亮度之间相差并不显著，导致对比度很低。在此条件下，背景色度与目标物表面色度之差，在对目标物的辨识中起到明显的甚至是主导作用[37]。

⑥背景（路面）亮度一定时，目标表面亮度与背景亮度之间正对比的可见度明显低于负对比的可见度；亮度达到一定值后，继续增加，可见度不再提高。

⑦色度对比度对于目标的辨别虽不及亮度对比度影响大，但在亮度对比度相近的照明情况下，色差可使得亮度对比度零点附近的可见度提高，亮度对比越强烈，色差的作用越小。

⑧将背景亮度与目标物表面亮度结合起来分析并加入色度数据，就可得到目标物与背景之间的亮度与色度对比度。

⑨当路面照明采用低色温光源、前方目标物照明采用高色温光源并保持负对比时，空间照明效率最高。

⑩位于道路两侧的路面照明采用光源光谱主光轴位于507 nm右侧，而道路中央的路面照明光源光谱主光轴则位于更右侧；空间照明应采用高于路面照明色温、显色性较高的光源并保持负对比。

5.6 提高道路照明效率的其他措施

5.6.1 克服灯体内部污垢

路灯灯头由外壳与内腔构成，内腔包括光源、反射器、玻璃透镜，外壳包括内腔、驱动电路（镇流器）、控制系统、机械装置、换气导管/变形体及联通导管；内腔完全密封，通过换气导管与变形体连通，内腔内外的气体不可流通，外壳内外的气体可通过连通导管流通。

解决呼吸效应问题的原理是减小由于灯头内部温度升高而在灯头内形成的高压，使内外交界面达不到产生呼吸所必需的"压力差"。工作过程为：点亮光源后，内腔加热并产生气压变化，导致内腔压力逐渐增大，腔体内外形成正压，此时内腔通过换气通道将热气排至变形体，使得变形体膨胀变大，从而使内腔内的气压减小，达到新的平衡；变形体变大后传递到外壳内的正压力通过连通导管被排到灯头外部，使得外壳内亦保持常压；光源熄灭后，内腔变冷，导致内腔压力逐渐变小，腔体内外形成负压，此时内腔通过换气通道吸收变形体内的气体，使得变形体减小，从而使内腔内的气压变大，恢复原平衡；变形体减小后传递到外壳内的负压力被灯头外部的气体通过连通导管补充，外壳内恢复常压。

这一过程中，吸入的不洁气体不进入内腔，而是进入外壳内预置的存放污垢的空间内，这样，在路灯玻璃透镜底部不会形成污垢。关键技术是设置变形体与存放污垢的空间，变形体分为内置式变形体与外置式变形体，内置式变形体置于灯头外壳内部，适合于灯头内部空间较大的情况；外置式变形体置于灯杆空腔内部，适合于灯头内部空间较小的情况。

路灯变形式呼吸装置不限于路灯及气体放电光源，它解决了路灯存在一个长期困扰的问题——玻璃外壳内部污垢现象。通过变形式呼吸装置的作用，保持了光源与灯头内部的清洁，避免了在路灯玻璃透镜上聚集的污垢对光源向下照射光线的遮挡，从而使路灯的照明效率大为提高。

图5.56分别是内置式、外置式变形体示意图，图5.56a中编号1为内置式变形体；图5.56b中编号2为外置式变形体。

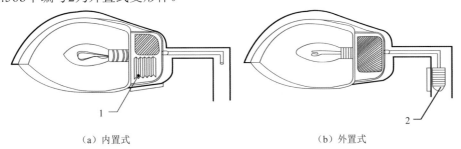

（a）内置式　　　　　　　　　　　　（b）外置式

图 5.56　内置式及外置式变形体示意图

5.6.2　隧道中央段照明

1. 隧道墙壁处理

采用浅色的、较强反射系数的材料，对整个隧道墙壁尤其是顶部表面进行涂装处理。在隧道两端，采用高效、5000 K左右色温的光源照亮墙面及顶部表面。

2. 中间段照明

隧道中间段采用应用于雾霾照明的低色温光源及横向照明方式提供照明。

5.6.3 规避行道树

1. 让出行道树的生长空间

行道树遮挡问题实质是路灯与行道树共同占有相同的空间，由于树木在城市中必不可少，那么解决的原则只能是"灯让树"，即让出行道树的生长空间，在空间上避开行道树。

2. 高度低于行道树

多维度路灯设置于道路中央，高度3 m左右；设置于两侧的路灯，则应低于行道树。多维度路灯与行道树（沿道路纵向）的位置关系如图5.57所示。

图 5.57　多维度路灯与行道树的位置关系

5.7　小　　结

1. 高效节能照明的道路照明需要解决的问题

定制化道路照明；高能效路面照明；高能效空间照明；路面光谱合理分布；克服灯体内部污垢；路灯智能控制；克服隧道中央段雾霾；规避行道树。

2. 高效节能照明的影响因素

影响路面亮度的因素有：路面反射率、照明方式、路灯眩光、树木遮挡。
影响物体可见度的因素有：空间照度、前背景色度差。

3. 高效节能照明的照明方式

宏观光滑路面条件下，在所有照明方式中，低位路灯逆向照明方式的路面照明效率最高；反之，在粗糙路面上，低位路灯正向照明方式的路面照明效率最高。

相对于差异很大的路面，应根据路面的R值来确定适当的照明方式，即"定制化道路照明"。不同道路实施"定制化道路照明"的含义是根据路面反射率来确定合理的照明方式。尤其在低位路灯照明方式下，路面反射特性对于道路照明效率高低起着至关重要的决定性作用。理论上，低位路灯照明的特点就是最大限度地利用路面反射特性，因而其照明能效对于路面的反射特性较高位安装的路灯更为敏感。

在中等刺激条件下，瞳孔面积与主观亮度之间在数值上存在的线性关系。

在降低能耗的同时依然能够保证驾驶员主观亮度，为我们找到了一条道路照明节能的新途径——通过消减眩光来大幅增加路面的主观亮度。在CJJ 45—2015中，影响路面亮度设计值的因素仅有一个：道路性质。在路面亮度设计值中加入一个新因素——阈值增强，可在照明设计阶段有效降低能耗。

参 考 文 献

[1] Jägerbrand A K. LED (light-emitting diode) road lighting in practice：An evaluation of compliance with regulations and improvements for further energy savings[J]. Energies，2016，9(5)：357.

[2] CIE. Recommendation for the lighting of roads for motor and pedestrian traffic[R/OL]. [2019-05-20]. http://perso.lcpc.fr/bremond.roland/documents/CIE_115.pdf.

[3] 张海，马光超，张敏江，等. 级配碎石基层对沥青路面反射裂缝抑制机理分析[J]. 沈阳建筑大学学报（自然科学版），2011，27(2)：247-252.

[4] 杨春宇，张青文. 建筑材料反射光亮度实验与照明计算方法[J]. 同济大学学报（自然科学版），2009，37(8)：1019-1023.

[5] Bodmann H W. Road surface reflection and road lighting：Field investigations[J]. Lighting Research and Technology，1989，21(4)：159-170.

[6] 关烨锋，陈泳竹. 路面反射系数对LED道路配光的影响及其优化研究[J]. 广东技术师范学院学报，2016，37(2)：33-36.

[7] 王巍，葛爱明，邱鹏，等. 基于路面亮度系数表的路灯配光优化及透镜设计[J]. 照明工程学报，2013，24(2)：75-80，86.

[8] 武佳文. LED和HID灯对道路照明节能影响的研究[D]. 成都：电子科技大学，2017.

[9] Ryckaert W R，Lootens C，Geldof J，et al. Criteria for energy efficient lighting in buildings[J]. Energy and Buildings，2009，42(3)：341-347.

[10] 王建平，严晓龙，徐晓冰. 基于反应时间的中间视觉道路照明功率密度分析及显色性能研究[J]. 发光学报，2015，36(5)：595-603.

[11] 胡英奎，李毅，陈仲林，等. 基于反应时间的道路照明功率密度确定方法[J]. 中南大学学报（自然科学版），2012，43(4)：1563-1566.

[12] 吴仍茂，屠大维，黄志华，等. LED照明系统的光照均匀性设计[J]. 光学技术，2009，35(1)：74-76.

[13] Kim G H，Kim S J，Park J W. Design of target luminous intensity distribution and road lighting calculation by classification method of exterior lighting luminaires in the IESNA[C]. Proceedings of 4th Lighting Conference of China，Japan and Korea，2011.

[14] 顾九春，杨占鹏，等. 基于Tarvip的城区道路照明可见度评价的思路与方法[J]. 城市照明，2007，11(4)：8-10.

[15] van Bommel，van den Beld. Lighting for work：A review of visual and biological effects[J]. Lighting Research and Technology，2004，36(4)：255-269.

[16] van Bommel W. Road Lighting Fundamentals，Technology and Application[M]. Cham：Springer，2015.

[17] 孙霁，Alain C，孙沛. 数量表征和韦伯-费希纳定律：应用及发展[J]. 心理研究，2017，10(5)：35-39.

[18] Durán R V M，Malacara D，López Ramírez J M. Some considerations regarding the exit pupil location in some visual systems[J]. Revista Mexicana de Física，2004：50.

[19] 颜红金，高庆春，李现亮，等. 眼睛动态检测系统在神经疾病定位诊断中的初步应用[J]. 中国医学物理学杂志，

2015，32(2)：251-254.

[20] 罗达. LED照明对人眼瞳孔和脉搏非视觉生物效应的影响研究[D]. 广州：华南理工大学，2016.

[21] Wu H N，Dong J F，Qi G J，et al. Optimization of LED light spectrum to enhance colorfulness of illuminated objects with white light constraints[J]. Journal of the Optical Society of America. A，Optics，image science，and vision，2015，32(7)：1262-1270.

[22] Colin P，Chauvet F，Viennot L . Reading images in optics：Students\" difficulties and teachers\" views[J]. International Journal of Science Education，2002，24(3)：313-332.

[23] 张青文，李毅，翁季，等. 不同色温LED光源在道路照明中的适用性研究[J]. 照明工程学报，2013，24(5)：70-77.

[24] 李杨. 视野位置及刺激特征对目标搜索影响的眼动研究[D]. 北京：首都师范大学，2006.

[25] 张韬. 基于视觉特性的高速公路隧道照明光源亮度与能耗分析[D]. 重庆：重庆交通大学，2014.

[26] 赵海天，赖冠华，邝志斌，等. 高速公路照明效率实验研究[J]. 深圳大学学报（理工版），2014，31(6)：618-625.

[27] van Bommel W，周太明，林燕丹. 光源的光谱与低照明水平——中间视觉的基础[J]. 照明工程学报，2009，20(4)：1-4.

[28] Raynham P，Saksvikrønning T. White light and facial recognition[J]. The Lighting Journal，2003，69：29-33.

[29] Boyce P R，Rea M S. Security lighting：Effects of illuminance and light source on the capabilities of guards and intruders[J]. Lighting Research and Technology，1990，22：57-79.

[30] Fotios S A，Cheal C. Road lighting for pedestrians in residential areas：Choosing the optimum lamp colour characteristics[J]. Light & Engineering，2009，18(1)：1-11.

[31] 崔璐璐. 隧道照明光源的光色研究[D]. 重庆：重庆大学，2008.

[32] Pointer M R，Attridge G G. Some aspects of the visual scaling of large colour differences[J]. Colour Research and Application，1997，22(5)：298-307.

[33] 李福生. 基于小目标可见度STV的LED路灯视觉研究[D]. 上海：复旦大学，2011.

[34] Guan S S，Luo M R. A colour-difference formula for assessing large colour differences[J]. Color research and application，1999，5(24)：344-355.

[35] Kittelmann P. Vsual assessment of large colour difference using 3 and 5 step colour series[D]. Berlin：Technical University of Berlin，2005.

[36] Keck M E. A new visibility criteria for roadway lighting[J]. Journal of the Illuminating Engineering Society，2001，30(1)：84-89.

[37] Attridge G G，Pointer M P. Some aspects of the visual scaling of large colour differences-II [J]. Colour Research and Application，2000，25(2)：116-122.

第6章　多维度道路照明：智慧路灯

智能化的道路照明包括5项内容：第16项，路灯智能控制；第17项，智慧城市[1,2]平台；第18项，指示救援照明；第21项，景观照明；第27项，消减溢散光污染[3]。

6.1　路灯智能控制

路灯智能控制包括照明方式自适应调节和天气模式自适应切换[4]。

照明方式自适应调节是指，正常天气下，只要向控制系统输入路面（相对）反射率的测试结果，控制系统就能够根据该结果自动调节正向照明光源与逆向照明光源之间的功率分配，通过实时自动调节路灯开关与运行功率，保证道路获得高效能的照明。

天气模式自适应切换是指，对应不同的天气情况，路灯的各个专用子系统之间能够自动适应、自主转换，实现全天候运行。

6.1.1　照明方式自适应调节

1."照度＋流量"调节

目前路灯所采用"照度＋时间"的控制方式，主要目的是保证及时亮灯和兼顾节能。其中，照度控制以天空照度为依据，照度过低时开灯；时间控制按时间分段，以"子夜"为时间段，认为后半夜车辆较少，通过减小路灯的输入功率来节能。

"照度＋时间"的控制方式虽简单但不精确。因为在快速道路上，车辆的多寡并非完全根据照度与时间。例如，堵车时会排起长龙，此时可能处于后半夜，需要加强路灯照明；另一些情况下，尽管在前半夜，车辆可能稀少，此时可以减弱照明。

多维度道路照明系统以"照度＋流量"控制方式取代"按时间分段"的运行功率转换机制。在道路的适当位置，使用路灯平台加载车流量计数器，由计数探头测定实时的车流量。根据天空照度确定开灯时间；通过车辆计数器统计车流量确定路灯的运行功率，通过路灯调光进行节能控制。车流量计数系统如图6.1所示。

显然，"照度＋流量"控制比目前的控制方式更为精确，也更能发挥LED光源响应速度快的优势。

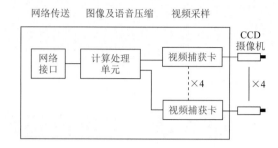

图 6.1　车流量计数系统

2. 运行模式自动巡检

多维度道路照明系统采用非人工的、更及时的故障报警技术，实时监测路灯运行状态。主要原理是通过实时测量路灯电压、电流值，发现异常，当偏离值超过事先设定的阈值范围时，触发报警信号。路灯运行状态实时监测框图如图6.2所示。

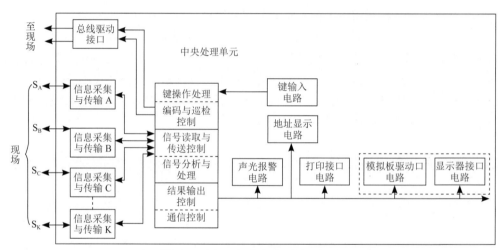

图 6.2　路灯运行状态实时监测框图

6.1.2　天气模式自适应切换

在多维度道路照明系统中，雨量、雾霾传感器将有关天气的实时数据传至云端，后台主机根据雨量、雾霾情况决定最佳照明策略与控制措施并通过多路控制器及时在各个子系统之间切换。

1. 正常天气下的照明

照明控制措施：开启逆向/正向照明子系统，开启前向照明子系统，关闭横向照明子系统，开启抑制昏睡照明子系统，激活警示照明子系统与救援照明子系统。

2. 大雨、雪天气下的照明

照明控制措施：关闭逆向照明子系统，开启正向/前向照明子系统，开启横向照明子系统（功率只开1/2），开启抑制昏睡照明子系统，激活警示照明子系统与救援照明子系统。

3. 雾霾天气下的照明

照明控制措施：关闭逆向照明子系统，开启正向/前向照明子系统，开启横向照明子系统（功率全开），开启抑制昏睡照明子系统，激活警示照明子系统与救援照明子系统。

6.1.3　云平台与大数据

1. 云平台数据集

城市道路路灯规模日益庞大、线路复杂，灯具、灯杆等设备管理，以及路灯维护人员的调度等，形成大批量资料需要高效率的管理和处理。另外，随着照明监控系统的安装，系统所获取并存储的视频数据容量正以惊人的速度增长，这些数据包含了道路及周边环境的大量信息，在管理上能够带来巨大的价值。云平台使分析大数据集并从中获取规律性信息变为可能。例如，通过云计算强大的处理能力，采用蒙特卡罗算法[5]对海量运行数据结果进行分析，预测照明系统未来的运行[6,7]。

2. 运行数据智能分析

建立科学合理的模型库，对照明数据进行多层次、多角度、全方位的分析和挖掘，以连续、立体、动态的图表展现各种指标数据，灵活、快速地按不同的实际需求提取并发现有价值信息，为不同层次的管理者建立关键指标模型，得到其最关注的关键性指标、决策性依据。

设备维护预测：根据照明设备寿命历史数据，为每种照明设备设定寿命模型，提供进入老化期的设备清单，并按照清单制定科学维护计划，提前安排，及时更换设备，提高照明服务质量和工作效率，降低维护成本。

故障应对策略：根据照明设备故障率历史数据，为每种照明设备设定故障率分析模型，对故障率变化异常的设备进行预警，提前准备好备品备件和维修人员。

业务量预测：在新增加照明线路或照明片区时，按照工程预算模型，系统可以通过输入的参数（包括建设规模、建设区域、照明设备类型等）计算建设成本、照明设备数量等信息。同时根据运维模型，计算新增维护工作量，为管理者提供资金预算、人员储备等决策支持。

运行效能分析：对照明设施建设、维护、节能、管理等方面进行综合评估，分析投入效益，找出薄弱环节以利整改。

3. 共享信息库与 GIS 资源

建立一个能够快速准确地反映路灯信息，实现快速查询、分析，可解决海量数据的管理，为路灯管理部门提供多层次、多功能的信息平台。

信息库利用的技术包括计算机网络技术、地理信息系统（GIS）技术和数据库技术。

面向城市道路照明管理的路灯地理信息系统结合地图绘制技术和数据库技术，能够存储各种相关属性，而且能结合地图，将各种信息与地理位置会合，简单直观。

信息库采用成熟的商用地理信息系统Mapinfo，配以城区电子地图和相应的各种市政设施信息资料，建立在先进的GIS相关技术之上，以空间数据库为依据，在用户提供GIS数据的基础上可以实现一体化的软件控制；将RTU、路灯、箱变等各部件与地理信息系统的矢量图形有机结合，能方便地实现图纸及其属性数据的录入、修改[8]。

信息库的建设目标是建成一个实时的、可视化的地理信息服务平台。以地理信息为基础，综合集成现有系统，将路灯型号、路灯、电缆地理位置、各回路布置、各监控点的实时动态信息等数据采集起来进行集中管理、分析、查询，为管理人员提供实时的可视化信息。具体实现如下：

①与路灯设备（路灯配电设备、支路走线、监控设备、灯杆、灯具等）紧密结合，方便编辑地图和信息内容。

②与集中监控系统建立对应关系，可调用数据库服务器中所有与地理信息系统有关的监控数据，能读取数据库服务器中的实时数据、历史数据、过负荷信息、主要告警信息等。

③电子地图分层管理，监控设备、支路走线、灯杆、灯具可由用户根据实际情况进行增加、删除和修改，并可进行统计和计算，可对地图任意范围内线路、变压器、开关、电缆根据用户选定的条件进行统计，可根据需要查询符合统计条件的路灯设备并在地图中定位。

④除了与路灯集中监控系统建立对应关系外，与路灯管理系统也能建立可靠的数据连接，可查询地图中各类路灯设备的资源配置和管理情况，可生成报表。

⑤当分控点路灯系统出现故障时，该点变色，并将故障点记录到数据库，同时显示在屏幕中心，提醒管理员注意并提供多种形式的图形格式转换。

6.1.4　智慧城市的数字化平台

数字化平台与多维度道路照明系统集成一体，采集的信号与指令全部接入城市大数据中心并存储于云端，而后由相关职能部门依权限分享[9]。平台可为相关部门提供以下信息：①路灯运行管理；②道路交通管理；③城市治安与环境管理。

管理主体包括：城市交通监控中心、公安部门、气象部门、环保部门、城市抗灾指挥部门。

1. 空气质量测量

采集各种交通污染物数据（表6.1），周期性上报，及早预警、报警。

表 6.1 交通污染物数据

序号	参数类别	参数或污染物	单位	标准值
1	物理	温度	℃	22 ～ 28
				16 ～ 24
2		相对湿度	%	40 ～ 80
				30 ～ 60
3		空气流速	m/s	0.3
				0.2
4	化学	二氧化硫 SO_2	mg/m³	0.50
5		二氧化氮 NO_2	mg/m³	0.24
6		一氧化碳 CO	mg/m³	10
7		二氧化碳 CO_2	%	0.10
8		氨 NH_3	mg/m³	0.20
9		臭氧 O_3	mg/m³	0.16
10		甲醛 HCHO	mg/m³	0.10
11		苯 C_6H_6	mg/m³	0.11
12		甲苯 $C_6H_5CH_3$	mg/m³	0.20
13		二甲苯 $C_6H_4(CH_3)_2$	mg/m³	0.20
14		可吸入颗粒 PM_{10}	mg/m³	0.15
15		总挥发性有机化合物	mg/m³	0.60

2. 气象雨量测量

采用环境温湿度测量传感器和雨量及水深传感器设备测量环境温度与湿度，采集数据后周期性上报，及早预警、报警。

3. 汽车充电

当有车辆由于电瓶问题而无法启动时，12 V电源可为汽车启动提供电瓶电量。

4. 5G/Wi-Fi 热点

目前，城市的公交车、地铁等公共交通工具上已实现或将实现Wi-Fi覆盖，但未能覆盖占总量90%以上的非公交车辆。通过沿路布置的5G/Wi-Fi热点，可以全面覆盖道路上移动的车辆，实现云端甚至雾端的大容量数字通信。

5. 噪声测量

城市噪声的实时监测主要指市政道路噪声实时探测、取证、报警、记录，目的是发现噪声热点。

6. 风电、光伏一体化

道路是连续的、无遮挡的开敞空间，无论是光伏发电还是风力发电，与其他清洁能源的利用方式相比，具有自然条件优势[10]。轴流式风力发电机占地面积小，转速稳定，可用作风力发电机；单晶硅电池板转换效率较高，可置于公路护栏上，与轴流式风力发电机共同以风、光互补方式为路灯供电。

6.1.5　指示救援照明

当发生交通事故需要救援，要求指示事故方位时，一束穿透力强的竖直光可在事故地点形成局部地标，在空中明确地标示出事故方位，如图6.3所示。

虽然提供指示救援照明可有多种方法，但上述竖向照射的方法简单可靠，尤其在雾霾天和手机信号不佳的区域，竖向照射成为唯一选择。

图 6.3　竖向照射用于指示救援照明

6.2　可见光通信与定位

计算机、智能设备的迅速发展和普及，使得移动数字终端的范畴和数量发生了革命性变化，给传统接入网技术带来了巨大考验。社会呼唤着一种拓宽频谱资源、绿色节能、灵活的新的接入方式，符合这些条件的可见光通信（visible light communication，VLC）技术应运而生[11]。

6.2.1　可见光通信发展历史

现代意义上的室内无线光通信研究始于1979年，格费勒（F.R.Gfeller）和巴普斯特

（U.Bapst）提出利用红外漫反射原理实现红外频段的室内通信。20世纪90年代开始，研究者着重进行红外频段接收机光电模块的设计和新型信道拓扑结构的研究，使得红外光源和接收检测器成本大大降低，同时随着室内光通信道建模和信道测量的完善，无线红外通信系统得到很好的发展。

相较于红外通信研究，近10年可见光通信的发展离不开LED光源的高速普及。基于白光LED的可见光通信技术能够以较低的成本同时实现照明与通信两大功能，适用于各种接入场景，无电磁干扰，绿色环保。由于这些优点，很快获得了世界各国的关注和支持，日本研究者在2000年提出利用LED照明灯作为通信基站进行信息无线传输的室内通信系统并进行了仿真。为实现可见光通信的实用化，2003年成立可见光通信联盟（visible light communication consortium，VLCC）。2008年欧盟开展OMEGA项目，发展1 Gbit/s以上的超高速家庭接入网研究。同年，美国国家科学基金会资助开展"智能照明通信"（smart lighting communication，SLC）项目。2011年，德国、挪威、以色列与美国等共同成立Li-Fi联盟，进行航天系统中的联网研究，利用VLC技术提供飞行时的无线网络环境。

6.2.2　可见光通信原理和优点

可见光通信技术是指以LED或其他光源发出的光为载波，运用强度调制和直接解调（intensity modulation/direct detection，IM/DD）技术，在接收端利用光电传感器进行数据传输的无线通信技术。以LED灯作为互联网接入热点，通常由网络接入控制器、民用级照明LED灯和接收机三部分组成。安置在LED灯前端的接入控制器通过以太网、卫星网络等方式连接外部网络，并将LED驱动电信号转换成为光信号，使得LED以照明功率变换调节的方式实现数据下行传输，接收机将光信号转换为电信号发送给用户，用户端通常还需要集成红外或射频模块，以实现上行数据传输[12]。

相比于传统的无线通信技术，VLC技术结合照明和通信，利用光作为载波能够很好地解决射频通信中无线频谱资源紧缺这一难题。可见光通信可在照明的同时进行通信，扣除照明本身的能耗，用于无线信息传输的能耗显著低于传统射频无线通信系统。

6.2.3　可见光通信在道路照明领域的应用

VLC适用于智能交通系统（intelligent transport system, ITS），例如，交通信号灯、车的制动信号灯等可作为信号源，辅助周边车辆驾驶。ITS可用于辅助驾驶，改善交通拥堵等现象。智能交通系统是一体化交通综合管理系统。在该系统中，车辆在道路上行驶，管理人员对道路、车辆的行踪掌握得一清二楚。ITS的建设过程中，从信息的收集、数据的分析处理，到信息的管理和信息的发布，涉及很多关键技术，如车联网技术、云计算技术、智能科学技术、建模仿真技术。其中基于可见光通信的车联网（Internet of vehicles visible light communication, RTV-VLC）系统是车联网技术的一种新方案。RTV-VLC系统选用二维的LED阵列（2D-LED）作为信号源，阵列中每一个LED

灯都可以独立调制、传输数据。

在智能交通系统中，将路灯作为基站建设光通信网络，在交通领域发挥协同作用。车载光敏接收器接收光信号，并通过解码芯片和显示芯片将光信号还原成数据信息且通过显示屏显示出来。用户通过该网络可查询交通状况，合理地选择交通路线，缓解交通拥堵的状况。当车速过快，超过各路段的限速要求时，路灯会发出减速提醒信号。对不清楚路线的车主，智能交通系统给每个LED路灯调制一个合适的路标信息，然后通过车载光敏接收器接收路标信息发挥导航功能。

6.2.4 可见光定位关键技术

可见光通信在智能照明中的定位应用如图6.4所示。

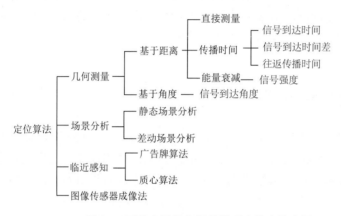

图 6.4 可见光通信在智能照明中的定位应用

VLC系统使用光源（LED等）在照明的同时提供定位且无射频（radio frequency, RF）干扰，可部署在严格限制射频辐射的环境中。可见光定位关键技术在于其采用的定位算法，比较常见的技术包括基于三角测量法的定位技术、基于场景分析法的定位技术、基于接近法的定位技术、基于可见光和Ad Hoc网络混合法的定位技术。

可见光通信在LED路灯上的实现如图6.5所示。自然界噪声会提高LED驱动电源波纹，使通信误码率提高。今后研究的重点是更长距离的传输，以及更高的安全性和稳定性。

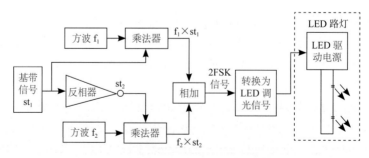

图 6.5 可见光通信在 LED 路灯上的实现

6.2.5　可见光通信存在的问题

在白光LED即将成为下一代主要照明光源的大背景下，可见光通信面临发展机遇，但也存在一些问题。首先，VLC系统利用分布式的光源进行传输使得系统具有广播特性，但移动终端功率较低，无法提供有效的可见光上行链路；其次，人工或自然光源在VCL接收机端产生噪声干扰。虽然太阳光产生的噪声功率较大但为常数，人工光源产生的噪声能被滤波一部分但仍不可忽视[13]。

6.3　恶劣天气下的汽车自动驾驶系统

人工智能（artificial intelligence，AI）是未来各国科技竞争的主要领域，自动驾驶是AI的主要研究方向之一，是该领域前沿技术的应用[14]。自动驾驶系统[15,16]从本质上讲是一个智能控制机器，由信息感知、行为决策及操纵控制三个子系统组成[17]。目前，自动驾驶划分为5个等级：

L0指不具备自动驾驶功能的汽车驾驶。

L1指具有特定功能的自动驾驶汽车驾驶，主要代表功能有电子稳定控制、自动紧急制动、车道保持辅助。

L2指具有组合功能的自动驾驶汽车驾驶，主要代表功能有自适应巡航控制、自动泊车等。

L3指受控的自动驾驶汽车驾驶，主要代表功能是高度自动驾驶功能。

L4指完全无人驾驶，主要代表功能是完全自动驾驶。

汽车自动驾驶的实现有两种路径：一是传统车企以高级驾驶辅助系统（advanced driving assistant system，ADAS）切入逐步自动化；二是互联网企业以人工智能切入自动驾驶。

自动驾驶设备：在感知层面有摄像头、雷达、传感器等[18]；在决策层有驾驶辅助预控制器、自动驾驶预控制器、整车控制器；在执行层面有转向系统、制动系统、发动机管理系统。ADAS是一系列驾驶辅助系统的集合。ADAS以提升驾驶员安全和舒适为目的，通过摄像头、雷达、传感器感知周围环境，运用算法做出行为判断，提醒驾驶员或直接控制车辆避免碰撞。

1. 摄像头

摄像头包括单目摄像头、双目摄像头等[19]。

摄像头是自动驾驶中不可或缺的获取视频或图像的设备。摄像头主要指标包括数据传输的速度、降噪能力、夜摄能力、对光线的敏感程度等。摄像头获取路面图像如图6.6所示。

在视觉研究领域，机器人视觉更强调实际应用，计算机科学视觉更注重算法的研发[20,21]。

图 6.6　摄像头获取路面图像

2. 传感器

传感器包括超声波传感器、轮速传感器、加速度传感器、定位传感器等。下面主要介绍超声波传感器的优点和缺点。

超声波传感器有金属探头，优点是防水、防尘，少量的泥沙遮挡也无妨，与车体外壳可以很好地结合；最小的监测距离为0.1～0.3 m，车辆之间的干扰较小，成本较低。对于较常见的40 kHz超声波传感器，其测距精度是1～3 cm（取决于后端电路和数据处理性能）。

超声波传感器的缺点是检测角度过小，需要在不同角度分别安装；除此以外，空气损耗大，探测距离过近。

3. 雷达

雷达包括三维激光雷达、固态激光雷达、红外雷达、毫米波雷达等。雷达发射出电磁波，接收的是不能被电磁波穿透的物体反射的回波。

（1）三维激光雷达

三维激光雷达发射窄波可见光，根据反射回波传输时间计算出物体距离。

由于一束光线只能得到一个点的回波，所以三维激光雷达要发射多个光束，并通过沿某个平面旋转扫描得到该平面上所有点的回波。若要得到三维空间数据，需多个雷达共同工作。三维激光雷达每个垂直平面发射出32、64或128条光束，旋转一周，覆盖整个立体空间进而生成三维影像。自动驾驶概念汽车的三维激光雷达如图6.7所示。

图 6.7　自动驾驶概念汽车的三维激光雷达

图6.8是三维激光雷达的数据，不同距离的回波点呈现出物体轮廓。三维激光雷达的问题是随着物体距离的增加，回波点会变得越来越稀疏。

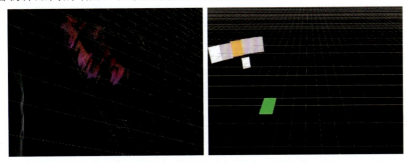

图 6.8　三维激光雷达数据

（2）固态激光雷达

固态激光雷达中，由激光发射阵列发射多组光束角小于360°的激光，PIN型光电二极管接收激光反射波，用类似于CCD或CMOS图像传感器的原理得到一张三维图像。固态激光雷达及三维图像如图6.9所示。

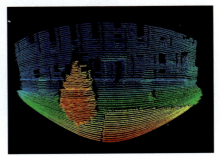

图 6.9　固态激光雷达及三维图像

在固态激光雷达的三维图像中，不同颜色的长方形代表不同位置存在的障碍物。物体与雷达的距离可通过计算得到，同时可根据反射光强度值，识别出常见物体，如行人、道路、建筑、路灯等。固态激光雷达主要用于检测距离近的物体，用于启动汽车紧急制动。

（3）红外雷达

红外雷达发射不可见（如980 nm）的红外光，由红外接收器接收。红外雷达通过感知物体温度来发现物体，原理和激光雷达近似[22]。例如，某些温度反差大但对可见光反射率相近的物体，激光雷达无法发现而红外雷达能够发现。红外雷达的局限性是红外光可被不透明物体遮挡。

（4）毫米波雷达

毫米波雷达在所有雷达中穿透力最强，能够接收到几百米外的反射。其优点是覆盖范围广，缺点是精度没有激光雷达高，易造成车辆之间的干扰。通常测距用的毫米波雷达是调频连续波激光（frequency modulation continuous wave，FMCW）雷达，需要一个不含碳的非金属材料的发射与接收"窗口"。

上述车载雷达设备的主要性能参数如表6.2所示。

表 6.2　车载雷达设备的主要性能

探测载波	毫米波雷达	激光雷达（包括三维激光雷达和固态激光雷达）	红外雷达
探测距离	在适当波束宽度下最小为 150 m	由激光功率决定，最大为 150 m	最大 10 m
分辨率	10 mm	最小 1 mm	10 mm
波束宽度	最小 2°	最大 1°	最小 30°
响应时间	快，1 ms	较快，10 ms	受声速影响
温度稳定性	好	好	差
抗湿度性	好	差	一般
环境适应性	好	差	差
硬件价格	较高	较高	低
信号处理难度	高	低	一般

通常，自动驾驶系统往往由多个传感器组合完成感知道路环境的任务[23]，如图6.10所示。

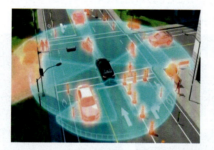

图 6.10　多个传感器组合使用

4. 车路协同的智能交通

目前，城市智能交通的突破口和发展方向[24]是：结合交通信息采集的特点，基于实时车载数据的控制策略，创造车路协同环境，如图6.11所示。

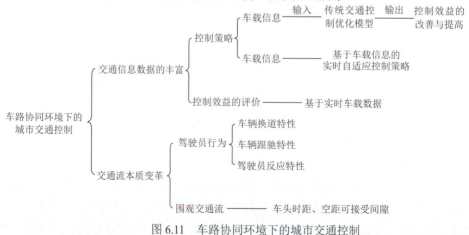

图 6.11　车路协同环境下的城市交通控制

车路协同的智能交通利用车车间、车路间通信，通过与路基信号控制系统联系和交通状态的实时侦测对行车决策及交通控制决策提供支持。例如，当交叉路口过饱和时，通过交叉路口之间信号控制机的实时交通状态检测及交互，优化交通控制决策，对过饱和状态及时疏解，大幅降低车均延误、停车次数。车车间与车路间通信如图6.12所示[25]。

图6.12　车车间与车路间通信

5. 现有道路定位与测距技术及存在的问题

虽然自动驾驶技术在近几年里有了质的飞越，但始终有一个前提条件：良好的可见度。在训练和测试自动驾驶汽车的过程中，自动驾驶依据的条件都是在正常天气下的。

在正常天气下，各种智能系统、辅助驾驶系统都能很好地运行，自动驾驶系统的机器视觉能够防止追尾、碰撞，而且能为防止车辆驶出路面提供即时道路定位信息，满足所需的车辆及道路定位[26]。

但在恶劣天气下，需要精确的车辆及道路定位信息，以及驶出路面的机动车偏航警示，现有传感器技术的准确性不能满足要求。对于雨、雪、浓雾天气，由于自动驾驶系统无法看到路面道路线信息而无法进行智能辅助驾驶，无法全天候出行已成为自动驾驶的主要技术障碍之一。对此，目前还没有有效的解决方案。

①GPS：GPS定位误差为米级，且受到信号遮挡、干扰、多路径反射等影响。在城市密集区域，无法保障自动驾驶所需的定位精度。GPS提供的是米级定位精度，达不到道路安全要求，道路安全所要求的定位精度是厘米级。

②摄像头：在雨、雪天气，道路因结冰、积雪、积水导致路面反射特性发生变化，摄像头无法准确识别甚至无法获得车道线、有效影像，无法进行实时导航。

③超声波：超声波测距距离过近，留给驾驶员反应的时间过短。

④激光雷达：在雨、雪、雾等恶劣天气下可见度极低时，激光雷达难以绘制出精准的环境地图。这是因为激光雷达是主动扫描，小功率激光无法透过浓雾，而大功率激光不适合安装在车辆上用作扫描。

⑤毫米波雷达：雨、雪、大雾天气下，毫米波雷达探测距离受频段损耗制约。另

外，毫米波雷达无法感知无高护栏的道路边缘，难以实时构建道路走向图形。

⑥红外雷达：探测距离上限为25～50 m，主要实现对速度40 km/h以下运动物体的探测。受雨、雪、浓雾天气影响严重，探测距离显著变短，无法满足实时导航需求。

⑦磁力导航：磁力导航需在车道线下面埋填铁磁体标记（通常为磁铁或电线），这种方式可以将车辆横向位置定位到厘米级别，但是其缺点为道路改造耗资巨大。

在雨、雪、浓雾等恶劣天气下，目前所有自动驾驶系统都无一例外地难以运行，都必须由人来进行驾驶操作。在道路没有画线或分隔线被雨雪遮挡时，ADAS、Mobileye等一系列依靠观察道路线进行自动驾驶的系统都无法完成偏航预警、自动驾驶等操作，系统全部失灵。

上述测距及定位技术有两个共同特点：一是均采用单一的测距方法来确定是否追尾；二是完全依赖单纯的机器视觉来确定机动车是否偏航。

6. 恶劣天气下需要解决的关键技术问题

恶劣天气导致了大部分非人为因素造成的交通事故。因此，在恶劣天气下提高行驶安全性已成为自动驾驶的核心与共性问题。恶劣天气下提高行驶安全性需要解决以下三个关键技术问题：①防偏航（航向识别）；②防追尾（目标识别）；③次生事故预警（距离识别）。

6.3.1 车路协同、人机融合的行车测控系统

在恶劣天气下，需要解决航向识别、目标识别和距离识别问题；解决的途径是通过照明手段尽力恢复人眼视觉并建立机器视觉，构建车路协同、人机融合的自动驾驶系统。

首先，我们考察飞机是如何自动驾驶着陆的。

1. 飞机机载仪表着陆系统

飞机机载仪表着陆系统（instrument landing system，ILS）依靠地面精确制导与机载仪表协同工作，引导飞机进行"盲降"，如图6.13所示。

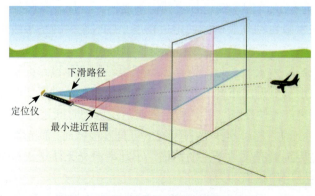

下滑路径

定位仪

最小进近范围

图6.13 飞机机载仪表着陆系统示意图

虽然ILS理论上可以实现飞行员看不到任何目视参照物条件下降落，但是ILS仍然有以下几个方面的要求。

（1）人力接管

ILS只能引导飞机下降到离地一定高度，剩下的着陆动作必须由飞行员人工操作完成。

（2）目视降落

降落条件是：目视清晰。如飞机降到法定"决断高度"，而飞行员依然没有看到跑道（跑道灯），则飞机不能着陆，必须复飞[①]。

（3）关于目视参考的规定

仪表进近的目视飞行阶段，应当有充分的地面特征，以保证飞行员能够正确和立即判明飞机相对于着陆航迹的位置，并且必须给予驾驶员用作横向操纵所需要的条件，如进近灯、跑道灯。

目视盘旋的目视参考是指驾驶员能持续看到地面，使之能确定飞机相对于跑道的位置，并保持在规定的目视盘旋区内。ILS目视降落条件如图6.14所示。

  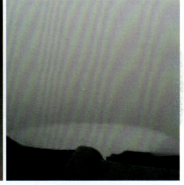

跑道清晰可见　　　　　　　　跑道灯光辅助效果良好　　　　　　完全看不到跑道
可以着陆　　　　　　　　　　可选择着陆或复飞　　　　　　　　不能着陆，必须复飞

图 6.14　ILS 目视降落条件

飞机机载仪表着陆系统在技术成熟度、设备精密性、可靠性方面是任何现代车载系统所不能达到的，而ILS仍然要求人力接管与目视降落。那么，只能说明：恶劣天气下，完全排斥人的作用的所谓"无人驾驶汽车"，要么是外行的"无知者无畏"，要么是利益相关者的"哗众取宠"行为。在恶劣天气下，人们不应该也不可能把生命权全部交付给机器！

---

① 进近和着陆。如果在飞越最后进近定位点或最后进近点之前，报告的跑道视程或可见度低于程序规定的着陆最低标准，机长不得飞越最后进近定位点或最后进近点继续进近。如果在飞越最后进近定位点或最后进近点之后，报告的跑道视程或可见度降至规定的着陆最低标准以下，则机长可以继续进近至决断高度或最低下降高度。

　　飞机到达决断高度或在非精密进近到达最低下降高度后至复飞点前，飞机处在正常下降着陆位置上，飞行可见度不低于程序规定的最低标准，并已取得要求的目视参考，则可以继续下降至决断高度/高或最低下降高度以下。

　　在精密进近或非精密进近中，当飞机到达决断高度或最低下降高度时，不论天气报告如何，如果不能取得外界目视参考或者不能充分保证成功地进近着陆，则必须强制实施复飞。

　　既然车辆要在路上行驶，我们当然不应忽视道路交通设施的作用——如同飞机机载仪表着陆系统要与路基导航系统协同工作一样。

　　所谓车路协同，就是在恶劣天气下，使车基系统（车载设备）与路基系统（道路交通设施，包括路灯）协同工作、互相校核，使行车探测与控制的功能由车基系统与路基系统共同完成。路基系统是恶劣天气专用道路照明系统，车基系统由偏航检测系统及道路走向实时构建系统构成。

　　所谓人机融合，就是在恶劣天气下，将人眼视觉与机器视觉相互融合，将人工控制与机器控制相互融合。一方面，通过照明手段提高驾驶员裸眼视距；另一方面，通过车路协同，建立机器视觉。在此基础上，利用人眼视觉与机器视觉交叉校验、高度融合，解决航向识别、目标识别和距离识别问题，进行行车警示与控制[27, 28]。

　　属于路基系统的恶劣天气专用道路照明系统有两个主要功能：一是提供提高驾驶员裸眼视距所需的基础照明环境；二是发射建立机器视觉所需的（可见或非可见）光信号。

　　属于车基系统的偏航检测系统接收光信号，根据双通道光强平衡的拓扑算法，经计算机处理确定机动车行驶状态，提供快速精确的机器视觉与偏航预警；道路走向实时构建系统通过拓扑算法实时重构道路走向。

　　车路协同、人机融合的自动驾驶模式实际上是车辆"自主驾驶"＋人工"监视干预"。车路协同、人机融合的自动驾驶逻辑框图如图6.15所示。

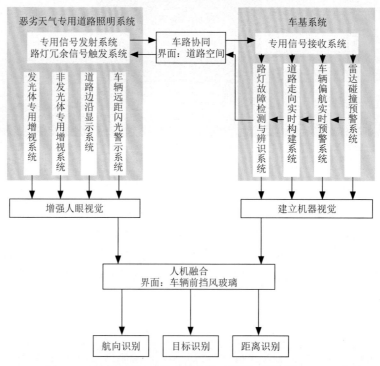

图 6.15　车路协同、人机融合的自动驾驶逻辑框图

　　路基系统功能是增强人眼视觉和提供专用信号，路基系统逻辑框图如图6.16所示。

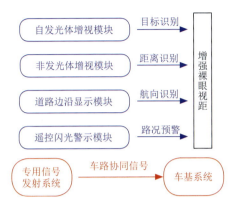

图 6.16　路基系统逻辑框图

路基系统工作形态如图6.17所示。

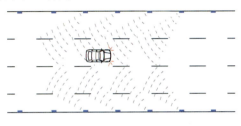

图 6.17　路基系统工作形态

车基系统功能是通过专用信号接收系统建立机器视觉，车基系统逻辑框架图如图6.18所示。

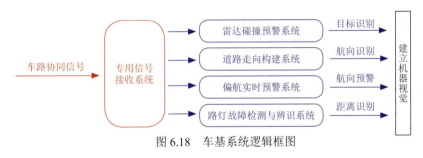

图 6.18　车基系统逻辑框图

人机融合的行车测控系统结构框图，如图6.19所示。

6.3.2　恶劣天气专用道路照明系统

恶劣天气专用道路照明系统在正常天气下关闭，仅在恶劣天气下手动或自动开启。

基于光强的车辆定位技术需要道路光源的支撑，路灯系统提供最直接最简单的光源。但现有的以高位、集中式为代表的路灯技术并不适合光通信与计算，原因有二：一是路灯距离大于道路路宽，缺少必要的冗余信号量，无法有效进行误差校验；二是路灯高度与车载传感器不在同一平面，定位计算复杂。多维度的分布式路灯系统由于路灯距离近、灯位低，可以有效克服上述弊端，为行车测控系统提供最佳的光源支撑，同时提供能提高人眼视觉所需的基础照明环境。特点是：信号量有冗余，光信号输出稳定，定位计算简单，可选择特定光谱作信号光源。

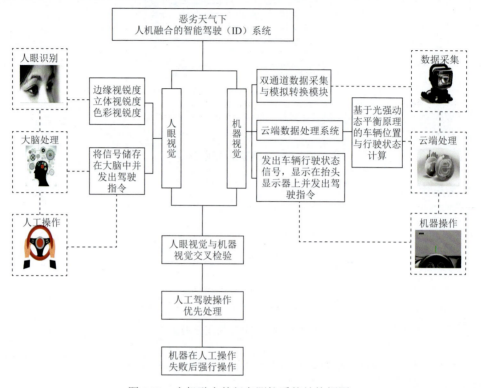

图 6.19　人机融合的行车测控系统结构框图

该系统包括专用光源和专用照明方式，两者结合、共同构成道路照明系统。专用光源和专用照明方式的描述如表6.3所示。

表 6.3　专用光源及专用照明方式

视觉问题	专用光源	专用照明方式
航向识别	低色温光源	分布式照明
目标识别	穿透力强光源	横向照明
	高显色性光源	正向照明

该专用光源，具有较高穿透力及较高显色性，除含有可见光光谱、提供人眼视觉所需的基础照明外，还可辐射平稳或脉冲的、穿透力超过可见光的非可见光信号。

该系统通过改善基础照明环境来"提高人眼视觉距离"的途径是：采用低位（灯具安装高度在1.4 m之下）、分布式（路灯灯距2～8 m）、双侧安装（路灯均匀安装在位于道路两侧）、横向照明及正向照明的方式提高驾驶员裸眼视距，有效克服浓雾天气下的"白墙"效应，重构机动车驾驶员对前方道路的方向感和对前方障碍物的察实感、距离感，提高驾驶员视觉能力。

6.3.3 道路走向实时构建系统

道路走向实时构建系统由双通道光信号探测器和光强信号计算机分析软件组成。道路走向实时构建系统工作原理：设置在道路两侧的恶劣天气专用道路照明系统的光源发出光信号，由车载的道路走向实时构建系统的双通道光信号探测器接收后，由光强信号分析软件采用动态光强信号拓扑算法，快速、精确地确定机动车行驶状态，进而形成应用于人机融合的机器视觉，实时重构道路走向。

我国高速公路设计规范中，快速道路的转弯圆曲线最小半径不小于200 m，极限值不小于125 m。基于这个条件可以对系统进行基础设置。不同设计速度圆曲线最小半径如表6.4所示。

表 6.4　不同设计速度的圆曲线最小半径

设计速度 /(km/h)		120	100	80	60	40	30	20
圆曲线最小半径 /m	一般值	1000	700	400	200	100	65	30
	极限值	650	400	250	125	60	30	15

注：“一般值”为正常情况下的采用值；“极限值”为条件受限制时可采用的值。

以单向4车道为例，中间为行车道，道路外侧为路灯，信号发射器置于路灯内，路灯间距远小于路宽。信号发射器功能是在恶劣天气下，向车辆发射具有良好透雾性的、保证可被车载传感器可靠接收的可见光或非可见光定位信号。单向4车道平面示意图如图6.20所示。

图 6.20　单向 4 车道平面示意图

车载传感器能同时接收、识别上述多个发射器的信号，并计算传感器与发射器之间所成夹角。多个传感器结合后，整体识别范围应不小于200°。传感器整体识别范围示意图如图6.21所示。

图 6.21　传感器整体识别范围示意图

行车测控系统接收道路两侧信号后，识别发射器方位，得到发射器角度方位信息，如图6.22所示。

图 6.22　传感器接收信号

车载传感器获知多个发射器的信号，得到多个发射器与汽车所成夹角，如图6.23所示。

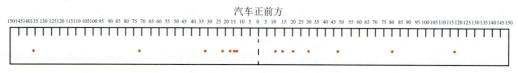

图 6.23　发射器与汽车之间的夹角

把角度信息转换为平面图，可以得到图6.24。

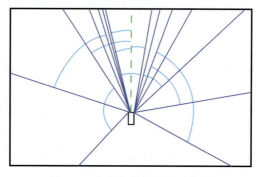

图 6.24　角度信息的平面示意图

如图6.24所示，深蓝色线为汽车传感器与道路两侧发射器之间的连线。由于只有角度信息，无法获知汽车与道路边缘的距离，也不确定道路走向。因此，需要设置一种算法，重构道路走向，并获知汽车与道路边缘距离。

首先对汽车左侧情况进行分析。根据发射器之间的距离为常量，在连线中选择与汽车成角小于且最接近于90°的连线，如图6.25中的红色线。

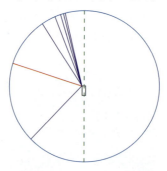

图 6.25　道路上汽车与发射器距离一定

在红色线上建立同心圆，同心圆的半径为发射器之间的距离，逐个递增。同心圆在红色连线上移动，每个同心圆都与所有连线产生交点。由于每个同心圆都与所有连线产生交点，所以同心圆的移动距离是有限的，即连线会有一个距离范围，如图6.26所示。

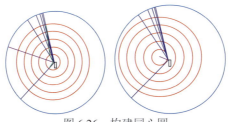

图 6.26　构建同心圆

同心圆在连线上的移动，会与其他连线产生多个交点，橘黄色点为交点；把交点逐一连接，可以得到一条折线，如图6.27所示，绿色连线是圆心和交点连接所产生的折线。

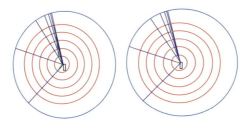

图 6.27　同心圆的移动

在同心圆移动的过程中，会产生无数组不同的圆心和交点，如图6.28是圆心在连线上从内到外的移动过程，以及其交点和圆心所生成的折线。

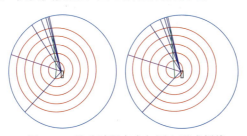

图 6.28　移动过程交点与圆心形成折线

从中提取所生成的折线，如图6.29所示，可以发现仅有从左至右的第四条折线接近于平滑曲线。这条折线所形成的平滑曲线，可以通过曲线平滑程度评价等算法提取出来。此曲线就是原道路的左侧边缘线。通过此方法可以重构出左侧道路的边缘走向。

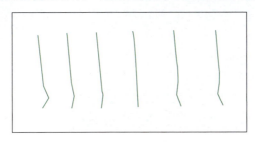

图 6.29　根据折线构建出平滑曲线

对于曲线$x=x(t)$，$y=y(t)$，$z=z(t)$上的一点$P_0=(x(t_0), y(t_0), z(t_0))$，若$x=x(t)$，$y=y(t)$，$z=z(t)$在$P_0$均连续可微且

$$(x'(t_0), y'(t_0), z'(t_0))\neq 0$$

则称P_0为曲线的一个正则点。

若一条曲线上的所有点均为正则点，则这条曲线为正则曲线，即光滑曲线。同样，用此方法可以求出右侧道路的折线及其最平滑曲线，重构出右侧道路的边缘走向，如图6.30所示。

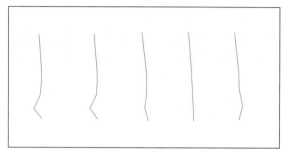

图 6.30　重构道路右侧边缘走向

对左右侧道路进行重叠复合，可以得出汽车在道路中的位置和相对方向，以及重构出道路前方的走向，如图6.31所示。

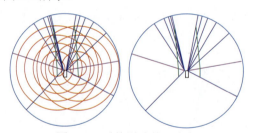

图 6.31　重构道路前方走向

重构出的道路走向，通过抬头显示器投影在前挡风玻璃上，如图6.32所示。

图 6.32　前挡风玻璃上道路走向的投影

6.3.4　车辆偏航预警系统

车载偏航预警系统的探测器将接收到的、由恶劣天气专用道路照明系统发出的光信号构建成空间与时间两个序列，空间序列由左、右通道的光信号构成，时间序列由相邻采样周期的光信号构成。

车辆偏航预警系统的核心是将机动车偏航问题由机动车与道路中（边）线的动态实时测距转变为光信号强度的动态平衡分析。光信号在空间与时间序列中具有以下性质：当机动车正常（非偏航）行驶时，光信号强度处于动态平衡状态；当机动车非正常（偏航）行驶时，光信号强度处于不平衡状态。

1. 时间、空间函数序列

①双通道光强采样得到两列数据，得到时间函数 t 序列。

右通道：R_1, R_2, R_3, …, R_{t-1}, R_t, R_{t+1}, …, R_n。

左通道：L_1, L_2, L_3, …, L_{t-1}, L_t, L_{t+1}, …, L_n。

②经计算，得到空间函数 S 序列：

$S_1 = R_1 - L_1$，$S_2 = R_2 - L_2$，$S_3 = R_3 - L_3$，…，$S_{t-1} = R_{t-1} - L_{t-1}$，$S_t = R_t - L_t$，$S_{t+1} = R_{t+1} - L_{t+1}$，…，$S_n = R_n - L_n$。

2. 车辆偏航预警原理

若 $S_1 = a$，$S_2 = a$，$S_3 = a$，…，$S_{t-1} = a$，$S_t = a$，$S_{t+1} = a$，…，$S_n = a$，左、右通道空间平衡，无扰动。

①利用左、右通道光强时间序列 t 的平衡。

若右通道：$R_1 = R_2$，$R_3 = R_2$，…，$R_{t-2} = R_{t-1}$，$R_t = R_{t-1}$，$R_{t+1} = R_t$，…，$R_n = R_{n-1}$，右通道时间平衡。

若左通道：$L_1 = L_2$，$L_3 = L_2$，…，$L_{t-2} = L_{t-1}$，$L_t = L_{t-1}$，$L_{t+1} = L_t$，…，$L_n = L_{n-1}$，左通道时间平衡。

②左、右通道光强空间序列 S、时间序列 t 的平衡序列：

若 $S_2 = S_1$，$S_3 = S_2$，…，$S_{t-1} = S_{t-2}$，$S_t = S_{t-1}$，$S_{t+1} = S_t$，…，$S_n = S_{n-1}$，左、右通道空间、时间平衡。

3. 正常条件下的偏航预警

①直行条件（从 t 点开始，记录 t、t_a，利用左、右通道光强空间序列 S 的平衡）。

右通道时间 t 平衡：$R_1 = R_2$，$R_3 = R_2$，…，$R_{t-1} = R_{t-2}$，$R_t = R_{t-1}$，$R_{t+1} = R_t$，…，$R_n = R_{n-1}$。

左通道时间 t 平衡：$L_1 = L_2$，$L_3 = L_2$，…，$L_{t-1} = L_{t-2}$，$L_t = L_{t-1}$，$L_{t+1} = L_t$，…，$L_n = L_{n-1}$。

左、右通道空间 S 平衡：$S_2 = S_1$，$S_3 = S_2$，…，$S_{t-1} = S_{t-2}$，$S_t = S_{t-1}$，$S_{t+1} = S_t$，…，$S_n = S_{n-1}$。

②左转条件（从t点开始，记录t、$t+1$，2个采样）。

当$S_2>a$，$S_3>a$，…，$S_{t-1}>a$，$S_t>a$，$S_{t+1}>a$，…，$S_n>a$，并且$S_2≈S_1$，$S_3≈S_2$，…，$S_{t-1}≈S_{t-2}$，$S_t≈S_{t-1}$，$S_{t+1}≈S_t$，…，$S_n≈S_{n-1}$时，右侧光强>左侧光强。

③右转条件（从t点开始，记录t、$t+1$，2个采样）。

当$S_2<a$，$S_3<a$，…，$S_{t-1}<a$，$S_t<a$，$S_{t+1}<a$，…，$S_n<a$，并且$S_2≈S_1$，$S_3≈S_2$，…，$S_{t-1}≈S_{t-2}$，$S_t≈S_{t-1}$，$S_{t+1}≈S_t$，…，$S_n≈S_{n-1}$时，左侧光强>右侧光强。

4. 偏航预警显示内容

预警显示：左、右两列（绿、红、黄）灯，共6个，中间为标志区。

预警灯光：绿灯——正常；红灯——禁行；黄灯——关注。

预警标志（共9种组合）：

①左绿、右绿——正常直行，箭头直线；

②左绿、右红——左转，箭头向左弯；

③左绿、右黄——左正常，右关注；

④左红、右绿——右转，箭头向右弯；

⑤左红、右红——禁行，刹车；

⑥左红、右黄——左禁行，右关注；

⑦左黄、右绿——右正常，左关注；

⑧左黄、右红——右禁行，左关注；

⑨左黄、右黄——高度关注。

系统的采样与计算周期小于0.02 s，计算精度为厘米级，所述系统通过设置必要的光信号采样冗余，具有排除外界扰动的能力。该系统构成一种机器视觉系统，可外接显示、投影设备[29]。

直行显示：左、右绿灯都亮，箭头向前，如图6.33所示。

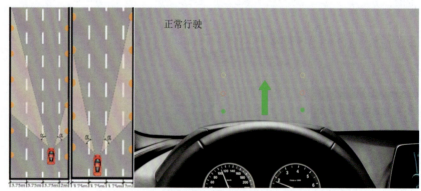

图6.33　直行显示

预警显示（1）：左绿、右红灯亮，箭头向左弯，如图6.34所示。

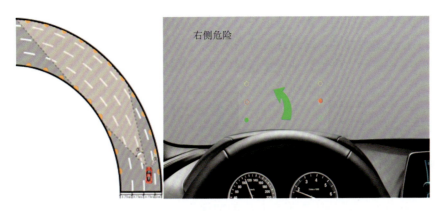

图 6.34　左转显示

预警显示（2）：左红、右绿灯亮，箭头向右弯，如图6.35所示。

图 6.35　右转显示

综上所述，车路协同、人机融合的行车测控系统的实现方法是，当驾驶员透过前挡风玻璃观察并形成机动车行驶状态的人眼视觉影像时，描述机动车行驶状态及偏航警示信息的机器视觉也以图形的形式同步呈现在前挡风玻璃上，使人眼视觉影像与机器视觉图形高度融合。驾驶员随时将人眼视觉影像与机器视觉图像进行交叉校验，进而感知定位、规划驾驶策略、调整行车方向。

该系统具有全面控制机动车行驶状态的控制指令系统和伺服机构。系统控制策略中，坚持人工自主驾驶优先原则，只有在判定驾驶员无法完整地完成正确的驾驶操作并可能发生事故后，才由机器控制车辆，实现全天候的智能化安全驾驶。

6.4　道路景观照明与光环境

多维度道路照明系统的一项重要功能还包括通过沿路的景观照明营造某种特定主题的灯光环境。例如，在某些节日期间，将路灯的景观照明设计与功能照明设计融合，营造和表现节日氛围。

景观照明设计与功能照明设计进行融合，需要对道路空间景观照明的两大因素进行研究。首先是主观观赏者，即道路之外的人群；其次是客观载体，即道路空间的各组成部分。通过实地调研，对如何使城市道路空间照明更好地反映城市特质，并通过景观照明完善道路空间的形态进行规划和设计[30,31]。

6.4.1　设计原则

韵律美广泛体现于建筑、音乐、舞蹈、自然、道路（桥梁）景观中。人类对韵律信息具有天生的偏好，余音绕梁的音乐，婀娜多姿的舞蹈，波涛起伏的大海，波澜壮阔的山脉，都具有一定的韵律感。有序的韵律可提升环境美感，让人愉悦兴奋，有效缓解疲劳。

韵律感应成为道路空间内景观照明设计的原则，借助韵律，既可加强整体的统一性，又可以求得丰富多彩的变化。韵律感包括：①连续重复韵律；②渐变韵律；③起伏韵律；④交错韵律。

6.4.2　表现手法

针对驾驶员的舒适感和审美需求，需要构建安全、舒适、有韵律感的视觉参照系（其中安全是最基本需求）。通过实例的对比，对不同设计方法所得到的空间效果的差异进行验证。

谢赫·扎耶德大桥位于阿拉伯联合酋长国的阿布扎比，灯光如水流一般滑过桥身，在桥的"背脊"上交叉流动变幻。照明通过在水平和垂直表面上投射不同的颜色，以三维方式在夜间呈现桥梁的脊柱，展现桥梁的空间结构，如图6.36所示。

图 6.36　桥梁核心交通区灯光设计

6.4.3　实景赏析

相关桥梁照明如图6.37~图6.39所示。

图 6.37　桥梁景观照明

图 6.38　迈阿密湾桥梁照明

图 6.39　深圳湾人才公园桥梁

6.5　灯光景观的水面效应与倒影规律

　　灯光作为表现夜景的元素往往与水相伴而生。以芝加哥城市立面为例，若以水为前景，景观增加了意想不到的美妙效果。基于多维度空间理论，我们自然要问：产生如此效果的机制是什么，有哪些因素会对此产生影响？瑞士卢塞恩湖畔夜景如图6.40所示，灯光的倒影具有整齐而富有变化的韵律。

图 6.40　瑞士卢塞恩湖畔夜景

　　平静的水面如同平面镜一样，根据平面镜成像原理，我们可以看到水中与光源成等大、倒立的虚像，灯光倒影的形状、亮度、颜色均不改变。我们主要讨论有波纹水面对岸边灯光的作用效果，并将水面波纹与灯光作用产生的种种丰富的视觉效果称为灯光的水面效应[32]。

6.5.1　水面效应现象

　　图6.41为深圳欢乐谷的夜景，建筑与水面融为一体。

图 6.41　深圳欢乐谷夜景一角

图6.42为香港维多利亚港夜景，岸边建筑上不同颜色的灯光使得水面色彩丰富多样，活跃了夜幕下的海港。

图 6.42　香港维多利亚港夜景

仔细分析图6.40～图6.42，我们将灯光水面效应的现象归纳如下。

1. 长度变化

小范围平静的水面，灯光照射在上面没有变化，大范围的有波纹的水面灯光被明显拉长。

2. 亮度变化

光源亮度越高，水面灯光倒影越亮；对于一个光源的倒影，其两端较暗中间较亮；水面波纹也能影响倒影的亮度，如倒影中间一段收窄变亮。

3. 疏密变化

近光源处和远光源处较为稀疏，中间部位较为密集。

4. 色彩变化

不同光色的光源在水面波纹的作用下产生光色叠加形成新的色彩；同一高度上的光源，若其间隔较近（水面波纹将倒影在横向上拉宽），则在倒影的重合处产生光色的混合叠加；同一垂直线上的光源，在其倒影的重合区域产生光色的叠加。

6.5.2　水面效应分析及数学模型

1. 水面效应产生的条件

水面效应的产生主要受两个方面的制约：一是水面波纹的形态是否能够反射出稳定的图像；二是光源、水面波纹、观察点三者相对位置关系是否满足光线的反射条件。我们把上述两个问题抽象为数学模型加以分析[33]。

（1）水面波纹的形态因素

在水力学中关于波浪的基本理论主要有线性波理论[34]（linear wave theory）、微幅波理论[35]（micro amplitude wave theory）、有限振幅波理论[36]（finite amplitude wave theory）和浅水长波理论[37]（long wave in shallow water theory）。经对比分析研究，我们选取有限振幅波理论中的格斯特纳（Gerstner）波浪模型作为研究对象。这一物理模型描述水体表面水粒子的运动规律——自由表面中的每一个水粒子沿着其静止位置点做圆形或椭圆形运动。假设水面静止时位于 X 轴，Y 轴指向朝上；假设水粒子沿 X 轴方向运动，t 时刻以半径 r 进行波动传播的水粒子的运动方程为

$$\begin{cases} x = x_0 + r\sin(kx_0 - \omega t) \\ y = y_0 - r\cos(ky_0 - \omega t) \end{cases} \tag{6.1}$$

我们将式（6.1）改写为

$$\begin{cases} x = \dfrac{\lambda}{2\pi}\theta - \dfrac{h}{2}\sin\theta \\ y = \dfrac{h}{2}\cos\theta \end{cases} \tag{6.2}$$

式中，λ 为波长；h 为波高。

将公式（6.2）用Matlab编译，模拟在波长一定的条件下不同波高的波纹形态，如图6.43所示。由图6.43发现随着 h 不断增大，波峰越来越陡峭，最后在波峰位置形成一个圆圈即波浪发生破碎飞溅出浪花，在水面上将无法形成稳定的光影图像。经反复计算与实际观察，发现水面波纹波长较短、波高较小且满足 $\lambda/h>10$ 时，水面能够产生稳定的光影图像。

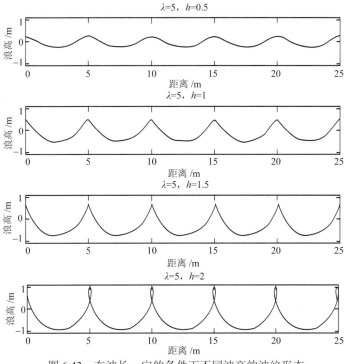

图 6.43　在波长一定的条件下不同波高的波纹形态

（2）光源、水面波纹、观察点相对位置关系

水面反射可抽象为如图6.44所示的模型，在坐标系中x轴为水面所在位置，$A(0,a)$为光源位置，$B(s,b)$为观察点位置，$C(x,0)$为反射点，P为C处反射光的虚像点。

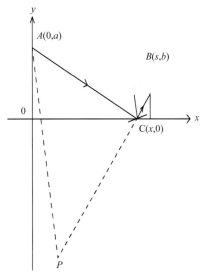

图 6.44　水面反射的模型

经分析，可以确定水面上任意一点（即x轴上任意一点）要想将A点的光线反射到B

点，则该点处的水面相对于x轴的斜率必然唯一确定，其斜率表达式为

$$k = \tan\left[\frac{1}{2}\left(\arctan\frac{b}{s-x} - \arctan\frac{a}{x}\right)\right] \tag{6.3}$$

对公式（6.2）求导，得到波纹的斜率方程：

$$k_0 = \frac{\pi h \sin\theta}{\pi h \cos\theta - \lambda} \tag{6.4}$$

联立方程（6.3）和方程（6.4），当$k = k_0$时求解得到一系列x坐标值，即水面上该x值处的水面波纹可将光源A点光线反射到观察点B。再对这些坐标点逐个求解得到其对应的虚像点P的坐标，求解方程如下：

$$\begin{cases} x_p = \dfrac{b - a - \dfrac{bs}{s-x}}{\tan\left(\dfrac{\pi}{2} + \theta\right) - \dfrac{b}{s-x}} \\[4mm] y_p = \dfrac{b}{s-x}(x_p - s) + b \end{cases} \tag{6.5}$$

公式中x为$k = k_0$时求解得到的一系列x坐标值，记为集合M。灯与观察点之间不一定全是水面，设水面的位置为从x_0至x_c，记为集合N。当集合M与N存在交集时，我们说光源、水面、观察点三者之间的相对位置关系满足水面效应产生的条件。

2. 水面效应的数学分析

按式（6.2）～式（6.5）建立水面效应的数学模型，用Matlab编译分析计算。取a=8 m，b=1.5 m，s=100 m，λ=5 m，h=0.5 m，将式（6.2）～式（6.4）图形化可绘制得到图6.45，求得的x_p、y_p坐标绘制得到图6.46。

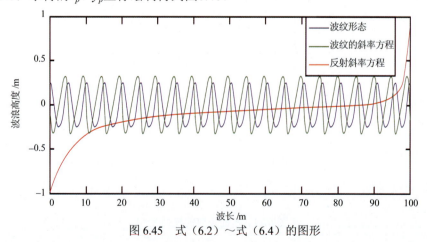

图 6.45　式（6.2）～式（6.4）的图形

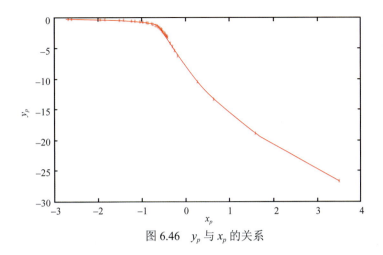

图 6.46　y_p 与 x_p 的关系

图6.45中蓝、红、绿线分别为公式（6.2）～式（6.4）的曲线，红线与绿线的交点即为 $k = k_0$ 的点。图6.46中当 $k = k_0$ 时，由公式（6.5）求出的一系列虚像点，这些虚像点即为光源A在水面上形成的倒影。

由图6.46可得出如下规律：

①光源在水面上的倒影由于波纹的作用被拉长，长度为第一个点与最后一个点的连线长度。

②光源经由水面形成的虚像点的疏密不一，中部拐点（即图6.46中图线弯曲部位，为便于说明本书将此处称为"拐点"）附近最密，近灯处次之，远灯处最稀疏。

改变光源A高度，令a=8 m、10 m、12 m、14 m、16 m、18 m、20 m，其他参数 b=1.5 m，s=100 m，λ=5 m，h=0.5 m，得到图6.47和图6.48。

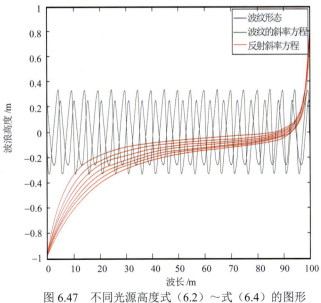

图 6.47　不同光源高度式（6.2）～式（6.4）的图形

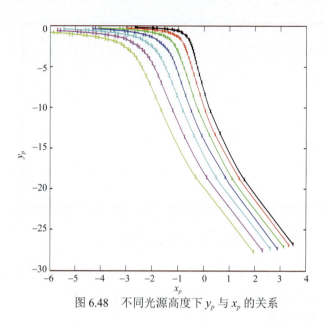

图 6.48　不同光源高度下 y_p 与 x_p 的关系

图6.47中红线从上往下依次为a=8 m、10 m、12 m、14 m、16 m、18 m、20 m 时k的变化情况，图6.48从左至右依次为这7种灯高下水面倒影的形态。分析图6.47、图6.48可得出如下规律：

①随着灯高的增加，水面上可发生反射的起始位置逐渐右移，结束位置同样右移，但变化不大；

②随着灯高的增加，水面倒影的长度逐渐变短，倒影整体向右移动（即远离光源），虚像点趋于密集；

改变光源A与观察点B的水平距离s，令s=100 m、110 m、120 m，其他参数a=8 m，b=1.5 m，λ=5 m，h=0.5 m，得到图6.49、图6.50。

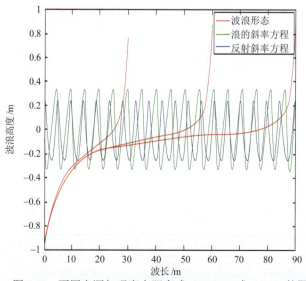

图 6.49　不同光源与观察点距离式（6.2）～式（6.4）的图形

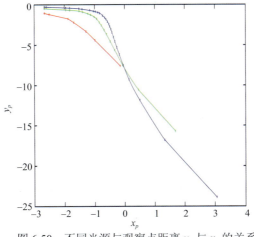

图 6.50　不同光源与观察点距离 y_p 与 x_p 的关系

图6.49中三条红线从左至右依次为$s=30$ m、60 m、90 m时k的变化，图6.50中对应的虚像点依次为红、绿、蓝线。分析图6.49、图6.50可得出如下规律：

随着光源A与观察点B的水平距离s的增大，水面上可反射区域增大，倒影长度逐渐增长且增长区域为远灯处；

改变水面波纹波长λ，令$\lambda=1$ m、2 m，其他参数为$a=8$ m，$b=1.5$ m，$s=100$ m，$h=0.1$ m。图6.51a、图6.51b分别为水面波纹波长$\lambda=1$ m、2 m时灯光倒影图像，对比分析两张图可得出如下规律：随着水面波纹波长变长，灯光倒影长度变短直至成为一个点（镜面反射时，λ趋于无穷大），虚像点的数量也逐渐减少。

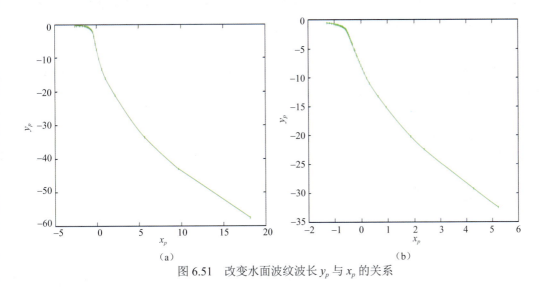

（a）　　　　　　　　　　　　　　　（b）

图 6.51　改变水面波纹波长 y_p 与 x_p 的关系

需要说明的是：光源亮度的差异对倒影亮度的影响在模拟过程中无法反映；多个光源的倒影在临近或重叠时产生色彩的混合，在模拟的过程中也无法反映。

6.6　广义光污染及消减溢散光

在我国，城市内的高架桥灯光已逐步成为道路照明的组成部分；但同时，灯光的溢散已成为不可忽视的现象，光污染已是世界范围客观存在的事实[38]。

光污染是随着城市夜晚照明总量的提高而产生的视觉污染，实质是人工光源造成的和大量室外照明对城市形态的负面影响。光污染是生物多样性的重要威胁，是导致关键物种灭绝和对生物多样性保护构成重大挑战的全球环境问题之一[39]。光污染对生物多样性影响的障碍包括：缺乏严格的关于光污染的法律、缺少良好的控制光污染的策略和环境标准[40]。

光污染的存在，既有实践因素，也有理论因素。对于城市照明和景观照明，非科学的命名与定义导致了认识的混乱与实践中的"异化"。例如，"亮化工程"的说法就是把"美"异化为"亮"而作为追求的目标，进而得出"越亮越好"的结论。在此误导之下，"亮度指标"和"亮灯率"成为评价灯光建设的主要标准。

我们相信,光污染在实践中会被越来越多的人提起和重视。但是，光污染的概念究竟是什么，目前在理论上的研究几乎都局限在眩光污染方面，绝大多数人仍然简单地认为光污染[41]就等于眩光污染[42]。换句话说，几乎人人都在谈论的光污染，其内涵和外延随每个人理解上的差异而大相径庭[43]。可以说，城市灯光环境在理念上的异化与实践上的光污染是相伴而生的。

从多维度空间的角度来重新审视光污染，则光污染的范围还应包含更广泛的生理学、心理学和美学方面的灯光弊端，即事实上是由人工光源造成的视觉污染[44]。 视觉污染在理论研究的滞后，目前尚未归入光污染范畴。

多维度道路照明理论要求光污染的概念应在更加广泛的意义上加以界定，光污染概念的科学性,应从纯技术的层面进一步扩展，除眩光污染外，应进一步包括辐射污染、强光屏蔽、光泛滥、色单调、视遮蔽等。在界定上，不但从人的生理感受和需求，也从人的心理感受和美学追求来加以评价；在范围上，不但包括可见光，也包括非可见光；在认定方法上，不但有设备检测，而且应包括人的视觉参与。同时，光污染应是一个随时代而变的开放概念。

6.6.1　光污染定义与表现形式

1. 狭义光污染

狭义光污染（narrow light pollution）指传统意义上的光污染，也是目前讨论比较多、意见较为一致的光污染形式。

眩光污染（glare pollution）：眩光是城市中光污染最主要的形式，在视野中亮度的分布或范围不适宜，或者在空间或时间上存在着极端的亮度对比，其伤害往往是生理与心理上共有的。

　　眩光分为直接眩光和间接眩光。直接眩光是由视野中的高亮度的或未曾充分遮蔽的光源所产生；间接眩光是由视野中的光泽表面的反射所产生。

　　当视野内存在两种光刺激时，由于掩蔽效应，弱的光刺激不会影响强的光刺激的外观亮度，而强的光刺激却"掩蔽"了弱的光刺激的外观亮度，使其外观亮度减小。易产生眩光污染的光源如图6.52所示。

图 6.52　易产生眩光污染的光源

　　需要指出的是，很多城市立交桥的灯光设计是以桥梁的造型表现为出发点，以加大桥梁的亮度作为突出桥梁的视觉中心地位的主要手段。由于在桥梁与周围空间特别是上方空间存在着较大的亮度对比，导致行车驾驶员在视野中产生眩光，引起不舒适并降低了道路的视觉条件。

2. 广义光污染

　　广义光污染（generalized light pollution）是指由人工光源导致的违背人的生理与心理需求或有损于生理与心理健康的现象，包括眩光污染、辐射污染、光泛滥、视觉单调、光色失衡、视遮蔽、频闪效应等。

　　狭义光污染与广义光污染的主要区别在于狭义光污染的定义只从视觉的生理反应来考虑照明的负面效应，而广义光污染则向更高和更低两个层次做了拓展。广义光污染在高层次方面，包括了美学评价的内容，反映了人的心理需求；在低层次方面，包括了不可见光部分，反映了除了人眼视觉之外对照明的心理反应。显然，广义光污染涵盖了狭义光污染的内容。

（1）辐射污染

　　目前在城市灯光建设中广泛使用的大功率气体放电光源在发出可见光的同时也发出不可见的辐射，这些辐射的一部分对人体或建筑材料具有损害作用[45]，主要表现如下。

　　1）紫外辐射

　　300 nm 以下的短波紫外线可引起紫外线眼炎（紫外线角膜炎）。资料表明，患皮肤癌的重要原因之一是短波紫外线的强烈照射[46]。

　　需要指出的是，紫外辐射伤害有一个缓慢的积累过程，人们在这一过程中无法感知。只有对人体造成明显伤害，需要治疗时才可察觉。另外，紫外线辐射会造成建筑材料表面的褪色、变色甚至变质。伤害的程度依辐射能的光谱构成、表面照度及照射时间三因素而定，光源所辐射的紫外线含量愈高，物体表面照度愈高，照射时间愈长，褪色风险愈大。各类光源因光谱构成的差异各有不同程度的损害系数（damage factor，DF）。褪色风险（fading risk，FR）依下式计算：

$$FR=0.02\times DF\times E\times T$$

式中，E 为表面照度；T 为照射时间；DF 为损害系数。不同紫外线来源的损害系数如表6.5所示。

表 6.5　不同紫外线来源的损害系数

序号	紫外线来源	损害系数 DF
1	穿透玻璃 (4 mm 厚) 之眩光	0.43 ~ 0.68
2	钨丝灯泡	0.15
3	开放型卤素灯 (无 UV 滤镜)	0.22
4	密封型卤素灯 (附 UV 滤镜)	0.17
5	白色高压钠灯	0.10
6	开放型复金属灯 (无 UV 滤镜)	0.50
7	密封型复金属灯 (附 UV 滤镜)	0.25
8	荧光灯	0.07 ~ 0.24

注：UV 滤镜指滤除紫外线的透镜。

　　图6.53是大功率汞灯和金属卤化物灯的光谱分布。我们可以看出：这两种灯的光谱分布中，紫外线的辐射量高于红外线辐射量，是辐射污染的主要来源。

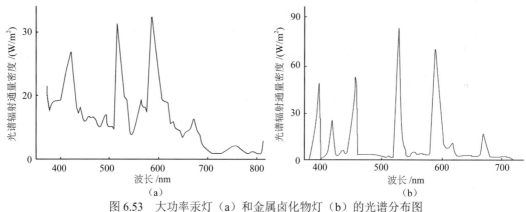

图 6.53　大功率汞灯（a）和金属卤化物灯（b）的光谱分布图

　　2）热辐射

　　目前，我国一些室外公共场所为追求特殊的调光效果仍在采用白炽灯。由于灯丝产生热辐射，在发光的同时也散发大量的热量。据测定，普通白炽灯所消耗的电能中，90%的能量用于增加灯丝温度，仅10%的能量用于照明。这不仅没有有效利用能源，大部分的热量散发还会成为环境升温的原因之一。

另外，直视高亮度光源（如激光）时，会引起黄斑烧伤，甚至造成生理性的、不可修复的视力减退。

3）蓝光辐射

根据司辰视觉，含有较多蓝光份额的LED光源，会对褪黑素产生影响，进而改变人体生物节律，影响睡眠。

（2）光泛滥

光泛滥在宏观上表现为，使城市天空溢散光水平提高，导致夜空发亮；在微观上，表现为光线的过量溢散，如图6.54所示。

图 6.54　大面积照亮树木的方法照明效率极低

光泛滥可归结为两个方面：光误用和光干扰。

1）光误用

有的城市，过多的灯光广告牌在路边排了上下三层、前后三层，过于集中、空间间距过小[47]。这些缺乏规划的广告牌，一方面使人产生视错觉，无法辨识空间的前后、远近关系；另一方面又缺乏主次之分，不能形成视觉的中心，视野内的眩光、辨识标志、颜色的干扰，令人眼花缭乱[48]。

另一个值得注意的现象是，一方面，夜晚景观有待开发，很多城市的建筑与环境缺少必要的夜间灯光渲染；另一方面，某些建筑与小区的业主与城市管理部门，已经意识到开发夜晚景观的必要性，但缺少理性的分析与指导，单纯模仿别人的做法。由于各自为政，都在强调建筑本身，形成了为体现气派而争比亮度、争比耀眼色彩的现象。这种缺少整体艺术协调的攀比行为，是造成视觉污染的思维基础之一。

2）光干扰

光误用在多数情况下对人的影响是被动性的，即只有当人们主动去观看时，才产生负面的作用；但某些特定条件下，光泛滥对人的生活与工作会产生主动性的侵害作用，这种不需人们主动观看的光泛滥就是光干扰，是强制性的[49]。

严重的光干扰破坏必要的生存环境。据报载，"9层楼高的灯杆上，6盏1000 W的路灯距离居民的居室不足5 m，直接照到房子的两间居室，尽管窗户上装的是茶色玻璃，挂着厚厚的窗帘，但拉上窗帘还能看清报纸。强光的照射，不仅使这些居室通宵如昼，而且闷热如蒸笼，夏天窗户不敢开，严重影响居民生活。他们整晚生活在路灯的强光中，自通车起便没有安宁过"[50]。

（3）视觉单调

与呼吸需要空气一样，人的视野中也必须有具体内容。过去，人们把"雪盲"产生的原因归结为白色雪原过于明亮，对人视觉的强烈刺激而导致"雪盲"。但是，一个关于"雪盲"的著名实验表明，"雪盲"是在大雪原上人们的视觉长时间找不到定焦的参照物，其单质的视野集中了相同成分的视觉环境而引起疲劳所致，从而证实了由于视觉单调而导致"视觉饥渴"现象的客观存在。

视觉单调表现为空间单调、色彩单调和光形单调。

1）空间单调

灯光分布在空间上缺少必要的纵深与层次，会使得视神经在成像过程中缺少参照物和多"兴奋点"。若兴奋区域长时间不改变，将造成该区域神经节细胞的疲劳。

2）色彩单调

根据色彩的"残像"规律，视网膜上的神经节细胞在受某种单色光刺激后，会对单色光产生疲劳感。在色彩转换中，这部分的神经节细胞会暂时处于"休眠"状态，而未受刺激的那部分神经节细胞则开始活跃。如果转换后的色彩与原色彩相近，那未处于"休眠"状态的神经节细胞会增加，活跃的神经节细胞会减少，从而使得大脑的兴奋感被抑制。

3）光形单调

人的视觉规律是寻求简单、完整、动态的形体。人在观察过程中，如果视线所及的范围内的景物长时间没有变化，就会感到视觉单调。在夜晚，灯光景观是主要的观察对象，灯光形状的单调无变化同样是视觉单调的成因之一。

在城市灯光景观的设计中，采用缺乏层次的大面积单色光照明同样会因视觉单调而造成视觉疲劳。

（4）光色失衡

根据色彩的平衡原理，人的视线总是在大面积的某种色彩中寻求其补色，以求得色彩上的平衡。由于目前光源技术的局限性，一些公共场所的光源带有强烈的色彩倾向。如路灯所使用的高压钠灯偏黄色，金属卤化物灯偏冷白色。高饱和度的暖色（如高压钠灯照射金色幕墙）或冷色（如采用绿色光照射绿色植物）大面积地占据主要空间都会导致光色失衡[51]。

光色失衡的另一种表现为颜色失真。很多时候人们是用非语言的方式沟通，于是晚间的社交需要一个比较明亮的视觉环境。在较近的距离内，面部表情与衣着的色彩就成为交流的重要因素。在广场照明中，采用显色性低的高压钠灯会导致人的脸色与衣服的色彩严重地失真。

（5）视遮蔽

视遮蔽是人的视界被不适当地遮蔽的现象，包括灯光遮蔽和灯光设施遮蔽。

1）灯光遮蔽

采用大功率投光灯照射立面目前已成为很多灯光设计师设计酒店景观的普遍方法。尽管酒店通常都有双层窗帘，能够挡住外面的"泛光"光线不致影响住客的睡眠，但是当住客欲眺望窗外欣赏城市夜景或夜空时，呈现在眼前的首先是由雪亮的灯光所形成的"光幕"，窗外一切美丽的景色都由于光幕的遮蔽而黯然失色。

2）灯光设施遮蔽

道路照明中，围合式排列的路灯灯杆使得城市景观被"分割"遮蔽。

假定以7.2 km/h为"行进观察"与"驻足观察"的临界值。当行进速度大于7.2 km/h，定义为"行进观察"；当行进速度小于7.2 km/h，称为"驻足观察"。在后者状态下，路灯灯杆有可能成为审美的视觉对象；但对于前者或以更快速度行进的人来说，路灯灯杆既不能清楚地显现出细部，又会对视野内景物造成人为分割。例如，路灯灯杆实际间隔30 m，当行车速度为50 km/h时，相当于间隔16.1 m；而路灯灯杆实际间隔25 m时，在行车速度为50 km/h的情况下，相当于间隔仅为11.1 m。上述设施遮蔽，破坏了城市的景观连续性，降低了沿路景观观赏价值。

（6）频闪效应

频闪效应是指在以一定频率变化的光的照射下，观察到物体运动显现出不同于实际运动的现象。由于发光原理和使用交流电，大多数荧光灯具有频闪效应，只是由于视觉暂留，人眼无法觉察而已。在这样的光环境下工作和学习，眼睛极易感到疲劳，因此降低了学习或生产的效率，而且浪费了人力和物力。长此以往，视力下降，造成生活上的不便，在生产中也容易诱发安全事故[52]。

6.6.2　广义光污染主要特点与对策

1. 主要特点

（1）主动侵害性

人们对于白天的光污染，可采用"不看"的办法躲避，但对于夜间的光污染，由于夜间的视觉条件，人们即使有主观的愿望，也仍然是无法躲避的。

（2）不可感知性

对于红外线，因其具有热效应，人们在造成伤害（烧伤）之前便可感知，所以是可躲避的；灯具的频闪效应易造成视觉疲劳，这种不舒适也是可以感觉到的；然而紫外辐射不能感觉到，这就使得人们无法有意识地回避这种伤害。

（3）损害积累性

在有频闪效应的光环境下学习、工作或活动，短时间内会使人产生视觉的疲劳感、降低工作效率或是影响人的情绪；长期则会导致人的视力下降。少量紫外辐射对人体有益，但超过一定的量，就有害而无益；然而这种伤害有一个缓慢的积累过程，因此不易被觉察。一旦对人体造成明显伤害后，其伤害是无法修复的。

光干扰的较长期积累也导致对（人和动物）生物钟的破坏，引起昆虫、鱼类的生育不良，植物落叶期延迟、树木干枯等后果。

由于损害的积累性，往往导致人们忽略光污染问题的严重性。

（4）损害放大性

由于眩光污染造成的交通事故，不仅会产生重大的经济损失，更有甚者会造成人员伤亡。无论从社会角度还是人文角度来看，道路交通中的眩光问题理应重点处理。

（5）舆论误导性

由于对"光污染"的认识不够深刻，舆论把一些形式的光污染误以为是美化城市的措施而进行追求，结果却是适得其反。如极力追求高照度，使得天空亮度加大，甚至危及航空、航天观测等。因此，只有科学的定义，才有科学的实践指导。

2. 光污染防治对策

为保障人的安全，发达国家特别是日本对控制光污染方面的管理法规十分严格。早在1989年，日本冈山县美星町就率先制定《防止光害，保护美丽的星空条例》。日本环境省也曾指出，对光害不该熟视无睹，并已开始重视光害对野生生物的生态所构成的威胁。1994年底由内阁会议通过的《环境基本计划》中首次正式确认"光污染"的存在。日本环境省在1998年3月制定了改善室外照明规划技术的《光污染对策标准》，该标准旨在防止由于不相宜的照明引起的对于天体观测、动植物生育的影响，谋求良好的照明环境。

（1）城市眩光

对于眩光的研究相对来讲比较成熟，而且眩光的产生往往是人为因素造成的，因而它是可以控制和消除的，关键是在实践运用时，应充分考虑环境因素。很多眩光产生的原因并不是光源亮度过高，而是与环境的对比亮度过大。在进行照明设计时，不仅要考虑设计对象需要多大的亮度，还要进行实地考察，确定其周围的夜间照明情况。只有收集到完整的资料，才可能避免盲目设计、各自为政的情况。另外，应避免眩光直接进入人眼。具体避免眩光的措施有：降低光源的自身亮度；降低光源与环境的亮度对比值；对城市光环境的亮度分布进行科学合理的规划，将单体照明设计纳入整体环境照明的体系，如图6.55所示。

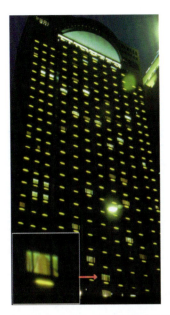

图 6.55　为避免室内眩光将光源设置于窗台之下

（2）交通眩光

放置在地上的强照灯，强光直接射入行人眼中，对行人造成干扰。很多人行道的地灯，本意是为行人提供方便与安全感，却因眩光使行人面临更大危险。

交通汽车远光灯目前被认为是不可避免的，这由当前道路照明状况所决定。目前所有道路照明设计考虑的只是路灯如何避免眩光，即静态光污染，对车灯眩光默认为天经地义。而车灯眩光甚至会造成汽车驾驶员视觉疲劳而引起反应迟钝，导致交通事故上升。

我们认为，车灯眩光是道路最主要的光污染，道路照明设计的主要目的之一应是清除这个污染，这就从一个全新的角度为道路照明设计提出了根本性的指导思想。按照这个指导思想，应像强制性限制鸣笛一样，限制汽车在城区内使用远光灯，消除道路上最大的光污染源。

（3）紫外辐射

对大功率的金属卤化物灯，应确定其安装位置离人的距离大于安全距离，保证对人的辐射降到安全的限度，并加强对无辐射污染灯具的研究工作。

由于目前光源制造厂商均没有对光源的全波段辐射特别是UV部分做出明确的标准，各个城市应对的办法是建立"光源准入标准"，通过现场测试的途径限制紫外线过强的光源。

（4）视觉单调

在进行城市灯光的规划、设计时，应充分考虑人的视觉审美要求、规律，宏观和微观两个方面都要充分考虑。这是防止视觉单调的根本出发点。人们要求改善视觉环境，城市光环境整体感强而又富于变化，不要一律是大功率投光灯的耀眼强光。

人眼视网膜上对红光、绿光和蓝光特别敏感的三种细胞，如果搭配合理，不仅可以减少肾上腺素的分泌，降低交感神经的兴奋性，而且还可使呼吸变得平稳而均匀，紧张的神经变得松弛。因此，从生理角度看，变化丰富又相互协调的光环境有益于人体健康。

不同明暗亮度比所必须避免的频率及明暗时间比如表6.6所示。

表6.6　不同明暗亮度比所必须避免的频率及明暗时间比

明暗亮度比	必须避免的频率 /Hz	必须避免的明暗时间比 /%
50	3.5～17	5～62
40	4～16	6～59
30	4.5～14.5	7～56
20	5～12.5	9～51
10	—	15～40

（5）城市灯光环境与广告灯光的整合

夜晚的各类发光广告牌原则上应纳入灯光控制体系中，分类管理，集中控制。广告灯光是城市灯光环境中的活泼元素，也是城市灯光建设能得以持续发展的动力之一。但在实际操作中不能盲目求多，应从整体环境需求的角度出发，避免广告灯光过多过滥。

在设计时，一方面将广告灯光作为景观元素加以利用，使广告牌的位置、亮度与光色等因素与建筑及环境的使用功能相结合；另一方面广告牌提供的亮度、光色应与道路照明、城市环境照明提供的亮度光色协调，特别在景观节点处（广场、城市出入口、人流聚集地、商业旺街等），动感的大型电子广告牌在中视距范围应成为灯光景观的视觉中心。

灯光景观总体规划与设计中，应把大型、连续有特点的广告牌作为景观加以重视。沿街边的小型广告牌，为人行道空间提供了部分亮度，在进行辅道照明设计时，应统一考虑。

3. 小结

①消除视觉污染是现代环境科学和现代城市管理中一个宏观、系统化的课题，需要多方面的共同参与和努力。

从城市环境的高度对灯光包括广告进行管理，对于包括光污染在内的视觉污染采取整治和限制措施，日益成为城市管理的重要职能。随着光污染方面研究的深入展开，将为城市设计和规划中光污染的防治提供更科学的依据和有力指导。

②夜间照明的作用：一是提供基本照明，按照不同的活动方式提供不同程度的照明，保障出行安全与活动顺利进行。在这个前提下，安全、高效成为照明设计的前提。二是美化城市夜间环境，创造审美对象。美学属性在照明环境中所占比重越来越大，这是照明设计发展的一个必然趋势。这要求规划者、设计者在掌握相应的照明知识外，还

要遵循色彩、造型、视觉、不断追求美丽的人的心理规律等。那些破坏原有景观或是产生视觉污染的照明设施，都应该进行改进。

③广义光污染的概念的本质是以人的感受和需求作为判断照明质量的基本标准。如果用一句话来概括就是凡一切不利于人体生理和心理健康的灯光都可以被认为是光污染。随着照明技术的不断进步和人们环保意识的不断提高，部分光污染的问题可以得到解决，但新的问题还会不断涌现。因此，广义光污染是一个开放的概念。

④对光污染问题的研究，本质是研究人与光环境的关系。因此，"以人为本"仍将是今后认识和解决视觉污染问题的根本出发点。将路灯向上的溢散光完全遮挡住是减少溢散光污染的唯一措施，遮挡方法是在路灯配光后设置上截光板[53]，如图6.56所示。

图 6.56　设置上截光板的路灯

6.6.3　动态照明与闪烁侵扰

城市动态的景观照明及大型LED广告屏的普遍设置，使得城市居住区光侵扰现象不仅表现为功能照明形成的光侵扰，更表现为过量的彩色、动态照明侵扰到居住建筑室内，使得光侵扰现象复杂且剧烈。目前针对动态照明对人造成光侵扰方面的研究相对较少。

现今，光侵扰带来的危害也越来越为人熟知。目前已有研究表明，光侵扰除了对人的室内正常活动造成干扰，过亮的光线还会影响人的睡眠质量。《环境与健康展望》杂志的文章指出，户外光污染引起的人类相关的健康效应可能通过两种方式：在直接影响的情况下，夜间室外的光照投射到室内的人身上，干扰激素的分泌；在间接影响的情况下，户外的灯光可以扰乱室内人们的心神，他们为了获得更多的光照而开灯[54,55]。有研究还指出了光侵扰可能对人产生危害，如分散人的注意力、重新设定人的生物钟（生物钟紊乱与人类的一些疾病有关，包括抑郁、失眠、心血管疾病和癌症）、影响褪黑素的分泌等，建议人们重视光侵扰的危害，加强光侵扰和人类健康方面的研究[56-58]。

在我国大城市中，居住区即周边城区中的夜间人工照明逐渐增多，而城市布局中商业服务及其他公共建筑与居住区交错混杂布置，城市层面考虑的夜间照明布置日益增多。联动控制、夜间图案及色彩不停变换的动态夜景照明屡见不鲜，在展示城市形象和提升城市美誉度的同时，也使得城市建筑及环境夜景照明的规模和范围不断扩大，更加凸显了动态照明对居民夜间生活的侵扰问题[59-61]。

动态照明随着LED技术的不断进步正在飞速地发展，影响动态照明的变量因素有很多，动态光源的亮度、光色、数量、动态方式、频率、形状面积和动态变化的比例等是影响视觉认知的独立变量因素。动态照明眩光所带来的视觉刺激不仅可能影响人们的心理与生理健康，还可能影响城市交通安全。所以相对普通光侵扰问题，动态眩光更容易对人们的工作和生活产生负面作用[62,63]。

6.7　多维度道路照明理论在灯光景观的应用

根据多维度空间论述，灯光景观必然会外延为更多介质和因素参与并构成综合性物质景观，其中包括：环境因素（如建筑物、绿地、花园、广场、街道、桥梁、雕塑、广告）和技术因素（如通信、音响、控制、水雾、烟雾）等。

6.7.1　城市灯光景观的空间物理系统

城市景观是城市灯光景观的基础，为灯光景观创作提供了表现空间、表现主题和景观依托[64, 65]。构建视觉环境的物理实体，即灯光景观的物质载体是灯光景观设计的核心问题[66-68]。

1. 城市景观序列

（1）城市景观集的构成与城市景观元的选取

城市景观元在整个城市的尺度上为灯光景观提供物质载体。城市景观元的集合构成城市景观集U（urban landscape set）。

城市景观集由自然景观集N（natural landscape set）、人文景观集H（humanity and society landscape set）和构筑物景观集C（constructive landscape set）构成，即

$$U = N \cup H \cup C \tag{6.6}$$

组成N的城市景观元：城市绿地、山体、水体、自然公园等；组成H的城市景观元：文化、民俗、政治、经济和历史景观等；组成C的城市景观元：选取构筑物景观集的依据是能够体现城市基本机能的构筑物，具体有①商业机能——大型商场、步行街；②娱乐机能——大型游乐场、影剧院、音乐厅、体育场（馆）；③休闲机能——街心公园、景观建筑、大型休闲设施；④交通机能——主要城市出入口、主要桥梁；⑤工作生活——办公楼、居住区的标志性建筑；⑥城市文化——重要历史、文化建筑。

显然，城市景观元将分别属于上述三个城市景观子集合或它们的交集。

（2）城市景观元排序与权重

城市景观元是城市灯光景观总体规划的基本规划元素，它们在灯光规划中的重要程

度，依其"权重"排序而定。

城市景观元重要程度 D（degree），依据下面两项进行排序：①景观元在本景观子集当中的重要程度，越重要级别越高。②景观元属于景观子集的次数，次数越多级别越高，即如果某景观元 $L_i \in U$，且 $L_i \in N \cap H \cap C$，记为 $D(L_i)=3$；另一景观元 $L_j \in U$，而 $L_j \in N \cap H$，记为 $D(L_j)=2$，因为 $D(L_i) > D(L_j)$，表明景观元 L_i 的级别高于景观元 L_j；反之亦然。

可根据排序的高低而赋予景观元不同的权重 W（weight），以第一名作为标准权重，$W(1)=1$，依次排列第二名 $W(1)<W(2)$、第三名 $W(2)<W(3)$，……。

2. 灯光景观的空间系统

灯光景观空间系统提供物质依托，以城市景观元素为基本单位，包括观赏空间和视觉空间。

（1）观赏空间

人们对于城市夜晚景观的感知规律是通过直观的观察，一帧一帧城市夜景的"视觉照片"被留在视神经上，再经过大脑的组合或重叠形成总体印象。但是这些视觉照片在参与大脑的处理过程中所起的作用并不是完全一样，而是依据其印象深刻的程度占有不同的地位，印象深刻的所占比重更大。总体印象的形成是可以引导的，引导方式就是建设特定的观赏空间。

观赏空间具有下面 2 个主要特征：

①亮度高、色彩浓、空间范围大、有纵深感；

②城市中具有代表性的特殊地域。

这一规律对于城市灯光景观总体规划有 2 点启发：

①对于起主导或重要作用的视觉照片加以重点表现，可以收"事半功倍"之效，从而大大节省灯光建设的投入资金，缩短建设周期；

②重点视觉照片中的视觉形体并非是城市景观元的全方位实体，而只是其中在某些视点观察时的可见部分，即视觉景观元。因此，只需要对这些视觉景观元加以控制，而不必控制城市景观元实体的全部方位。

观赏空间应具有基本观赏条件，包括交通条件、停留条件、视野条件和观赏目标。

①交通条件：此处特指轮式公共交通，包括城市交通规划内的轨道交通和公共汽车。

②停留条件：包括场地面积、观赏平台的不同标高、设施及安全性。设施指配套的服务设施[①]；安全性指必要的安全疏散通道。

③视野条件：指视野开阔性，包括视界的三维空间尺度[②]。

④观赏目标：指城市立面的代表性，指城市中最具代表性的相关联的部分[③]。

----

① 需参考城市旅游规划。
② 三维空间包括左右（X 轴）、上下（Y 轴）和纵深（Z 轴）。
③ 需参考城市区域性详细规划或控制性详细规划。

（2）视觉空间 S

视觉空间S由视觉界面集合I（interface）、视觉节点集合N（node）、视觉轴线集合F（flow）构成，即

$$S = \sum I \cup \sum N \cup \sum F \qquad\qquad (6.7)$$

视觉空间中的元素是视觉形体，即在某次观察中，视界中物质实体在视网膜上的"像"。

构建视觉空间的方法如下。

1）确定视觉界面

对于选定的某一观赏空间，其对应的观赏目标所包含的视觉景观元集合就构成了该观赏空间的视觉界面。视觉界面依据城市总体规划对观赏空间（即观众席）的规定，由城市风貌区、公共活动区、开敞空间景区构成[69]。

2）确定视觉节点

视觉节点的构成原则：由地标性的较高的建（构）物、超高层建筑物、重要空间节点构成。

3）确定视觉轴线

视觉轴线的构成原则：由具有一定人流量和车流量的城市道路、水道景观带构成[70]。

4）视觉景观元

在式（6.7）中，对于所有视觉形体V_i，如果满足$V_i \in S$，则V_i就是S中的视觉景观元。如果$V_i \in I$，则称为界面景观元；若$V_i \in N$，则称为节点景观元；若$V_i \in F$，则称为轴线景观元。

城市景观元是物质实体（包括气体），视觉景观元是"像"，是非实体。在阳光下，视觉景观元是城市景观元的若干部分（视点而定）；在夜晚，由于灯光的选择，视觉景观元可以是城市景观元的一部分，也可能是空中的光束。

5）灯光景观单元

灯光景观单元是物质实体，是城市景观元中被确定为视觉景观元的那一部分，即灯光景观单元=城市景观元 ∩ 视觉景观元。

6）景观序列排序

划分和定义视觉子集的目的是在灯光表现能力的范围之内，根据视觉景观元与城市景观元的关系，来确定景观序列的重要程度。景观序列重要级别（level），依据景观序列当中包含的景观元权重之和进行排序，权重之和越大级别越高。如果某景观序列I_i包含的景观元权重之和$I_i(\sum w) = N_i$，而另一景观序列I_j包含的景观元权重之和$I_j(\sum w) = N_j$，并且$N_i > N_j$，那么，表明景观序列I_i的级别高于景观序列I_j，即$L(I_i) > L(I_j)$；反之亦然。视觉界面的权重大于视觉节点的权重，视觉节点的权重大于视觉轴线的权重[71]。

6.7.2　灯光景观的物理参数及意义

通过对灯光景观的物理参素进行归纳与分类，可以发现，影响灯光效果的物理

参素可以分为两类：本身具有"表现"能力的物理参数（如亮度、色彩、光形、空间分布和其他介质的参与）和本身不具"表现"能力但可通过对具有"表现"能力的物理参数施以"作用"从而影响灯光表现效果的物理参数（如动感变换、背景亮度、多介质参与等）。它们构成了灯光景观的基本元素并可进一步划分为光色参数、光形参数、空间参数、变换参数、多介质参数和增强参数，它们的物理意义如下。

①光色参数：表征灯光的基本参数，包括色相、饱和度、亮度参数。

②光形参数：表征发光体的形态，包括点光、线光、面光、发光面积及空间取向（包括远距、中距和近距）参数。

③多介质参数：表征其他介质的参与对灯光效果的影响作用，包括灯光广告、水体、激光、焰火参数。

④增强参数：表征通过光色变换与光形加强表现效果，包括光色与光形动感、光色与光形组合参数。

⑤环境参数：能有效影响表现参数效果的环境因素，包括音响、背景亮度参数。

光色参数不能单独存在，它的体现必须依附于光形参数中的某种形态[72, 73]。下面介绍光色参数的匹配和表述。

1. 光色参数匹配

以表现主题为依据，从视觉的光色特征出发，可对上述灯光参数分别进行匹配。表现主题所确定的总体色彩取向，决定视觉景观元的主导色彩；视觉景观元所对应的城市景观元在城市空间中的位置和功能，决定景观元的次主导色彩。根据色彩学原理，主导色是影响环境的主要因素，通过三种方式起支配作用：

①以色相为主支配其他色彩元素；

②以亮度为主支配其他色彩元素；

③以饱和度为主支配其他色彩元素。

色彩学家歌德（J.W.Goethe）对各个色相明度所进行的测定试验为确定光色参数提供了指导数据①。因此在实践中，以"光源·色谱"对应表为基础，分别确定4个灯光参数匹配。

①饱和度匹配：点光、线光的色彩饱和度较高；面光的色彩饱和度较低，因此光色系统中，色块较高者多以点光、线光形态存在；色块较低者多以面光形态存在。

②面积匹配：以白光为中线，左边色彩加权较大，则该节点或轴线的光色以冷光为主，反之则以暖光为主。同时色块最高者为主导光色，次之为辅助光色。

③动感匹配：描述视觉轴线或节点中夜间动态灯光光色的构成及各光色动感变化的快慢，色块高者变化较慢，色块低者变化较快。

④组合匹配：描述相容性关系。由两个因素决定：在灯光景观序列中，总体的色彩平衡关系；视觉景观元所对应城市景观的立面材质与色彩。

---

① 试验中，各色相明度的比例关系为黄：橙：红：紫：蓝：绿=9：8：6：3：4：6，代表三个补色对的明度比是：橙蓝（青）8：4=2：1，红绿6：6=1：1，而黄紫则为9：3=3：1。同时，面积和明度存在反比关系：若在一单位面积内，要使黄色和紫色维持一平衡的关系，则必须使黄色的面积变小，紫色的面积变大，其比例为1：3，刚好和其明度比相反。橙色和蓝色也是一样，面积比应为1：2；红绿色维持不变，面积比为1：1，从而实现面积比和明度比的平衡。

2. 光色参数表达

城市景观照明体系在亮度、色彩、光形、空间、控制、背景等各个方面的表现与相互作用及多介质参与决定了它是一个复杂系统。

采用语意化的文字性说明对于灯光元素的各种变化无法明确的描述。在实践中就很容易因为规划执行人员的理解不同而改变控制的尺度。

实现由语意化的定性描述向图纸化表述过渡，使得构成光色系统的灯光参数用图形的方式加以更精确地表达，与其他规划表述方法接轨，是光色系统的成果表达中必须解决的问题。

6.7.3　光色系统的特征参数

1. 特征参数定义与选取

定义6.1　在多维度灯光景观系统中，特征参数是能够充分表述灯光景观元素特征的必要参数。

根据特征参数定义，我们可以得到构成特征参数的2个基本特点：充分性、必要性。

根据定义6.1，具备上述特点的特征参数有11个。

①光色参数：亮度、色相[1]。

②光形参数：主导光形、空间分布。

③多介质参数：媒体（广告）形态、水体形态[2]、激光形态[3]、焰火形态[4]。

④增强参数：时间级别。

⑤环境参数：音响、背景亮度。

2. 特征参数的分解与离散化

上述灯光参数本身具有不同的形态和表现程度，有必要按一定规律细化。

①5个亮度级别如表6.7所示。

表 6.7　**5 个亮度级别**（采用"倍亮程"单位，从低向高排列过渡）

标记	b_1	b_2	b_3	b_4	b_5
亮度 /(cd/m²)	50	100	200	300	400

②5种色相如表6.8所示。

表 6.8　**5 种色相**（从冷色调向暖色调排列过渡）

标记	h_1	h_2	h_3	h_4	h_5
色相	蓝	绿	白	黄	红

---

① 由于在实践中发现，如何判定色彩饱和度在可操作性方面有困难，为避免产生歧义，本书暂时略去。
② 水体包括水的不同形态的利用，如各类喷泉、水雾、跌水、池水等。
③ 把激光归入"其他介质"中是因为激光与普通光源相比具有较大差异。
④ 焰火包括火的不同形态的利用，如各类火焰、烟火、礼花、炮仗等。

③5种主导光形如表6.9所示。

表 6.9　5 种主导光形（从内向外排列过渡）

标记	f_1	f_2	f_3	f_4	f_5
主导光形	内透光	外点光	外线光	外面光	空中光

④5种空间分布如表6.10所示。

表 6.10　5 种空间分布（从后向前排列过渡）

标记	s_1	s_2	s_3	s_4	s_5
空间分布	后中	后高	前高	前中	前低

⑤5种媒体（广告）形态如表6.11所示。

表 6.11　5 种媒体（广告）形态（从简单向复杂排列过渡）

标记	a_1	a_2	a_3	a_4	a_5
媒体（广告）形态	LED广告牌	多翻广告牌	大型网格屏	全彩色非联动立面	全彩色联动立面

⑥5种水体形态如表6.12所示。

表 6.12　5 种水体形态（从低向高排列过渡）

标记	w_1	w_2	w_3	w_4	w_5
水体形态	池水	跌水	水雾	涌泉	喷泉、水幕

⑦5种激光形态如表6.13所示。

表 6.13　5 种激光形态（色彩从单色向全色、发射点多从单一向多点排列过渡）

标记	l_1	l_2	l_3	l_4	L_5
激光形态	蓝绿 ≤ 30W	蓝绿 >30W	红绿蓝 ≤ 30W	红绿蓝 >30W	多发射点红绿蓝 >30W

⑧5种焰火形态如表6.14所示。

表 6.14　5 种焰火形态（从简单向复杂排列过渡）

标记	k_1	k_2	k_3	k_4	k_5
焰火形态	单色	彩色	多形态	多点	多形、多点

⑨5个时间级别（按时变控制基数单位的不同分）如表6.15所示。

表 6.15　5 个时间级别（按时变控制基数单位的不同分）

标记	t_1	t_2	t_3	t_4	t_5
时间级别	1 h	10 min	1 min	10 s	1 s

⑩5个音响如表6.16所示。

表 6.16　5 个音响

标记	v_1	v_2	v_3	v_4	v_5
音响	1 点	2 点	3 点	4 点	5 点

⑪5个背景亮度如表6.17所示。

表6.17　5个背景亮度

标记	g_1	g_2	g_3	g_4	g_5
背景亮度	无反差	局部弱反差	总体弱反差	局部强反差	总体强反差

3. 特征参数数字化转换

由于特征参数所代表的物理量各不相同，量纲也不一致，不能进行数学描述和运算。例如，b_1=50 cd/m²与h_1=蓝色，一个是数字量，一个是语言定性表述，无可比性也不能加以运算。因此必须对上述11个独立特征参数，进一步进行数字化转换，使之能够进行数学表达和分析运算。

对每个特征参数，设定取值范围为0.2～1.0，每0.2为一个取值单位①，构成如表6.18所示的不同特征参数设定取值范围。

表6.18　不同特征参数设定取值范围

亮度	b_1	b_2	b_3	b_4	b_5
色相	h_1	h_2	h_3	h_4	h_5
光形	f_1	f_2	f_3	f_4	f_5
空间分布	s_1	s_2	s_3	s_4	s_5
媒体（广告）形态	a_1	a_2	a_3	a_4	a_5
水体形态	w_1	w_2	w_3	w_4	w_5
激光形态	l_1	l_2	l_3	l_4	l_5
焰火形态	k_1	k_2	k_3	k_4	k_5
时间级别	t_1	t_2	t_3	t_4	t_5
音响	v_1	v_2	v_3	v_4	v_5
背景亮度	g_1	g_2	g_3	g_4	g_5
特征参数取值	0.2	0.4	0.6	0.8	1.0

6.7.4　光色系统的数学模型

1. 光色参数特征向量

上述11个特征参数经过数字化分解转换后分别构成11个行向量，它们是：

$$\boldsymbol{b}=[b_1 \quad b_2 \quad b_3 \quad b_4 \quad b_5]; \quad \boldsymbol{h}=[h_1 \quad h_2 \quad h_3 \quad h_4 \quad h_5];$$
$$\boldsymbol{f}=[f_1 \quad f_2 \quad f_3 \quad f_4 \quad f_5]; \quad \boldsymbol{s}=[s_1 \quad s_2 \quad s_3 \quad s_4 \quad s_5];$$
$$\boldsymbol{a}=[a_1 \quad a_2 \quad a_3 \quad a_4 \quad a_5]; \quad \boldsymbol{w}=[w_1 \quad w_2 \quad w_3 \quad w_4 \quad w_5];$$
$$\boldsymbol{l}=[l_1 \quad l_2 \quad l_3 \quad l_4 \quad l_5]; \quad \boldsymbol{k}=[k_1 \quad k_2 \quad k_3 \quad k_4 \quad k_5];$$

---

①　特征参数以0.2为一个取值单位是本书为叙述简便而暂定的数值。事实上，上述特征参数分别单独取值更为合理。其中，表现参数的取值单位可改变，如亮度等级与主导色调分别设置不同取值单位和数值分布；为简化，作用参数的取值单位可适当放大使级数减少，如变5级为3级。

$$t=[t_1 \quad t_2 \quad t_3 \quad t_4 \quad t_5]; \quad v=[v_1 \quad v_2 \quad v_3 \quad v_4 \quad v_5];$$

$$g=[g_1 \quad g_2 \quad g_3 \quad g_4 \quad g_5]。$$

定义6.2 由特征参数向量组成的列向量称为广义灯光元素的特征向量，记为C，维数为n[①]。特征向量中的每个元素对应于决定灯光表现力的一个物理量，即

$$C = [b \quad h \quad f \quad s \quad a \quad w \quad l \quad k \quad t \quad v \quad g]^{\mathrm{T}} \tag{6.8}$$

特征向量各元素之间通过相互关联和相互作用，可演变出千变万化、千姿百态的灯光景观。

特征参数作用模型与关联矩阵，特征参数作用拓扑模型。图6.57表示部分特征参数之间的相互关联和作用关系，图中虚线表示关联途径，箭头表示作用方向。

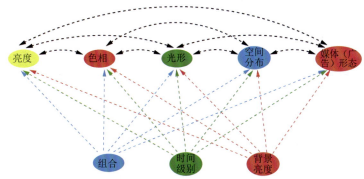

图 6.57 部分特征参数之间的相互作用关系
图中组合表示各元素组合后相互关联作用

定义6.3 表示特征向量中各元素之间相互关联关系的矩阵，称为关联矩阵，记为R。R为方阵，维数与特征向量相同，即

$$R = \begin{bmatrix} R_{bb} & R_{bh} & R_{bf} & R_{bs} & R_{ba} & R_{bw} & R_{bl} & R_{bk} & R_{bt} & R_{bv} & R_{bg} \\ R_{hb} & R_{hh} & R_{hf} & R_{hs} & R_{ha} & R_{hw} & R_{hl} & R_{hk} & R_{ht} & R_{hv} & R_{hg} \\ R_{fb} & R_{fh} & R_{ff} & R_{fs} & R_{fa} & R_{fw} & R_{fl} & R_{fk} & R_{ft} & R_{fv} & R_{fg} \\ R_{sb} & R_{sh} & R_{sf} & R_{ss} & R_{sa} & R_{sw} & R_{sl} & R_{sk} & R_{st} & R_{sv} & R_{sg} \\ R_{ab} & R_{ah} & R_{af} & R_{as} & R_{aa} & R_{aw} & R_{al} & R_{ak} & R_{at} & R_{av} & R_{ag} \\ R_{wb} & R_{wh} & R_{wf} & R_{ws} & R_{wa} & R_{ww} & R_{wl} & R_{wk} & R_{wt} & R_{wv} & R_{wg} \\ R_{lb} & R_{lh} & R_{lf} & R_{ls} & R_{la} & R_{lw} & R_{ll} & R_{lk} & R_{lt} & R_{lv} & R_{lg} \\ R_{kb} & R_{kh} & R_{kf} & R_{ks} & R_{ka} & R_{kw} & R_{kl} & R_{kk} & R_{kt} & R_{kv} & R_{kg} \\ R_{tb} & R_{th} & R_{tf} & R_{ts} & R_{ta} & R_{tw} & R_{tl} & R_{tk} & R_{tt} & R_{tv} & R_{tg} \\ R_{vb} & R_{vh} & R_{vf} & R_{vs} & R_{va} & R_{vw} & R_{vl} & R_{vk} & R_{vt} & R_{vv} & R_{vg} \\ R_{gb} & R_{gh} & R_{gf} & R_{gs} & R_{ga} & R_{gw} & R_{gl} & R_{gk} & R_{gt} & R_{gv} & R_{gg} \end{bmatrix}$$

其中表头列依次为：亮度　色相　光形　空间分布　媒体（广告）形态　水体形态　激光形态　焰火形态　时间级别　背景音响　背景亮度

其中，R_{ij}是5×5阶的子矩阵，它们的表示如下：

$$R_{bb} = \begin{bmatrix} r_{b_1} & & & \\ & r_{b_2} & & 0 \\ & & r_{b_3} & \\ 0 & & r_{b_4} & \\ & & & r_{b_5} \end{bmatrix} = \begin{bmatrix} r_{1,1} & & & \\ & r_{2,2} & & 0 \\ & & r_{3,3} & \\ 0 & & r_{4,4} & \\ & & & r_{5,5} \end{bmatrix}$$

---

① 特征向量具有开放性，即维数 n 可以改变。本书取 $n = 55$。如采用更为简化或复杂的特征参数，可降维与升维。

$$\boldsymbol{R}_{hh} = \begin{bmatrix} r_{h1h1} & r_{h1h2} & r_{h1h3} & r_{h1h4} & r_{h1h5} \\ r_{h2h1} & r_{h2h2} & r_{h2h3} & r_{h2h4} & r_{h2h5} \\ r_{h3h1} & r_{h3h2} & r_{h3h3} & r_{h3h4} & r_{h3h5} \\ r_{h4h1} & r_{h4h2} & r_{h4h3} & r_{h4h4} & r_{h4h5} \\ r_{h5h1} & r_{h5h2} & r_{h5h3} & r_{h5h4} & r_{h5h5} \end{bmatrix} = \begin{bmatrix} r_{6,6} & r_{6,7} & r_{6,8} & r_{6,9} & r_{6,10} \\ r_{7,6} & r_{7,7} & r_{7,8} & r_{7,9} & r_{7,10} \\ r_{8,6} & r_{8,7} & r_{8,8} & r_{8,9} & r_{8,10} \\ r_{9,6} & r_{9,7} & r_{9,8} & r_{9,9} & r_{9,10} \\ r_{10,6} & r_{10,7} & r_{10,8} & r_{10,9} & r_{10,10} \end{bmatrix}$$

$$\boldsymbol{R}_{bf} = \begin{bmatrix} r_{b1f1} & r_{b1f2} & r_{b1f3} & r_{b1f4} & r_{b1f5} \\ r_{b2f1} & r_{b2f2} & r_{b2f3} & r_{b2f4} & r_{b2f5} \\ r_{b3f1} & r_{b3f2} & r_{b3f3} & r_{b3f4} & r_{b3f5} \\ r_{b4f1} & r_{b4f2} & r_{b4f3} & r_{b4f4} & r_{b4f5} \\ r_{b5f1} & r_{b5f2} & r_{b5f3} & r_{b5f4} & r_{b5f5} \end{bmatrix} = \begin{bmatrix} r_{1,11} & r_{1,12} & r_{1,13} & r_{1,14} & r_{1,15} \\ r_{2,11} & r_{2,12} & r_{2,13} & r_{2,14} & r_{2,15} \\ r_{3,11} & r_{3,12} & r_{3,13} & r_{3,14} & r_{3,15} \\ r_{4,11} & r_{4,12} & r_{4,13} & r_{4,14} & r_{4,15} \\ r_{5,11} & r_{5,12} & r_{5,13} & r_{5,14} & r_{5,15} \end{bmatrix}$$

$$\boldsymbol{R}_{hf} = \begin{bmatrix} r_{h1f1} & r_{h1f2} & r_{h1f3} & r_{h1f4} & r_{h1f5} \\ r_{h2f1} & r_{h2f2} & r_{h2f3} & r_{h2f4} & r_{h2f5} \\ r_{h3f1} & r_{h3f2} & r_{h3f3} & r_{h3f4} & r_{h3f5} \\ r_{h4f1} & r_{h4f2} & r_{h4f3} & r_{h4f4} & r_{h4f5} \\ r_{h5f1} & r_{h5f2} & r_{h5f3} & r_{h5f4} & r_{h5f5} \end{bmatrix} = \begin{bmatrix} r_{6,11} & r_{6,12} & r_{6,13} & r_{6,14} & r_{6,15} \\ r_{7,11} & r_{7,12} & r_{7,13} & r_{7,14} & r_{7,15} \\ r_{8,11} & r_{8,12} & r_{8,13} & r_{8,14} & r_{8,15} \\ r_{9,11} & r_{9,12} & r_{9,13} & r_{9,14} & r_{9,15} \\ r_{10,11} & r_{10,12} & r_{10,13} & r_{10,14} & r_{10,15} \end{bmatrix}$$

$$\boldsymbol{R}_{bh} = \begin{bmatrix} r_{b1h1} & r_{b1h2} & r_{b1h3} & r_{b1h4} & r_{b1h5} \\ r_{b2h1} & r_{b2h2} & r_{b2h3} & r_{b2h4} & r_{b2h5} \\ r_{b3h1} & r_{b3h2} & r_{b3h3} & r_{b3h4} & r_{b3h5} \\ r_{b4h1} & r_{b4h2} & r_{b4h3} & r_{b4h4} & r_{b4h5} \\ r_{b5h1} & r_{b5h2} & r_{b5h3} & r_{b5h4} & r_{b5h5} \end{bmatrix} = \begin{bmatrix} r_{1,6} & r_{1,7} & r_{1,8} & r_{1,9} & r_{1,10} \\ r_{2,6} & r_{2,7} & r_{2,8} & r_{2,9} & r_{2,10} \\ r_{3,6} & r_{3,7} & r_{3,8} & r_{3,9} & r_{3,10} \\ r_{4,6} & r_{4,7} & r_{4,8} & r_{4,9} & r_{4,10} \\ r_{5,6} & r_{5,7} & r_{5,8} & r_{5,9} & r_{5,10} \end{bmatrix}$$

$$\boldsymbol{R}_{ff} = \begin{bmatrix} r_{f1f1} & r_{f1f2} & r_{f1f3} & r_{f1f4} & r_{f1f5} \\ r_{f2f1} & r_{f2f2} & r_{f2f3} & r_{f2f4} & r_{f2f5} \\ r_{f3f1} & r_{f3f2} & r_{f3f3} & r_{f3f4} & r_{f3f5} \\ r_{f4f1} & r_{f4f2} & r_{f4f3} & r_{f4f4} & r_{f4f5} \\ r_{f5f1} & r_{f5f2} & r_{f5f3} & r_{f5f4} & r_{f5f5} \end{bmatrix} = \begin{bmatrix} r_{11,11} & r_{11,12} & r_{11,13} & r_{11,14} & r_{11,15} \\ r_{12,11} & r_{12,12} & r_{12,13} & r_{12,14} & r_{12,15} \\ r_{13,11} & r_{13,12} & r_{13,13} & r_{13,14} & r_{13,15} \\ r_{14,11} & r_{14,12} & r_{14,13} & r_{14,14} & r_{14,15} \\ r_{15,11} & r_{15,12} & r_{15,13} & r_{15,14} & r_{15,15} \end{bmatrix}$$

其余子矩阵的结构与之类似，r_{ij} 为主对角元，r_{ij} 为非对角元。上式可表达为

$$\boldsymbol{R} = (r_{ij})_{i,j=1}^{n} \tag{6.9}$$

式中，r_{ij}（$i \neq j$）是 $n \times n$ 阶关联矩阵的第 i 行第 j 列元素。

特征矩阵非对角元的物理意义：当第 i 行元素所对应的物理量与第 j 列元素所对应的物理量有关联时，$r_{ij}=1$；当第 i 行元素所对应的物理量与第 j 列元素所对应的物理量无关联时，$r_{ij}=0$。

对角元 r_{ii} 定义为非对角元 r_{ij} 之和，即

$$r_{ii} = \sum_{j=1}^{n-1} r_{ij} \tag{6.10}$$

定义6.4 特征参数关联度，即第 i 个元素与其他元素总的关联程度称为元素 i 的关联

度，记为 $D(i)$。显然：$D(i)=r_{ii}$。

定义6.5　特征子阵，即表示本特征行向量中各元素之间相互关联关系的矩阵，是关联矩阵的子矩阵，与本特征行向量同阶且为对角阵[①]。特征子阵用与特征向量对应的大写字母标记，例如，与 b 对应的特征子阵记为 B。

2. 关联矩阵 R 的主要性质

关联矩阵的结构如下所示：

$$
R = \begin{array}{c}
\text{关联区域1} \\
\begin{bmatrix}
B \\
 & H \\
 & & F \\
 & & & S \\
 & & & & A \\
 & & & & & W \\
 & & & & & & L \\
 & & & & & & & K \\
 & & & & & & & & T \\
 & & & & & & & & & V \\
 & & & & & & & & & & G
\end{bmatrix} \\
\text{关联区域2}
\end{array}
$$

关联矩阵尺的主要性质如下：

①对称性，关联区域1与关联区域2关于主对角线对称，即 $r_{ij}=r_{ji}$；

②对角性，即关联矩阵由特征对角子矩阵组成；

③0-1性，即关联区域内的元素 $r_{ij}=1$ 或 0；

④稀疏性，即 R 中70%以上的元素为0；

⑤主元占优性，即 $r_{ij}\leqslant r_{ii}$；

⑥在 R 构成的向量空间中，主元是该向量的模长，非主元是在其他空间投影；

例6.1　$i=1$，j 分别为6、12、19、23、29、32、38、42、48、54时，r_{ij} 的意义：关联矩阵通过 r_{ij} 体现了元素之间由拓扑模型所规定的相互关联和作用关系，如表6.19所示。

表 6.19　r_{ij} 意义

i	对应参数	j	对应参数	r_{ij}	数学意义	物理意义
1	亮度	6	蓝色	1	b_1 与 h_1 关联	蓝色调部位的亮度是 50 cd/m²
1	亮度	12	外点光	1	b_1 与 f_2 关联	外点光的亮度是 50 cd/m²
1	亮度	19	前中	1	b_1 与 s_4 关联	前中部位的亮度是 50 cd/m²
1	亮度	23	LED 网格屏	0	b_1 与 a_3 无关	多翻广告牌亮度不是 50 cd/m²
1	亮度	29	涌泉	0	b_1 与 w_4 无关	涌泉亮度不是 100 cd/m²
1	亮度	32	蓝绿激光器	0	b_1 与 l_3 无关	蓝绿激光器亮度不是 100 cd/m²
1	亮度	38	多形态焰火	0	b_1 与 k_3 无关	多形态焰火的亮度不是 100 cd/m²
1	亮度	42	10 min 变换一次	1	b_1 与 t_2 关联	50 cd/m² 的亮度变换一次 10min
1	亮度	48	3 处音响	0	b_1 与 v_3 无关	3 处音响与亮度无关
1	亮度	54	局部强反差	1	b_1 与 g_4 关联	亮度 100 cd/m² 局部强反差

---

①　这是因为一个特征向量中的元素不会与本特征向量中的元素相互关联与作用，只与其他特征向量中的元素发生相互关联与作用关系。

例6.2 只有一个光源，如激光，r_{ij}中仅在与t有关的行（列）对应位置为1，其余元素均为0，即$r_{3131}=1$，$r_{3151}=0$。

3. 统合向量与灯光指数

特征参数关联与作用的最终效果由两个因素决定：

①该参数本身的强弱；

②该参数与其他参数是否存在关联性。

上述两项的确定方法的共同效果则由表征来决定。

定义6.6 统合向量I是与特征向量同维数的向量，表示特征参数的"统合"效应。

$$I = R \times C$$

即

$$i_{j=1,n} = \sum_{k=1}^{n} r_{jk} \cdot c_k \tag{6.11}$$

由于$r_{jk}=1$或0，故

$$i_j \geqslant c_j \quad (j=1,n) \tag{6.12}$$

式（6.12）表明，特征参数经过相互关联与作用后，将导致视觉统合效果"增强"。而i_j的各分量则分别代表了灯光元素的亮度特征、色相特征、变换特征、空间特征和环境特征等。

以上的讨论有一个隐含的"前提"条件，就是各个特征参数本身有"强弱"之分，如亮度参数有$b_1 \sim b_5$；而特征参数之间是"平等"的。但事实并非如此，如亮度、色调和光形这三个特征参数对人的视觉刺激就不同，为体现特征参数的差异，我们提出特征参数权重的概念。

定义6.7 特征参数权重：表示各特征参数对于人的视觉刺激的差异。权重矩阵E是n阶对角阵，对角元e_{jj}（$j=1$，n）为对应特征参数的权重。表6.20为各特征参数权重[①]。

表 6.20 各特征参数权重

特征参数	b	h	f	s	a	w	l	k	t	v	g
权重 e_{jj}	0.8	0.7	0.6	0.5	0.4	0.3	0.2	0.1	0.5	0.4	0.3

下面引入灯光指数来表示特征参数及其相互作用的总体效应。

定义6.8 灯光指数X：

$$X = E \cdot I = \sum_{j=1}^{n} e_{jj} \cdot i_j \tag{6.13}$$

式（6.13）中灯光指数X的意义是把多维向量表示的复杂的物理量压缩成为一个

---

① 特征参数权重的适当选取比较复杂，本书旨在建立数学模型，对选法未详细讨论，带有示意性质。

数字量，因而更具直观性和可比性。一般意义上，灯光指数 X 具有以下特点：

（沉稳）小 ◄──────── 灯光指数 X ────────► 大（活泼）

灰暗、单调、呆板、　　　　　　　　　　　　　　　明亮、艳丽、动感、

对比弱、层次少　　　　　　　　　　　　　　　　　对比强、层次多

6.8　小　　结

路灯智能控制包括照明方式自适应调节和天气模式自适应切换，多维度道路照明系统以"照度+流量"控制模式取代"按时间分段"的运行功率转换机制；雨量、雾霾传感器将有关天气的实时数据传至云端，后台主机根据雨量、雾霾情况决定最佳照明策略与控制措施并通过多路控制器及时在各个子系统之间切换。

在智能交通系统中，将路灯作为基站，建设一个光通信网络，在交通领域能发挥协同作用。

多维度道路照明系统未来的功能之一是成为智慧城市的数字化平台，充分利用城市道路机制，将各类传感器集成在路灯体系中，采集的信号与指令全部接入城市大数据中心并存储于云端，而后由相关职能部门依权限分享。

正常天气下，自动驾驶系统的机器视觉能够防止追尾、碰撞，而且能为防止车辆驶出路面提供即时道路定位信息。但在恶劣天气下，现有传感器技术的准确性不能满足要求。在恶劣天气下实现自动驾驶已成为自动驾驶中共性技术难题。

在恶劣天气下，构建车路协同、人机融合的自动驾驶系统，需要解决航向识别、目标识别和距离识别问题，解决的途径是通过照明手段尽力恢复人眼视觉并建立机器视觉。

面向自动驾驶的机动车偏航测控系统的设计思想是：在恶劣天气下，一方面通过照明手段恢复人眼视觉；另一方面通过车路协同，建立机器视觉并通过人机融合实现机动车偏航的预警与控制。该系统由恶劣天气专用道路照明系统与基于光强平衡的偏航检测系统及道路走向实时构建系统配套构成。

人机融合的机动车偏航测控系统由路基系统（恶劣天气专用道路照明系统）与车基系统（基于光强平衡的双通道偏航检测系统）共同配套组成。恶劣天气专用道路照明系统提供恢复驾驶员的人眼视觉功能所需的基础照明环境，双通道偏航检测系统提供快速精确的机器视觉。

实现人眼视觉与机器视觉高度融合的关键技术是，当驾驶员透过前挡风玻璃观察并形成机动车行驶状态的人眼视觉影像时，描述机动车行驶状态及偏航警示信息的机器视觉也以图像的形式同步呈现在前挡风玻璃上，使人眼视觉影像与机器视觉图像高度融合。

无论从技术能力还是人类伦理视角，我们认为，以人机融合为特征的机动车偏航测控方式终将成为恶劣天气下车辆自动驾驶的最高级形式。

恶劣天气专用道路照明系统提供恢复人眼视觉所需的基础照明环境及发射光信号；基于光强平衡的偏航检测系统接收光信号，根据双通道光强平衡的拓扑算法，经计算机

处理确定机动车行驶状态，提供快速精确的机器视觉，包括实时道路走向重构与偏航预警；道路走向实时构建系统通过拓扑算法实时构建出道路走向。

多维度道路照明系统的重要功能还包括通过沿路的景观照明营造某种特定主题的灯光环境。例如，在节日里，将路灯的景观照明设计与功能照明设计进行融合，营造与表现节日氛围。

桥梁灯光作为表现夜景的元素与水相伴而生。以水为前景，景观增加了意想不到的美妙效果。基于多维度空间理论，我们分析了水面波纹对倒影的各种形态变化如长度变化、亮度变化、疏密变化和色彩变化产生影响的因素。

在我国，城市内的高架桥灯光已逐步成为道路照明的组成部分；但同时，灯光的溢散已成为不可忽视的现象，光污染也已是客观存在的事实。从多维度空间的角度来重新审视光污染，则光污染的范围还应包含更广泛的生理学、心理学和美学方面的灯光弊端，即事实上是由人工光造成的"视觉污染"。

多维度道路照明理论要求光污染的概念应在更加广泛的意义上加以界定，"光污染"概念的科学性，应从纯"技术"的层面进一步扩展，除眩光污染外，应进一步包括辐射污染、光泛滥、视觉单调、光色失衡、视遮蔽、频闪效应等；在界定上，不但从人的生理感受和需求，也从人的心理感受和美学追求来加以评价；在范围上，不但包括可见光，也包括不可见光；在认定方法上，不但有设备检测，而且应包括人的视觉参与。同时，光污染应是一个随时代而变的开放概念。

参 考 文 献

[1] 李德仁，姚远，邵振峰. 智慧城市中的大数据[J]. 武汉大学学报(信息科学版)，2014，39(6)：631-640.

[2] 马秀峰. 基于智慧城市照明体系的LED光源应用效益研究[D]. 邯郸：河北工程大学，2017.

[3] 张岱. 光污染防治立法研究[D]. 石家庄：河北地质大学，2016.

[4] 刘睿莹，陈如清，朱荷蕾. 面向智慧城市建设的LED路灯智能控制系统设计[J]. 嘉兴学院学报，2018，(6)：1-6.

[5] 洪志敏，白如玉，闫在在，等. 二重积分的蒙特卡罗数值算法[J]. 数学的实践与认识，2015，45(20)：266-271.

[6] 潘华. 基于云平台的多供应链协同技术研究[D]. 成都：西南交通大学，2016.

[7] 宋炜炜. 基于时空信息云平台的空间大数据管理和高性能计算研究[D]. 昆明：昆明理工大学，2015.

[8] Han Y. A new algorithm for finding shortcut in a city's road net based on GIS technology [J]. Chinese Journal of Computers，2000，2：210-215.

[9] Deren L I，Jianjun C，Yuan Y. Big data in smart cities[J]. Science China(Information Sciences)，2015，58(10)：108101.

[10] Sousa J，Martins A . Optimal renewable generation mix of hydro，wind and photovoltaic for integration into the Portuguese power system[C]// European Energy Market. IEEE，2013.

[11] Komine T，Nakagawa M. Fundamental analysis for visible-light communication system using LED lights [J]. Consumer Electronics IEEE Transactions on，2004，50(1)：100-107.

[12] Rajagopal S，Roberts R D，Lim S K . IEEE 802.15.7 visible light communication：Modulation schemes and dimming support[J]. IEEE Communications Magazine，2012，50(3)：72-82.

[13] Zafar F，Karunatilaka D，Parthiban R . Dimming schemes for visible light communication：The state of research[J]. IEEE Wireless Communications，2015，22(2)：29-35.

[14] 岳洪伟. 基于双目立体视觉的汽车制动性能检测系统研究[D]. 长春：吉林大学，2015.

[15] 郝俊. 汽车智能辅助驾驶系统的发展与展望[J]. 科技与创新，2015，(24)：39-40.

[16] 马育林. 智能车自主驾驶控制系统研制与试验[D]. 武汉：武汉理工大学，2010.

[17] Li L，Wang F Y. Intelligent vehicle vision systems[J]. Advanced Motion Control and Sensing For Intelligent Vehicles，2007：323-400.

[18] Chaudhary A，Klette R，Raheja J L，et al. Introduction to the special issue on computer vision in road safety and intelligent traffic[C]// EURASIP Journal on Image and Video Processing，2017：16.

[19] Chiang Y M，Hsu N Z，Lin K L. Driver assistance system based on monocular vision. new frontiers in applied artificial

intelligence[C]//International Conference on Industrial，Engineering and Other Applications of Applied Intelligent Systems，2008：1-10.

[20] Ran F，Jiang Z L，Wang T，et al. A study of vision-based lane recognition algorithm for driver assistance[C]//Advances in Swarm Intelligence，2013：445-453.

[21] Guan Q Z，Bao H，Xuan Z X. The research of prediction model on intelligent vehicle based on driver's perception[J]. Cluster Computing，2017，20(4)：2967-2979.

[22] Hertel D，de Locht C. Utilizing near-infrared and color information in an automotive wide-dynamic-range night vision system for driver assistance [C]// Advances Microsystems for Automotive Applications，2010：145-154.

[23] Boyraz P，Yang X B，Hansen J H L. Computer vision system for "context-aware" active vehicle safety and driver assistance[C]. Digital Signal Processing for In-Vehicle Systems and Safety，2012：217-228.

[24] 姚佼，杨晓光. 车路协同环境下城市交通控制研究[J]. 上海理工大学学报，2013，35(4)：397-403.

[25] 易振国. 车路协同实验测试系统及安全控制技术研究[D]. 长春：吉林大学，2011.

[26] Rezaei M，Klette R. Computer Vision for Driver Assistance：Simultaneous Traffic and Driver Monitoring[M]. Berlin：Springer，2017：1-15.

[27] 肖献强. 基于信息融合的驾驶行为识别关键技术研究[D]. 合肥：合肥工业大学，2011.

[28] 刘乐元. 面向有限资源平台人机交互的人手检测与跟踪[D]. 武汉：华中科技大学，2012.

[29] 魏庆媛，程文冬，沈云波. 车道线图像检测与车辆偏航预警模型构建[J]. 西安工业大学学报，2015，35(6)：500-505.

[30] 周芳. 城市综合性公园景观照明设计研究[D]. 福州：福建农林大学，2013.

[31] 陈馨如. 城市公共绿地景观照明与亮化之人本观念思考[D]. 沈阳：鲁迅美术学院，2017.

[32] 赵海天，施世涛. 灯光在水面的光色效应及其机理[J]. 灯与照明，2013，37(2)：1-5.

[33] Kim M，Hong S H. Relationship between the reflected brightness of artificial lighting and land-use types：A case study of the University of Arizona campus[J]. Landscape and Ecological Engineering，2015，11(1)：39-45.

[34] 付昱华. 改进的线性波浪理论[J]. 中国海上油气(工程)，1989，1(4)：21-27+56.

[35] 王丁一. 实验水池非规则波生成机理及其控制研究[D]. 太原：太原科技大学，2016.

[36] 那仁满都拉. 流体与固体介质中有限振幅波、孤立波的传播与相互作用的理论与求解方法研究[D]. 长春：吉林大学，2005.

[37] El G A，Grimshaw R H J，Smyth N F. Unsteady undular bores in fully nonlinear shallow-water theory[J]. Physics of Fluids，2006，18：027104.

[38] Riegel K W. Light Pollution[J]. Science，1973，179(4080)：1285-1291.

[39] Gábor H，Kriska G，Péter M，et al. Polarized light pollution：A new kind of ecological photopollution[J]. Frontiers in Ecology and the Environment，2009，7(6)：317-325.

[40] Hölker F，Wolter C，Perkin E K，et al. Light pollution as a biodiversity threat[J]. Trends in Ecology & Evolution，2010，25(12)：681-682.

[41] 李岷舣，曲兴华，耿欣，等. 光环境污染监测分类与控制值探索[J]. 中国环境监测，2013，29(2)：51-54.

[42] 李元菁. 实验室模拟玻璃幕墙眩光污染测量[D]. 上海：上海师范大学，2016.

[43] 朱玲玲. 城市规划设计中不可忽视的建筑视觉污染研究[J]. 现代装饰(理论)，2012，(9)：140.

[44] Falchi F，Cinzano P，Elvidge C D，et al. Limiting the impact of light pollution on human health，environment and stellar visibility[J]. Journal of Environmental Management，2011，92(10)：2714-2722.

[45] 欧志海. 分析城市电磁辐射污染的产生原因与危害[J]. 资源节约与环保，2017，(2)：36, 38.

[46] 邓雪娇，周秀骥，铁学熙，等. 广州大气气溶胶对到达地表紫外辐射的衰减[J]. 科学通报，2012，57(18)：1684-1691.

[47] Cuan J C. Light guide board and light guide key board：13/131599[P]. 2012-01-26.

[48] Mamola，Karl C. Too Light on the Board[J]. The Physics Teacher，2005，43(7)：408.

[49] 林娣. 高精度视觉测量系统光干扰抑制研究[D]. 太原：中北大学，2017.

[50] Charles L. mark one for market street[J]. Architectural Record，184(5)：31.

[51] 金亮. 城市户外环境设计中色彩的应用研究[D]. 芜湖：安徽工程大学，2014.

[52] 卢帆. 交流LED频闪效应研究[D]. 南京：东南大学，2015.

[53] 程世友，宋刚，潘飞跃. 基于绿色照明理念的投光照明灯具的光学设计[J]. 照明工程学报，2017，28(2)：126-132.

[54] 刘晓希. "动态照明"视觉认知的影响因素研究：以日本"东京晴空塔"夜景照明为例[J]. 装饰，2016，(3)：101-103.

[55] Patania F，Gagliano A，Nocera F，et al. The dynamic lighting into the working environment[J]. International Journal of Design & Nature and Ecodynamics，2012，7(4)：394-408.

[56] 龚曲艺，翁季. 城市夜景照明中的光污染及其防治[J]. 灯与照明，2015，39(3)：11-14，21.

[57] 马剑，姚鑫，刘刚，等. 城市居住区室外光环境评价指标研究[J]. 照明工程学报，2010，21(1)：1-6.

[58] 党睿，魏智慧. 城市居住区夜间光环境及光污染检测[J]. 城市环境与城市生态，2013，26(3)：43-46.

[59] 于娟，王立雄，张明宇，等. 城市居住区夜间光侵扰问题调查研究[J]. 土木建筑与环境工程，2015，37(6)：114-119.

[60] 于娟，曹阳，金纹青，等. 天津市居住建筑光侵扰现象的主观调查及评价研究[J]. 照明工程学报，2014，25(4)：71-77.

[61] Ho C Y，Te L H，Huang K Y. A study on energy saving and light pollution of LED advertising signs[J]. Applied Mechanics and Material，2012，121-126：2979-2984.

[62] Ho C Y，Te L H，Huang K Y. A study on light trespass of dynamic LED advertising sign flickering on adjacent residents at night[J]. Applied Mechanics and Material，2013，368-370：593-598.

[63] 罗明，郑诗琪，叶鸣. 动态光对人警觉度与表现的影响[J]. 照明工程学报，2016，27(6)：1-5.

[64] IESNA. Road Lighting ANSI/IESNA(RP-8-00) [S]. 2000-06-27.
[65] CIE. Guide to the Lighting of Urban Areas（CIE 136-2000）[S]. 2000.
[66] 荣浩磊. 宁波经济开发区夜景照明设计[J]. 照明设计，2003，(1)：90-94.
[67] 北京照明学会，北京市市政府受理委员会. 城市夜景照明技术指南[M]. 北京：中国电力出版社，2004.
[68] 陈仲林，杨春宇，黄海静. 泛光照明设计中光污染限制方法[J]. 照明工程学报，2002，13(3)：51-54.
[69] 吴德雯. 城市型风景名胜区边界区域视觉景观控制研究[D]. 天津：天津大学，2016.
[70] 赵晶. 视觉艺术视野下的景观设计方法研究[D]. 天津：天津大学，2014.
[71] 薛亦暄. 基于空间序列的城市景观大道空间优化设计研究[D]. 济南：山东建筑大学，2017.
[72] 赵海天，王少健，姚其，等. 城市景观照明的光色系统[J]. 深圳大学学报（理工版），2013，30(5)：504-507.
[73] 赵海天，关雪峰. 城市灯光环境规划的光色系统构成[J]. 光源与照明，2010，(4)：25-29.

第7章 多维度道路照明：照明系统

多维度道路照明系统是多维度理论的物理载体，其主要技术特征是多维度（M）、分布式（D）、多灯位（M）和小功率光源，在功能上满足但不超出第1章中的需求维度。在形式上将前6章中的各个照明子系统加以集成，协调其功能，组合成为物理形态的路灯。不难想象，这样多个维度的道路照明系统，无论在功能上还是形式上必然与传统路灯完全不同。

7.1 多维度道路照明子系统

安全、可靠、健康、舒适、高效、节能的智能化道路照明要求在正常天气下最有效地提升可见度；在恶劣天气下，改善视锐度；在单调路况下，抑制昏睡感；车辆故障时，为后方车辆提供足够的预警距离；对特殊路段提前提示；市政道路路灯与树木互不遮挡；路灯自适应控制与城市智慧照明等多项功能。

要实现上述功能，必定是一项系统化的工程。按照需求导向理念，需要将多个维度的需求及其所演化出的多项任务进行分解，使之成为各自独立的最小需求单位进而构成需求空间；再将照明措施加以分解，设置多个维度的照明光源、灯具和控制系统，由各自独立的最小供给单位（包括小功率、高效能光源、灯具和控制模块）来分别控制、独立运行。根据道路照明的基本需求与次序，在路面照明、空间照明、恶劣天气照明及隧道（内墙面）照明方面分别做到最佳，以求得总体最佳。

以需求为导向构建的多维度道路照明系统，发挥LED光源功率小、高光效的特点，利用LED光分布的可塑特性，改传统集中式照明为分布式照明，改高位安装为多灯位安装，改大功率光源为小功率光源，使得各维度光源各司其职，使不同用途光源与灯具的效能最大化，从而使总体照明达到智能化和最优化。

多维度道路照明系统包含13个主要子系统，之所以称为子系统，是因为各子系统均分别拥有独立的光源、灯具和控制系统，独立控制与运行。

7.1.1 路面相对反射率测试子系统

在多维度道路照明系统中，道路照明设计从路面反射率测试开始，以满足不同道路定制化道路照明的需求。路面相对反射率测试子系统是专门为此研发的系统[1]。

根据道路照明测试规范，成像亮度计观测视线与路面夹角约1°，通过计算得出成像亮度计（观测点）应距离被观测区域最近的边沿约60 m；假定亮度测量范围（被观测区域）100 m（取平均值用），则测试路段总长至少需160 m。同时，被观测区域应无明显的灯光干扰。显然，这样的测试场地与测试条件无法实现快速测试。

所要解决的技术问题是，提供一种体积小、便于携带，并能快速测出路面对于低位路灯照明相对反射率的装置，在保持与传统测试仪器的光线入射角度和反射角度相同的前提下，采用LED光源，用照度计模拟成像亮度计，使测试可以在小空间内进行。

LED光源光线与地面夹角为2°，照度计观测视线与地面的夹角为1°，与路灯角度一致。路面上方设置一块位于所述光源和所述照度计之间的中间隔板，用于隔离直射杂光。

装置沿光路方向包括光源、第一反射镜面、第二反射镜面、照度计。光源发出的入射光经第一反射镜面反射后照向路面，经路面反射后再经第二反射镜面反射进入照度计。

以照度的高低来评价所测路面的相对反射率。

测试装置的长度为0.75 m，采用光源为LED或激光光源，如图7.1所示。

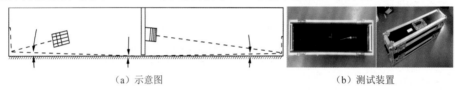

（a）示意图　　　　　　　　　　　　　　　　（b）测试装置

图7.1　路面相对反射率测试子系统

以逆向照明为主，正向照明为辅时，正向照明光源的功率大于逆向照明光源的功率；反之亦然。

7.1.2　低位路灯逆向 / 正向照明子系统——路面照明

多维度道路照明系统根据路面相对反射率差异，设置低位路灯逆向/正向照明子系统负责路面照明。

1. 低位路灯逆向照明子系统：针对光滑路面

为满足高能效路面照明之需求，设置低位路灯逆向照明子系统（图7.2和图7.3）。该系统中，光源安装高度低于机动车驾驶员视平线，照射方向与所在车道车行方向相反，照射空间为灯高位置下方空间及路面，无仰角散射，对路面全面覆盖。

为提高可见度之需求，低位路灯逆向照明子系统的光源色温不高于4000 K，道路两侧的色温高于道路中央的色温。

低位路灯逆向照明子系统的运行模式为通常模式（在正常开灯时间内常全开）和节能模式（通常模式基础上调光）。

图7.2　低位路灯逆向照明子系统立面示意图

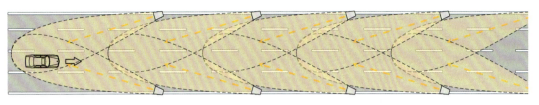

图 7.3　低位路灯逆向照明子系统平面示意图

2. 低位路灯正向照明子系统：针对粗糙路面

根据第5章的结论，为满足高能效路面照明需求设置低位路灯正向照明子系统（图7.4和图7.5）。该系统中，光源安装高度低于机动车驾驶员视平线，照射方向与所在车道车行方向相同，照射空间为路面及灯高位置下方空间，无仰角散射，对路面全面覆盖；光源色温不高于4500 K，道路中央的色温低于两侧的色温。

低位路灯正向照明子系统的运行模式为通常模式（在正常开灯时间内常全开）和节能模式（通常模式基础上调光）。

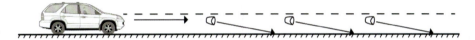

图 7.4　低位路灯正向照明子系统立面示意图

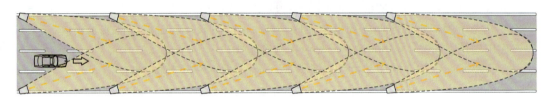

图 7.5　低位路灯正向照明子系统平面示意图

低位路灯正向照明的关键问题是减小后视眩光。低位路灯正向/逆向照明子系统同时工作如图7.6所示。

图 7.6　低位路灯正向 / 逆向照明子系统同时工作

7.1.3　低位路灯前向照明子系统：空间照明

可见度不能以背景亮度单独存在，低位路灯前向照明子系统与低位路灯逆向/正向照明共同使用，以提供道路空间垂直照度的方式，构成目标物可见度所需的亮度反差。

根据第5章的结论，对于机动车前方空间照明的基本要求是：应加强路面背景与前方障碍物之间的亮度（负）对比与色度对比。

另外，空间垂直照度的合理的梯度分布也是高效节能所必需的。

对于担负空间照明的低位路灯前向照明子系统的要求是：采用具有较高光色品质（此处简化为较高显色性、非过高的色温）的、与背景光源（此处为照射路面的光源）有一定色差的光源，所提供空间的照明应具有亮度负对比性质。

低位路灯前向照明子系统的光源，色温高于逆向照明分量，但低于5500 K，显色指数大于70，高度在机动车驾驶员视平线附近，照射方向与所在车道的车行方向相同（图7.7）；运行模式为通常模式（在正常开灯时间内分时段全开）和节能模式（通常模式基础上调光）。

图 7.7　低位路灯前向照明子系统立面示意图

低位路灯正向照明子系统与低位路灯前向照明子系统的差别是正向照明与前向照明的差别：

①目的不同，正向照明提供路面照明，前向照明提供空间照明而不提供路面照明。

②方向不同，正向照明向下照射路面，向上截光；前向照明向上投光，向下截光。

③光源不同，正向照明采用低色温暖白光（<4500 K），对显色性要求不高；前向照明采用高色温白光（<5500 K），显色指数高于70。

④眩光不同，正向照明不产生后视眩光；前向照明产生后视眩光。

正向照明与前向照明是互相独立的照明分量，在某些情况下（如投资限制），可将正向照明与前向照明两个子系统合并，使之能够同时提供正向照明与前向照明功能。

7.1.4　低位路灯横向照明子系统：恶劣天气照明

低位路灯横向照明子系统以克服"白墙"效应为目标，功能是提供照射方向与驾驶员的视线方向近于垂直的空间与路面照明，加强前方空间与前方障碍物之间的轮廓对比度，提高恶劣天气下驾驶员的视锐度水平。

对低位路灯横向照明子系统的要求是：采用具有较高穿透力（要求光谱主波长位于555 nm的右侧，或者简化为色温低于3500 K）的光源；其照射方向与所在车道的车行方向垂直，与路面平行（图7.8和图7.9）；照射空间为灯前方空间，正常天气下关闭，仅在雾霾天气时开启；运行模式为在雾霾天气时全开并与路面照明子系统联动。

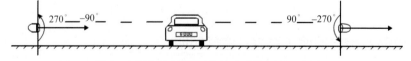

图 7.8　低位路灯横向照明子系统立面示意图

图 7.9　低位路灯横向照明子系统平面示意图

7.1.5　警醒、提示照明子系统：抑制昏睡及提示路况

1. 抑制昏睡的警醒照明子系统

根据第4章的结论，多维度路灯在面对机动车行驶方向设置只起显示作用的光源，以蓝光为基调保持不变、另一半光源分别发出白光、蓝光和绿光等冷色调光，转换距离2.5 km。不同色彩亚克力灯具如图7.10所示。

图 7.10　不同色彩亚克力灯具

2. 提示照明子系统

多维度路灯的提示照明子系统由灯体向下部、上部分别投光，并设置必要的反射体，方便驾驶员看到彩色的反射光。其中，蓝色光表示前方路况良好（为简洁，与抑制昏睡照明子系统的光色相同）；红色光表示前方道路事故多发；橙色光表示前方有陡坡；黄色光表示道路变窄。

若将灯体设置在桥梁栏杆上，则桥栏杆就成为反射体。远处可看到红、橙、黄、蓝四色的栏杆，不但提示非正常路况，还兼有景观照明功能。

7.1.6　高位路灯逆向照明子系统：隧道顶面及墙面照明

多维度道路照明系统中，采用高位路灯逆向照明子系统进行隧道内顶面及墙面照明。

在隧道阈值区间和过渡区间，需要使阈值区墙壁亮度与隧道内部墙壁亮度之间形成逐步渐变，来改善"黑洞"效应，提高隧道内目标物的可见度水平和驾驶员视觉舒适度。

　　高位路灯逆向照明子系统的功能是：在隧道阈值区间和过渡区间，提供必要的隧道墙面、顶面照明，使得驾驶员视线方向上获得较高的墙面反射亮度、较高的亮度均匀度且能控制眩光在较小值。由于隧道墙面的光滑性质，在隧道内部，高位路灯逆向照明方式能效最高。

　　高位路灯逆向照明子系统安装位置高于驾驶员视平线，照射空间为灯高位置上方空间及墙面，无俯角散射，垂直方向为140°～180°（图7.11），水平方向为90°～270°（图7.12）。光源色温接近天空光，依据隧道外光环境自动开启，控制联动；运行方式为通常模式（在正常开灯时间内常全开）或节能模式（通常模式基础上调光）。

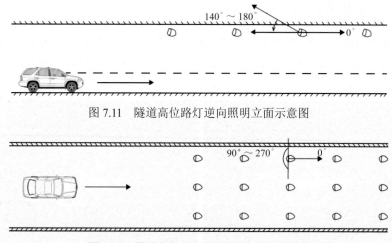

图 7.11　隧道高位路灯逆向照明立面示意图

图 7.12　隧道高位路灯逆向照明平面示意图

7.1.7　低位路灯竖向照明子系统：指示救援照明

　　多维度道路照明系统中，低位路灯竖向照明子系统的功能是提供指示救援照明，当发生事故需要救援时，在空中明确地标示出事故方位（图7.13）。用于竖向照明的光源与灯具，照射方向与路面垂直，安装距离不大于2 km，功率不大于10W，对称配光，照射范围87°～93°，照射空间为道路上方，与其他照明分量无交集，光源光色为单色或多个光色相间；运行模式平时不开启，仅在特殊情况下手动开启。

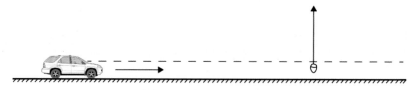

图 7.13　低位路灯竖向照明子系统立面示意图

7.1.8　警示照明子系统：故障警示照明

　　多维度道路照明系统中，警示照明子系统——手动无线（遥控）预警子系统位于道路边侧，将能发出红色闪光的模块集成在路灯内，按下手动报警按钮后，在来车方向距离该按钮200 m内的所有路灯均以红色闪光方式向后面来车发出警告（图7.14～图7.16）。

警示照明子系统单独控制、单独供电，平时不开，不耗电。

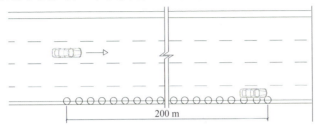

图 7.14　警示照明子系统平面示意图

图 7.15　警示照明子系统运行过程

图 7.16　警示照明子系统运行效果

7.1.9　中位多向照明子系统：市政道路照明

多维度道路照明系统中，市政道路的照明应满足高速公路照明需求外，还应考虑边缘照度比（或环境比）、行道树遮挡和溢散光污染。因此，对于市政道路，多维度道路照明系统中仍然以逆向/正向照明子系统与前向照明子系统分别承担路面照明与空间照明，以横向照明子系统承担雾霾照明。除上述系统之外，多维度道路照明系统还包括中位多向照明子系统，其可分为中线照明子系统和边侧照明子系统。

　　1. 中线照明子系统：针对市政道路路面、环境照明

为在空间上有效避开行道树，多维度路灯采用中线照明子系统。中线照明子系统位于道路中线，包括逆向/正向照明子系统、前向照明子系统、横向照明子系统，将其集成在高度为3 m左右的灯体内，逆向/正向照明子系统安装在底部，前向照明子系统、横向照明子系统安装在中上部（图7.17～图7.19），以10 m左右的距离沿中线排列。由于中线照明子系统在光源的安装高度上已不限于1.5 m以下的低位，本书称之为"中位"照明。

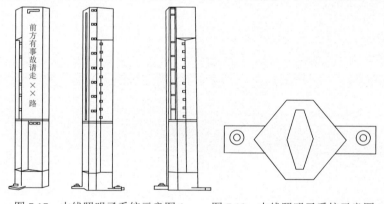

图 7.17　中线照明子系统示意图 1　　　图 7.18　中线照明子系统示意图 2

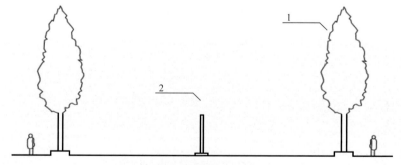

图 7.19　道路中线单排布灯示意图

1. 行道树；2. 中线型落地式灯

对于非水平路段、非直线路段，由于可视距离变短，需要加大照明功率密度；对于交会区、斑马线等特殊路段，需要加大照明功率密度并加强路面水平照度；对于人车混

行路段，需要加大照明功率密度并增加垂直照度，如图7.20所示。

图 7.20　十字路口眩光图片

　　深圳市南山春花人行天桥位于深圳市深南大道与南山大道交会处，为4方向共20车道的大型市政道路交会区，道路照明设计以蓝色投影标出鲜明的路面停车线。同时，以LED洗墙灯向中心投光，改善了过去HPS小高杆灯由于能量密度过高而导致的强烈眩光。天桥人行道亦感觉不到任何刺眼光源的存在，如图7.21～图7.23所示。

图 7.21　春花人行天桥桥下路面与桥面照片

图 7.22　春花人行天桥路口路面俯视照片

图 7.23　春花人行天桥路面驾驶员视角照片

2. 边侧照明子系统：提供边缘照度

对于较宽的市政道路，根据第5章的叙述，采用中线照明子系统和边侧照明子系统的方式，中线照明子系统主要承担机动车道内的照明，边侧照明子系统主要承担机动车道外的照明。边侧照明子系统包括逆向/正向照明子系统、前向照明子系统、横向照明子系统，同时安装朝向道路外侧的泛光光源。泛光光源采用较高品质的LED光源，将其集成在高度3 m左右的灯体内，逆向/正向照明子系统安装在底部，前向、横向照明子系统安装在中上部（图7.24），边侧照明子系统均匀沿灯体安装，与中线照明子系统同距，沿道路两侧边线排列。

这种排列方法，路灯位于道路边线，在平面上不能有效避开行道树，但在垂直方向上，由于路灯矮小、高度在树冠之下，故边侧照明子系统在空间上可有效避开行道树。

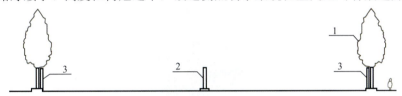

图 7.24　道路中线布灯 + 边侧布灯示意图
1. 行道树；2. 中线型落地式灯；3. 侧边型落地式灯

7.1.10　自动驾驶路基子系统

多维度道路照明系统中，共有3个模块为自动驾驶服务，构成自动驾驶路基子系统。

1. 雾天增视模块

雾天增视模块功能：提供浓雾天气照明，增加驾驶员视距。3个大功率LED光源提供浓雾天气照明如图7.25所示。

图 7.25　3 个大功率 LED 光源

2. 尾灯亮度增强模块

尾灯亮度增强模块功能：浓雾条件下，增强前方车辆尾灯亮度。大功率红色LED光源如图7.26所示。

图 7.26　大功率红色 LED 光源

3. 不可见光子模块

不可见光子模块功能：浓雾条件下，浓雾天自动驾驶专用，发射定位信号及其他信息。不可见光子模块如图7.27所示。

图 7.27　不可见光子模块

7.1.11　智能照明子系统

1. 系统结构

（1）系统框架

多维度道路照明系统中，智能照明子系统框架如图7.28所示。

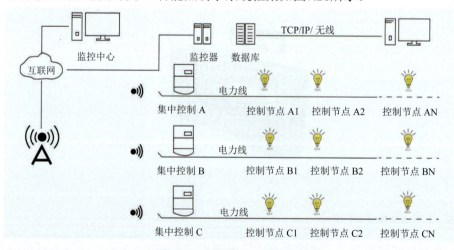

图 7.28　智能照明子系统框架图

（2）互联网云控平台

互联网云控平台提供APP、Web端的关键界面，通过GPRS/NB-IoT网络完成对低位路灯互联网远程管理，含智能模块注册、路灯编号、路灯故障监测、路灯单灯控制、紧急求助处理、雾灯自感应亮灯、车辆事故探测处理等功能模块。

（3）智能控制模块

智能控制模块由互联网通信模块、单灯串控制模块组成，其中单灯串控制模块需含单灯开关、单灯调光、路灯故障监测、紧急求助信号处理、浓雾自感应处理、车辆探测处理功能块组成。

路灯串：一串路灯含5～7个LED灯，相邻LED的间距3～10 m；单个灯集成功能照明、应急照明、雨雾照明、紧急求助按钮；灯串控制通过智能控制模块实现。

2. 系统组成

硬件：上位机（控制主机）、集中器、LED电源（调光）、路灯、配电设备。

软件：上位机控制软件、集中器软件。

总体系统控制：上位机发出指令（带UID），相关集中器接收命令，处理命令，转发给控制节点，控制电源调光及分4组控制路灯执行动作。

区段控制线路：每个区段的电控柜配置一个集中器，控制本区段路灯。

控制的实现：每台集中器有一个唯一的身份代码UID，每控制节点有一个唯一的身份代码UID；当上位机发出开关或调光指令时，该指令（带UID）通过GPS/光纤给相应的集中器，集中器将命令分解转发给需要控制的控制节点，控制节点根据指令响应相应的动作。

区控：每个区由一个集中器控制，只要向该集中器发出区控指令，则该区内的所有路灯均执行同一指令。

组控：在区内可以分成组，由上位机给组发出指令，该组执行指令。

点控：上位机向单一灯具（UID）发出指令，则该灯执行指令。

上位机有分成若干级别的调光指令（不同值的百分比），LED电源内部有控制软件，在接到上位机通过集中器下发的控制指令（如调光、开关灯）后，控制软件控制电源硬件执行相应的命令，实现包括调光在内的所有指令。

控制器中设计有4组继电器输出，对应到护栏灯中4组灯光的控制，可实现单点、分组、全开全光功能[2]。

3. 组网方案：　GPRS+PLC 方案

①GPRS集中器采用4G/5G网络，复用现有智慧照明MQTT协议；
②单个GPRS集中器可接多个单灯串控制器，数量在100以上；
③单灯串控制器硬件可以与单灯串集成设计，也可以独立于灯单独设计；单灯串控

制器还需考虑集成浓雾探测、车辆红外探测传感；

（1）基础照明功能

基础照明功能分布框图如图7.29所示。

图 7.29　基础照明功能分布框图

事故紧急求助业务流程如图7.30所示，警示灯闪烁现场图如图7.31所示。

步骤1：机动车驾驶员在路上发生车辆故障、交通事故、道路障碍，需对后方车辆进行预警警示时；按下附近警示按钮；

步骤2：路灯将求助信号经单灯串控制器，通过PLC信号上报给GPRS集中器；

步骤3：GPRS集中器采用MQTT协议，通过4G/5G网络上报给IoT平台；

步骤4：IoT平台发出实时短信或UI界面告警提醒并下发指定灯串应急灯闪烁指令；

步骤5：警示灯闪烁指令通过4G/5G网络下发，经GPRS集中器下发给单灯串控制器；

步骤6：指定单灯串的应急灯开始闪烁。

（2）浓雾探测警示照明

浓雾探测警示照明业务流程如图7.32所示。

步骤1：单灯串控制模块中的浓雾探测传感器，按设定的时间间隔对周边环境浓雾进行探测；

步骤2：当探测器发现浓雾超标时，通过单灯串控制模块上报浓雾超标告警；

步骤3：浓雾告警经GPRS集中器发给IoT平台；

步骤4：IoT平台收到浓雾超限指令后，给对应的GPRS集中器下发打开浓雾照明模式的开灯指令；

步骤5：开灯指令经GPRS集中器发给单灯串控制模块；

步骤6：对应的单灯串控制模块驱动低位路灯打开雾灯模式；以确保驾驶员能识别路肩护栏位置，降低交通事故发生风险。

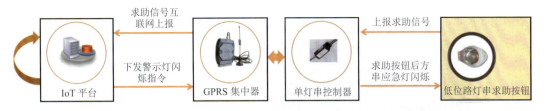

图 7.30 事故紧急求助业务流程

图 7.31 事故点后 200 m 预警警示灯闪烁现场图

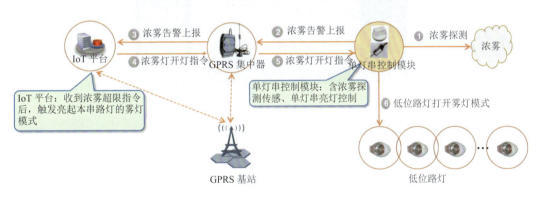

图 7.32 浓雾探测警示照明业务流程

（3）车辆感应节能模式

车辆感应节能模式业务流程如图7.33所示。

步骤1：单灯串控制模块中的红外传感器，当探测没有来车时，上报位置、编号、无来车等信息给集中器；当探测有来车时，上报位置、编号、有车等信息给集中器；

步骤2：GPRS集中器通信模块将车辆位置、单灯串控制模块编号、是否有车及平台是否开关灯、编号信息等上报给IoT平台；

步骤3：IoT平台生成开灯或关灯指令信息，下发给对应的GPRS集中器，由GPRS集中器做相应的位置、开关指令处理；

步骤4：GRPS集中器将对应的开灯或关灯指令下发给单灯串控制模块；由单灯串控制模块完成低位路灯的开灯或关灯操作，最终实现节能应用。

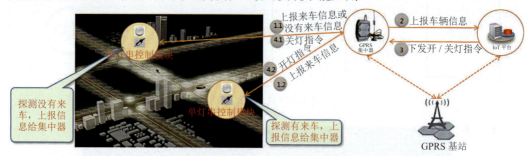

图 7.33　车辆感应节能模式业务流程

（4）控制云平台 UI 设计

控制云平台UI设计如图7.34所示。

图 7.34　控制云平台 UI 设计

（5）GPRS 集中器控制

GPRS集中器控制框图如图7.35所示。

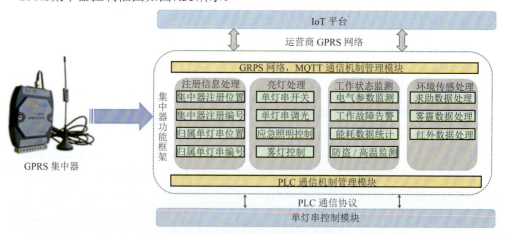

图 7.35　GPRS 集中器控制框图

（6）单灯串控制模块

硬件模块包括：①PLC通信模块；②微控制电路（ST MCU）；③150W AC/DC恒流驱动（主功能照明，带辅助电源供电线）；④75W AC/DC恒流驱动2（车辆故障警示灯）；⑤75W AC/DC恒流驱动3。

驱动接口包括：①车辆故障求助按钮接口；②雨雾传感器接口；③红外驱动接口；④主照明驱动接口；⑤警示灯驱动接口；⑥雾灯驱动接口；⑦供电接口和RF天线。

单灯串控制模块如图7.36所示。

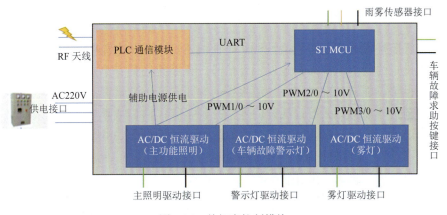

图 7.36　单灯串控制模块

（7）低位灯具硬件模块

低位灯具硬件模块（图7.37）包括：①每串低位路灯对应一个单灯串控制器，每串低位路灯工作状态由对应的单灯串控制器控制；②单串路灯总长为50 m；③单个路灯硬件上集成道路功能照明LED、硬件照明LED、雨雾照明LED、事故（故障）预警警示按钮4个硬件模块；④低位路灯串的开关、调光由单灯串控制器统一控制，不需要对灯串单灯控制；同时开同时灭；⑤低位路灯串的应急灯、雨雾灯模式启用后，该灯串的路灯应该为跑马灯方式，轮询闪烁亮起；⑥灯具硬件模块需具备防雨、防漏电、防高温、防雷等室外安装条件。

图 7.37　低位灯具硬件模块

7.1.12　智慧路灯子系统：智能交通、数字城市、清洁能源平台

智慧路灯子系统的所有信号与指令全部接入城市大数据中心，存储于云端，而后由

相关职能部门依权限分享。

1. 路灯运行监控设备

路灯运行监控设备具有：①自动定时控制功能，根据城市的地理位置（经纬度）和一年四季的天气统计情况，构造一个定时开、关时间表，将周期时间内每天操作开关灯的时间（包括：日常、节假日、周末开关灯时间等）下载到各路灯控制终端自动执行。②临时性操作控功能，遇到临时性的特殊情况，如重大活动、维修巡视，可以根据需要制定临时性的控制策略，由系统根据临时性策略进行临时性控制。③立即操作功能，在天气可视情况突然恶化、现场操作维修等突发情况，通过后台对指定区域、路段的路灯控制。

路灯运行监控设备通过电力载波线实时遥测路灯电压、电流值，发现异常，当偏离值超过事先设定的阈值范围时，触发报警信号。该系统还具有单点控制、远程测量（遥测）、远程报警，能够处理过压、过流报警；非正常开关灯报警；亮灯率低于额定值报警；终端控制柜非法打开报警；线杆门非法打开报警；通信故障报警；电缆断路、短路报警；报警记录、统计。路灯运行监控设备结构示意图如图7.38所示。

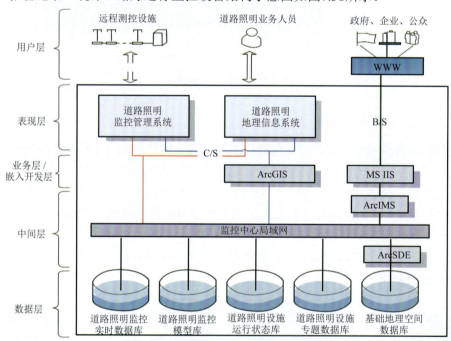

图 7.38　路灯运行监控设备结构示意图

2. 城市道路监控设备

（1）交通路况、事故及安保监控

路灯视频监控与路灯GPS定位，对重点路段路灯安装工业视频监控摄像头，周期性上报自身的各项工作状态信息。所有摄像头可以接收后台监控系统的统一运行操作指令并采用交互式视频，监控交通路况、交通事故，保存多方位视频录像。

（2）显示照明

显示照明的基本原理为：数字化城市中，智能交通指挥系统需要及时向驾驶员提供道路交通信息，发布交通指挥部门对驾驶员的指令，其指令可通过音频信号或视频信号传导。显示照明子系统的功能是传达实时视频信号、显示图文信息，引导车辆有序行驶；用于显示照明的光源与灯具为LED/OLED屏幕或点阵，照射方向斜对所在车道行车方向；由交通指挥部门采用遥控方式启动、控制运行，显示照明效果图如图7.39所示。

图 7.39　显示照明立面效果图

3. 城市环境监控设备

城市环境监控设备，通过云端网络通信方式连接到集中管理平台，用户侧或配备前置服务器管理终端，收集归属终端信息，实现各业务监控管理。其网络框架如图7.40所示。城市环境监控设备服务入口和服务出口如图7.41所示。

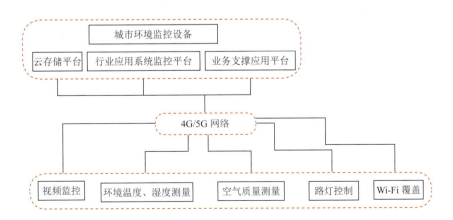

图 7.40　城市环境监控设备网络框架图

图 7.41　城市环境监控设备服务入口和服务出口

4. 路灯光伏一体化设备

现行的（传统）道路照明方式中，HID灯功率为250 W，LED灯功率为150 W，灯距30～40 m，体现的是集中式照明。在集中式照明条件下，以目前的光伏技术完全利用太阳能作为唯一供电电源并不可靠。事实上，为提高可靠性，当前投入实际运行的高速公路、市政道路光伏一体化照明，基本上均采用双重电源（220 V交流与光伏或风、光互补）供电，大大增加了投资，这仅具有示范意义，而无商业价值，这是目前道路光伏一体化照明未能全面推广的重要原因。

多维度道路照明系统的一个重要成果是将单灯功率减小为3～8 W，灯距减小为2～12 m。相对于现行的道路照明体系，分布式、小型化照明使得多维度道路照明系统的单灯功率仅为集中式照明方式的1.0%～6.0%，这导致单灯的光伏电池面积、电容存储部件随之大为减小，单灯故障的影响范围也大为减小，供电可靠性大幅度提高，从而使得以太阳能为单一供电电源的一体化路灯成为可能，而且还可以使用光伏、风能互补等多种清洁能源对路灯供电。

7.2　需求空间与照明空间的数学描述

通过7.1节的描述，我们可以清楚地看到，多维度道路照明系统的路灯是以多个照明子系统为基础的功能集成体与物理组合体。这些照明子系统可分为两类：一类是能够自主发光的子系统，包括低位路灯逆向照明子系统、高位路灯逆向照明子系统、中位路灯照明子系统、低位路灯正向照明子系统、低位路灯前向照明子系统、低位路灯竖向照明子系统、低位路灯横向照明子系统、警示照明子系统、警醒照明子系统、提示照明子系统；另一类是不能自主发光的子系统，包括路面相对反射率测试子系统、智能照明子系统、道路设施子系统（详见4.2.11节）、复合配光灯体（详见4.4节）、变形式呼吸装置（详见5.1.6节）、智慧路灯子系统、自动驾驶路基子系统及其他。

7.2.1　需求矢量与照明矢量的独立性

当我们考察各需求量之间的宏观关系时会发现，驾驶员视觉需求空间所包含的需求信息过多，并且相互影响明显，有些需求之间甚至相悖，这为构建满足需求的照明子系统造成很大障碍。因此，需要使得各需求量之间成为相互独立的分量进而完成由功能赋予到物理实体的实现。例如，提高可见度的需求本身并非是一个独立的直接测得的物理量，而是包含更下一层次数据、需经过综合计算且相互关联的计算量，目前无法直接实现实体化。但经过分解之后，可见度成为包括路面亮度、空间亮度、亮度均匀度和阈值增量这4个独立的、无法再分解的、可测量的、可计算的物理量。

另外，当我们再考察各照明子系统时会发现，对于能够自主发光的子系统，在照射不同的功能区时，具有明确的方向性且照射区域基本无重合。其中光强最大的方向成为该系统的主光轴，指向该系统照射的有效方向，其他方向则是溢散光方向。此时该主光轴被看作在一维空间中既有方向又有大小的矢量，方向是光强分布最大的方向，模长是光强值。

若一个路灯包含有不止一个主光轴即有多个主照射方向，且多个主光轴在空间上的相互角度大于0°即主光轴照射方向无重合，则它们在空间上就是相互独立的，在物理空间中便构成了多个维度的照明矢量系统。

按上述定义，各独立照明子系统构成道路照明矢量的独立分量。其独立性体现在两个方面：

①空间维度上，各光源投光主光轴及光谱主波长互相独立，在空间维度上无交集；

②某些光源在空间维度上可能存在交集，但在时间维度上无交集。

对于不能自主发光的子系统，无论在形态还是功能上完全不同，它们同样成为独立分量（其独立性体现在各子系统）。

因此，多维度道路照明系统包含了多个维度的自主照明矢量系统及非自主照明矢量系统，系统中的各分量在空间或时间维度上相互独立。

维度的独立性分析为各照明子系统功能的物理化实现提供了理论基础。

7.2.2　需求矢量与照明矢量的对应关系

需求矢量与照明矢量见表7.1。

表 7.1　需求矢量与照明矢量

需求矢量	照明矢量
定制化道路照明	路面相对反射率测试子系统
提供光滑路面照明	低位路灯逆向照明子系统
提供粗糙路面照明	低位路灯正向照明子系统
提供前方空间照明	低位路灯前向照明子系统
路面光谱合理分布	低位路灯逆向 / 正向照明子系统
限制前视眩光	低位路灯逆向照明子系统
限制后视眩光	低位路灯正向、前向照明子系统
限制侧视眩光	低位路灯逆向 / 正向照明子系统
限制对视眩光	道路设施子系统
克服灯体污垢	变形式呼吸装置

续表

需求矢量	照明矢量
抑制疲劳与昏睡	警醒照明子系统
自适应节能调节	智能照明子系统
恶劣天气照明	低位路灯横向、前向照明子系统
警示前方车辆故障	警示照明子系统
搭载智慧城市平台	智慧路灯子系统
提供视觉诱导	透光灯壳（详见 7.6.5 节）
指示救援	竖向照明子系统
提示前方特殊路况	提示照明子系统
景观照明	景观照明子系统（详见 6.4 节）
改善"黑洞"效应	高位路灯逆向照明子系统
改善"白洞"效应	高位路灯逆向照明子系统
提高中央段可见度	低位路灯横向照明子系统
满足环境比要求	边侧照明子系统
避让行道树	中位路灯照明子系统

如表7.1所示，在多个维度照明的概念下，我们进一步抽象出需求空间与照明空间的关系：在照明需求空间 D（demand）与照明空间 I（illumination）之间存在映射关系，如图7.42所示。

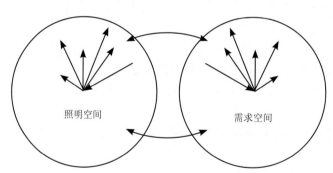

图 7.42　照明空间与需求空间的映射关系

多个维度的需求空间包含有三个特定对象的需求矢量：高速公路（基本段）需求矢量 D_h（demand of highway）、市政道路（基本段）需求矢量 D_m（demand of municipal road）和公路隧道需求矢量 D_c（demand of channel）。

对于高速公路照明，正常天气下，需求矢量共有8个独立分量分别对应下面需求：高能效路面照明、前方空间照明、抑制昏睡照明、恶劣天气照明、故障警示照明、救援指示照明、路况提示、景观照明。

对于公路隧道照明，需求矢量共有7个独立分量分别对应下面需求：高能效路面照明、前方空间照明、抑制疲劳与昏睡、警示车辆故障、改善"黑洞"效应、改善"白洞"效应、提高中央段可见度。

对于市政道路照明，需求矢量共有9个独立分量分别对应下面需求：高效路面照明、前方空间照明、抑制疲劳与昏睡、恶劣天气照明、警示车辆故障、指示救援、提示路况、景观照明、边缘照度比（或环境比）。

设 $\boldsymbol{D}$ 为需求空间的需求矢量，则相对独立是上述需求的共同特征。

高速公路需求矢量可表示为

$$\boldsymbol{D}_h = [h_1\ \ h_2\ \ h_3\ \ h_4\ \ h_5] \tag{7.1}$$

公路隧道需求矢量可表示为

$$\boldsymbol{D}_c = [c_1\ \ c_2\ \ c_3\ \ c_4\ \ c_5] \tag{7.2}$$

市政道路需求矢量可表示为

$$\boldsymbol{D}_m = [m_1\ \ m_2\ \ m_3\ \ m_4\ \ m_5] \tag{7.3}$$

对于不同道路类型，需求作为矢量，可以分为两部分：有明确量化指标的分量，如道路可见度；路灯眩光及目前技术上无法量化的分量，如道路安全、路灯维护、特殊要求等。

照明空间的子系统，并不唯一，存在重复。当在交集中只取一个时，右侧的照明子系统成为独立的子系统，共12个。

设 $\boldsymbol{I}$ 为照明空间的照明矢量，上述无"交集"的独立照明子系统记为

$$\boldsymbol{I} = [s_1\ s_2\ s_3\ s_4\ s_5\ s_6\ s_7\ s_8\ s_9\ s_{10}] \tag{7.4}$$

其中，s_1 为低位逆向照明子系统；s_2 为高位路灯逆向照明子系统；s_3 为中位路灯照明子系统；s_4 为正向照明子系统；s_5 为前向照明子系统；s_6 为横向照明子系统；s_7 为竖向照明子系统；s_8 为警示照明子系统；s_9 为警醒照明子系统；s_{10} 为提示照明子系统；s_{11} 为景观照明子系统；s_{12} 为边侧照明子系统。

非照明矢量系统：路面相对反射率测试子系统、道路设施子系统、透光灯壳与辅助子系统。

7.2.3　需求空间与照明空间关联矩阵

1. 高速公路照明需求矢量与照明矢量之间的关系

高速公路需求矢量与照明矢量之间的关系如表7.2所示。

表 7.2　高速公路需求矢量与照明矢量之间的关系

需求矢量	照明矢量
提供光滑路面照明	低位路灯逆向照明子系统
提供粗糙路面照明	低位路灯正向照明子系统
提供前方空间照明	低位路灯前向照明子系统
提供恶劣天气照明	低位路灯横向照明子系统
警示前方车辆故障	警示照明子系统

需求矢量	照明矢量
抑制疲劳与昏睡	警醒照明子系统
提示前方特殊路况	提示照明子系统
指示救援	竖向照明子系统
景观照明	景观照明子系统
智能照明	智能照明子系统
定制化道路照明	路面相对反射率测试子系统
搭载智慧城市平台	智慧路灯子系统
提供视觉诱导	透光灯壳
限制前视、后视眩光	复合配光技术
限制对视眩光	道路设施子系统
克服灯体污垢	变形式呼吸装置

2. 公路隧道照明需求矢量与照明矢量之间的关系

公路隧道需求矢量与照明矢量之间的关系如表7.3所示。

表 7.3　公路隧道需求矢量与照明矢量之间的关系

需求矢量	照明矢量
提供光滑路面照明	低位路灯逆向照明子系统
提供粗糙路面照明	低位路灯正向照明子系统
提供前方空间照明	低位路灯前向照明子系统
抑制疲劳与昏睡	警醒照明子系统
警示前方车辆故障	警示照明子系统
改善"黑洞"效应	高位路灯逆向照明子系统
改善"白洞"效应	高位路灯逆向照明子系统
提高中央段可见度	横向照明子系统
智能照明	智能照明子系统
搭载智慧城市平台	智慧路灯子系统
提供视觉诱导	透光灯壳
限制前视、后视眩光	复合配光技术
限制对视眩光	道路设施子系统
克服灯体污垢	变形式呼吸装置

3. 市政道路照明需求矢量与照明矢量之间的关系

市政道路需求矢量与照明矢量之间的关系如表7.4所示。

表 7.4　市政道路需求矢量与照明矢量之间的关系

需求矢量	照明矢量
提供光滑路面照明	低位路灯逆向照明子系统

续表

需求矢量	照明矢量
提供粗糙路面照明	低位路灯正向照明子系统
提供前方空间照明	低位路灯前向照明子系统
提供恶劣天气照明	低位路灯横向照明子系统
警示前方车辆故障	警示照明子系统
抑制疲劳与昏睡	警醒照明子系统
提示前方特殊路况	提示照明子系统
指示救援	竖向照明子系统
景观照明	景观照明子系统
避让行道树	中位路灯照明子系统
满足环境比要求	边侧照明子系统
智能照明	智能照明子系统
定制化道路照明	路面相对反射率测试子系统
搭载智慧城市平台	智慧路灯子系统
提供视觉诱导	透光灯壳
限制前视、后视眩光	复合配光技术
限制对视眩光	道路设施子系统
克服灯体污垢	变形式呼吸装置

根据表7.4，可得到关联表达式

$$\boldsymbol{D}_h = \boldsymbol{R}_h \cdot \boldsymbol{S} \tag{7.5}$$

$$\boldsymbol{D}_c = \boldsymbol{R}_c \cdot \boldsymbol{S} \tag{7.6}$$

$$\boldsymbol{D}_m = \boldsymbol{R}_m \cdot \boldsymbol{S} \tag{7.7}$$

$$d_{j=1,5} = \sum_{k=1}^{12} r_{jk} \cdot s_k \tag{7.8}$$

其中，$\boldsymbol{R}_h$ 为 14×15 阶的矩阵，$\boldsymbol{R}_c$ 为 13×13 阶的矩阵，$\boldsymbol{R}_m$ 为 16×17 阶的矩阵，分别描述需求矢量与照明矢量之间的联系，称为关联矩阵。设 r_{ij}（$i \neq j$）是关联矩阵 $\boldsymbol{R}$ 的第 i 行第 j 列元素，则 r_{ij} 具有以下性质：

①r_{ij} 仅在与 s 有关的行（列）对应位置为1，无关位置为0；

②$\boldsymbol{R}$ 为非对角阵，说明并非严格意义的对应。

第 j 个元素与其他元素总的关联程度称为元素 j 的关联度，记为 $R(j)$。

$$R(j)_{j=1,5} = \sum_{k=1}^{12} r_j \tag{7.9}$$

关联度的物理意义是，需求矢量中的各个分量与照明矢量关联性的强弱。显然，$R(j)$ 越大，关联度越高，表明非单一子系统能够满足需求。例如，对应提高能效路面照明的需求，照明措施及涉及的子系统包括：路面反射率测试子系统、低位路灯逆向照明子系统和正向照明子系统。

7.3 多维度道路照明系统构成与优化

设计一个道路照明系统的过程：首先确定照明对象的矢量，进而针对照明需求空间中各个需求分量，找出与之对应的照明分量并合成为照明矢量。

由于道路照明系统依据照明空间设计，与照明空间有三个层次对应关系：

①多维度道路照明系统——道路照明空间；

②多维度道路照明分系统——道路照明空间中的矢量；

③多维度道路照明子系统——道路照明空间中矢量的分量。

对于不同需求的照明，根据关联矩阵，可以组成多维度道路照明系统，该系统充分但不过分满足照明需求。

7.3.1 多维度道路照明理论在统一坐标系下的表达

1. XY 平面上的光度、色度分布

（1）亮度整体分布

路面平均亮度 L_{av} 上限值为1.5 cd/m² 或2.0 cd/m²，亮度在 Y 方向上的分布如图7.43所示。

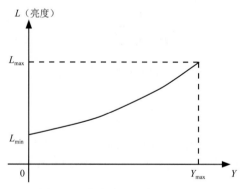

图 7.43 亮度在 Y 方向上的分布图

（2）亮度纵向分布

以位于 X 轴上方、平行于 X 轴的直线为轴的曲线，下限值为0.7 cd/m²。

（3）斑马条纹

大致以平行于 X 轴的直线为轴的曲线。

德博尔（de Boer）和克努森（Knudsen）为了定量地描述斑马条纹对视觉舒适度的

影响，对路面亮度沿道路方向的变化梯度定义了一个不舒适性阈值S_{max}，即平行于道路3 m的最大亮度距离的比值。

$$S_{max} = L/D \qquad\qquad (7.10)$$

（4）色温分布

根据边缘视觉原理，道路中间区域色温低于边缘区域色温，色温分布如图7.44所示。

2. *XZ* 平面上的光度、色度分布

*XZ*平面设计图如图7.45所示。

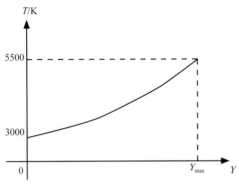

图 7.44　色温分布图

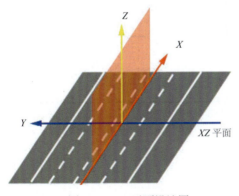

图 7.45　*XZ* 平面设计图

（1）空间垂直亮度分布

第2章已指出，正常天气下，快速道路上机动车驾驶员观察前方空间物体时，视觉模型是位于路面上20 cm×20 cm的小物体。那么，在高速运动的状态下，驾驶员视野会变窄，当驾驶员视线聚焦在"小目标"时，距离"小目标"越远的周边视域变得越来越不清晰。另外，驾驶员关注度也与路面垂直方向的高度成反比。因此，调整垂直亮度沿路面竖向空间的分布梯度即垂直亮度沿垂直高度的变化率，成为道路照明中节能的重要途径，如图7.46所示。

（2）上视眩光

闪光是必要的，但是对于每一辆车，保证仅闪烁一次，而非受到多次闪烁。同时，设置"预照射"区域及"后照射区域"。

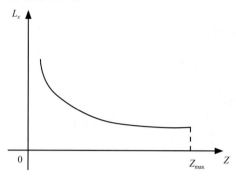

图7.46　空间垂直亮度分布图

（3）前视眩光

根据"干扰"理论，在驾驶员视点测得的路灯亮度上限值低于汽车尾灯。沿X轴的前视眩光分布图如图7.47所示。

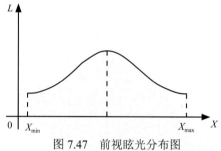

图7.47　前视眩光分布图

（4）后视眩光

根据"干扰"理论，路灯亮度上限值低于汽车尾灯。后视眩光分布如图7.48所示，垂直亮度分布如图7.49所示。

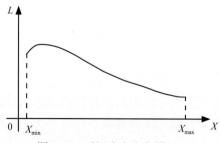

图7.48　后视眩光分布图

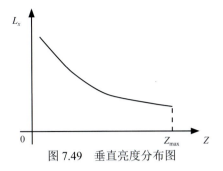

图 7.49　垂直亮度分布图

3. YZ 平面上的光度、色度分布

YZ平面设计图如图7.50所示。

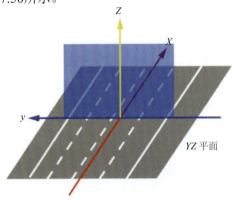

图 7.50　YZ 平面设计图

（1）亮度横向分布

中央低亮度，边侧高亮度（边侧感觉眩光强于中央，视亮度低）侧视眩光，如图7.51所示。

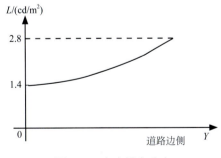

图 7.51　亮度横向分布

（2）光的色彩质量

实验室内中间视觉照明条件下的测试表明，在光色的偏好方面，光谱分布中显色指

数相对更加重要[3]。图7.52为这些测试中的偏好数值与显色指数R_a之间的关系[4,5]。

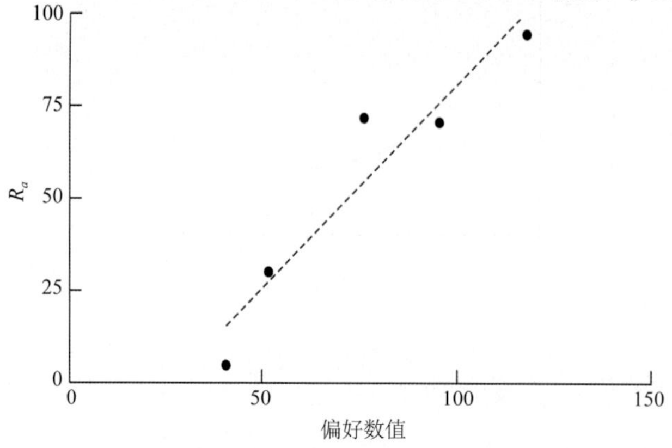

图 7.52　偏好数值与显色指数 R_a 之间的相互关系 [3]

（3）路面灯光谱分布

　　克里斯边缘视觉效应指出道路中央与边缘两侧光谱分布的关系是，位于道路中央的路面照明所采用光源光谱的主波长应位于道路两侧的路面照明所用光源光谱的主波长的右侧。

7.3.2　多维度道路照明系统的物理构建

　　多个维度的道路照明子系统按照功能集成为多维度道路照明系统，该系统为达到"多维度"道路提供完备、无冗余的照明，分别为高速公路低位路灯多维度道路照明系统、市政道路中位路灯多维度道路照明系统和公路隧道多维度道路照明系统，如表7.5所示。

表 7.5　多维度道路照明系统组成

需求空间		照明空间	
需求矢量 （特定对象）	需求分量 （基本需求＋扩展需求）	照明矢量 （照明系统）	照明分量 （对应的照明子系统及技术措施）
高速公路 （基本段，需求 分量 i=1,…,14）	提供光滑路面照明	高速公路低位路灯 多维度道路照明系统	低位路灯逆向照明子系统
	提供粗糙路面照明		低位路灯正向照明子系统
	提供前方空间照明		低位路灯前向照明子系统
	提供恶劣天气照明		低位路灯横向照明子系统
	警示前方车辆故障		警示照明子系统
	抑制疲劳与昏睡		警醒照明子系统
	提示前方特殊路况		提示照明子系统
	指示救援		竖向照明子系统
	景观照明		景观照明子系统
	智能照明		智能照明子系统
	定制化道路照明		路面相对反射率测试系统
	搭载智慧城市平台		智慧路灯子系统
	提供视觉诱导		彩色灯壳荧光粉反射单元
	限制前视眩光		复合配光技术
	限制后视眩光		复合配光＋3度分离技术

续表

需求空间		照明空间	
需求矢量 （特定对象）	需求分量 （基本需求＋扩展需求）	照明矢量 （照明系统）	照明分量 （对应的照明子系统及技术措施）
高速公路 （基本段，需求 分量 $i=1,\cdots,14$）	限制对视眩光 克服灯体污垢	高速公路低位路灯 多维度照明系统	百叶式隔离带技术 变形式呼吸装置
市政道路 （基本段，需求 分量 $i=1,\cdots,15$）	提供光滑路面照明 提供粗糙路面照明 提供前方空间照明 提供恶劣天气照明 警示前方车辆故障 抑制疲劳与昏睡 提示前方特殊路况 指示救援景观照明 避让行道树 满足环境比要求 智能照明 定制化道路照明 搭载智慧城市平台 增加视觉诱导性 限制前视眩光 限制后视眩光 限制对视眩光 克服灯体污垢 限制对邻近住宅眩光	市政道路中位路灯 多维度道路照明系统	低位路灯逆向照明子系统 低位路灯正向照明子系统 低位路灯前向照明子系统 低位路灯横向照明子系统 警示照明子系统 警醒照明子系统 提示照明子系统 竖向照明子系统 景观照明子系统 中线照明子系统 边侧照明子系统 智能照明子系统 路面相对反射率测试系统 智慧路灯子系统 彩色灯壳荧光粉反射单元 复合配光技术 复合配光 +3 度分离技术 百叶式隔离带技术 变形式呼吸装置 上载光板技术
公路隧道 （基本段，需求 分量 $i=1,\cdots,15$）	提供光滑路面照明 提供粗糙路面照明 提供前方空间照明 提供恶劣天气照明 警示前方车辆故障 抑制疲劳与昏睡 提示前方特殊路况 改善"黑洞"效应 改善"白洞"效应 改善中央段可见度 智能照明 定制化道路照明 搭载智慧城市平台 增加视觉诱导性 限制前视眩光 限制后视眩光 限制对视眩光 克服灯体污垢	公路隧道 多维度道路照明系统	低位路灯逆向照明子系统 低位路灯正向照明子系统 低位路灯前向照明子系统 低位路灯横向照明子系统 警示照明子系统 警醒照明子系统 提示照明子系统 高位路灯逆向照明子系统 高位路灯逆向照明子系统 低位路灯横向照明子系统 智能照明子系统 路面相对反射率测试系统 智慧路灯子系统 彩色灯壳荧光粉反射单元 复合配光技术 复合配光 +3 度分离技术 百叶式隔离带技术 变形式呼吸装置

　　需求空间总维数为各需求矢量维数的合集，即 $D(\boldsymbol{D})=19$；照明空间总维数为各照明矢量维数的合集，即 $D(\boldsymbol{I})=19$。

　　多维度道路照明系统正常天气照明模式框架图，如图7.53所示。

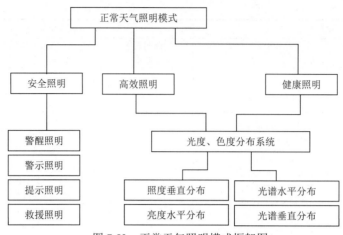

图 7.53　正常天气照明模式框架图

7.3.3　多维度道路照明系统参数优化

1. 光源优化

光源优化包括各个光源的功率、色温、显色性等基本参数。

①现场测定路面（相对）反射率；

②根据路面反射率测定的结果，向控制器输入相关信息；

③道路两侧的路面照明采用正向照明子系统，光源的相关色温上限为4500 K；

④道路中央的路面照明采用逆向照明子系统，光源的相关色温上限为4000 K；

⑤空间照明采用前向照明子系统，光源的相关色温上限为5500 K。

高能效是多维度道路照明系统的重要特点，首先体现在光源上面。系统光源具有小功率、小尺寸、高光通、耐振动及独立防水等特点。在目前的光源技术中，满足该系统要求的人工光源仅为LED光源，传统的HID灯，包括MH、HPS等均无法替代LED光源。因此，目前多维度道路照明系统均为LED照明路灯系统，是基于LED小功率高光效光源的自身特点进行的自主型应用研发，不同封装形式的LED光源或激光LED等新光源、新材料、新产品，均可应用到多维度道路照明系统。

2. 照明状态指数数学模型及其测试方法

通过建立照明状态指数数学模型，得到道路照明的照明参数、布灯参数优化设计的方法。

如果将整个寻优过程看作一个动态过程，则这一过程中每一次参数的改变，如灯距、配光、光源功率、数量增减等照明参数值的改变，都对应该动态过程的一个状态。

（1）状态变量与照明状态指数

照明参数构成了影响状态的变量，即状态变量。状态变量包括：可见度VL、路面平均亮度L_{av}、垂直照度E_v、亮度总均匀度U_0、纵向均匀度U_1、照明功率密度LPD、阈值增量TI、频闪指数FI等。我们将表征照明系统状态品质的指数定义为照明状态指数（lighting index，LI），照明方向上的照明状态指数是多变量函数，即

$$LI = f(a_1, a_2, \cdots, a_n) \tag{7.11}$$

式中，LI为照明状态指数；a_i为状态变量（$i=1,2,\cdots,n$）。

（2）照明状态指数数学模型

照明状态指数用来表征照明系统中因布灯方式、灯距、灯杆高度、光源类型和光源功率等布灯参数的不同所分别对应的状态品质，照明状态指数越高，表明照明系统状态品质越好，反之，则越差。照明状态指数是多变量函数，包括多个照明参数的平均值、均匀度、可见度和照明功率密度，其数学模型表达式为

$$LI = \frac{A_{rms} \times U_{rms}}{LPD} = \frac{\sqrt{\dfrac{1}{n}\sum_{i=1}^{n}(W_i\,A_i)^2} \times \sqrt{\dfrac{1}{n}\sum_{i=1}^{n}(W_i\,U_i)^2}}{P \times N / S} \tag{7.12}$$

式中，LI照明为状态指数；A_{rms}为多参数平均值加权均方根；U_{rms}为多参数均匀度加权均方根；LPD为照明功率密度；A_i为第i个参数的平均值；U_i为第i个参数的均匀度；W_i为权重系数，为第i个参数与可见度的相关度；n为参数的个数；P为每台照明灯具的总功率；N为系数，两侧布灯时$N=2$，其他布灯方式时$N=1$；S为面积，是路宽和路灯间距之积。

照明状态指数数学模型中，布灯方式包括单侧布置、双侧交错布置、双侧对称布置、中心对称布置、横向悬索布置中两种及以上的组合布置方式。灯距大于或等于1.0 m。灯杆高度大于或等于0.6 m。光源类型包括白炽灯、节能灯、HID灯、LED光源，光源功率≥1 W。多个照明参数从可见度、水平亮度、水平照度和垂直照度参数中选取至少一个参数。

（3）状态变量的测试

道路照明系统的优化过程是一个多变量、多目标的优化过程，可表述为通过调整照明系统参数，综合分析和计算相关状态变量，从而获得更高照明状态指数的过程。

根据CJJ 45—2015确定道路类型及照明功率密度值，计算不同布灯方式情况下的最小灯距和最大光源功率；现场测量不同布灯方式、灯距、灯杆高度、光源类型和光源功率组合状态下的各照明参数；计算每种组合状态的各照明参数的平均值，以各个参数与可见度的相关度作为权重，计算加权均方根值；计算每种组合状态的各照明参数的均匀度，以各个参数与可见度的相关度作为权重，计算加权均方根；分别计算每种组合状态的照明状态指数，进行由大到小的排序；取排列在前的所有数据得到优化的各个照明参数范围和布灯方式、灯距、灯杆高度、光源类型、光源功率参数范围。

建立道路照明优化设计的照明状态指数数学模型和测试方法，可以计算不同布灯方式、灯距、灯杆高度、光源类型和光源功率下的照明参数，对照明效果进行有效评估。

（4）照明状态指数计算

各参数平均值按照下面公式计算：

$$E_{c,\mathrm{av}} = \sum_{i=1}^{n} E_i / n \qquad (7.13)$$

式中，$E_{c,\mathrm{av}}$为路面平均柱面照度；E_i为第i个计算点上的照度值；n为计算点的个数。

$$L_{\mathrm{av}} = \left(\sum_{i=1}^{n} L_i \right) / n \qquad (7.14)$$

式中，L_{av}为路面平均亮度；L_i为第i个计算点上的亮度值；n为计算点的个数。

$$V_{\mathrm{av}} = \sum_{i=1}^{n} V_i / n \qquad (7.15)$$

式中，V_{av}为平均可见度；V_i为第i个点的可见度；n为计算点的个数。

结合本章的相关度矩阵作为权重，求出各参数的相关度加权，计算公式如下：

$$A_{\mathrm{rms}} = \sqrt{\frac{1}{n} \sum_{i=1}^{n} (W_i \ A_i)^2} \qquad (7.16)$$

式中，A_{rms}为各参数平均值的相关度加权；W_i为权重系数，为第i个参数与可见度的相关度；A_i为第i个参数的均匀度；n为参数的个数。

（5）优化组合排序

综合分析影响参数优化的状态指数的状态变量，可以看出，照明状态指数LI与状态变量中的各参数平均值加权、均匀度加权呈正相关关系，与LPD呈负相关关系。状态指数表达式为

$$\mathrm{LI} = \frac{A_{\mathrm{rms}} \times U_{\mathrm{rms}}}{\mathrm{LPD}} \qquad (7.17)$$

式中，LI为照明状态指数；U_{rms}为多参数均匀度加权均方根；LPD为照明功率密度。

如果参数优化组合中的状态i与状态j的照明状态指数分别为LI_i和LI_j且$\mathrm{LI}_i > \mathrm{LI}_j$，则$\mathrm{LI}_i$优于$\mathrm{LI}_j$，参数优化即组合中的状态$i$优于状态$j$。照明状态指数越高，表明照明系统状态品质越好，反之，则越差。

如果$\mathrm{LI} = \max (\mathrm{LI}_j)$，$j = 1, 2, \cdots, N$，那么，LI的最大值即为最佳状态值。

因此，照明系统的优化实验的寻优过程，可表述为通过调整系统状态变量（照明参数）获得更高的照明状态指数的过程。优化的结果是根据公式（7.17）所计算出的各照明状态指数值自大到小进行排序。

3. 基于结构配光的超高距高比灯体优化设计

现有低位路灯技术存在两大共性问题：一是距高比过低，导致投光过近，道路中央过暗，无法达到CIE 115:2010及CJJ 45—2015要求；二是有较强烈的眩光，结果是眩光阈

值增量TI超过CIE 115:2010及CJJ 45—2015标准。

为降低眩光，低位路灯须压低光的投射角度，但驾驶员仍然能直视路灯的发光面。由于路灯光的投射角度被压低，大部分光被投射到靠近路灯的路面上，宽路面的中心车道无法被照亮，造成道路两侧过亮，道路中心却无照明的现象，不能满足快速道路基本路段照明的要求。

要把道路中心路面照亮，低位路灯的距高比应不小于10。现行的路灯光学配光技术标准要求半截光路灯的保护角不低于15°，对应的截光角为75°，保护角使得距高比最大不超过4.0。

常规低位路灯的距高比，虽然大于传统高位路灯，但一般不超过6.0。距高比低的原因在于现有路灯均采用单一（光学）配光方法，包括一次、二次甚至三次光学配光，受透镜的折射角度所限。大量事实证明，采用单一配光无法同时满足道路中央的亮度需求与防眩光的共同要求。

因此，增大距高比是低位路灯配光技术首先要研究的内容。

（1）建立驾驶员视线的视线函数

驾驶员视线与水平线夹角为α，α的取值范围为$0° < \alpha \leqslant 4°$，以驾驶员视线与地平线交点为原点，以驾驶员视线与地平线之间的垂线平移至原点位置作为纵坐标；以地平线上与驾驶员视线以及纵坐标线处于同一立面的直线作为横坐标；得到驾驶员视线所在的视线函数为$y = \tan\alpha x$；通常观察角α取值范围为$0° \leqslant \alpha \leqslant 4°$（CIE 140-2000及GB 5700—2008，ANSI/IESNA RP-8-00中取为1°）。

（2）定义视线函数上点与灯体结构的关系

质点W沿视线函数的函数轨迹滑动，依次得到三点$I(x_1, y_1)$，$K(x_3, y_3)$ 及$V(x_4, y_4)$，V点为临界视点，低位路灯灯体结构包括上截光装置，点I位于视线函数上发光装置与灯体结构的对接处，点K被置于视线函数的函数轨迹与上截光装置相交的上截光点处，即与上截光装置下边缘点最接近的位置，上截光装置的下边缘点为$P(x_3, y_5)$，见图7.54。

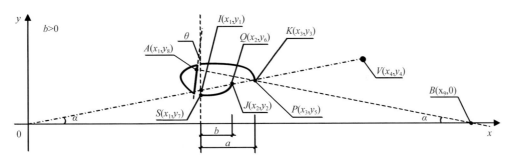

图 7.54　上截光装置的下边缘点

可得

$$\frac{y_3 - y_1}{x_3 - x_1} = \tan 1° \tag{7.18}$$

$$y_3 = y_1 + (x_3 - x_1)\tan 1° \tag{7.19}$$

同理：

$$y_4 = y_1 + (x_4 - x_1)\tan 1° \tag{7.20}$$

通常驾驶员视线距离路面（工作面）的高度为1.2（对应小车）~1.6 m（对应大车）（ANSI/IESNA RP-8-00设定为1.45 m），观察距离为60~100 m，取中间值为80 m，即$x_4 = 80$，则$y_4 = 1.396$。

点I处于灯体结构的端部，即该低位路灯发光装置设置的位置，常规低位路灯的发光装置的高度为0.8~1.2 m，即y_1为0.8~1.2 m，优选$y_1 = 1$，则$x_1 = 57.290$。

（3）限定上截光板与视线函数相对位置

上截光板水平长度为a，则$a = x_3 - x_1$，a的取值范围为0.3~1.0 m；上截光板的下边缘点P不高于点K，即$y_5 \leqslant y_3$。上截光板与视线函数相对位置如图7.55所示。

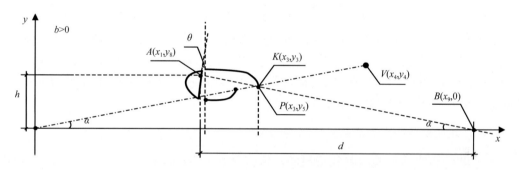

图 7.55 上截光板与视线函数相对位置

优选$a = 0.8$ m，则$x_3 = 58.090$ m，可得$y_3 = 1.014$，即临界视线与灯结构上截光板交会的位置高度为1.014 m。上截光板的下边缘点P应当挡住可视视线处的发光装置发射，以避免驾驶员处于临界视线位置受到眩光影响，所以点P的高度低于或等于与临界视线的交界处，即点P高度低于或等于1.014 m，即$y_5 \leqslant 1.014$。

（4）限定下截光板与视线函数相对位置

质点W沿视线函数的函数轨迹滑动，得到点J（x_2，y_2），点J处于点I与点K之间；设置灯体结构的下截光板的上边缘点为Q（x_2，y_6），置点J于视线函数与下截光板相交的下截光点处；下截光板水平长度为b，则$b = x_2 - x_1$，b的取值范围为0~0.4 m；下截光板的上边缘点Q未处于点J之下，即$y_6 \geqslant y_2$。下截光板与视线函数相对位置如图7.56所示。

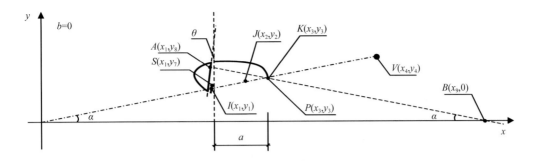

图 7.56 下截光板与视线函数相对位置

优选 $b=0.2$ m，则 $x_2=57.490$，$y_2=1.003$，即临界视线与灯体结构下截光板交会的位置高度为 1.003 m，下截光板的上边缘点 J 应当挡住临界视线处的发光装置发射，以避免驾驶员在可视视线内受到眩光影响，所以点 J 的高度高于或等于临界视线的交界处，即点 J 高度高于或等于 1.003 m，即 $y_6 \geq 1.003$。

在本实施例的制作方法中，灯体结构的出光口垂直长度为 h_0，灯体结构的出光口水平长度为 d_0，则 $h_0 = y_5 - y_6$，$d_0 = x_3 - x_2$。由 $y_6 \geq y_2$，$y_5 \leq y_3$，可得 $h_0 \leq y_3 - y_2 = (x_3-x_2)\tan\alpha \leq \tan\alpha \times d_0$。所以，

$$h_0/d_0 \leq \tan\alpha \tag{7.21}$$

设上截光板的下边缘点 P 与下截光板的上边缘点 Q 的连线与水平线之间的夹角为 β，则 $h_0/d_0 = \tan\beta$，$\beta \leq \alpha$；上截光板的下边缘点与下截光板的上边缘点之间的垂直距离 h_0 取值范围为 -0.07 m $\leq h_0 \leq 0.07$ m；上截光板的下边缘点与下截光板的上边缘点之间的水平距离 d_0 取值范围为 $d_0 \geq 0$。

具体地，

$$h_0 = y_5 - y_6 = 1.014 - 1.003 = 0.011$$
$$d_0 = x_3 - x_2 = 58.090 - 57.490 = 0.6$$

由 $y_6 \geq y_2$，$y_5 \leq y_3$，可得

$$h_0 \leq y_3 - y_2 = (x_3-x_2)\tan1° \leq \tan1° \times d_0$$

所以

$$h_0/d_0 = 0.010 < \tan1°$$

上截光板的下边缘点与下截光板的上边缘点之间的垂直距离 h_0 取值范围的具体计算过程如下：

主光轴与水平线的夹角为 α。上截光板的下边缘点 P（x_3，y_5）不高于驾驶员视线，即点 P（x_3，y_5）最高点与驾驶员视线相交。主光轴的最远照射距离受上截光板的下边缘点 P（x_3，y_5）制约，最远照射距离主光轴光线与上截光板的下边缘点 P（x_3，y_5）相交，即驾驶员视线与主光轴同时相交于点 P（x_3，y_5）。下截光板上边缘点 Q（x_2，y_6）不低于驾驶员视线，即出光口 h_0 取得最大值时，点 Q（x_2，y_6）与驾驶员视线相交。

因为上截光板的取值范围是$0.5\ \mathrm{m} \leqslant a \leqslant 1.0\ \mathrm{m}$，下截光板的取值范围是$0.0\ \mathrm{m} \leqslant b \leqslant 0.8\ \mathrm{m}$，当$a=1.0\mathrm{m}$，$b=0.0\mathrm{m}$时，$h_0$取得最大值，如图7.57所示。

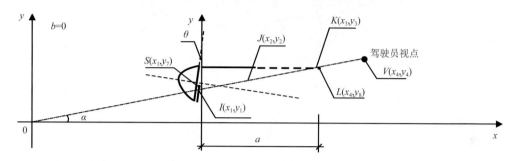

图 7.57　$b=0.0\mathrm{m}$ 时，h_0 取得最大值

所以，

$$\cot\alpha = \frac{a-b}{h_0} \tag{7.22}$$

h_0取值范围为$-\dfrac{a-b}{\cot\alpha} \leqslant h_0 \leqslant \dfrac{a-b}{\cot\alpha}$，$\alpha$的取值范围为$0° < \alpha \leqslant 4°$，上截光板$a$的取值范围为$0.5\ \mathrm{m} \leqslant a \leqslant 1.0\ \mathrm{m}$，下截光板$b$的取值范围为$0.0\ \mathrm{m} \leqslant a \leqslant 0.8\ \mathrm{m}$，当$a= 1.0\ \mathrm{m}$，$b=0.0\ \mathrm{m}$时，$h_0$取得最大值，所以$h_0$取值范围为$-\dfrac{1}{\cot 4°}\dfrac{b}{} \leqslant h_0 \leqslant \dfrac{1}{\cot 4°}\dfrac{b}{}$，即$-0.07\ \mathrm{m} \leqslant h_0 \leqslant 0.07\ \mathrm{m}$。

沿水平方向平移视线函数对称线相交于点P得到主光轴，主光轴与地面相交于点B（x_9, 0），主光轴与地平线之间的夹角为α；

主光轴位置发射光线的入射角与反射角均为α，驾驶员的视线夹角也为α。当入射角与反射角相等时，光源的能效最高。所以，当光源的位置离主光轴越近且照射方向与主光轴越平行时，能效越高，从而可以实现较高的距高比。

反向延长主光轴使其相交于发光装置与灯体结构的交接处点A（x_1, y_8），发光装置包括至少一条主光轴发射光线处于点A处，且主光轴发射光线的发射方向与主光轴的方向完全重合。

发射光线的发射距离为点A到点B的水平距离，即发射光线的发射距离$d = 2x_3 - x_1$，发射光线的发射高度为点A与地平线之间的垂直距离，即发射光线的发射高度$h = y_8$；发射光线的距高比$d/h = (2x_3 - x_1)$，$y_8 = \cot\alpha = \cot 1° = 57.290 \gg 10$。

新型的截光型低位路灯，距高比远大于10，投光距离远大于现有技术中的灯具投光距离，从而可以很好地避免产生斑马条纹。若光照亮度不够，则可以根据需求增加发光装置功率，由上截光板与下截光板配合使用，形成物理防眩光结构，在任何角度下驾驶员都不会受到眩光影响。

上截光板的下边缘点与下截光板的上边缘点的水平距离d_0取值范围为$d_0 \geqslant 0\ \mathrm{m}$，上截光板的下边缘点与下截光板的上边缘点的垂直距离h_0取值范围为$-\dfrac{a}{\cot\alpha} \leqslant h_0 \leqslant \dfrac{a}{\cot\alpha}$，$\alpha$ 的取值范围为 $0° < \alpha \leqslant 4°$，上截光板a的取值范围为$0.5\ \mathrm{m} \leqslant a \leqslant$

1.0 m，所以h_0取值范围为$-\dfrac{1}{\cot 4°} \leqslant h_0 \leqslant \dfrac{1}{\cot 4°}$，即$-0.07$ m$\leqslant h_0 \leqslant 0.07$ m。

7.4 多维度道路照明系统设计

前面已述，多维度道路照明方式与传统道路照明方式存在多项差异，所以多维度道路照明系统不能完全采用传统道路照明的设计参数。我们以高速公路的多维度道路照明系统为例，探讨多维度道路照明系统的设计方法。

7.4.1 设计原理

高速公路的多维度道路照明系统光学设计内容包括确定灯高、灯距、投光光束角和倾角（水平倾角与垂直倾角）等参数，光源的光学参数前已叙述，功率与配光需根据以上参数反推之。

设计原则是保证逆向/正照明的灯光能够均匀覆盖路面，前向照明的灯光能够均匀覆盖前方障碍物及横向照明的灯光能够均匀覆盖对面空间。所谓"均匀覆盖"的含义就是既要保证覆盖全面，又要避免多重覆盖。

不难证明，在驾驶员视点与灯位置之间存在下面的规律：

$$\frac{视点距离}{射点距离} = \frac{视点高度}{射点高度}$$

根据这一特性，本书通过作图的方式确定上述参数的方法。

7.4.2 逆向照明设计方法——虚光源法

设Q为驾驶员视点位置，通常为1.4 m高，AD、BE分别为光源A、B入射轴线，通常低于1.2 m，Q与观察点水平距离60～80 m，α、β为A、B处的光源的入射角。显然，$\alpha < \gamma < \beta$，如图7.58所示。

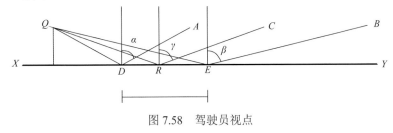

图 7.58 驾驶员视点

1. 确定垂直方向投光角与灯距

①向右平移A，与B相交，交点为O，为新光源位置。该光源的垂直方向投光角为

γ，满足$\alpha<\gamma<\beta$，称O为虚光源，如图7.59所示。

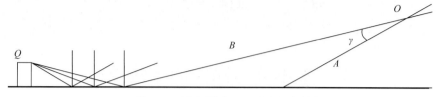

图7.59　逆向照明——垂直方向①

②虚光源O过高，会产生眩光，故降至K点，K点低于Q点。竖向移动距离为H，如图7.60所示。

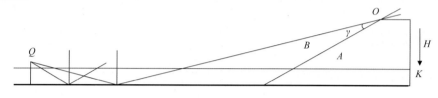

图7.60　逆向照明——垂直方向②

③将A线、B线与路面相交，两个交点距离为D。间隔D，确定第一个虚光源，如图7.61所示。

图7.61　逆向照明——垂直方向③

④间隔D，设置第二个虚光源。向左复制，可设置N个虚光源，最后一个虚光源在位置P，如图7.62所示。

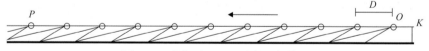

图7.62　逆向照明——垂直方向④

该方法的特点是：可保证在垂直方向上，全覆盖、无重复照明。

2. 确定水平方向投光角

①以A线与路面相交，以该交点与O点的距离为半径，O点为圆心，进而做出γ角的角平分线，该角平分线就是光源O向路面垂直方向投光的光轴，如图7.63所示。

图7.63　逆向照明——水平方向①

②以A线、B线与路面相交的两点，向道路中心线作垂线，与道路中心线相交于X点

及 Y 点。以 OX 线段为光源 O 向路面水平方向投光的光轴，以 OY 线段与 OX 线段为半投光角，可以做出光源 O 向路面水平方向的投光范围，如图7.64所示。

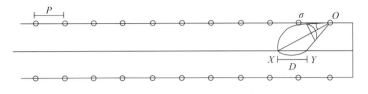

图 7.64　逆向照明——水平方向②

③以 O 为起点，D 为间距，向左复制，可设置 N 个虚光源，最后一个虚光源在位置 P。特点是：可保证在垂直方向上，全覆盖、无重复照明，如图7.65所示。

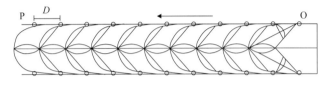

图 7.65　逆向照明——水平方向③

7.4.3　前向照明设计方法——等角度法

①确定照射高度 T，做与路面的平行线 TZ，确定有效照射距离 L，以 Q 为圆心，L 为半径，画圆，与 TZ 交于 R 点。取 QR 及 TZ 的夹角为同向照明光源的投光角，向道路前方投光，照亮前方障碍物，如图7.66所示。

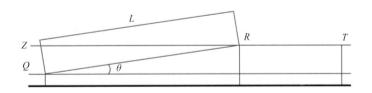

图 7.66　前向照明——垂直方向①

②以 P 为起点，D 为间距，向右复制，可设置 N 个虚光源，最后一个虚光源在位置 O。特点是：可保证在垂直方向上，全覆盖照明，如图7.67所示。

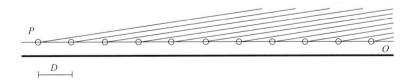

图 7.67　前向照明——垂直方向②

③光轴的求法如图7.68所示。

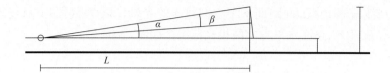

图 7.68　前向照明——垂直方向③

④水平方向与垂直方向有相同的配光曲线，如图7.69所示。

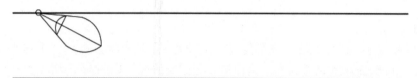

图 7.69　前向照明——水平方向④

⑤以P为起点，D为间距，向右复制，可设置N个虚光源，最后一个虚光源在位置O。特点是：可保证在水平方向上，全覆盖照明，如图7.70所示。

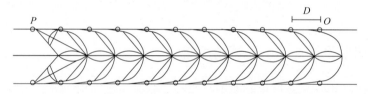

图 7.70　前向照明——水平方向⑤

7.4.4　横向照明设计方法——对位法

①横向照明设计，光源垂直于道路投光，如图7.71所示。

图 7.71　横向照明——水平方向①

②在水平方向，光源对射，位置对齐，如图7.72所示。

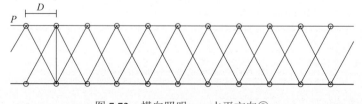

图 7.72　横向照明——水平方向②

③在道路断面，既照射路面，也照射路面上方，如图7.73所示。

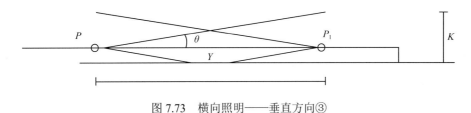

图 7.73　横向照明——垂直方向③

例如，高速公路，单向4车道加救援车道，单向路面总宽度为17 m，双侧布灯方式，设驾驶员视点高度1.4 m，根据上述（作图）设计方法，得到以下路灯设计结果：多维度道路照明系统中，路灯高度1.0 m，灯距7.0 m，垂直投光角度−2°，投光距离10～36 m，光斑范围26 m；驾驶员有效视距范围100 m，即在100 m的范围内都可感受到该路灯的规则反射。据此推定，单灯功率在6～8 W。

上述方法仅是理论上设计，经过上述设计后，要在真实路面现场对有关参数进行微调。

7.5　多维度道路照明系统理论与技术创新

多维度照明技术在理论层面明确了以需求为导向的照明设计理念；在技术层面提出了以分布式、低位、复合配光为特征的多维度道路照明系统；在应用层面提出面向自动驾驶的智能化照明系统，为道路照明系统分析与优化设计提供了新的视角与理论指导。

7.5.1　理论创新与技术突破

1. 需求导向理论

多维度道路照明系统提出需求导向的道路照明设计理念，作为多维度照明体系的理论基础。

以需求矢量、需求空间分析作为系统设计的源头驱动，在道路照明与照明需求之间，建立两个具有映射关系的矢量空间：照明空间与需求空间。针对不同需求制定最为有效的照明措施——两个空间之间的映射规则，作为建立多个维度的照明子系统的理论依据。

在多维度道路照明系统中，需求是"因"，照明系统是"果"。需求空间相当于"引擎"，照明系统相当于"车轮"，照明措施则相当于连接"引擎"与"车轮"的"驱动与控制"系统。需求导向理论从理论构架上确立了多维度道路照明系统绿色、灵活与开放的性质。

2. 多维度需求空间及最小冗余理论

多维度道路照明系统设计标准在理论上揭示了：一个合理的照明空间应是最小完备的照明空间，其充分必要条件是照明矢量与需求矢量的维数相等且各分量匹配度最高。多维度道路照明系统与最小完备的照明空间相对应。

最小冗余理论从理论上确立了多维度道路照明系统的低碳、环保性质。

3. 眩光的干扰理论

掩蔽原理的眩光的干扰理论揭示了低位路灯眩光的特点，提出了低位路灯眩光标准。该标准与目前基于光幕说的阈值增量相比，更符合驾驶员的感受，因而更具科学性。

4. 路灯频闪的新解释与测量方法

多维度道路照明系统揭示了"超低频闪烁"的本质——能量比率关系。消减闪烁本质上是减小能量比率及"占空比"，而行车速度的变化（观察者与信号波的相对运动）并不改变能量比率。能量比率包括刺激的强度与持续时间，揭示出消减侧视眩光的技术途径。

5. 等主观亮度下，设计节能的新途径

眩光导致相同客观路面亮度给予驾驶员的主观亮度感受不一致。基于瞳孔面积变化与主观亮度之间的关系，通过实验揭示出瞳孔面积与眩光、客观路面亮度之间的数值关系。在保持驾驶员相同主观亮度条件下，采用削减眩光、降低TI，从而降低路面亮度设计值的方法，为道路照明节能提供新的途径。

6. 延缓视觉疲劳的新方法

采用动态条件下的视觉特性研究光色对驾驶人员视觉疲劳的影响机制；综合中间视觉亮度条件与周边视场视野范围的视觉特性，引入人眼的非视觉生物效应对视觉的影响，提供夜间驾驶时抑制视觉疲劳的灯具光色选择方法。

7. 恶劣天气下提高裸眼能见度的照明方式

恶劣天气下，驾驶员视觉需求与关注模型均发生转变，道路照明以提高驾驶员裸眼视距、增强道路诱导性为目标，需要重构机动车驾驶员视觉的存在感、察实感和距离感，克服航向辨识障碍、目标辨识障碍和距离辨识障碍。在雾霾天气下,白天的视觉模型应为突出目标物轮廓的视锐度模型，夜晚的视觉模型应为加大目标物发光面积的视能量模型。

8. 全天候下人机融合的防偏航技术方案

人机融合的机动车偏航测控系统由恶劣天气专用道路照明系统与基于光强平衡的双通道偏航检测系统共同配套组成。恶劣天气专用道路照明系统提供恢复驾驶员的人眼视

觉功能所需的基础照明环境，双通道偏航检测系统提供快速精确的机器视觉。

实现人眼视觉与机器视觉高度融合的关键技术是，当驾驶员透过前挡风玻璃观察并形成机动车行驶状态的人眼视觉影像时，描述机动车行驶状态及偏航警示信息的机器视觉也以图形的形式同步呈现在前挡风玻璃上，使人眼视觉影像与机器视觉图形高度融合。

9. 低位路灯逆向照明技术方案

规则反射下，逆向照明方式的横向照射分量、竖向照射分量是无效照明分量，逆向照射分量为有效照射分量，逆向照射分量中高位路灯照射的照明效率远低于低位路灯照射的照明效率；在所有照明方式中，低位路灯逆向照明方式的路面照明效率最高。

当路面照明采用低色温光源，前方目标物照明采用高色温光源并保持负对比时，空间照明效率最高。

10. 全面消减眩光技术方案

形成两个系列的防眩光技术：折弯式格栅阵列和复合配光灯体。

①折弯式格栅阵列特点：普通格栅防眩光技术利用格栅截断直射眩光，只能做到防光源的直射光，但仍可看到光源在格栅上的反射光。折弯式格栅阵列的优点是利用折弯的反射特性，使得光源直射光进入驾驶员眼睛之前至少经过两次及以上的反射，同时能将部分非平行光转化为平行光。

②复合配光灯体特点：普通路灯灯体均采用单一光源、单层布置，集成式自由曲面灯体采用多个光源、双层（并联）或单层（串联）布置，并利用灯体截光。

11. 多维度道路照明系统技术方案

多维度道路照明系统包括13个照明子系统，以满足道路照明的各项需求为目标，基于LED自身发光规律，提出全面解决方案，第一次全面回答了道路使用者的各项需求。将路面照明子系统、空间照明子系统、提示照明子系统、抑制昏睡照明子系统、恶劣天气照明子系统、警示照明子系统、救援照明子系统、智能照明子系统等多个系统全面集成，构成多个维度的定向发光体。以超越传统照明的技术手段，系统、全面地解决了传统道路照明体系下眩光强、能效低和功能欠缺等问题。

7.5.2　核心技术与自主知识产权

1. 关于理论创新与技术新颖性的查新结果

2015年9月25日，深圳大学委托教育部科技查新工作站就"分布式多维度道路照明系统"（*A multi-dimensional Road Lighting System*）进行科技查新，查新范围：国内外。

查新结论如下：在所检文献范围内，国内外未见与查新项目查新点相同的文献报道。

2016年11月28日，深圳大学委托广州市科技查新咨询中心就"基于需求导向的多维度道路照明系统建构及应用"（*Construction and Application of Multi-dimensional Road Lighting System Based on Demand Guidance*）进行科技查新，查新范围：国内外。

查新结论如下：在所检文献范围内，国内外未见与查新项目查新点相同的文献报道。该研究具有新颖性。

2018年1月25日，深圳大学委托广州市科技查新咨询中心就"多维度复合配光路灯系统"（*Multi-dimensional Composit Photometric Road Lighting System*）进行科技查新，查新范围：国内外。

查新结论如下：在所检文献范围内，国内外未见与查新项目查新点相同的文献报道。该研究具有新颖性。

2. 自主知识产权

多维度道路照明系统在理论上具有源头性创新、在共性与关键技术上具有系统化的全方位创新，在核心技术上具有完全自主的知识产权，共申报专利合作条约（patent cooperation treaty，PCT）7项，申报国内专利29项，已授权发明专利12项，实用新型4项。

7.5.3　与 LED 高位路灯及常规低位路灯比较

与传统照明技术相比，多维度照明技术在照明能效和眩光控制方面具有明显优势。

1. 与 LED 高位路灯及常规低位路灯节能性比较

1）主路4车道

路宽共0.5+2×3.75+2×3.5+0.5 =15.5 m；

辅路2车道，共0.5+2×3.5+0.5 =8.0 m。

主路4车道情况下多维度低位路灯设置见图7.74，多维度低位路灯与高位路灯及常规低位路灯LPD的比较见表7.6。

比较：

①照明功率密度达标率方面，LED高位路灯、常规低位路灯和多维度低位路灯全部达标；

②多维度低位路灯LPD最低。4车道情况下，低于LED高位路灯约1/3，低于常规低位路灯约1/4；2车道情况下，低于LED高位路灯约1/2，低于常规低位路灯约1/3。

2）主路5车道

路宽共0.5+5×3.75+0.5 =19.75 m。

路灯间距由1.5 m改为3.0 m，如图7.75所示，单灯功率由13 W改为12 W。

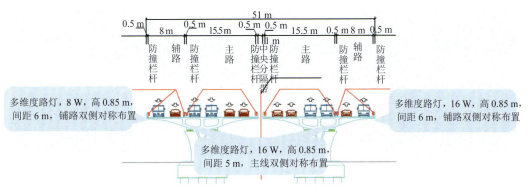

图 7.74　主路 4 车道情况下多维度低位路灯设置

表 7.6　多维度低位路灯与 LED 高位路灯及常规低位路灯 LPD 比较　（单位：W/m²）

车道情况	CJJ 45—2015	LED 高位路灯	常规低位路灯	多维度低位路灯
主路 4 车道	1.0	0.61	0.52	0.41
辅路 2 车道	0.8	0.59	0.50	0.33

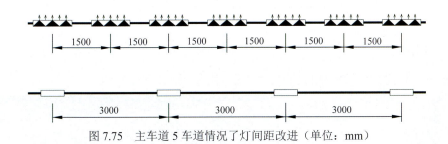

图 7.75　主车道 5 车道情况了灯间距改进（单位：mm）

主路5车道情况下，多维度低位路灯与LED高位路灯及常规低位路灯比较见表7.7。

表 7.7　主路 5 车道多维度低位路灯 LPD

车道情况	CJJ 45—2015	常规低位路灯	多维度低位路灯	多维度路灯节省电能
主路 5 车道	1.0 W/m²	0.87 W/m²	0.4 W/m²	54%

比较：

①照明功率密度达标率方面，常规低位路灯和多维度低位路灯全部达标；

②多维度低位路灯LPD最低，低于常规低位路灯约40%。

2. 多维度低位路灯与常规低位路灯实际场地比较

（1）眩光

多维度低位路灯与常规低位路灯的眩光分别见图7.76和图7.77。

图 7.76　多维度低位路灯的眩光（拍摄于武汉青山长江大桥）

图 7.77　常规低位路灯的眩光（拍摄于深圳东环路）

（2）频闪

多维度低位路灯和常规低位路灯的频闪分别见图7.78和图7.79。

图 7.78　多维度低位路灯的频闪（拍摄于武汉青山长江大桥）

图 7.79　常规低位路灯的频闪（拍摄于深圳东环路）

（3）距高比

多维度低位路灯和常规低位路灯的距高比分别见图7.80和图7.81。

图 7.80　多维度低位路灯的距高比（宽度 15.5 m，拍摄于深圳大学操场）

图 7.81　常规低位路灯的距高比（拍摄于深圳市东环路）

（4）斑马条纹

多维度低位路灯和常规低位路灯斑马条纹分别见图7.82和图7.83。

图 7.82　多维度低位路灯的斑马条纹（拍摄于深圳大学操场）

图 7.83　常规低位路灯的斑马条纹（拍摄于深圳市东环路）

3. 无人机鸟瞰及测试

由于灯具数量有限，正向逆向光斑叠加区域（红框区）约12 m（红框区为双向照明叠加区域，绿框区为逆向照明区域，蓝框区为正向照明区域）如图7.84所示。

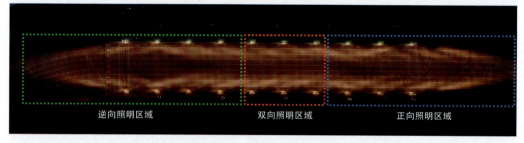

图 7.84　多维度低位路灯鸟瞰图（拍摄于深圳大学体育场）

深圳大学体育场路面亮度眩光测试报告如图7.85所示。

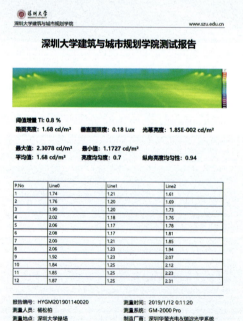

图 7.85　路面亮度眩光测试报告（深圳大学体育场测，测量仪器采用成像亮度计）

4. 多维度路灯逆向照明方式与传统高位路灯逆向照明比较

现有技术中，有一种照明方式用于隧道内的照明——隧道逆向照明。灯具置于隧道顶部，以与车行方向逆向的方式向路面投光，该照明方式与一些学者提出的以路面亮度为导向的照明设计方法非常相似。

由于亮度与目标可见度直接相关，因此，以路面亮度（包括路面平均亮度、亮度总均匀度、纵向均匀度等）为导向的设计方法，显然较以"路面水平照度"为导向的设计方法更具科学性。有学者更进一步论证了以路面亮度为导向的照明设计（图7.86）在照明效率上的先进性。

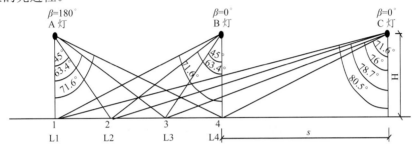

图 7.86　以路面亮度为导向的照明设计
灯光反射朝向驾驶员，反射光来自于道路表面的所有部分

上述隧道逆向照明和以路面亮度为导向的照明方式共同的特征是高位路灯逆向照明。那么，多维度道路照明系统中的逆向照明子系统与上述"逆向"照明方式有什么不同呢？

多维度道路照明系统中的低位路灯逆向照明子系统与上述"逆向"照明方式有两个方面的不同：

①投光方向不同。高位路灯逆向照明方式下，由于路灯位于驾驶员视平线上方，光源位于驾驶员视平线之上并向下投光，因而直接暴露于驾驶员前方视域内；逆向投光分量会导致来自本车道车行前上方路灯的直接眩光，前向投光分量则导致对面行车方向上车行前上方的直接眩光。事实上，高位路灯逆向照明方式因其眩光无法控制而难以推广；多维度道路照明系统中，为消减影响行车方向的驾驶员的眩光，将光源置于驾驶员视平线之下，保证向下投光，并采取上截光措施；为消减影响对面车行方向驾驶员的眩光，设置截光型隔离带。上述两种投光与截光措施可避免光源直接暴露于驾驶员前方视域内，比现行高位路灯逆向照明方式显著降低眩光指数达10倍以上。高位路灯逆向照明示意图如图7.87所示。

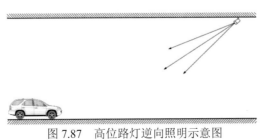

图 7.87　高位路灯逆向照明示意图

②照明效率不同。高位路灯逆向照明方式最主要的问题是存在较大的无效照明空间，即使在有效照明的空间内，也存在较大的无效照明分量，从而导致高位路灯逆向照明方式的照明效率低下，其本质是照射空间过大，照射方向不合理；理论推导与实验均证明，多维度道路照明系统中，提高照明效率的途径是大大缩小照明区域，并使照度分布合理；低位路灯逆向/正向照明子系统及前向照明子系统对于路面及空间照明的效率远高于高位路灯逆向照明方式。它们承担了正常天气条件下道路照明的全部任务，照明功率密度比现行高位路灯逆向照明方式大为降低。

多维度道路照明系统中用于隧道内的高位路灯逆向照明方式（简称多维高位逆向）与传统隧道内的逆向照明方式（简称传统高位逆向）也具有本质上的不同。

①照明目的不同。传统高位逆向提供路面与空间照明；多维高位逆向仅提供内墙壁照明。

②投光方向不同。传统高位逆向向下照射路面与空间；多维高位逆向投光向墙壁，仅照射内墙壁；

③照射范围不同。传统高位逆向布置在隧道全程；多维高位逆向仅在阈值区间内设置。

④灯具位置不同。传统高位逆向灯具位置高，近于隧道高度；多维高位逆向高于驾驶员视平线高度，多个高度置灯。

⑤开灯时间不同。传统高位逆向开灯时间昼夜不停；多维高位逆向开灯时间仅在白天，晚间关闭。

5. 多维度路灯横向照明方式与护栏灯照明比较

多维度道路照明系统中横向照明子系统与常规低位路灯横向照明方式（如护栏灯）在安装方式、投光方向等参数方面是相同的。但两者有本质区别：在照明原理、主要功能、照射方向、照射空间和运行方式等基本特征上完全不同。

在低位路灯横向照明方式下，无效照明分量$E_{r\cdot i}$最大且大于有效照明分量$E_{r\cdot e}$。这一结论从理论上说明了为什么护栏灯及向道路对射的、与路沿垂直的低位安装的LED投光灯并不节能。

雾霾天可见度降低并非因为亮度过低，雾霾照明也并非以提高亮度为目标的夜晚照明。因此多维度道路照明系统中，横向照明光源功能是显示复杂天气情况下的目标物轮廓，而不参与正常天气下道路照明。在运行方式上，横向照明光源在正常天气下不开灯，仅在雨、雾、烟、霾天气时开；从目前已安装实施的实例来看，常规低位路灯以横向照明作为正常天气下道路路面照明，在相同亮度水平下，照明功率密度甚至要高于常规高位路灯；同时护栏灯在单向3车道高速公路正常段的亮度均匀度等方面亦远达不到国家标准。

近年来护栏灯有了较大改进，光源投光方向由垂直于行车方向改为向前下方投光，类似于多维度道路照明系统中的低位路灯正向照明子系统，照明效率较单纯的横向照明有了很大提高。向前下方投光的护栏灯如图7.88所示。

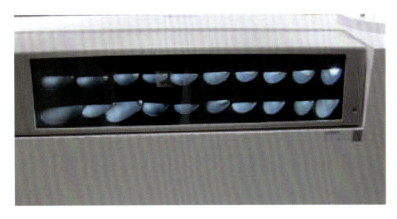

图 7.88　向前下方投光的护栏灯

该照明方式的主要问题是向下投光，仅照射路面，缺少必要的空间照明。

必须指出，多维度道路照明系统中，路灯主要安装位置是低位，但不限于低位。例如，对于市政道路照明，多维度道路照明系统采用中位照明子系统；对于隧道照明，多维度道路照明系统采用高位路灯逆向照明子系统。因此，低位不是多维度道路照明系统的主要特征，多维度、分布式、小型化、模块化及独立运行才是多维度道路照明系统的主要特征。

6. 多维度照明方式与传统照明方式的比较

两种照明方式的比较首先是比较需求空间的合理性，主要分析需求空间 R 中特定照明对象的矢量 S 中是否包含了足够多的、具有必要长度的独立照明需求分量：

① 需求分量的维数 m。当需求分量的维数过少时，说明该道路照明系统在完备性方面较差；当需求分量的维数过多时，说明该道路照明系统要求过高，可能存在资源浪费。

② 需求分量的长度（大小）。当需求分量的长度过小时，表明道路照明系统的需求分量对于需求的满足程度较低，该照明系统等级较低；反之，当需求分量的长度过大时，可能存在过度照明。

合理的需求空间包含的需求矢量及分量应有合理的维数与大小。

其次是比较照明空间的合理性，照明空间的合理性体现在两个方面：

① 照明分量维数的合理性。当照明分量的维数少于需求分量的维数时，说明该道路照明系统无法充分对应照明需求，在完备性方面较差；当照明分量的维数多于需求分量的维数时，说明该道路照明系统存在冗余。

② 照明分量与需求分量的匹配性。当照明分量与对应需求分量的匹配度较高时，表明该道路照明系统采用的技术、设备较先进，性价比较高；当照明分量与对应需求分量的匹配度较低时，表明该道路照明系统采用的技术、设备落后，性价比较低。

多维度路灯、传统路灯和护栏灯有9个方面的显著差异，如表7.8所示。

表 7.8　多维度路灯、传统路灯和护栏灯的比较

序号	主要特征	多维度路灯	传统路灯	护栏灯
1	布灯方式	分布式	集中式	分布式
2	照明方式	多维	单维	单维
3	布灯高度	多灯位	单一灯位	单一灯位
4	光源	多光源	单一光源	单一光源
5	光色	多光色	单一光色	单一光色
6	控制	多独立系统	单一系统	单一系统
7	前视眩光	弱	强	强
8	后视眩光	弱	强	弱
9	雾霾照明	有	无	无

多维度道路照明系统主要特征和定量化指标如表7.9所示。

表 7.9　多维度道路照明系统主要特征和定量化指标

序号	主要特征	内容描述	定量化指标
1	投光精确	控光精确，全部集中在路面，上截光率	≥96%
2	高效节能	比现有 LED 高位路灯节能效率	≥50%
3	超低眩光	前视眩光 TI	≤1.0%
4	超距高比	路灯光束照射——距高比	≥16
5	遥控预警	可控制红灯连续闪烁距离	≥200 m
6	超长视距	浓雾条件下，提高裸线视距倍数	≥1.0
7	消除频闪	频闪指数	≤10%
8	超低施维	施工维护可单人进行，可节省运行费用	≤75%
9	运行安全	直流 24 V 供电，独立防水，防护等级达到	≥IP66
10	高性价比	造价不高于现行 LED 路灯，量产后低于 LED 路灯	≤8%

7. 多维度路灯与 LED 高位路灯能效比较实例

2015年，重庆空港大道LED高位路灯改造后，按照国家标准进行了现场实测，表7.10为该项目实测结果与低位路灯在东莞国家检测中心检测结果的比较（重庆空港大道LED高位路灯简称为重庆空港路灯）。

表 7.10　不同道路检测结果

比较	$L_{av}/(cd/m^2)$	U_o	U_1	TI/%	LPD/(W/m²)	路宽 /m
CJJ 45—2015	1.5	0.4	0.7	10	1.0	—
重庆空港路灯	1.55	0.55	0.35	—	0.48	15
多维度路灯	3.6	0.4	0.7	0.5	0.32	17

注：表中的重庆空港大道LED路灯数据全部来自于文献[6]。

比较：

① 达标率方面，比较涵盖CJJ 45—2015标准的5项指标。重庆空港路灯改造后仅2项达标，1项无测试数据；多维度路灯5项全部达标。

②照明功率密度LPD方面，重庆路空港路灯改造后照明功率密度高于多维度路灯33%。

③路面平均亮度L_{av}方面，重庆空港路灯改造后平均亮度低于多维度路灯57%；

④亮度总均匀度U_o方面，重庆空港路灯改造后亮度总均匀度高于多维度路灯27%。

⑤纵向均匀度U_l方面，重庆空港路灯改造后纵向均匀度低于多维度路灯50%。

⑥阈值增量TI方面，重庆空港路灯改造后无测试数据，但TI绝无可能低于0.5%。

结论：在5项指标中，重庆空港路灯仅1项优于低位路灯，其余4项均大幅落后于低位路灯。

近期，我们注意到一种新的路灯，在3个方向单独设置光源，分别配光，投光方向明确，甚至可以单独控制，实际上组成了具有3个维度的矢量系统：高位路灯逆向照明分量、高位路灯正向照明分量及高位路灯横向照明分量，如图7.89所示。

图 7.89　具有 3 个维度的照明模块

按前述对于照明的维度定义，传统照明方式中，对应HID光源或采用COB封装技术的LED光源的配光方式是：高亮度点光源 + 花生壳形透镜配光设计。其高位安装及蝴蝶形配光曲线可视为具有两个维度的矢量系统：高位路灯逆向照明分量及高位路灯正向照明分量。

根据多维度照明原理很容易判定，仅有两个维度的照明系统，是无法全方位应对道路照明需求空间的诸多需求分量的。

可以断定，该系统的光学效果将不同于以花生壳形透镜所产生的蝴蝶形配光曲线。

这一突破表明，尽管COB封装方式是LED光源努力模仿HID光源所获得的极致成果，以点光源+透镜的路灯设计模式目前也仍然在大规模应用，但确实受到了新配光技术的挑战。

7.5.4　关于道路照明设计技术标准的讨论

"标准"是工业化社会中所有产品所必须遵循的法则，好比社会生活中的"法律"。但如同法律只是社会生活所遵守的"底线"而非道德制高点一样，各类工业产品的"标准"也并非代表着产品的先进性。从制定"标准"的实践看，某种产品或技术的"标准"产生的过程无疑是不断"妥协"——向先进技术妥协、向现有技术妥协的过程，在这个意义上说，所谓"标准"在很多情况下是产品的"公约数"或"中位值"。

在本书的研究过程中，发现了一个有趣的"悖论"现象：如果一项新技术（产品）不对现有技术构成大的突破时，则此技术取得的进步过小而不能称之为创新性成果，但很容易被接纳；而当新技术对现有技术构成颠覆性突破时，则必然对现有技术的结晶——"标准"产生较大的背离，设计者、使用者反而需要承担无"通行证"的风险。

具体到道路照明设计"标准"，目前最新的是CJJ 45—2015。仔细考察该标准，我们发现，在几项光度学主要指标方面该标准与CJJ 45—2006并无变化。究其原因，是道路照明理论与技术近20年来并无开创性进展（LED路灯的出现并非道路照明理论的进步，而是物理学理论与技术的成果），特别是对产生于21世纪的、基于固体发光光源的低位路灯，更是无所遵循，目前只好采用产生于20世纪的、基于气体发光光源的高位路灯的标准。

我们认为，对基于固体发光光源的低位路灯，应有针对性地制定相应的设计标准。基于本书前面各章的研究结果，本书在CJJ 45—2015（以下称为现行标准）的基础上，对主要光度学指标进行修正，初步提出低位路灯设计标准（简称为低灯标准）的几项光度学主要指标，如表7.11所示。

表 7.11　低位路灯设计标准的几项光度学主要指标

		现行标准	低灯标准	说明	多维度低位路灯设计依据
路面平均亮度 L_{av}		1.5 cd/m²/2.0 cd/m²	1.2 cd/m²/1.5 cd/m²	节能 20%	韦伯-费希纳定律及楚兰德关系式
亮度总均匀度 U_o		≥ 0.4	≥ 0.5	提高 20%	复合配光原理
纵向均匀度 U_l		≥ 0.7	≥ 0.8	提高 14%	复合配光原理
照明功率密度 LPD		≤ 1.0 W/m²	≤ 0.4 W/m²	节能 60%	低位路灯逆向照明原理
边缘照度比（或环境比 SR）		≥ 0.5	≥ 0.5	不变	CIE 115:2010
投光距高比		≤ 2.7	> 16	提高 500%	复合配光技术
眩光	阈值增量 TI	< 10%	< 1%	降低 90%	视觉掩蔽效应
	频闪指数 FI	—	< 20%	CIE 空白	能量比率效应
	瞳孔面积 S_p	—	> 700 像素	CIE 空白	韦伯-费希纳定律
光源色温	道路中央	—	≤ 3500 K	CIE 空白	冯·克里斯边缘视觉理论
	道路侧边	—	≤ 4000 K	CIE 空白	
1.5 m 垂直照度		—	≥ 20 lx	CIE 空白	照度梯度分布
增强浓雾天视距		—	≥ 100%	CIE 空白	视锐度理论
二次事故预警距离		—	≥ 200 m	CIE 空白	视杆细胞刺激原理
抑制视觉疲劳		—	≥ 2.5 km	CIE 空白	司辰视觉
车辆暗影（投影面积）		—	≤ 0.2 m²	CIE 空白	光的直线传播性质

注：①红字部分为优于CIE 115:2010及CJJ 45—2015标准的指标；②绿字部分为CIE 115:2010及CJJ 45—2015标准没有的指标。

从表7.9可以得到以下几点：

①低灯标准在现行标准所包含的全部7个指标中，均优于现行标准。

②低灯标准的路面平均亮度L_{av}（设计值），比现行标准降低一个等级，在设计环节实现"源头"节能。

③低灯标准的照明功率密度LPD比现行标准降低60%，在产品环节实现"大幅"节能。

④对于低位路灯，一方面，低灯标准的阈值增量TI比现行标准降低90%，有效降低其前视眩光；另一方面，阈值增量TI必须与频闪指数FI同时使用，在控制前视眩光的同时控制住侧视眩光，才可基本实现"见光不见灯"的意境。

⑤低灯标准的距高比比现行标准提高500%，基本解决"路中央不亮"问题。

⑥低灯标准的纵向均匀度U_l比现行标准提高14%，但亮度总均匀度U_o提高20%，对于机动车驾驶员观察来说，纵向均匀度比整体均匀度更有意义。

⑦对比现行标准，低灯标准提出另外9项指标，这些指标反映出道路照明最新研究成果和低位路灯的特殊性要求。

值得指出的是，在低灯标准中，第一次列入了与主观亮度正相关的人眼瞳孔面积指标，这是过去所有CIE标准文件中从来没有的。列入人眼瞳孔面积指标的意义如下。

1. 先进性

以往所有道路照明"标准"均为纯技术型指标，这本身与"以人为本"的设计理念相悖，加入"人"的感受，应是时代前进、技术进步的体现，也是照明理论与实践回归"本源"的体现。

2. 综合性

对于低位路灯，阈值增量TI必须与频闪指数FI同时使用，需要分别测量与计算。瞳孔面积S_p既反映出眩光的客观指标TI及FI，又通过眨眼频率、面积变化幅度反映出人眼的主观感受，更直接、更综合，甚至可替代TI及FI的测量与计算。

3. 前瞻性

在20世纪，照明机构只有照度测量设备，很少配备亮度测量设备，亮度值需要通过路面反射系数来求得。现在亮度测量设备已在普遍使用，特别是成像亮度计的应用，使得亮度测量变得简便而快速。类似地，采用眼动仪进行瞳孔面积测量也会变得越来越普遍，在道路照明领域，眼动仪在未来甚至会取代亮度测量设备。

可以断定，随着车灯技术的进步，第4代车灯——激光的应用和自动驾驶理论与技术的发展，对路灯的要求会越来越严格。

7.5.5　可持续的子课题研究

多维度道路照明体系具有可持续研究性质，目前及可预计的未来进行的研究课题如下。

①隧道照明：多维度隧道灯研究。

②市政照明：多维度市政灯研究。

③机场照明：浓雾霾下的机场进近条件研究。

④警用照明：警用闪光灯眩光研究。

⑤智慧城市：人员密集区智能斑马条纹标志研究。

⑥体育照明：无眩光赛场照明研究。

⑦智能交通：全天候自动驾驶的路基系统研究。

⑧自动驾驶：全天候自动驾驶的车基系统研究。

⑨配光技术：超高距高比的新型透镜研究。

⑩照明标准：快速道路低位路灯照明标准研究。

⑪动态照明：基于虚拟现实技术的C环动态可见度实验研究[7-9]。

⑫高铁照明：多车道超宽尺度高铁站台多维度智能照明研究。

7.6　多维度道路照明系统灯体与安装

7.6.1　第一代（2013 年）

1. 灯具外形

抽屉型验证灯，其外形如图7.90所示。

图 7.90　抽屉型验证灯外形

2. 实验室测试

采用远方GO系列分布光度计，灯具配光曲线如图7.91所示。

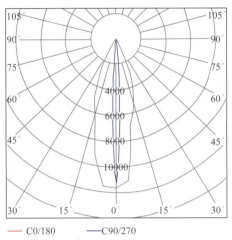

图 7.91　抽屉型验证灯配光曲线

3. 现场测试

现场测试如图7.92～图7.95所示。

图 7.92　灯具加工与编号图及灯具发光面

图 7.93　水泥地面实验场地

图 7.94　实验测区域与标记

图 7.95　路面亮度测试

逆向照明方式下，路面亮度测试结果如表7.12所示。

表 7.12　逆向照明测试结果

测试序号	1 车道亮度 /(cd/m²)	2 车道亮度 /(cd/m²)	3 车道亮度 /(cd/m²)	4 车道亮度 /(cd/m²)	5 车道亮度 /(cd/m²)	6 车道亮度 /(cd/m²)
1	0.9722	0.7379	0.6629	0.7486	1.155	1.955
2	0.7953	0.7468	0.7118	0.7068	1.128	2.089
3	0.7899	0.7336	0.7175	0.6958	0.9421	1.901
4	0.7777	0.7768	0.7458	0.7073	0.8384	1.473
5	0.8479	0.7919	0.7768	0.7331	0.85	1.151
6	0.9512	0.8153	0.8168	0.7619	0.8877	1.163
7	0.9823	0.8649	0.8743	0.8454	0.9361	1.305
8	0.9273	0.8136	0.8636	0.9186	1.127	1.482
9	0.8438	0.7499	0.8051	0.9325	1.257	1.77
10	0.8153	0.6995	0.7596	0.8755	1.325	1.931
U_1	0.8	0.8	0.8	0.7	0.6	0.6
L_{av}/(cd/m²)	0.979					
U_o	0.68					
TI/%	11.51					

7.6.2　第二代（2014 年）

1. 灯具外形

双筒直板格栅阵列灯，如图7.96和图7.97所示。

图 7.96　3D 打印双筒直板格栅阵列灯

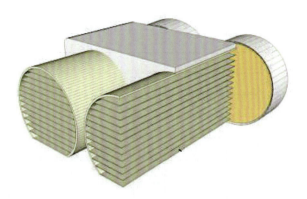

图 7.97　双筒直板格栅阵列灯剖面示意图

2. 实验室测试

测试设备：远方GO系列分布光度计。

实验室测试结果（子午面配光曲线、最大光强处圆锥面光强分布曲线及平面照度曲线）如图7.98所示。

3. 实际道路测试

测试地点：东莞市松山湖。实验条件：路宽10.5 m，3车道，布灯路段长60 m，双向布灯，灯距2 m，高0.6 m，单灯功率4 W，光源相关色温3500 K，共60个灯。照明方式：逆向照明方式。照明功率密度LPD：0.381W/m²。

道路测试结果：实测照片如图7.99所示。图7.99中，近处沿道路两侧布置的是双筒直板格栅阵列路灯，道路远方白色路灯为传统LED高位路灯。测试报告见表7.13。

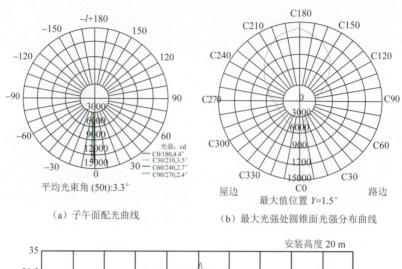

（a）子午面配光曲线　　　　　　　　（b）最大光强处圆锥面光强分布曲线

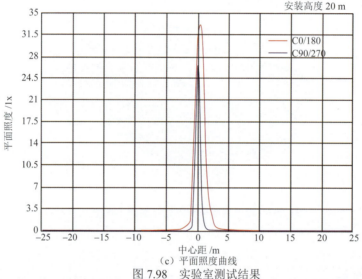

（c）平面照度曲线

图 7.98　实验室测试结果

图 7.99　现场环境与测试

表 7.13　测试报告

测试序号	1 车道亮度 /(cd/m²)	2 车道亮度 /(cd/m²)	3 车道亮度 /(cd/m²)	4 车道亮度 /(cd/m²)	5 车道亮度 /(cd/m²)	6 车道亮度 /(cd/m²)
1	15	1.42	0.7279	0.6413	0.8949	1.947
2	12.47	1.446	0.7806	0.7855	1.131	2.772
3	7.282	1.461	0.772	0.8742	1.41	2.768
4	4.983	1.313	0.7692	0.8887	1.53	2.362
5	4.46	1.319	0.7997	0.9208	1.491	2.127
6	2.968	1.323	0.8244	0.9157	1.516	2.141
7	2.294	1.223	0.7335	0.7907	1.474	2.222
8	1.819	1.059	0.6357	0.6506	1.247	2.213
9	1.556	0.9148	0.5238	0.5414	0.9933	2.107
10	1.404	0.7666	0.4408	0.466	0.7775	1.882
U_1	0.1	0.5	0.5	0.5	0.5	0.7
L_{av}/(cd/m²)	1.933					
U_o	0.23					
TI/%	9.51					

4. 测试结果分析

① 实验表明，采用双筒直板格栅阵列的LED低位路灯在道路照明的主要指标方面已经达到国家标准。

② 由于逆向照明的高能效原理，照明功率密度大大低于现行的LED路灯，使得在3D打印成型灯具上实现了超过现有商品化LED路灯的节能效果。

③ 虽然采用了双筒直板格栅阵列限制眩光，但光滑的直板格栅阵列对光源光线反射比较强，相对于LED高位路灯，存在较高眩光。

④ 实验表明，双筒直板格栅阵列的LED低位路灯"准直"不够，路面呈现较明显光斑。另外，采用加工工艺更高的注塑灯体及色温更高的光源，可进一步提高路面亮度或降低照明功率密度。

7.6.3　第三代（2015 年）

1. 折弯式格栅阵列的灯体制作

采用3D打印的方式制作折弯式格栅阵列灯体，可大幅降低眩光。同时，橙色的格栅阵列灯十分醒目，沿道路两侧密集部署时，可为驾驶员提供鲜明的道路引导。

（1）三轴三角形稳定支架设计

低位路灯安装高度在0.85 m，可固定于道路两侧的护栏和水泥隔断、护墙。为方便安装，灯体与固定结构分开设计制作，通过支撑结构固定灯体。

快速道路车辆通行时会产生较大振动，特别是桥梁路段。为保证路灯能够长期稳定运行，灯体支架的稳定、抗振十分重要，包括垂直与水平两个方向上的稳定，垂直方向的稳定主要解决灯体荷载垂直向重力，水平方向的稳定主要解决大型车辆驶过产生水平向风荷载力。

多维度道路照明系统采用三轴三角形稳定支撑技术，三轴三角形稳定是指在X、Y、Z三个轴向上均以金属构件形成三角形支架支撑，保证在三个方向均可获得最大稳定性，同时要求该金属架杆件的本身具有一定弹性，以利于抗振。另外，三轴三角形稳定支架所用的金属杆件是最少、最短的（图7.100）。

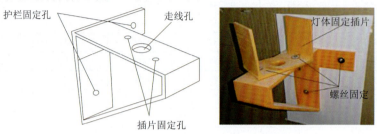

图 7.100　两种三轴三角形稳定支架

（2）光伏一体化设计

多维度路灯单灯功率很低，可用太阳能板进行供电。太阳能电池板和警示灯控制按钮如图7.101所示。

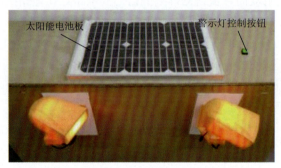

图 7.101　太阳能电池板和警示灯控制按钮

2. 灯具外形与装配

折弯式格栅阵列，如图7.102所示。

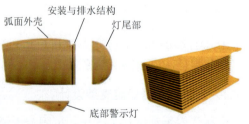

图 7.102　折弯式格栅阵列

成型与装配如图7.103所示，格栅阵列灯体安装与固定方式如图7.104所示。

格栅阵列灯体

警示灯

固定插片

固定支架

　　图 7.103　成型与装配　　　　　　　图 7.104　格栅阵列灯护栏安装与固定方式

3. 实验室测试

测试设备：远方R5000系列分布光度计。灯具光源数据，如表7.14所示。

表 7.14　三代灯具光源数据

光源数据		光度数据	
型号	SKB240	光效 /(lm/W)	22.71
标称功率 /W	3	峰值光强 /cd	3504
额定电源电压 /V	24	灯具效率 /%	101.4
额定光通量 /lm	59.1236	灯具总光通量 /lm	59.97
灯具内光源数 / 只	1	上射光通比 /%	11.4
实测电源电压 /V	23.93	下射光通比 /%	90.0

实验室测试结果（子午面配光曲线、最大光强处圆锥面光强分布曲线及平面照度曲线）如图7.105所示。

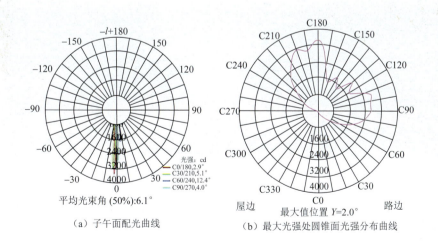

（a）子午面配光曲线　　　　　　　　（b）最大光强处圆锥面光强分布曲线

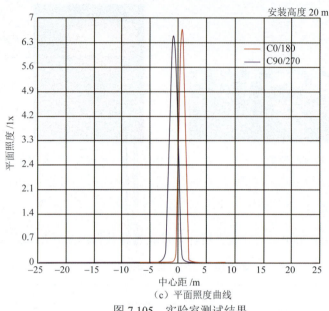

（c）平面照度曲线

图 7.105　实验室测试结果

4. 现场测试

测试地点：深圳市南山区。实验条件：路宽14 m，4车道，布灯路段长60 m，双向布灯，灯距2 m，高0.7 m，单灯功率2 W，光源相关色温3500 K，共60个灯。照明方式：逆向照明方式。照明功率密度LPD：0.1428W/m^2。折弯式格栅阵列路灯性能测试现场如图7.106所示。

图 7.106　折弯式格栅阵列路灯性能测试现场

背景为正在施工的高层建筑群，沿道路两侧布置的是折弯式格栅阵列路灯，道路中央左侧两个光源为汽车的卤钨前照灯（近光灯），道路中央远方白色路灯为传统LED高位路灯。

由图7.106可以看出，无论是汽车的卤钨前照灯还是现行的LED路灯，其眩光均远远超过折弯式格栅阵列路灯。测试报告见表7.15。

表 7.15　测试报告

测试序号	1 车道亮度 /(cd/m²)	2 车道亮度 /(cd/m²)	3 车道亮度 /(cd/m²)	4 车道亮度 /(cd/m²)	5 车道亮度 /(cd/m²)	6 车道亮度 /(cd/m²)
1	1.084	0.8828	0.5715	0.4732	0.5851	0.8973
2	1.566	1.224	0.6366	0.5379	0.509	0.6829
3	1.157	0.9556	0.5396	0.5284	0.464	0.6917
4	1.28	0.6372	0.5872	0.9314	0.6459	0.6947
5	1.232	1.169	0.5887	0.5078	0.6245	0.852
6	1.409	1.238	0.4994	0.4642	0.6849	1.004
7	1.513	1.023	0.6365	0.4079	0.504	0.9513
8	1.891	1.088	0.6461	0.4552	0.6278	0.8561
9	1.805	0.8247	0.5209	0.4953	0.6668	0.9375
10	1.656	1.19	0.5877	0.3741	0.7973	1.074
U_l	0.6	0.5	0.8	0.4	0.6	0.6
L_{av}/(cd/m²)	0.843					
U_o	0.44					
TI/%	7.51					

5. 测试结果分析

①采用折弯式格栅阵列的低位路灯在道路照明的平均亮度指标未达到国家标准，主要原因有两方面：一是降低了光源的功率，从原来的4 W降低为2 W；二是道路路面表面非常粗糙，不利于逆向照明。由于逆向照明的高能效原理，即使增加一倍功率，其照明功率密度仍然大大低于现行LED路灯，远远超过现有商品化LED路灯的节能效果。

②由于采用了折弯式格栅阵列限制眩光，眩光在可接受范围内，并远低于现有LED路灯与汽车近光灯。

③虽然亮度总均匀度达到了国家标准，但纵向均匀度未能达到。原因是虽然相对于双筒直板格栅阵列灯，折弯式格栅阵列加宽了出光口，横向光束角有所增大，但仍然不够，路面仍存在亮、暗光斑，尚有提升空间，需进一步优化整体均匀度和纵向均匀度。

7.6.4　第四代（2016 年）

1. 灯具外形

复合配光技术路灯的平面图和立体图如图7.107所示。

2. 实验室测试

测试设备：远方R5000系列分布光度计。实验室测试结果（子午面配光曲线、最大光强处圆锥面光强分布曲线及平面照度曲线）如图7.108所示。

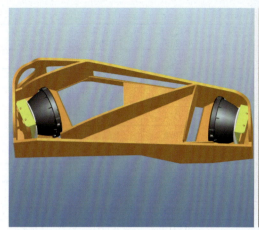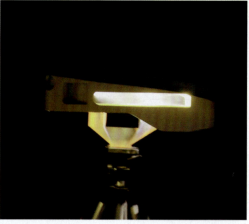

图 7.107 复合配光技术路灯的平面图和立体图

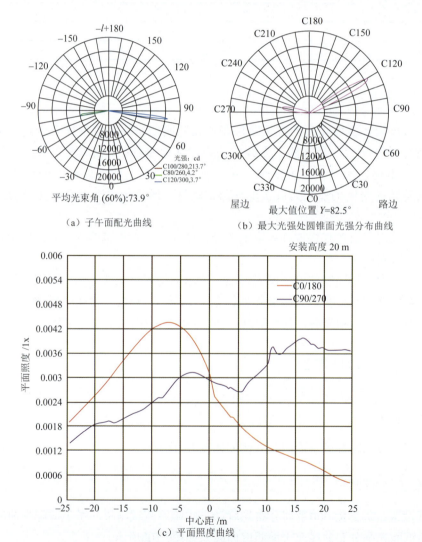

（a）子午面配光曲线　　　　　　（b）最大光强处圆锥面光强分布曲线

（c）平面照度曲线

图 7.108 实验室测试结果

3. 现场灯具测试

测试地点：深圳大学露天体育场。实验条件：路宽15 m，4车道，布灯路段长60 m，双向布灯，灯距3 m，灯高0.85 m，单灯功率6 W，光源相关色温4500 K，共40个灯。照明方式：逆向+正向照明方式。照明功率密度：0.335 W/m²。

露天体育场现场测试图如图7.109所示，观察者位于距测区60 m处亮度照片如图7.110所示。

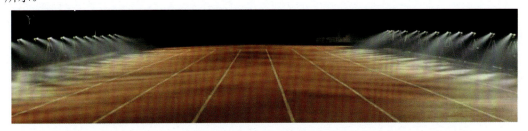

图 7.109　露天体育场现场测试图

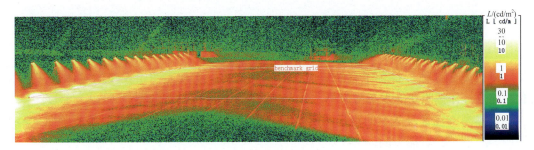

图 7.110　观察者位于距测区 60 m 处亮度照片

灯具测试报告如表7.16所示。

表 7.16　测试报告

测试序号	1 车道亮度 /(cd/m²)	2 车道亮度 /(cd/m²)	3 车道亮度 /(cd/m²)	4 车道亮度 /(cd/m²)	5 车道亮度 /(cd/m²)	6 车道亮度 /(cd/m²)
1	10.6	1.916	0.4722	0.6069	1.139	3.115
2	11.75	1.534	0.4886	0.7687	1.965	4.727
3	8.738	1.107	0.8039	0.638	0.8281	4.477
4	7.091	1.257	0.5383	0.6854	1.241	3.429
5	5.959	1.287	0.5901	0.5425	1.275	5.414
6	6.849	1.045	0.4402	0.539	0.9993	3.336
7	5.008	1.261	0.4514	0.4644	1.075	2.838
8	5.5	1.083	0.431	0.4301	1.611	3.608
9	5.96	1.017	0.5995	0.6012	1.472	3.033
10	4.956	1.073	0.4838	0.6685	1.61	2.092
U_l	0.4	0.5	0.5	0.6	0.4	0.4
L_{av}/(cd/m²)	2.425					
U_o	0.28					
TI/%	1.51					

4. 测试结果分析

①复合配光技术路灯在道路照明的平均亮度指标已达到并远超过国家标准，正向、逆向交叉光线效果明显，提高了整体亮度，逆向照明保证了道路的基础亮度，正向照明对道路中间暗部进行补充照明。

②由于逆向照明的高能效原理，其照明功率密度大大低于现行LED路灯，远远超过现行LED路灯的节能效果。

③由于采用了复合配光技术，人眼无法看到灯的光源，直接挡住眩光源，眩光在可接受范围内，并远低于现行LED路灯与汽车近光灯。

④实验表明，虽然平均亮度达到了国家标准，但亮度总均匀度和纵向均匀度还未达到，路面仍存在亮、暗光斑，需对光源的角度进行调整，提高亮度总均匀度和纵向均匀度。

7.6.5 第五代（2017年）

1. 复合配光技术

复合配光灯体：将各子系统集成在一个灯体内，实现照明子系统的实体化、集成化。路灯灯体按照功能复杂与简单，分为基本型、技术型与智慧型。

基本型：包含最基本的路灯照明功能，拥有5个子系统，路面照明+警醒照明+警示照明+景观照明+智能控制；

技术型：除包含最基本的路灯照明功能外，附加了3个子系统，拥有8个子系统，基本型+前向照明+横向照明+指示照明；

智慧型：拥有10个子系统，技术型+自动驾驶+智慧城市。

照明子系统采用共用光源方式，各子系统集成在一个路灯灯体内，但子系统的光源数小于子系统数。

2. 灯具外形与主要参数

多维度复合配光路灯外观造型如图7.111所示。

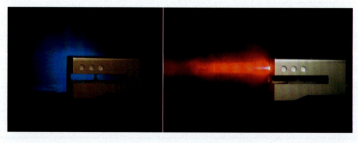

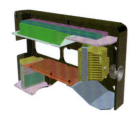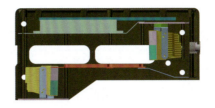

图 7.111　多维度复合配光路灯外观造型

多维度复合配光路灯主要参数如下。

①机械参数：灯体宽度≤100 mm；三防性能≥IP66；外壳厚度≥5 mm。

②电气参数：工作电压24 V直流；安全保护为驱动+隔离；功率因数≥0.9；整灯功率≤16 W；电磁兼容满足CJJ 45—2015。

③光学参数：水平正视亮度≤100 cd/m²；水平侧视亮度≤100 cd/m²；水平后视亮度≤100 cd/m²；光束距高比≥16 m；正向光源色温≤4500 K；逆向光源色温≤4000 K；雾灯光源色温≤3000 K；景观照明光源为RGBW。

④安全保障：防止二次事故功能；提高雾天能见度功能；抑制视觉疲劳功能。

⑤智能控制：车辆流量监测与分析系统；自适应功率调节系统；手机APP控制系统；路灯运行自动巡检系统。

⑥智慧城市：基于GPRS的IOP平台；城市环境数据采集系统；景观照明系统；自动驾驶路基辅助系统。

3. 实验室测试

测试设备：远方GO5000系列分布光度计。第五代灯具实验室测试现场如图7.112所示。

图 7.112　第五代灯具实验室测试现场

第五代灯具数据如表7.17所示。

表 7.17　第五代灯具数据

光源数据		光度数据	
型号	SKB240	光效 /(lm/W)	23.28
标称功率 /W	8	峰值光强 /cd	2811
额定电源电压 /V	24	灯具效率 /%	154.8
额定光通量 /lm	190.269	灯具总光通量 /lm	294.6

续表

光源数据		光度数据	
灯具内光源数 / 只	1	上射光通比 /%	2.8
实测电源电压 /V	9.5741 6	下射光通比 /%	152.1

实验室测试结果（子午面配光曲线、最大光强处圆锥面光强分布及平面照度曲线）如图7.113所示。

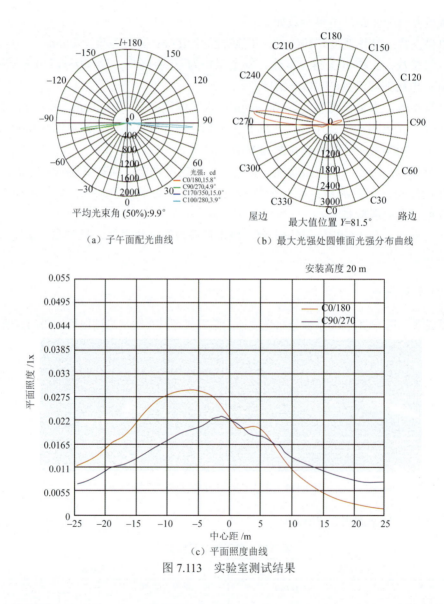

（a）子午面配光曲线　　　　　（b）最大光强处圆锥面光强分布曲线

（c）平面照度曲线

图 7.113　实验室测试结果

4. 现场测试

测试地点：国家半导体光源产品质量监督检验中心（广东）的专用道路照明测试场

地。实验条件：路宽17 m，4车道加救援车道，布灯路段长60 m，双向布灯，灯距2.5 m，高0.85 m，单灯功率6 W，光源相关色温4500 K，共40个灯。照明方式：逆向+正向照明方式。照明功率密度：0.32 W/m²。现场测试道路、平面示意图、测试布置及现场测试照片分别见图7.114～图7.116。

图 7.114　东莞市松山湖质检中心路灯现场测试道路

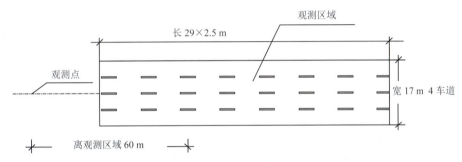

图 7.115　测试现场平面示意图

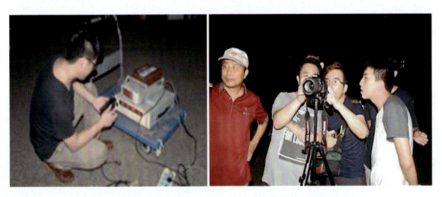

图 7.116　现场测试照片

工作人员现场测距和路面暗影测试分别如图7.117和图7.118所示。

图 7.117　工作人员现场测距

图 7.118　低位路灯照明条件下的路面暗影测试

实验分析：平均亮度3.6 cd/m²，亮度总均匀度0.4，纵向均匀度0.7，阈值增量0.5%。测试结果如表7.18所示。

表 7.18　按照 CJJ 45—2015 测试的各项数值

路面水平亮度测量值（cd/m²）			
测试序号	第 1 车道	第 2 车道	第 3 车道	第 4 车道
1	9.096	1.365	1.302	3.542
2	8.425	1.444	1.312	3.321
3	8.212	1.598	1.421	3.362
4	8.366	2.014	1.678	3.396
5	7.388	1.768	1.758	3.427
6	6.212	1.842	1.966	3.84
7	8.366	2.012	1.755	3.765
8	7.798	2.016	1.426	3.122
9	8.532	1.352	1.312	2.824
10	9.181	1.362	1.288	2.502
U_l	0.7	0.7	0.7	0.7
U_o	0.4			
L_{av}/(cd/m²)	3.6			
TI/%	0.5			
LPD/(W/m²)	0.32			

第三方检测报告如图7.119所示。

	CJJ 45—2015	多维度道路照明系统	比较
平均亮度 L_{av}	1.50 cd/m² /2.00 cd/m²	3.2 cd/m²	优于
亮度总均匀度 U_o	0.4	0.4	达到
纵向均匀度 U_l	0.7	0.7	达到
阈值增量 T1	10%	0.5%	优于
照明功率密度 LPD	1.0 W/m²	0.33 W/m²	优于

图 7.119　第三方检测报告

5. 测试结果分析

①采用多维度复合配光路灯后，道路照明的5个指标已经全面达到并优于国家标准。

② 由于逆向照明的高能效原理，加上正向照明配合，其路面亮度高于国家标准近2倍，而照明功率密度仍然大大低于现行LED路灯。

③由于采用了复合配光技术限制眩光，驾驶员完全看不到光源及其反射面。在行车方向、驾驶员高度1.4 m、距离测点60 m处，完全看不到光源，仅能看到光束。

④亮度总均匀度与纵向均匀度两个指标均达到了国家标准，但道路中间亮度仍然比道路两侧亮度低，亮度总均匀度尚有提升空间，如采用横向光束角更宽的光源，减小光源的垂直角，可进一步提高路面整体亮度均匀度。若采用更高功率的光源，增大间距，可节省制作成本。

2019年8月13日，在武汉青山长江大桥桥面进行了多维度低位路灯的全面测试，该桥长7.548 km，双向10车道，如图7.120所示。

图 7.120　武汉青山长江大桥

路灯在防撞护栏的安装方式见图7.121。

图 7.121　路灯在防撞护栏的安装方式

　　武汉青山长江大桥测试预备会议，在大桥指挥部召开现场，如图7.122所示。

图 7.122　测试预备会议现场

　　测试现场如图7.123所示。

图 7.123　测试现场

　　测试内容：
　　①路面整体亮度，见图7.124。

图 7.124　路面整体亮度照片

　　②道路中央亮度，见图7.125。

图 7.125 道路中央照片

③空间照明，见图7.126。

图 7.126 空间照明照片

④前视眩光，见图7.127。

图 7.127 前视眩光照片

⑤侧视眩光，见图7.128。

图 7.128　侧视眩光照片

⑥斑马条纹，见图7.129。

图 7.129　斑马条纹

⑦路面暗影，见图7.130。

图 7.130　路面暗影照片

⑧警示照明，见图7.131。

图 7.131　警示照明照片

多维度路灯应用于武汉青山长江大桥测试报告，如图7.132所示。

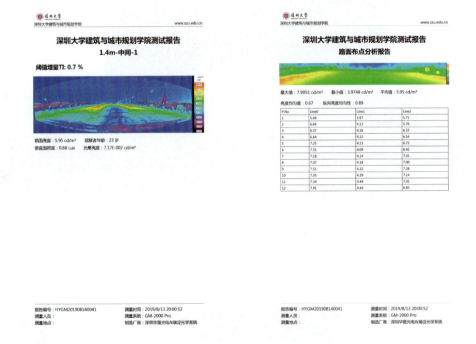

图 7.132　武汉青山长江大桥测试报告

7.6.6　多维度低位路灯安装方式

1. 高速公路

高速公路上，多维度低位路灯——坐式安装如图7.133所示。

图 7.133　高速公路多维度低位路灯——坐式安装

2. 架空桥梁

架空桥梁上，多维度低位路灯——挂式安装如图7.134所示。

图 7.134　架空桥梁上多维度低位路灯——挂式安装

3. 市政道路

市政道路上，多维度低位路灯——挂式安装如图7.135所示。

图 7.135　市政道路多维度低位路灯——挂式安装

4. 限高路段

限高路段上，多维度低位路灯——坐式安装如图7.136所示。

图 7.136 限高路段多维度低位路灯——坐式安装

5. 山路、草地

山路、草地上，多维度低位路灯——坐式安装如图7.137所示。

图 7.137 多维路灯安装在山路、草地上

多维度道路照明系统——新一代路灯技术的发展如图7.138所示。

1G—煤气灯

2G—白炽灯

3G—HID灯

4G—LED灯

5G—多维度路灯

图 7.138 新一代路灯技术的发展

7.7 小　结

多维度道路照明系统是一个开放系统，一方面可以提出最小需求，定制最基本的系统配置，如仅含低位路灯逆向/正向照明子系统的（最小）路面照明系统，也可根据需求选择更多的子系统。另一方面，可根据道路使用者和城市发展的需求、视觉理论与照明技术的科技进步，进一步增加新的子系统。

多维度道路照明系统基本克服了传统高位路灯和常规低位路灯存在的弊端，在解决眩光、无效照明和纵向均匀度差等问题时，能显著提高照明效率，大幅度降低能耗，同时具有良好的路面平均亮度、纵向均匀度和诱导性，并且不存在"频闪"问题。

与传统照明系统相比，多维度道路照明系统无须高灯杆，现场装配简单，便于日常维护，不必封闭车道。由于目前LED路灯的成本主要来自灯杆、基础、电缆和箱变，因此无论从一次投资还是从运行成本上衡量，都比现行的LED照明系统大大降低。

多维度道路照明系统节能环保的意义是明显的：

2017年，全国用电约63千亿kW·h，三峡电站发电0.97千亿kW·h。——国家能源局

城市照明用电9千亿kW·h，道路照明用电2.5千亿kW·h。——《中国照明电器》

如能对50%的路灯进行节能改造（设计节能20%+路灯节能35%），可节能0.7千亿kW·h，相当0.72个三峡水电站发电量；改造后，年节约电费490亿元！年节约煤2153万t；减排二氧化碳5641万t、二氧化硫18万t、氮氧化物16万t！

参 考 文 献

[1] 杨韬. 隧道照明反射增量系数研究[D]. 重庆：重庆大学，2008.

[2] 蒋海涛. 隧道智能照明远程监控系统的设计与实现[D]. 大连：大连海事大学，2017.

[3] Fotios S A，Cheal C. Predicting lamp spectrum effects at mesopic levels. part 1：Spatial brightness[J]. Lighting Research and Technology，2011，43(2)：143-157.

[4] 朱静. 色彩恒常性理论及其在图像增强中应用研究[D]. 合肥：合肥工业大学，2011.

[5] 华起. 图像色外观模型及再现质量评价方法研究[D]. 西安：西安电子科技大学，2011.

[6] 张航，陈国福，宋开伟. LED路灯节能改造工程的实测与分析[J]. 照明工程学报，2015，26(6)：103-107.

[7] Knoll P M. HDR vision for driver assistance[C]//High-Dynamic-Range (HDR) Vision，2007：123-136.

[8] Billino J，Bremmer F，Gegenfurtner K R. Motion processing at low light levels：Differential effects on the perception of specific motion types[J]. Journal of Vision，2008，8(3)：1-10.

[9] Billino J，Bremmer F，Gegenfurtner K R. Differential aging of motion processing mechanisms：Evidence against general perceptual decline[J]. Vision Research，2008，48：1254-1261.

[10] 国家能源局. 2017年全国电力工业统计数据[Z/OL]. [2018-05-20]. http://www.nea.gov.cn/2018-01/22/c_136914154.htm.

第8章 多维度道路照明：光学与视觉实验

8.1 光源穿透力实验

8.1.1 贴膜条件下光源穿透力实验

光源穿透力实验共采用14种贴膜，光源使用金属卤化物灯、LED灯、高压钠灯，实验场地如图8.1所示。

图 8.1 实验场地

观察者与目标物——视力表分别置于实验室两端，相机距离目标物5 m，高度1.5 m，在相机正前方贴膜，如图8.2所示。

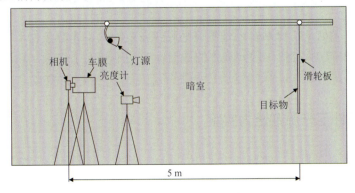

图 8.2 实验器材的摆放

在小视角情况下通常假设背景亮度是紧邻目标物上下边界的中点的亮度平均值。为计算亮度测量误差的大小，采用样本标准差 S 来衡量：

$$S=\sqrt{\frac{1}{n}\sum_{i=1}^{n}\left(L_i-\bar{L}\right)^2} \tag{8.1}$$

式中，L_i 为第 i 次亮度测量值；$\bar{L}$ 为亮度测量值的平均值。

透光度以 T 表示，表达式为

$$T=d\Phi/d\Phi_0 \tag{8.2}$$

式中，Φ 为透过介质的光通量（lm）；Φ_0 为入射到介质表面的光通量（lm）。

照度表达式为：$E=d\Phi/dA$，即 $d\Phi=E\cdot dA$，将其代入式（8.2）可得

$$T=E\cdot dA/(E_0\cdot dA) \tag{8.3}$$

式中，E 为透过介质的照度值（lx）；E_0 为入射到介质表面的照度值（lx）。

由于贴膜的汽车挡风玻璃的前后面积相同，即式（8.3）可简化为

$$T=E/E_0 \tag{8.4}$$

图8.3是对于不同人工光源贴膜的透光度实验结果。

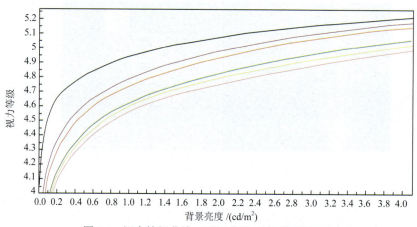

图 8.3　视力等级曲线（不同曲线对应不同贴膜透光度）

实验结论：无论是前窗贴膜还是侧窗贴膜，在夜晚人工光源条件下，其挡风玻璃贴膜的透光度远低于GB 7258—1997规定的数值；对应不同人工光源，贴膜的透光度差别不大。

8.1.2　雾霾条件下光源穿透力实验

1. 气溶胶弥漫器

采用直径为35 cm的PVC管，每根管长6.2 m，共4根，管与管之间用密封圈进行连

接，形成气体弥漫器，使气溶胶粒子处于自然悬浮状态。两端用高透明玻璃密封，预留照度和亮度测试孔。管体中间留有温湿度测量孔、介质充入口和干燥口，如图8.4和图8.5所示。

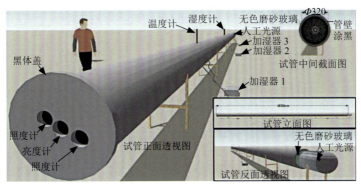

图 8.4　弥漫器透视图

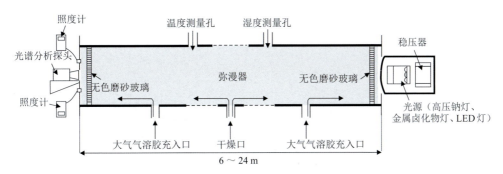

图 8.5　弥漫器剖面图

弥漫器与测试设备的连接如图8.6所示。

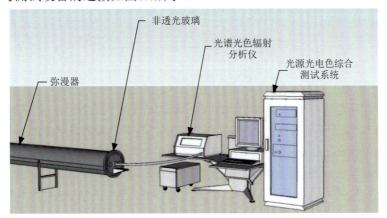

图 8.6　弥漫器与测试设备的连接

弥漫器内湿度误差控制范围为0.1%～0.5%，浓度误差控制范围为0.005～0.01 mg/m³。管体长度可以随特性变化而改变，长度误差为0.01～0.05 m。弥漫器中雾的产生采用改变湿度和温度相结合的方法，加湿器改变湿度大小，空调控制温度；管内可见度用一体化可见度检测仪进行测试，可见度应在5个级别范围内，分别测试出相应可见度下的照度、亮度、光谱分布。

该装置采用（粒子）非移动技术，在气溶胶粒子自然悬浮状态下测量其光吸收量，从而消除微粒在过滤膜上沉积和聚集所造成的相互光学作用影响。

2. 测试方案

根据透射度的分析，按光源（功率）、气溶胶（浓度）和厚度分别选取参数。

①光源参数：光源参数应涵盖城市照明、汽车照明、信号灯等人工光源，如卤素灯、金属卤化物灯、氙气灯、高压钠灯和LED灯。光源选取4种功率，共20种规格，组成光源参数。

②气溶胶参数：气溶胶介质无法涵盖城市天气与城市污染的气溶胶种类，尤其是雾霾。采用雾、盐雾气（复合水蒸气）。每种介质分别选取不同浓度，共22种规格，组成气溶胶参数。

③厚度参数：以城市双向6车道为例，路灯杆高12 m，臂长2 m，仰角8°，路灯间距30 m，如图8.7所示。

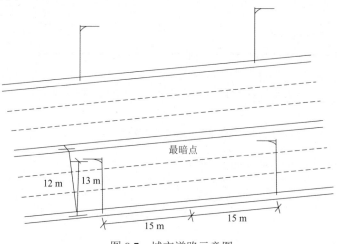

图 8.7　城市道路示意图

计算出路灯距最暗点最长距离约为24 m，测试厚度最大取24 m，测试厚度共4种。

弥漫器内气溶胶初始条件：可见度大于50 m，盐雾气浓度小于0.1 mg/m³，空气污染指数（air pollution index，API）小于50。在光源参数与厚度参数不同取值下，用照度计测试出初始照度值，光谱分析仪测试出初始光源光谱。然后改变弥漫器内气溶胶参数值，测试照度和光谱，与初始实验进行对比，得到不同大气气溶胶浓度下的透射和光谱畸变特性。

测试数据处理包括裸数据误差处理和SPSS分析数据处理。

（1）裸数据误差处理

经过系统调试后，一次测量误差为高斯分布，采用最小二乘法进行平差处理，目标为方差最小。

（2）SPSS 分析数据处理

根据测定的人工光源在大气气溶胶的透射结果，用SPSS软件绘出散点图、标准曲线、建立回归方程。

8.2　重雾霾条件下不同照明方式的模拟实验

8.2.1　实验装置设计

模拟重雾霾条件，比较不同照明方式的优劣。

1. 环境设计

采用单向3车道+辅道形式，宽度为3.5 m×3+2 m+0.5 m×2=13.5 m，长度为150 cm（图8.8）。模型为按1∶50制作的密闭空间，造雾机采用AG电子恒温烟机（图8.9）。

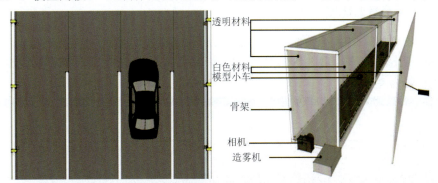

图 8.8　单向 3 车道 + 辅道示意图

图 8.9　模型实景及 AG 电子恒温烟机

将LED灯置于边沿，投光方向与路轴垂直，照度计沿道路边沿正对LED灯布置。烟雾浓度高照度计读数小，反之亦然。照度计布置及读数见图8.10。

图 8.10　照度计布置及读数

2. 亮度对比度计算

（1）面元亮度对比度

面元亮度对比度指前方车辆（障碍物）与背景亮度之比。

用Lmk Labsoft软件（图8.11）得到亮度伪色图，框选一个区域计算平均亮度并读取前方车辆轮廓内亮度值。

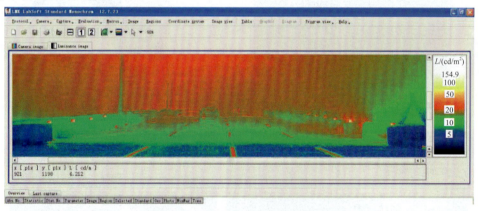

图 8.11　Lmk Labsoft 软件界面图

前方车辆主体部分为目标区域（图8.12），得到目标物平均亮度L_t。在背景里选择同样形状大小的梯形区域（图8.13），得到背景平均亮度L_b。进而得到面元亮度对比度C_m：

$$C_m = \frac{L_t - L_b}{L_b} \tag{8.5}$$

式中，L_t为目标物（梯形面）平均亮度；L_b为背景（梯形面）平均亮度。

图 8.12　目标区域

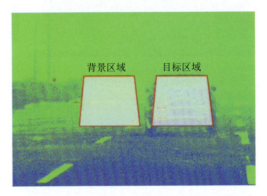

图 8.13　亮度图中目标区域及背景区域

（2）边元亮度对比度

前方障碍物轮廓内亮度变化特别明显的过渡小区域为边元。在图8.14的目标区域内，存在极亮点是边缘视锐度高的区域。区域内亮的点称作标记点，亮度为L_t。在接近轮廓边缘的方向，标记亮度值最低点为背景点，该点亮度为L_b。得到边元亮度对比度C_b：

$$C_b = \frac{L_t - L_b}{L_b}$$

（8.6）

式中，L_t为标记点亮度；L_b为背景点亮度。

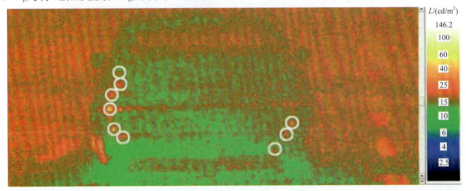

图 8.14　目标区域内极亮点

在前方汽车轮廓左右两侧按位置标记上中下6个点，有6个背景点与之对应（图8.15），第1组标记点背景点的标号分别是A_0、A_1，第2组B_0、B_1，第3组C_0、C_1，第4组D_0、D_1，第5组E_0、E_1，第6组F_0、F_1，得到6个边元亮度对比度C_{b1}、C_{b2}、C_{b3}、C_{b4}、C_{b5}、C_{b6}，取平均值，得到该目标区域的边元对比度均值C_{b-av}。

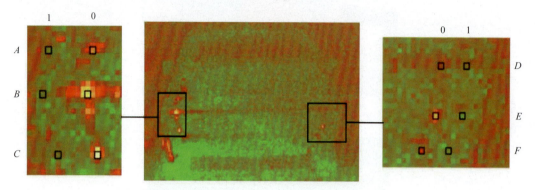

图 8.15　目标区域内 6 组标记点与背景点

3. 路灯投光方向

在第1章中定义的统一坐标系中，选取7个有代表性的投光方向进行比较：横向90°投光、正向30°投光、正向45°投光、正向60°投光、逆向30°投光、逆向45°投光、逆向60°投光（图8.16～图8.18）。

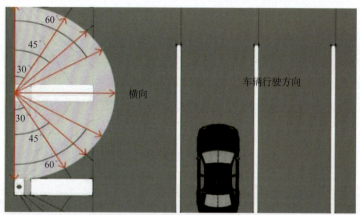

图 8.16　各方向角度示意

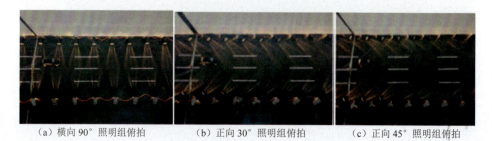

（a）横向 90°照明组俯拍　　　　　（b）正向 30°照明组俯拍　　　　　（c）正向 45°照明组俯拍

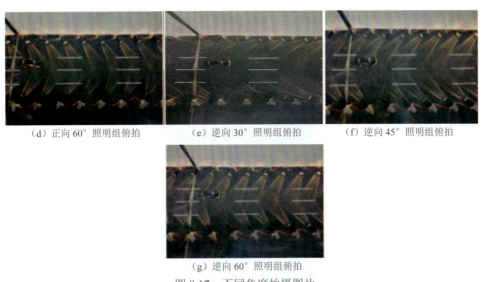

（d）正向 60°照明组俯拍　　　　　（e）逆向 30°照明组俯拍　　　　　（f）逆向 45°照明组俯拍

（g）逆向 60°照明组俯拍

图 8.17　不同角度拍摄图片

图 8.18　多维度照明方式

8.2.2　视锐度对比设计

分析面元亮度对比度时，软件计算得到目标区域亮度记为L_t，背景区域亮度记为L_b，计算的面元亮度对比度记为C_m。在分析边元亮度对比度时，左右轮廓各上中下区各取3组，共6组，每组有标记点和背景点，第1组标记点亮度记为L_{t1}，背景点亮度记为L_{b1}（图8.19），取其平均值记为该次实验的边元亮度对比度平均值C_{b-av}。图8.20是亮度软件显示界面。

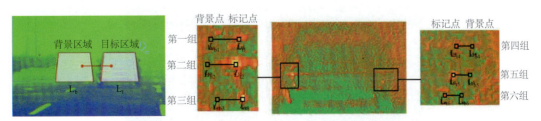

图 8.19　面元（左）及边元（右）亮度对比度标注示意

图 8.20 亮度软件显示界面

数据导入软件后，面元亮度对比度是选择前车轮廓内同一个T形区域，软件会选择该区域内均匀分布的60个点，形成一个Excel表（图8.21），平均值目标区域亮度L_t；按同样方法继续选择大小相同的T形区域，平移至前车轮廓外，得到另一平均值为背景区域亮度L_b，代入公式得到面元亮度对比度；边元亮度对比度需要记录每组实验的6个标记点和6个背景点，再计算平均数，得到该组实验的边元亮度对比度。

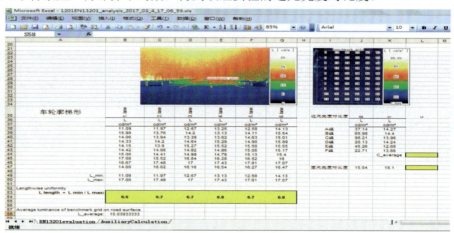

图 8.21 目标区域亮度汇总 Excel 表

8.2.3 实验过程与结果

1. 横向照明组

横向照明组将灯具照射方向调至与路轴方向垂直，俯拍记录如图8.22所示。

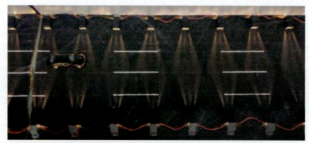

图 8.22 横向照明组俯拍记录

将拍摄的数据输入软件，得到全路面亮度图（图8.23）和前车轮廓亮度图（图8.24）。

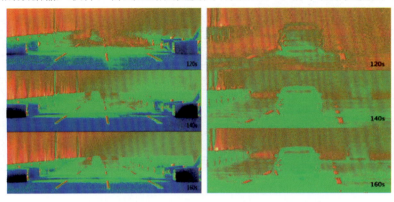

图 8.23　全路面亮度图　　　　　图 8.24　前车轮廓亮度图

2. 正向 30° 照明组

正向30°照明组将灯具照射方向调至与路轴方向夹角30°，俯拍记录如图8.25所示。

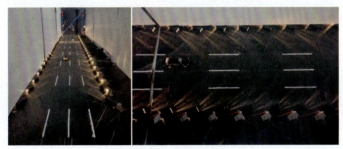

图 8.25　正向 30° 照明组俯拍记录

将拍摄的数据输入软件，得到整个路面及前车轮廓亮度图（图8.26）。

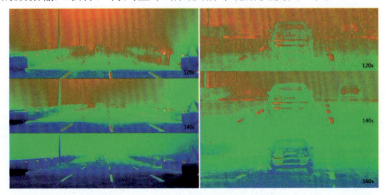

图 8.26　整个路面及前车轮廓亮度图

3. 正向 45° 照明组

正向45°照明组将灯具照射方向调至与路轴方向夹角45°，俯拍记录如图8.27所示。

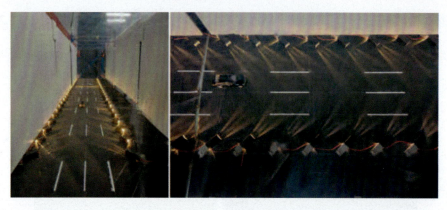

图 8.27　正向 45°照明组俯拍记录

将拍摄的数据输入软件，得到整个路面亮度图（图8.28）和前车轮廓亮度图（图8.29）。

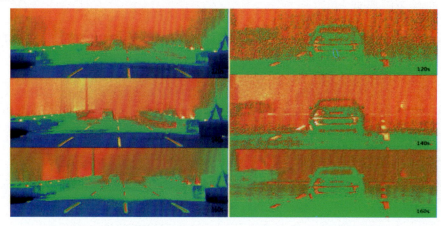

图 8.28　整个路面亮度图　　　　　图 8.29　前车轮廓亮度图

4. 正向 60°照明组

正向60°照明组将灯具照射方向调至与路轴方向夹角60°，俯拍记录如图8.30所示。

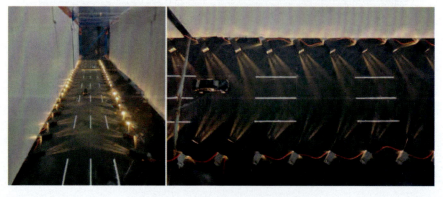

图 8.30　正向 60°照明组俯拍记录

将拍摄的数据输入软件，得到整个路面亮度图（图8.31）和前车轮廓图（图8.32）。

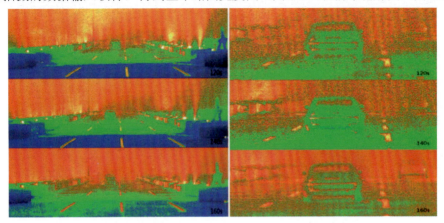

图 8.31　整个路面亮度图　　　　　　图 8.32　前车轮廓亮度图

5. 逆向 30° 照明组

逆向30°照明组将灯具照射方向调至与路轴方向夹角30°，俯拍记录如图8.33所示，眩光过大重新设置参数，如图8.34所示。

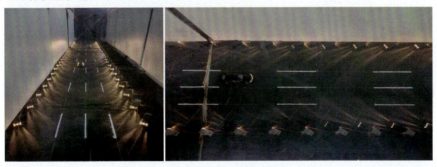

图 8.33　逆向 30°照明组俯拍记录

图 8.34　眩光过大重新设置相机参数

得到整个路面亮度图（图8.35）和前车轮廓亮度图（图8.36）。

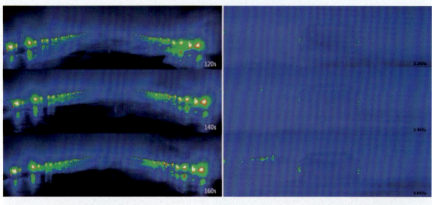

图 8.35　整个路面亮度图　　　　图 8.36　前车轮廓亮度图

6. 逆向 45° 照明组

逆向45°照明组将灯具照射方向调至与路轴方向夹角45°，俯拍记录如图8.37所示。

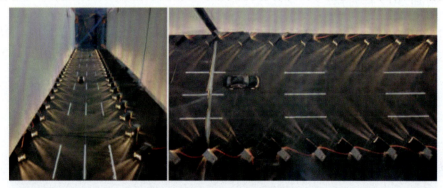

图 8.37　逆向 45° 照明组俯拍记录

将拍摄的数据输入软件，得到整个路面亮度图（图8.38）和前车轮廓亮度图（图8.39）。

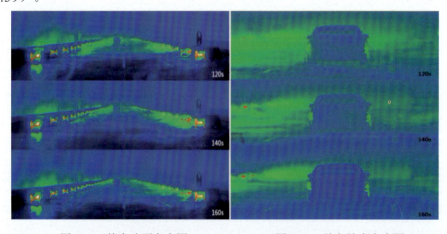

图 8.38　整个路面亮度图　　　　图 8.39　前车轮廓亮度图

7. 逆向 60° 照明组

逆向60°照明组将灯具照射方向调至与路轴方向夹角60°，俯拍记录如图8.40所示。

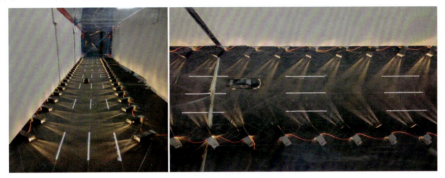

图 8.40 逆向 60° 照明组俯拍记录

将拍摄的数据输入软件，得到整个路面亮度图（图8.41）和前车轮廓亮度图（图8.42）。

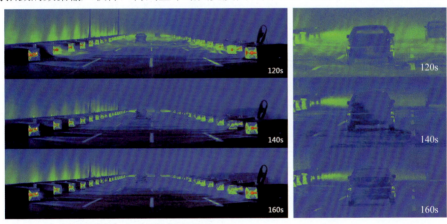

图 8.41 整个路面亮度图 图 8.42 前车轮廓亮度图

边元亮度对比度（相对值）随雾霾浓度（相对值）变化的情况如图8.43所示。

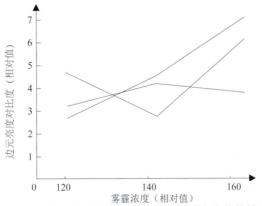

图 8.43 边元亮度对比度随雾霾浓度变化的情况

8.3　基于视敏度的视觉疲劳测试实验

8.3.1　测试实验

1. 光源选择

选择蓝光光源作为首选光源，白光、黄光光源作为参照光源，实验光谱的选择如表8.1所示。

表 8.1　实验光谱的选择

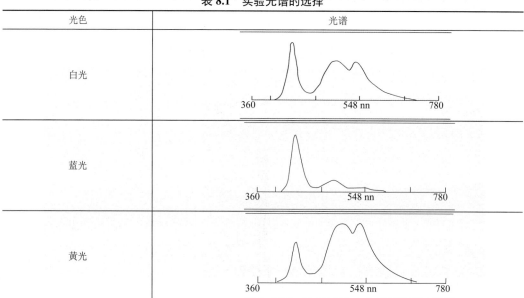

光色	光谱
白光	360　　548 nn　　780
蓝光	360　　548 nn　　780
黄光	360　　548 nn　　780

2. 光色选择

选用蓝光光源作为实验的首选光源。在选用专业级显示设备的前提下，对模拟实验中的光色进行了如下3种选择，如表8.2所示。

表 8.2　不同光色对比试验中的实验场景

灯具光色	实验场景图示
暖白光	5 m　　1 m 3.75 m 3.75 m　3.75 m 25 m

续表

灯具光色	实验场景图示
蓝光	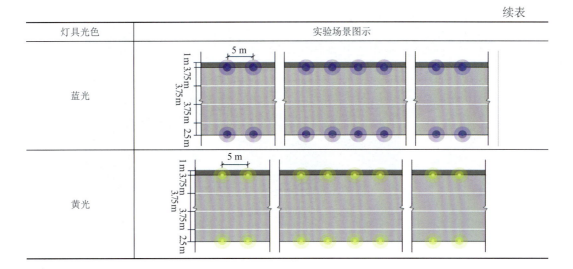
黄光	

驾驶员视觉疲劳程度检测可以分为四大类：

①基于驾驶人员生理反应的检测方法，利用驾驶员的头部及眼睛运动表现出的特性反应参数判断疲劳状态；

②基于驾驶人员生理参数的检测方法，通过监测驾驶员的各项生理指标判断疲劳情况；

③基于驾驶人员操作行为的检测方法，利用驾驶员对方向盘的操作及对方向盘的握力变化判断疲劳状况；

④基于车辆行驶轨迹的检测方法，通过车辆行驶轨迹变化来判断疲劳程度。

（1）视敏测量方法

人眼视网膜具有延时性，一般感觉不到灯光的闪烁。当闪烁频率逐渐降低，人眼会感觉到没有闪烁的光点逐渐闪烁；反之，则看到光点逐渐连接起来。人眼分辨光是否闪烁的临界频率就是人眼的闪光融合临界频率（CFF），人眼的CFF值为33～55 Hz。

实验中，被测试者的CFF越高，表示此时其意识水平越高；当被测试者的视觉疲劳时，则其CFF降低。因此，测量人眼的CFF是测量视觉疲劳程度的一种常用方法。通常使用CFF的日间变化率和周间变化率作为视觉疲劳程度的指标。

闪光融合频率计（图8.44）通过对闪烁点闪烁频率的调节，测量被测试者CFF，确定此时被测试者辨别闪烁能力的水平。

被测试者在进行测量时，双眼贴紧观察筒，观察位于视觉中央的亮点。测量前，先确定背景光的强度、亮点的光强、亮黑比及亮点颜色，再测定亮点闪烁的临界频率。频率调节范围为4.0～60.0 Hz。被测试者开始观察时，看不到视觉中央亮点在闪烁，逐渐降低亮点的闪烁频率，直至刚好见到闪烁，记录此时的闪烁频率值；若在测量开始时见到亮点闪烁，则逐渐提高闪烁频率，直至刚好看不出闪烁，记录此时的闪烁频率值。CFF附近需进行反复测量，平均值就是被测试者的闪光融合频率。

图 8.44　闪光融合频率计

（2）实验时长设定

每组实验测试时长的确定主要考虑以下几个方面：

①驾驶人员在驾驶过程中，视觉疲劳程度需要不间断的积累过程。实验时间过短，视觉疲劳程度无法显现出来。

②测试时长超过一定限度时，导致被测试者的视觉疲劳过甚，被测试者长时间闭眼甚至酣睡。

③采用模拟高速公路行驶进行实验，消除光色外的其他外部因素对实验测试的影响。

实验结果如表8.3所示。

表 **8.3**　实验时长和初步测试结果

测量时间 /min	0	10	20	30	40	50	60	70
闪光融合频率 /Hz	32.575	31.248	30.663	30.338	30.097	29.568	30.127	29.867

（3）实验流程

被测试者在显示器前，眼睛距显示器40～60 cm，如图8.45所示。

图 8.45　实验测试现场

测试前以车辆行驶状态下尾灯为亮度标准，设定闪光融合频率计闪烁点光强为1/64。

被测试者隔10 min进行疲劳程度测量，反复3次。每组实验间隔时间不小于20 min。确认眼睛的主观疲劳感恢复正常后，进行下一组实验。

模拟高速公路为标准3车道加紧急停车带，车辆行驶速度为90 km/h，无其他车辆干扰，如图8.46所示。

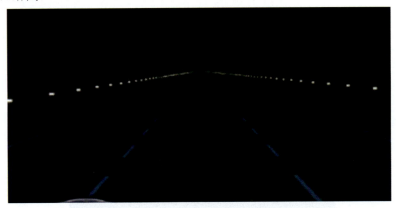

图 8.46　模拟道路场景示意图

8.3.2　光色变化周期的对比实验

1. 光色周期设置方法

选择0～30 min作为刺激间隔时间范围。选用5组不同间隔距离的光色刺激作为光色周期实验场景，分别为30 s、90 s、300 s、600 s、1200 s，根据高速公路车辆行驶平均速度90 km/h，对应的光色变化间隔距离分别为0.75 km、2.25 km、6 km、15 km、36 km。其中0.75 km表示光色每隔0.75 km变换一次，36 km表示在整个场景中光色没有任何的变化。光色周期变化为两种光色交替出现，设置场景如表8.4和图8.47所示。

表 8.4　周期变化场景示意图

光色变化周期频率	示意图
变化间隔为 0.75 km	
变化间隔为 2.25 km	

续表

光色变化周期频率	示意图
变化间隔为 6 km	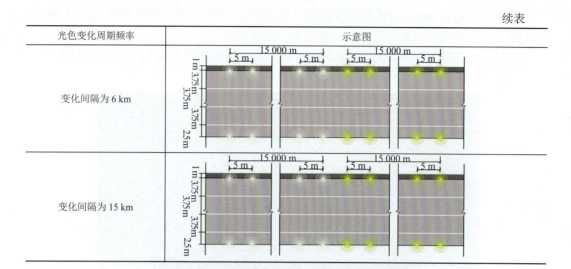
变化间隔为 15 km	

图 8.47　模拟驾驶视窗图示

2. 初步光色变化周期实验结果分析

选择黄光、白光两种光源做周期变化，每周期被测试者5人，被测试者每组实验测试3次，平均值为测试结果。周期变化间隔0.75 km、2.25 km、6 km、15 km及36 km，得到相应的视敏度变化曲线，经归一化后，得到5组实验曲线。根据视敏度曲线图观察变化趋势，求得视敏度变化量与测量时间的关系，如图8.48所示。

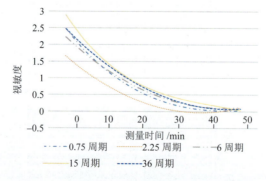

图 8.48　5 种周期变化间隔视敏度变化量与测量时间的关系

如图8.48所示，黄光、白光周期性变化对视觉疲劳的抑制作用曲线切线角度大致相似，20 min之后视敏度呈趋于缓慢下降的状态。

对应光色变化间隔为2.25 km的周期频率相较于其他周期频率对视觉疲劳的抑制作用大，CFF下降数值在1.7 Hz左右，如图8.49所示。

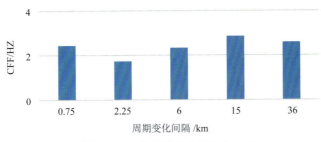

图 8.49　5 种周期变化间隔的 CFF

8.4　路面照明能效的实验

8.4.1　路面照明能效的实验室实验

实验条件为暗室，1 m×1 m的被测介质模拟路面，反射类型主要为镜面反射及一定的漫反射。一个4 W LED光源置于支架上，通过轨道和滑轮调节方向，灯距被测界面2 m，角度变化范围为0°～80°。实验以相机及成像亮度计定点考察介质表面亮度，距被测界面前后各4 m处放置相机（高0.8 m），分别对应正向照明视点和逆向照明视点，拍摄并测量被测界面亮度。

实验分别模拟4 种照明方式进行的路面照明效率比较：对应正向照明视点的高位路灯正向照明、低位路灯正向照明（图8.50）；对应逆向照明视点的高位路灯逆向照明、低位路灯逆向照明（图8.51）。

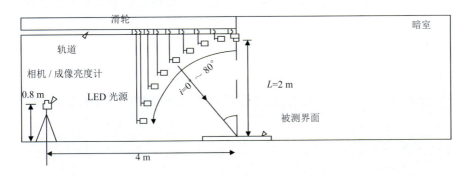

图 8.50　正向照明实验示意图

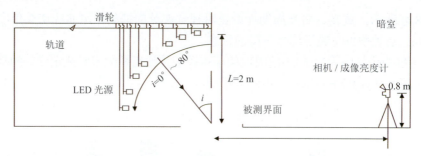

图 8.51　逆向照明实验示意图

8.4.2　路面照明能效的现场实验

下面介绍两组按实际道路尺寸的路面照明实验。

①较光滑场地（水泥地面）和测区夜间示意图分别如图8.52和图8.53所示。

图 8.52　较光滑场地（水泥地面）

图 8.53　测区夜间示意图

实验中灯具的安装高度保持为1 m，间距2 m，固定水平角度及垂直角度不变，分别进行60 m的正向、横向、逆向照明实验，如图8.54～图8.59所示。

图 8.54　60 m 处观察者拍摄之正向照明照片

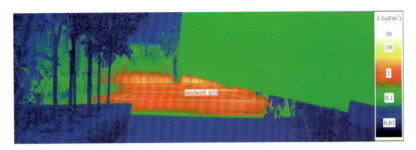

图 8.55　60 m 处观察者拍摄之正向照明亮度图片

图 8.56　60 m 处观察者拍摄之横向照明照片

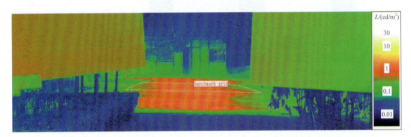

图 8.57　60 m 处观察者拍摄之横向照明亮度图片

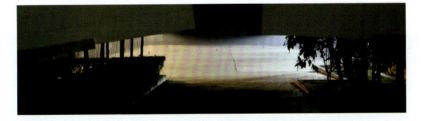

图 8.58　60 m 处观察者拍摄之逆向照明照片

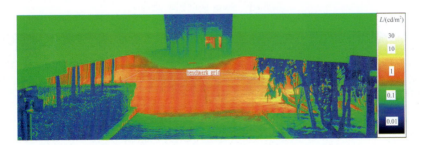

图 8.59　60 m 观察者位置拍摄之逆向照明亮度图片

如图8.60所示，在水泥路面上，正向照明路面的平均亮度随观察者所处的距离增大呈先增大后减小的趋势，而横向及逆向照明路面的平均亮度均随观察者距离的增大而增大；正向及横向照明方式的亮度总均匀度波动不大，均在0.5左右，已经满足国家标准值0.4的要求；而纵向均匀度，逆向照明优于正向及横向照明方式，并且大部分已经满足国家标准值0.7；最后，逆向照明的路面平均亮度优于正向及横向，并且在60 m位置上的平均亮度远大于CIE标准值。

在此基础上可以判定，在水泥路面上，逆向照明为最优照明方式。

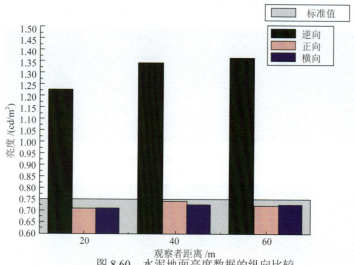

图 8.60　水泥地面亮度数据的纵向比较

②较粗糙场地（塑胶跑道）：将体育场塑胶跑道拟作路面，实验设计为对比低位路灯的正向、横向、逆向照明下的地面亮度。根据Dailux模拟的结果，将实验的灯具水平角度定为20°（正向60°）、90°（横向）、160°（逆向20°），垂直角度定为-10°，灯具的高度为1 m，间距为2 m；观察者位置定为距测区中心60 m处，如图8.61～图8.63所示。

图 8.61　60 m 逆向照明照片

图 8.62　60 m 横向照明照片

图 8.63　60 m 正向照明照片

如图8.64所示，在塑胶跑道上，正向照明的平均亮度都为最大，横向照明的平均亮度最小，逆向照明的平均亮度值居中。

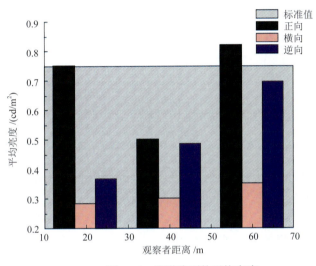

图 8.64　跑道路面的平均亮度

8.5　色差对可见度影响的实验

8.5.1　不同亮度对比度下同一色差对可见度影响的实验

1. 亮度色度对比测定装置

实验使用的可见度评价方法必须能够独立地调节目标物与背景的色彩，计算色彩参数并方便的计算可见度水平所示。

实验选用黄光（图8.65）和白光（图8.66）LED光源各两个，功率为15W。黄光LED的色品坐标$x=0.4293$，$y=0.4200$，色温3258 K，显色指数80；白光LED的色品坐标$x=0.2872$，$y=0.2855$，色温9430 K，显色指数74。

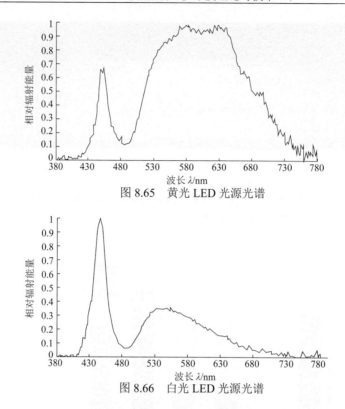

图 8.65　黄光 LED 光源光谱

图 8.66　白光 LED 光源光谱

利用"视力表"对所测视力数据进行精确表达、幅度计算、统计处理和回归分析。在实验室条件下，采用基于"E"字标准对数视力表的评价方法来评价各种因素对可见度的影响。

实验室墙面被刷成蓝黑颜色；被试者20名，年龄20～25岁，视力正常，设备包括三部分："E"字视力表箱、"E"字灯箱和背景灯箱。"E"字灯箱由弧形反光板、光源、遮光板、两张棋盘格黑色卡纸板及箱体。弧形反光板和箱体内表面贴有的粗糙白纸可将光源发出的光线均匀反射出灯箱。两张白色海绵纸，一张按照标准对数视力表的视标尺寸镂空出"E"字前后叠放，用不同光源分别从前后照射，可实现"E"字和背景的独立调节[1]。实验室剖面示意图和平面俯视示意图分别见图8.67和图8.68。

为提高测量精度，将标准对数视力表视标排列的"E"字按大小设为每行增率。各行视标的视角均按此增率呈等比排列，从4.0～5.0共计21行。实验箱体摆放见图8.69，"E"字视力表箱位于中间，"E"字灯箱位于后方，背景灯箱位于前面。

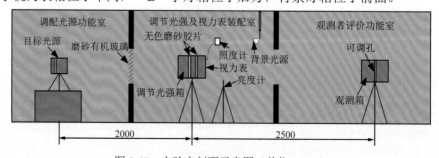

图 8.67　实验室剖面示意图（单位：mm）

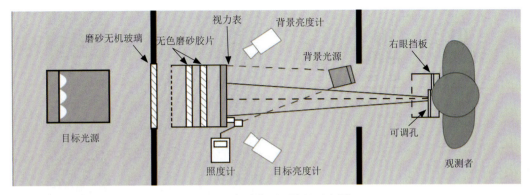

图 8.68　实验室平面俯视示意图

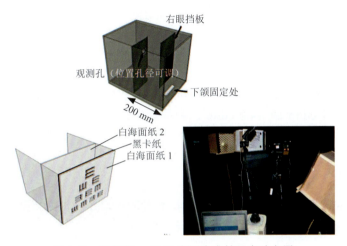

图 8.69　观测箱、"E"字视力表箱及实验布置

2. 背景亮度与目标亮度对比分类的确定

将视力表中黑色"E"字定为目标物，目标物周围的白色区域（白纸）定位背景。目标物与背景相互独立，按灰度划分，共分成0～255个亮度级。将255个亮度级分为4个大等级：Ⅰ级、Ⅱ级、Ⅲ级、Ⅳ级。共产生12组灰度等级，正对比和负对比分别如图8.70和图8.71所示。

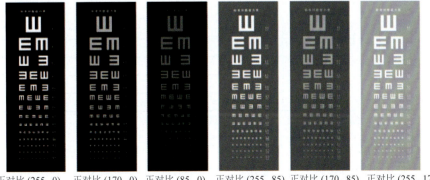

正对比 (255, 0)　　正对比 (170, 0)　　正对比 (85, 0)　　正对比 (255, 85)　　正对比 (170, 85)　　正对比 (255, 170)

图 8.70　正对比

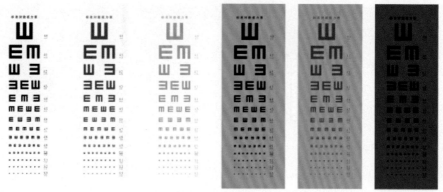

负对比 (0, 255)　负对比 (85, 255)　负对比 (170, 255)　负对比 (0, 170)　负对比 (85, 170)　负对比 (0, 85)

图 8.71　负对比

3. 色差对比实验

制作"E"字视力表的白色海绵纸，分别在9430 K白光和3260 K黄光照射下，亮度从0.1 cd/m²每隔0.1 cd/m²调至4.0 cd/m²，测量其色彩变化。但是色差产生的主要原因是明度值的变化，可以认为亮度变化时色彩未发生变化。

4. 实验流程

共选取3种背景亮度：1.0 cd/m²、2.0 cd/m²和3.0 cd/m²，根据背景光源与"E"字灯箱光源光色的不同，又可分为4组，具体如表8.5所示。

表 8.5　实验分组

背景亮度 /(cd/m²)	背景光源	"E"字光源	组名、组别
1	白光	黄光	A 组，实验组
		白光	A1 组，对照组
	黄光	白光	B 组，实验组
		黄光	B1 组，对照组
2	白光	黄光	C 组，实验组
		白光	C1 组，对照组
	黄光	白光	D 组，实验组
		黄光	D1 组，对照组
3	白光	黄光	E 组，实验组
		白光	E1 组，对照组
	黄光	白光	F 组，实验组
		黄光	F1 组，对照组

注："E"字与背景光色相同的为对照组，相异的为实验组。

通过灯箱上的两张棋盘格孔黑卡纸的相互移动控制灯箱的出光量来实现亮度调节，可以保证实验中光源的光色不发生变化。

首先调节背景灯箱的出光量使得背景的亮度为一固定值，固定棋盘格的位置。调节

"E"字灯箱的出光量，使得白色海绵纸2的亮度从0.1 cd/m²每间隔0.1 cd/m²变化到4 cd/m²，共计40个亮度等级。

由于背景亮度为3.0 cd/m²时，背景光源透过"E"空洞对白色海绵纸2的亮度有一定的影响，因此该组实验"E"字的亮度从0.3 cd/m²每间隔0.1 cd/m²变化到4.0 cd/m²。

5. 实验方案

实验方案框架如图8.72所示。

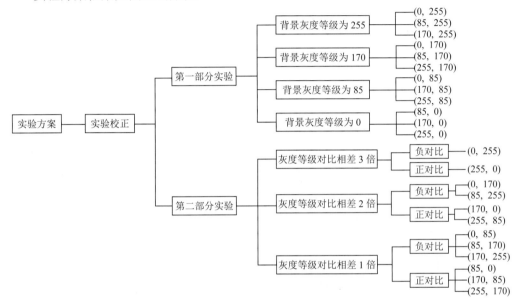

图 8.72　实验方案框架

6. 实验数据处理

将各背景亮度下实验测得的被试者的视力等级分别取平均值。对于亮度数据，按照式（8.7）公式计算亮度对比度。

$$C = \frac{L_t - L_B}{L_B} \tag{8.7}$$

7. 实验误差校正

测量在中间视觉条件下进行，误差主要是由测量误差和目标显示误差组成的。测量误差：选用DGW-2000高精度全自动交流稳压器和TDGC2-2KVA接触式单向调压器为光源供电，接通电源后待测量系统稳定后再进行读数。目标显示误差是由目标物亮度和其周围背景亮度的分布均匀性决定的。因此在实验准备阶段需要对目标物周围背景亮度分布均匀性进行校对实验。不同电压下不同测点的亮度变化如表8.6所示。

表 8.6　不同电压下不同测点的亮度变化 （单位：cd/m²）

	100 V	125 V	150 V	175 V	200 V	225 V
A	0.067	0.182	0.398	0.734	1.234	1.973
B	0.065	0.18	0.395	0.731	1.231	1.971
C	0.06	0.175	0.389	0.725	1.224	1.964
D	0.061	0.177	0.39	0.727	1.227	1.967
E	0.064	0.179	0.393	0.728	1.229	1.969
F	0.066	0.181	0.396	0.731	1.232	1.972
G	0.065	0.179	0.394	0.73	1.231	1.97
标准差	0.002 582	0.002 381	0.003 207	0.002 992	0.003 352	0.003 101

8. 实验结果分析

通过OCR软件判断出的视力等级基本和裸眼测试一致，验证了"裸眼视力表测试"的合理性。只是在背景亮度很暗的情况下，有些偏差，前者略高于后者。造成上述现象的原因是OCR软件在暗视觉下对亮度变化的敏感度大于人眼，可以识别人眼所不能看到的物体。

由图8.73可知，视力等级与背景亮度的函数回归曲线（S）的方差R^2在0.97附近波动，拟合效果非常好。

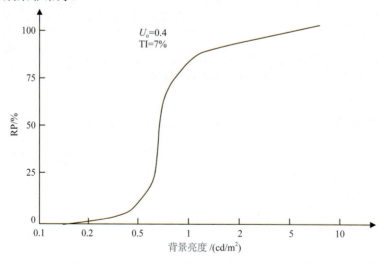

图 8.73　视力等级与背景亮度的函数回归曲线

虽然亮度与照度没有必然的联系，在数学上也没有一个确切的公式可以将二者联系起来。但在其他条件不变的情况下，背景亮度与目标物垂直照度呈正相关、等差递增关系，其函数关系式$y=ax+b$ $(a>0)$；随着背景亮度递增，回归直线的斜率近似成倍地递增，相邻两条线性函数曲线的斜率相差近似2倍。

由图8.73得知，随着背景亮度从0开始增加，曲率也从无穷大逐渐趋近于0，回归曲线逐渐趋于平缓。因此，对于道路照明来说，当背景亮度达到某一数值以后，继续增加光源的输出功率，尽管路面背景亮度也会随之增加，但视力清晰度增加幅度很小，视觉效果不明显。

由图8.73得知，随着背景亮度的不断提高，视力清晰度等级变化范围主要集中在4.6～5.2。在满足CJJ 45—2015中亮度指标1.5 cd/m²前提下，视力清晰等级基本都能达到5.0以上，达到视力表测试的标准线。

8.5.2　等亮度条件下色差对可见度影响的实验

1. 实验方法

将视力表做成电子图片放在显示器上显示测量视力等级。这样不但可以方便迅速地调整"E"字和背景的色彩，而且实验的可重复性也较强，消减不同的被试者测量时由于调节精度的限制而导致的误差。选取亮度均为2.0 cd/m²的色彩，在亮度对比度为零的条件下研究色差对视力等级（可见度）的影响。具体实验方法如下。

2. 被试者与实验环境

10名被试者参加实验，7男3女，平均年龄为26岁。经检测表明所有被试者都具有正常的辨色能力，视力正常或是佩戴眼镜矫正到4.8 以上。所有的被试者在实验前都进行相应的适应与休息过程。为了防止杂散光的影响，实验在暗室中进行，如图8.74所示。

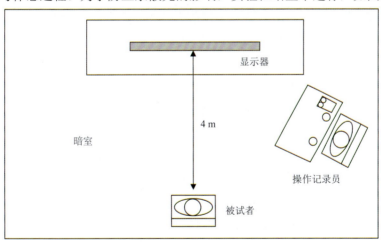

图 8.74　实验环境

3. 实验设置

亮度对比度实验主要是为了在相同条件下比对亮度对比度与色彩差异对辨识力的影响。实验选用与色彩实验相同的"E"字视力表文件，亮度值如表8.7所示。

表 8.7　36 种中性灰的亮度值

序号	1	2	3	4	5	6
亮度值 /(cd/m²)	0.157	0.259	0.345	0.436	0.497	0.606
序号	7	8	9	10	11	12
亮度值 /(cd/m²)	0.685	0.779	0.832	0.923	1.024	1.146
序号	13	14	15	16	17	18
亮度值 /(cd/m²)	1.24	1.308	1.489	1.552	1.703	1.89
序号	19	20	21	22	23	24
亮度值 /(cd/m²)	2.03	2.12	2.38	2.59	2.78	2.99
序号	25	26	27	28	29	30
亮度值 /(cd/m²)	3.22	3.35	3.72	3.97	4.2	4.49
序号	31	32	33	34	35	36
亮度值 /(cd/m²)	4.77	5.05	5.46	5.77	6.09	6.4

4. 实验过程

（1）测量 25 种色彩及白场光谱

将光谱仪置于显示器正前方，把显示器依次满屏调成25种色彩，测量光谱数据。再将显示器调至最高亮度的全白，作为白场的光谱。

（2）视力等级测量

将600组等亮度彩色"E"字视力表和36组亮度对比度视力表依次打开全屏100%显示，被试者在距离屏幕3 m处测量视力等级，由实验操作员记录调整背景和"E"字的色彩并记录不同色彩组合所对应的视力等级。

（3）视力等级数据处理

对被试者进行视力测量，将10名被试者测得的视力等级取平均值作为实验分析用数据。

8.6　空间亮度与垂直照度相关性实验

实验根据不同背景灰度等级分为4个阶段，每个阶段根据目标灰度等级又分为3组。实验开始前，观察者与测试者需在暗房里待上一段时间，以适应中间视觉对人眼产生的影响。由于中间视觉亮度水平范围为0.001~3.0 cd/m²，而一般的道路照明亮度最低值是0.03 cd/m²，所以亮度测量范围采用0.05~4.0 cd/m²。亮度调节以0.05 cd/m²为单位递增。每一次调节背景亮度的同时，都要对目标物进行拍照并测量其中心表面垂直照度（照度的测量采用求平均值的办法），然后让观察者对目标物——视力表进行评价（如同驾驶员进行视力检查的方法），并记录看到的等级范围——视力表中的第几行。直到不同灰度等级视力表全部测量完毕（目标中心表面垂直照度只测试一次即可）。

8.6.1　实验数据

实验主要是研究在相同背景下不同灰度目标物对视力清晰度等级的影响。对测量得出的数据和判断后的视力等级进行回归分析，在背景灰度为255条件下，其数值、趋势等呈现在图8.75中。

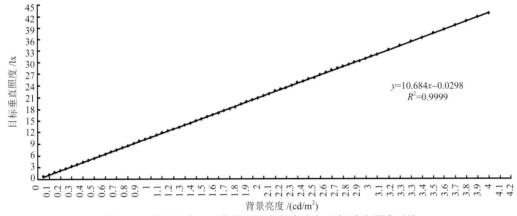

$y=10.684x-0.0298$
$R^2=0.9999$

图 8.75　背景灰度 255 条件下，背景亮度与目标垂直照度对比

8.6.2　实验结果分析

由图8.73可知，视力等级与背景亮度的函数回归曲线（S）$y = e^{\beta_0+\beta_1/x}$的方差$R^2$在0.97附近波动，拟合率非常高。由此得出，回归曲线（S）可以作为其函数表达式。

虽然亮度与照度没有必然的联系，在数学上也没有一个确切的公式可以将二者联系起来。但从背景亮度与目标物垂直照度对比中可以看出：在其他条件不变的情况下，背景亮度与目标物垂直照度呈正相关、等差递增关系（线性回归），其函数关系式$y=ax+b$（$a>0$）；随着背景灰度从255～0成倍递增，回归直线的斜率也相应地近似成倍递增，相邻两条线性函数曲线的斜率相差近似2倍。

随着背景亮度的不断提高，视力清晰度等级主要变化范围为4.6～5.2。在满足CJJ 45—2015中亮度指标1.5 cd/m²前提下，视力清晰等级基本都能达到5.0以上，符合CJJ 45—2015，同时也达到视力表测试的标准线（尽管不能将明视觉条件下的5.0视力标准线作为标准，但可以作为参考依据）。

8.6.3　实验数据可靠性验证

关于用蓝道环视力表测试视力与背景亮度的关系，有经验公式用V_A（即小数记录法）表示视力为

$$V_A=\alpha+0.49\lg B_b \tag{8.8}$$

式中，α为与物体形状有关的常数；B_b为背景亮度。

为了进一步验证"裸眼视力表测试"的合理性，将背景灰度为255、目标灰度为0（即白底黑字）的数据代入式（8.8）进行验证：从表中的背景亮度值及对应的视力等级数据中任选几组代入式（8.8），求出与物体形状有关的常数α值，为了避免误差，取多组α的平均值。确定α值后，将不同组数据代入公式等号左右两边进行核对。需要注意的是：表中的视力等级数据是5分记录法，需要利用式（8.8）转化为小数记录法。通过验证，实验测得的数据与经验公式计算结果一致。

8.7 亮度与瞳孔面积变化的"时差"实验

8.7.1 瞳孔测试仪

瞳孔测试仪最先提出用于在高铁穿越隧道时，监测高铁驾驶员瞳孔经过暗适应与明适应调节的变化过程，从而分析高铁通过隧道时光线亮度变化对驾驶员视觉的冲击[2]。

瞳孔测试仪的摄像部分由两部分辨率为1080P的小型摄像机组成，一部摄像机实时记录瞳孔变化（瞳孔摄像机），另一部摄像机同步记录眼睛观察的景物（景物摄像机）。两部摄像机分别置于头盔顶部及眼睛侧前方。头盔式瞳孔测试仪，如图8.76所示。

图 8.76　头盔式瞳孔测试仪

瞳孔测试仪的组成部件还包括可固定于头部的支架组件、供电设备和无线数据传输部件。操作界面如图8.77所示。

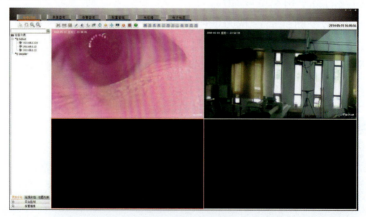

图 8.77　操作界面

8.7.2　实验过程

在动态条件下，视网膜所感受到的亮度与瞳孔面积变化存在"时差"。

当外界眩光强弱交替变化时，导致瞳孔快速变化。光强增加，瞳孔收缩，光强减弱，瞳孔放大。事实上，当视界内亮度急剧变化时，瞳孔的改变并不是实时的，而是需要一定的时间，这一过程即是"时差"，"时差"的存在影响人眼能够分辨的残像驻留时间。

1. 瞳孔静态直径和瞳孔临界直径

为了定量、准确地分析其动态变化过程，在采用头盔式瞳孔测试仪确定瞳孔静态直径容许范围后，用瞳孔静态直径衡量瞳孔的动态变化量。

瞳孔临界直径φ_c（critical value）：

$$\varphi_c = |\varphi_s - T| \tag{8.9}$$

式中，φ_s为瞳孔静态直径；T为常量，容差。

2. 表征瞳孔动态响应指标——三度

①瞳孔变化的幅度R（range）：表征瞳孔单次变化的幅度，瞳孔直径变化百分比，

$$R = \frac{\varphi_r - \varphi_s}{\varphi_r} \tag{8.10}$$

式中，φ_s为瞳孔静态直径；φ_r为瞳孔动态直径。

②瞳孔变化的速度V（velocity）：表征瞳孔单次变化的快慢。单次变化内，瞳孔直径变化速度，

$$V = \frac{\varphi_r - \varphi_s}{t} \tag{8.11}$$

③瞳孔变化的频度F（frequency）：单位时间内瞳孔直径超过临界直径的次数，表征瞳孔一段时间内变化的多少，

$$F = \frac{\varphi_r - \varphi_c}{t} \tag{8.12}$$

速度与外界光环境变化的快慢相关，在某种情况下，当外界光环境骤变，虹膜上平滑肌的频繁伸缩导致眼睛疲劳，瞳孔收缩不及，视网膜会受到大量强光冲击。

利用头盔式瞳孔测试仪，可以进行瞳孔半径与亮度变化的"时差"实验，实验在暗室中进行。亮度脉冲刺激的间隔设定为15 s，平均刺激幅度为0~110 cd/m²，刺激总时长

为180 s。

图8.78是瞳孔半径随视界内亮度变化的曲线，实现是亮度刺激曲线，虚线是摄像机实时录得的瞳孔半径变化曲线。可以看出，在0～70 s的时间段里（对应5个亮度刺激脉冲），瞳孔对外界亮度变化响应的延迟时间不够稳定。在这段时间里，在外界光强迅速增加到极大时，瞳孔半径也达到最大，这样就增强了频闪效应；同理，在光亮度剧烈衰减的时候瞳孔也在剧烈收缩，频闪效应也被加强；在70～180 s的时间段里（对应7个亮度刺激脉冲），瞳孔的延迟趋于稳定，当亮度刺激脉冲出现后（对应脉冲左侧上沿），瞳孔半径的快速缩小基本稳定在1/3～1/2刺激周期内，对应的延迟为5～8 s。此时，当光强急剧增强时人眼瞳孔正在收缩，这样就一定程度上减小了频闪效应。

设瞳孔孔径的稳定上限值为φ_1，瞳孔孔径的稳定下限值φ_2，对应的延迟时间为T，则低位路灯最小间距临界值D_{th_2}为

$$D_{th_2}=T \cdot v \tag{8.13}$$

当φ_1=5.33 mm，φ_2=2.0 mm，v=90 km/h，T=5.0 s时，

$$D_{th_2}= 5.0 \times 27.78 = 136.9 \text{ m}$$

该值表明，速度为90 km/h时，若路灯之间超过这个间距，则路灯之间的暗区会连续，不会产生频闪。一旦路灯间距小于该值，暗区不连续，频闪发生。

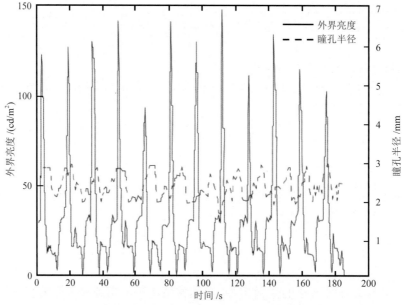

图 8.78　瞳孔半径随视界内亮度变化曲线

8.8　消除低位路灯的侧视眩光实验

8.8.1　格栅阵列的设计与优化

选用的透镜为圆形光学透镜，透镜会形成圆形光斑。在透镜前端加装波纹镜，圆形光经过波纹镜的散射作用，形成了矩形光斑（图8.79）。

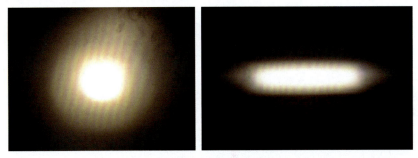

图 8.79　透镜形成的光型及增加波纹镜后的光型

选用不同的低位路灯高度及角度分析模拟结果如表8.8所示。

表 8.8　模拟结果

高度 /mm	水平角 /(°)	垂直角 /(°)	边距 /mm	近段光型距离 /mm	远端光型距离 /mm	光斑面积 /mm²	模拟图
500	15	2	588.9	27 621.4	10 028.8	138 329 734	
500	20	2	1 477.9	27 490.8	9 994.5	136 613 735	
500	20	3	1 086.7	14 712.9	7 411.7	33 798 715	
500	25	3	1 735.5	14 712.9	7 411.7	33 798 715	
600	20	3	1 300.2	17 375.3	8 882.2	46 644 955	
600	25	3	2 077.8	17 375.3	8 882.2	46 644 955	

续表

高度/mm	水平角/(°)	垂直角/(°)	边距/mm	近段光型距离/mm	远端光型距离/mm	光斑面积/mm²	模拟图
600	25	4	1 650.8	11 846	7 057.5	18 982 093	
700	20	4	1 205	13 668.6	8 233	24 936 902	
700	25	4	1 925.9	13 598.2	8 164.2	24 929 562	

　　该光学透镜条件下，低位路灯逆向照明较好的高度为0.6～0.8 m，灯体间间距为2 m，灯的垂直角为2°。

　　实验过程发现光源通过直片式格栅阵列依然有眩光。当观察距离不断增加时，眩光不断增强，当到达40 m以外时，眩光变得比较大。

（1）格栅阵列优化设计

　　通过观察发现，眩光并非直视光源所产生的眩光，而是格栅阵列中格栅片的上表面对光源反射形成的反射眩光。

　　光源溢散光在格栅片之间经过一次、二次甚至多次反射后，光线角度并没有改变，在灯外仍然以相同的角度照射出去，同样为溢散光。直片格栅阵列下的溢散光如图8.80所示。

　　因此，格栅阵列优化设计的关键是消除这种反射带来的眩光。LMK成像亮度计亮度照片测量选区示意图如图8.81所示。

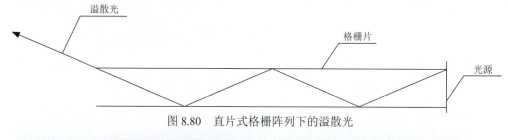

图 8.80　直片式格栅阵列下的溢散光

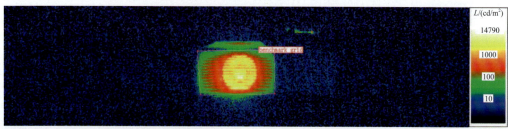

图 8.81　LMK 成像亮度计亮度照片测量选区示意图

从图8.82可以看出，不同材质对直片式格栅阵列的防眩光效果影响很明显。

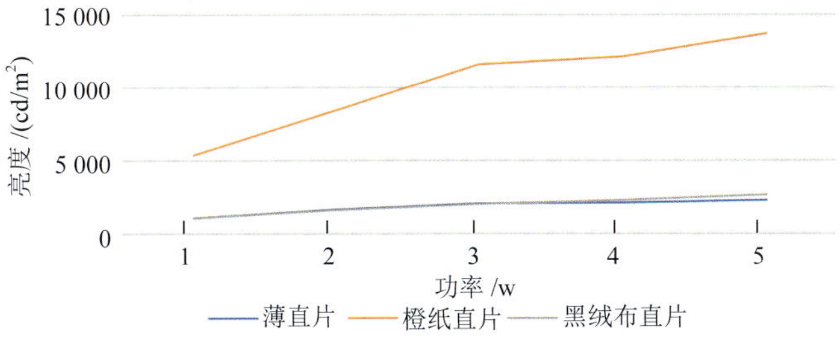

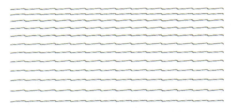

图 8.82　不同材质直片式格栅阵列在不同功率下的亮度对比

（2）折弯式格栅阵列造型对防眩光的作用研究

通过程序计算得出，在垂直角为2°的条件下，格栅片间距3 mm，格栅片长度116 mm为该条件下低位路灯逆向照明路灯的防眩光效果最好。折弯式格栅阵列灯体剖面图如图8.83所示。

图 8.83　折弯式格栅阵列灯体剖面图

8.8.2　折弯式格栅阵列的实验与分析

折弯式格栅阵列出光口的亮度降低是因为折弯的结构消除了一次反光带来的眩光。

格栅阵列斜边的设计根据波纹片折散光源后形成的角度设计，出光口可以沿水平方向适当加长，光线会在格栅阵列里多次反射，照亮整个灯。

保持格栅阵列长度不变，出光口纵向高度不变，只增加水平方向的长度，设计制作分别增加6 mm和10 mm两个尺寸的格栅阵列灯，并通过实验进行验证和分析。实验结果如表8.9所示。

通过分析表8.9、图8.84和图8.85，水平增加出光口的长度对防眩光并没有起明显作用。

表 8.9　普通折片、加宽 6 mm 和加宽 10 mm 的格栅阵列在不同功率下的总照度与平均亮度

功率 /W	格栅阵列类型	总照度 /lx	平均亮度 /(cd/m²)
1	普通折片	2542.47	441
	普通折片 + 6 mm	2414.82	733
	普通折片 + 10 mm	2295.15	631
2	普通折片	3749.29	559
	普通折片 + 6 mm	3462.20	1014
	普通折片 + 10 mm	3152.89	996

续表

功率 /W	格栅阵列类型	总照度 /lx	平均亮度 /(cd/m²)
3	普通折片	4916.88	781
	普通折片 + 6 mm	4804.79	1447
	普通折片 + 10 mm	4716.48	1245
4	普通折片	5676.28	889
	普通折片 + 6 mm	5391.14	1594
	普通折片 + 10 mm	5211.70	1438
5	普通折片	5852.16	927
	普通折片 + 6 mm	5684.05	1614
	普通折片 + 10 mm	5267.50	1538

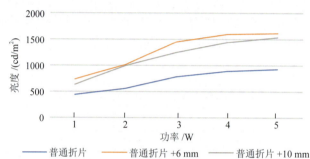

图 8.84　薄直片式、厚直片式和折弯式格栅阵列在不同功率下的亮度对比

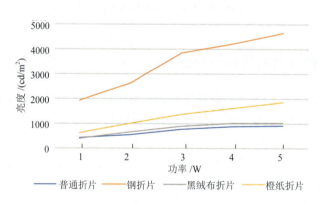

图 8.85　不同材质折片格栅阵列在不同功率下的亮度对比

8.8.3　折弯式格栅阵列式汽车前照灯实验台

实验台包括4个部分：灯架外壳、上层板、下层盖板和可调高度角度钢架。格栅阵列组合的防眩光汽车前照灯结构如图8.86所示，车灯总宽度为1.7 m，与某品牌汽车车身宽度接近。灯架分上下两个层板，每层可放置12个防眩光格栅阵列灯。层板带有一定弧度，根据计算机模拟格栅阵列灯组合形成的光型确定弧度。每个层板下面都安装有方通，保证层板平直，防止形变。通过前后高差，可以调整钢架的整体倾角，这样灯架就

能模拟几乎所有常见车辆的车灯高度与角度。

图 8.86　格栅阵列组合的防眩光汽车前照灯结构示意图

8.9　"白墙"效应的模拟实验

8.9.1　"白墙"效应测定装置

　　"白墙"效应测定装置包括：1∶50 自制道路模型、汽车模型、路灯模型；不同颜色的C环；雾制造机器；雾浓度测量仪、照度计；相机；不同色温的光源。

　　①跑道模型：制作 1∶50 的道路模型，包括三条标准宽度（3.75 m）道路，一条应急车道（3.25 m），道路模型平面示意图如图8.87所示，道路的上方放置了C环，尺度大小相当于驾驶员驾驶过程中目标识别物的大小。

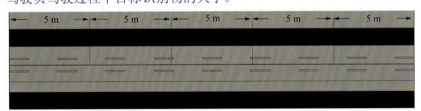

图 8.87　道路模型平面示意图

　　② 可调节LED灯：路灯角度可调，路灯的布置如图8.88所示。背景光源为不同色温的LED光源。

图 8.88　路灯的布置

照度计及雾浓度测量仪安装如图8.89所示，照度计读数与雾浓度负相关。

③打开路灯及背景光光源，拍摄在没有雾条件下C环（图8.89）的清晰度。然后加雾至整个环境中充满浓雾。浓度达到梯度间隔时，相机自动拍照三张，并记录下此时的雾浓度及环境照度；

图 8.89　实验用 C 环

④保证其他变量一致的情况下，换用不同色温的背景光光源，重复实验。

8.9.2　实验结果与数据

实验条件控制框图如图8.90所示。

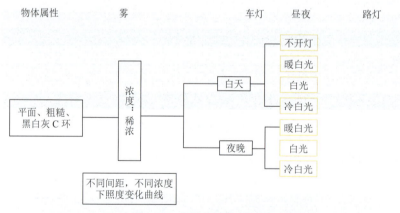

图 8.90　实验条件控制框图

浓雾条件下的测试点数据如表8.10所示。

表 8.10　模拟雾条件下的测试点数据

	测试点 1	测试点 2	测试点 3	测试点 4	测试点 5
无雾状况下	2840	1134	456	223	89
数据 1	1543	331	67	13.65	2

续表

	测试点 1	测试点 2	测试点 3	测试点 4	测试点 5
数据 2	1291	344	72.5	16.7	3.5
数据 3	1459	402	80.5	23.9	5
数据 4	1428	379	79.9	20.7	5.4
数据 5	1547	459	116	34	8
数据 6	1756	476	145.9	37.3	12
数据 7	1889	477	155.5	52.4	16.5

模拟雾条件下照度衰减曲线如图8.91所示。

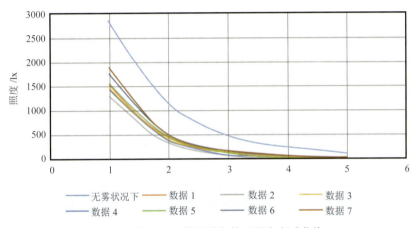

图 8.91　模拟雾条件下照度衰减曲线

实验过程如图8.92～图8.94所示。

图 8.92　模拟白天关灯情况

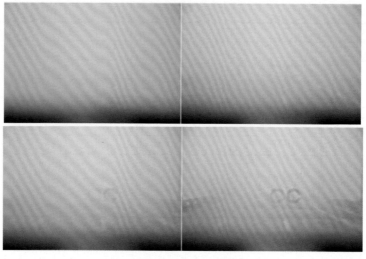

图 8.93　模拟白天暖白光照明

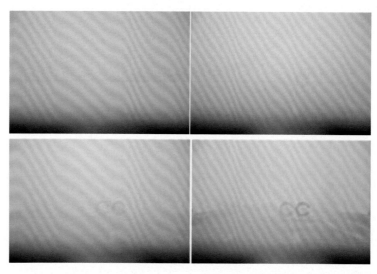

图 8.94　模拟白天冷白光情况下拍摄照片

模拟夜晚暖白光及冷白光情况下拍摄照片，以及光强分布曲线如图8.95和图8.96所示。

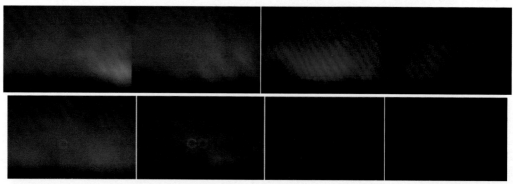

图 8.95　模拟夜晚暖白光及冷白光情况下拍摄照片

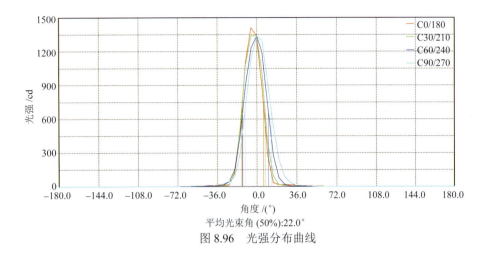

平均光束角 (50%):22.0°

图 8.96　光强分布曲线

8.9.3　结果分析与结论

根据上面的数据与图片，我们可以得到以下结论。

1. 白天情况下远处物体识别

①浓雾情况下，识别目标物的效果是暖白灯＞无灯＞白灯＞冷白灯。
②薄雾情况下，识别目标物的效果是暖白灯＞白灯＞冷白灯＞无灯。
③综合来看，在有雾的情况下，暖白灯对于识别目标物效果最好。

2. 夜晚情况下远处物体识别

夜晚情况下远处物体识别效果是暖白灯＞白灯＞冷白灯。

综上所述，可以得出结论，在有雾的情况下，不论是白天还是夜晚，暖白灯光的效果最好，即色温相对低的光照对驾驶员识别目标最有利。

8.10　羽毛球场眩光场地模拟实验

8.10.1　羽毛球场馆中的眩光

1. 羽毛球场馆内的照明质量

羽毛球场馆内的照明质量通常从5个方面去考虑[3]：①达到照度水平，这个是最基础的要求；②控制场馆内的照度均匀度；③眩光的控制；④减小亮度比；⑤减小频闪，提高稳定性。

目前，防眩光的常规手段主要有4种：①降低光源亮度；②加装遮光罩；③灯具表面加漫透射性的遮光材料；④变点式光源为面光源。

2. 一般羽毛球场的照明布置方式

一般的羽毛球场的照明布置方式可分为4种[4]：①在整个场地内的均匀布灯；②以单个羽毛球场地分别布灯；③将第一种和第二种方式结合起来布置；④采用间接照明方式，如图8.97所示。

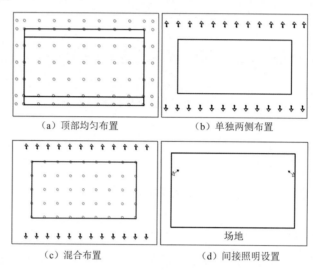

（a）顶部均匀布置　　　　　（b）单独两侧布置

（c）混合布置　　　　　（d）间接照明设置

图 8.97　羽毛球场一般照明方式

8.10.2　羽毛球运动员的视觉行为分析

以深圳大学体育馆为例研究羽毛球运动员视线行为规律[5]，对照明布置进行调整。

1. 视觉行为分析方法

①同步相机拍摄：利用相机从不同的方向对羽毛球运动场地中正在打球的运动员进行同时拍摄。

②建立场景三维模型：通过软件模拟出在三维空间里运动员身高、视线、场地范围线和相机之间的相对关系。

③确定视线的空间方向：将所用同步相机所拍摄的照片中运动员的视线"平行移动"到所模拟的场景的三维视图当中。

④测量视线的三维空间角度：依照人眼视觉坐标系将运动员的视线在三维空间里测量出来。

2. 羽毛球运动员视线行为的统计分析

将所有分析测量后得到的水平角度和垂直角度数据导入数据分析软件（SPSS）中

进行分析。最终我们得到以下结果：①最大水平角度（-80°，85°）的概率为85%，（-70°，70°）的概率为75%；②最大垂直角度（-5°，75°）的概率为85%，（0°，65°）的概率为75%。

3. 比较几种可行性方案

灯具对称地布置在场地两侧，通过变换布灯轴线与球场侧边缘之间的角度来对比不同布置方式下的防眩光效果，分别是倒八字型、平行型、正八字型，变换布灯中心与球场前后侧的相对位置试探防眩光效果分别为中间式、前进式、后退式，如图8.98所示。

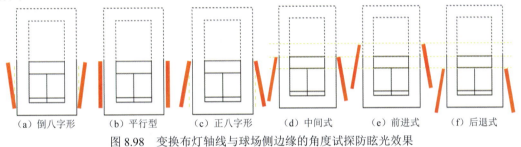

（a）倒八字形　　（b）平行型　　（c）正八字形　　（d）中间式　　（e）前进式　　（f）后退式

图 8.98　变换布灯轴线与球场侧边缘的角度试探防眩光效果

为进一步确定防眩光最好的角度设置，选择作比较的角度如下。
①水平角度：0°、45°、90°、135°、180°、-135°、-90°、-45°；
②垂直角度：0°、30°、60°、90°。
运动场防眩光程度强弱主要是运动员在打羽毛球的过程中被"眩光"的概率决定。

8.10.3　防眩光分析

1. 布灯轴线角度的变化与防眩光程度的关系

根据在本阶段内所测量的精度及视线概率分布范围，将视线分析范围定义在如下范围内：水平角度为-90°，90°；垂直角度为0°，90°。根据本实验所测得的照度值，9个特征点的空间照度描述性统计量如表8.11所示。

表 8.11　方案比较过程中 9 个特征点空间照度的描述性统计量

布置方式	N	极小值	极大值	均值	标准差	方差
倒八字型	288	1.51	483.00	129.336 4	134.901 96	18 198.540
平行型	288	1.53	466.00	123.494 9	123.100 66	15 153.772
正八字型	288	1.64	440.00	110.299 2	114.541 96	13 119.861

通过比较视觉范围内照度歧异点的个数即可对比出防眩光程度的相对优劣，最终统计结果如表8.12所示。

表 8.12　歧异点总数统计

布置方式	N	歧异点数
倒八字型	288	7
平行型	288	5
正八字型	288	4

综上，在保守范围内正八字型眩光歧异点的数量较少，因此防眩光效果也相对较好。

2. 设备与场地相对距离的变化与防眩光程度的关系

根据所测照度值，特征点空间照度描述性统计量如表8.13所示。

表 8.13　正八字型不同位置下的照度描述性统计量

布置方式	N	极小值	极大值	均值	标准差	方差
正八字中间式	288	1.64	440.00	110.299 2	114.541 96	13 119.861
正八字前进式	288	2.57	378.00	114.247 5	99.084 84	9 817.805
正八字后退式	288	1.54	544.00	115.334 2	117.830 89	13 891.189
有效的 N（列表状态）	288	—	—	—	—	—

上述三种布置方式下视觉分布范围内歧异点的总数如表8.14所示。

表 8.14　歧异点总数统计

布置方式	N	歧异点数
正八字中间式	288	4
正八字前进式	288	6
正八字后退式	288	3

从上述统计结果来看，尽管正八字型后退式的空间照明均匀度较差，但是其概率分布的视线范围内照度"歧异"点的总数量较少。

从结果看，测试点"加密"前后的照度波动相差并不大。

经过数据的筛选与统计，视线概率分布范围内的照度值超过300 lx共91个，占所测量照度值总数的4.93%。因此，在所统计的视线概率分布范围内，无眩光率占比达到95%以上。

8.11　频闪现象模拟实验

8.11.1　实验装置

装置由动力系统、传动系统、传导系统及计数系统4个部分组成。各部件名称如图8.99所示。

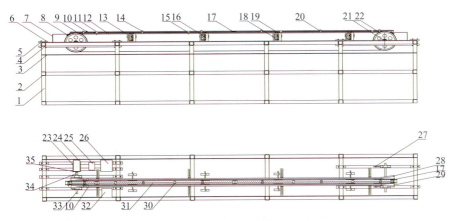

图 8.99　实验装置模型图纸及各部件标识

1.钢架底座；2.减震橡胶垫片；3.箱板；4.支撑钢架；5.固定钢架；6.固定螺栓；7.支撑木板；8.电刷外盒；9.导电铜条；10.光感传感器；11.导电槽调节卡条；12.ATN10同步皮带；13.调节轮支撑架；14.灯珠位；15.导电槽调节卡条；16.辅助轮支撑台；17.碳刷；18.辅助轮；19.辅助轮调节螺栓；20.灯珠座；21.轴承与轴承座；22.ATN10同步轮；23.步进电机支撑架；24.步进电机；25.步进电机驱动器；26.可编程式控制器；27.同步轮长度调节螺栓；28.导电槽支撑架；29.导电槽辅助挡板；30.导线固定卡条；31.螺旋导线；32.显示屏；33.同步轮轴；34.联轴器；35.步进电机轴

实验虚拟模型如图8.100所示。

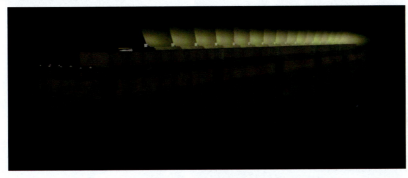

图 8.100　实验虚拟模型

动力系统：由伺服电机、驱动器，可编程式控制器及电源组成，如图8.101所示。

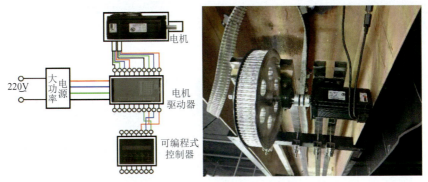

图 8.101　动力系统

传动系统：由2个ATN10同步轮、1条长度9 m的ATN10同步皮带、2跟同步轮支撑轴及连接电机的联轴器组成，如图8.102和图8.103所示。

（a）同步皮带与轮子安装方式　　　　　（b）皮带水平调节器

图 8.102　传动系统展示 1

（a）皮带松紧调节器　　　（b）皮带及轮子　　　　（c）电刷形式

图 8.103　传动系统展示 2

传导系统：主要由变压器、直流变压调节器、导线、导轨、电刷、LED灯组成。皮带上下、水平倾斜调节器及导电槽如图8.104所示，灯具如图8.105所示，导轨如图8.106所示。

图 8.104　皮带上下、水平倾斜调节器及导电槽

（a）灯座　　　　　（b）LED灯珠　　　（c）LTC3780 模块　　　（d）电刷与导电槽

图 8.105　灯具

图 8.106　导轨

计数系统：计数系统由光感传感器、处理器及显示屏组成。计数系统启动后，根据所显示的数值，可以得到LED灯闪过的频率 $f = \dfrac{N}{T}$。计数系统原理示意图如图8.107所示。

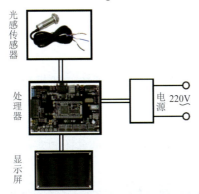

图 8.107　计数系统原理示意图

电路方案优化设计：整个实验电路分三部分，各自独立，互不影响。第一部分为动力系统，第二部分为计数系统电路，第三部分为LED灯供电部分。由静态输电变为动态传输，有4种供电方案，如图8.108～图8.111所示：

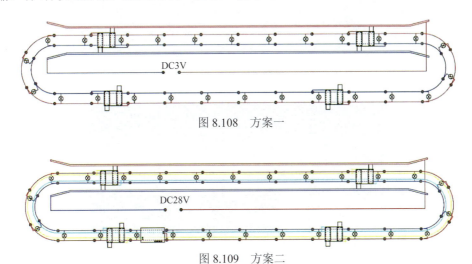

图 8.108　方案一

图 8.109　方案二

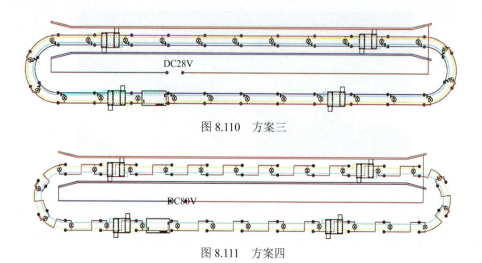

图 8.110　方案三

图 8.111　方案四

8.11.2　测试人员

33名深圳大学建筑与城市规划学院研究生，随机分成11个组，每组3个人。开始前，每一位受试者都要测出实验前的闪光融合临界频率CFF值，每一位受试者与光源的相对位置有三种情况，即第一车道（一号位置）、第二车道（二号位置）、第三车道（三号位置）。实验装置模拟平面测试示意图和实际测试示意图分别见图8.112和图8.113，模拟实验场景图见图8.114。

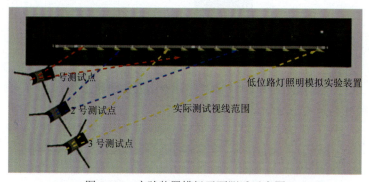

图 8.112　实验装置模拟平面测试示意图

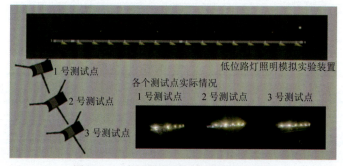

图 8.113　实验装置实际平面测试示意图

图 8.114　模拟实验场景图

小组成员自行选择相应位置。测试LED灯的亮度有三个等级，分别是低（2.40 V）、中（2.55 V）、高（2.70 V）。第一小组成员测试实验时，LED灯亮度值从低往高调节，第二小组成员测试实验时LED灯亮度从高往低调节。有21人测试频率为6 Hz，有12人测试频率为4 Hz。每做完一组实验，需要再次测出CFF值，读3次数取均值。实验现场如图8.115所示。

图 8.115　实验现场

8.11.3　实验步骤

①实验开始前，安排做实验的实验员，将相关信息填入实验记录表格中，为受试者讲述实验方法、原理及实验操作流程，并要求受试者在实验开始前静坐休息10 min，同时禁止观看手机，如图8.116所示。

图 8.116　实验过程图片

②实验开始。由实验员将设备亮度调至低亮度等级待测试。每个受试者首先采用最小变化法[也称极限法、最小可觉差法，是测定阈限的直接方法，其特点是：将刺激按递增（↑）或递减（↓）的方式，以间隔相等的小步变化，寻求从一种反应到另一种反应的瞬时转换点或阈限的位置]。来测定实验前的CFF值，按递增（↑）或递减（↓）的方式测三次，并取平均值，记为C_{1-1}，如图8.117所示。

图 8.117　测试 CFF 值

③25 min后，实验员报告第一位受试者结束实验，并迅速用闪光融合计测出此时受试者的CFF值，按递增（↑）或递减（↓）的方式测三次，并取平均值，记为C_{1-2}。3 min后，实验员报告第二位受试者实验结束，并迅速测出三个其闪光融合临界频率值，求得平均值；再过3 min，实验员报告第三位受试者结束实验，并迅速测出其三个闪光融合临界频率CFF值。三位测试者都测完后，为一组实验结束，并算出差值，记为ΔC_1，$\Delta C_1 = C_{1-1} - C_{1-2}$。

④休息一段时间后，开始第二组实验，实验过程与第一组相似，并把实验前后的闪光融合频率计读数平均值分别记为C_{2-1}、C_{2-2}，计算差值，记为ΔC_2，$\Delta C_2 = C_{2-1} - C_{2-2}$。

⑤第三组实验为高亮度实验，由实验员调好设备亮度后，开始第三组实验，实验流程与前一、二组相似，并把实验前后的闪光融合频率计读数平均值分别记为C_{3-1}、C_{3-2}，计算差值，记为ΔC_3，$\Delta C_3 = C_{3-1} - C_{3-2}$。

8.11.4　数据分析

通过大量的室内实验，得到受试者CFF值随实验环境灯光亮度变化的原始数据（图8.118），CFF值越高表明眼睛的视敏度越高，人体疲劳时，闪光融合频率降低。计算出每个受试者每组实验前后两次CFF差值，若差值越大，表示测试者视觉敏锐度变化越快，即实验过程对测试者的影响越大，如图8.118～图8.123所示。

姓名	性别	实验位置编号	测试频率HZ	低前1	低前2	低前3	中前1	中前2	中前3	高前1	高前2	高前3	低后1	低后2	低后3	中后1	中后2	中后3	高后1	高后2	高后3	低前平均	中前平均	高前平均	低后平均	中后平均	高后平均	亮度变化次序	实验中间休息时间长短
李玮晟	1	1	6	35.3	34.8	34.3	34.1	32.5	32.5	31.6	31.6	31.3	30.3	32.2	30.7	31.8	32.3	30.4	31.1			34.8000	32.9333	32.2000	31.0667	31.5667	31.2667	1	1
黄冰妍	2	2	6	32.7	32.7	32.6	30.6	31.9	31.2	31.2	31.4	30.3	28.8	29.4	29.5	30.4	29.8	31.3	32.2	31.1	30.7	32.6667	31.2333	30.9667	29.2333	30.5000	31.3333	1	1
张编蓉	1	3	6	30.9	30.2	31.5	33.1	34.1	33.6	34.1	33.6	33.7	36.2	36.2	31.1	30.9	30.5	32.2	31.7	31.5		30.8667	33.3667	34.2000	30.8333	31.8000		1	1
杨策	1	1	6	35.5	33.4	35.2	32.8	33.7	32.2	37.8	37.0	37.7	37.1	36.2	36.3	35.7	35.3	33.5	32.9			34.7000	32.9000	37.5000	36.3667	35.7333	33.1667	2	1
杨松柏	1	2	6	34.4	34.1	34.0	34.8	34.7	35.0	32.8	36.3	34.7	31.7	32.5	31.8	31.6	32.7	31.7	32.3	32.3		34.1667	34.8333	34.6000	32.0000	32.0000	32.6000	2	1
补劲	1	3	6	35.2	35.3	35.5	37.8	35.1	32.3	36.6	32.2	34.2	35.5	34.3	35.0	34.8	34.3	34.7				35.3333	35.0667	34.3333	30.8333	34.7000	32.2667	2	1
王洪冰	1	1	6	37.6	34.7	38.4	32.9	30.4	33.5	31.6	30.2	32.5	34.9	31.5	31.3	36.2	30.7	30.3	31.9	31.3		36.9000	32.2667	31.4333	34.3333	32.7333	31.1667	1	2
王云卓	2	2	6	36.8	35.1	38.3	38.3	36.9	36.9	37.1	36.0	35.7	35.3	35.9	36.2	37.3	37.1	36.2	35.0	35.9		36.2000	37.5000	37.5333	36.0333	35.4667		1	2
赵桂兰	2	3	6	37.9	38.7	36.6	36.0	36.3	37.2	38.3	40.0	36.7	37.7	38.5	37.6	37.9	36.1	38.2	38.7			37.7333	36.5000	38.7667	37.6333	37.4333	38.3333	2	2
赖永辉	1	1	6	40.6	39.9	40.4	38.8	39.0	38.7	39.0	39.0	39.2	40.3	39.0	36.3	37.9	38.6	38.1	37.7	38.1		40.3000	38.8333	39.0667	38.5333	38.3667	37.9667	2	2
宋文恒	1	2	6	39.1	36.4	33.8	37.7	37.4	38.6	37.6	37.4	37.4	36.4	35.9	37.0	34.6	35.6	35.3	35.0			37.8333	37.9333	36.2000	35.6333	35.7667		2	2
陈明智	1	3	6	37.1	37.7	38.3	38.5	37.8	37.5	37.6	37.2	36.4	37.2	34.9	37.2	35.3	35.3	35.0				37.0333	37.9333	37.6000	37.1333	36.6667	35.1667	2	2
陶振	1	1	6	31.3	31.7	31.4	31.9	32.2	33.4	34.3	30.4	31.5	30.5	31.8	31.0	30.9	32.0	31.5				31.4667	32.0333	33.8000	31.1000	31.4667		1	2
赵鑫欣	2	2	6	36.6	36.9	37.3	38.1	37.5	37.1	39.2	39.1	34.7	34.5	35.2	35.7	36.0	36.3	36.3				36.9333	37.5667	39.2667	34.8667	36.8333	36.3000	1	2
何莲	1	3	6	38.9	38.5	38.3	39.2	38.6	38.0	40.5	39.2	39.4	36.1	37.5	37.1	37.3	35.4	37.0	39.1	38.6		38.5667	38.6000	39.7000	36.9000	36.5667	38.1000	1	2
苏雅缇	2	1	6	35.7	34.5	35.1	36.2	36.9	34.4	35.8	36.2	36.5	34.5	34.4	33.4	34.6	35.2	31.1	33.4			35.1000	35.7667	35.2000	34.4667	33.9667	33.8000	2	2
戴佳佳	2	2	6	36.0	33.8	35.1	35.6	33.8	34.6	34.5	33.3	33.2	32.5	33.1	34.4	33.9	33.3	31.2	32.1			34.6333	34.6667	33.6667	33.4333	33.8667	32.2000	1	2
张宇思	2	3	6	30.8	32.4	30.8	31.9	31.1	32.4	29.8	31.8	30.4	31.6	32.3	30.9	31.7	35.4	33.4				31.3333	31.8000	30.4667	31.2667	32.4667	33.0333	2	2
丁文书	1	1	4	35.4	34.4	32.7	35.3	36.7	36.1	36.4	36.1	35.4	36.7	36.2	33.5	35.6	34.3	34.0	35.3			34.1667	36.0333	35.8000	36.7667	34.2333	35.3000	2	2
李嘉欣	2	2	4	35.5	35.3	34.7	34.1	34.5	33.8	34.6	33.8	34.5	32.4	33.2	31.5	31.6	32.0	31.9	32.7	32.1		35.1500	34.1333	34.3000	32.3667	31.8333	32.3667	2	2
邓佳良	1	3	4	35.9	34.2	35.2	36.7	35.6	36.8	37.7	36.6	35.9	35.0	35.0	34.6	37.7	38.9	39.2	38.7	37.7		35.3667	36.3667	37.0333	34.8667	38.3333		2	2
朱梦	1	1	4	37.2	38.2	37.2	38.2	37.7	37.5	36.9	37.6	36.6	36.9	37.8	38.7	38.7	37.7					37.5333	37.8000	37.5000	36.3000	37.1667	38.5333	2	2
金远	1	2	4	39.7	39.4	39.5	38.8	38.4	38.5	40.1	40.3	40.7	37.0	36.8	36.6	36.2	35.9	38.1	38.0			39.5333	38.5667	40.3667	36.8000	35.9667	38.3333	2	2
张磊	1	3	4	31.8	32.9	31.9	31.2	29.5	28.7	32.5	33.6	31.7	28.1	31.3	30.9	31.3	30.7	30.5	29.7			32.1667	29.7667	32.2000	30.0333	30.3333	30.1333	2	2
陈岱麒	1	1	4	36.8	32.2	33.8	31.6	28.9	28.7	32.5	33.6	31.7	38.1	31.8	30.3	31.5	29.5	32.1	31.4	29.0		34.2667	29.7333	32.6333	34.0667	30.3333	30.8333	1	2
高小涵	2	2	4	33.9	37.0	33.2	33.9	31.9	33.5	32.7	31.8	32.6	31.7	31.8	32.0	31.8	31.8					34.7000	32.9000	32.6000	31.8000	31.8000	31.7333	1	2
陈钰灵	2	3	4	33.5	32.7	33.2	33.6	32.9	33.5	32.2	30.7	31.6	30.8	32.7	32.3	31.0	30.4	31.1				33.1333	32.9667	32.7333	31.0333	31.8667	30.8333	1	2
宛扬	1	1	4	44.7	42.0	42.2	41.2	41.1	40.3	37.6	40.0	38.5	40.4	39.0	38.7	40.0	38.8	40.7	39.9	37.7	40.4	42.9667	40.8667	38.7000	39.3667	39.8333	39.3333	2	2
叶梭野	1	2	4	31.0	30.8	31.5	34.0	35.2	34.6	35.3	37.1	29.4	30.3	29.7	30.1	31.3	30.9	30.4				31.1000	34.6000	30.4000	29.8000	30.8667		1	2
谭少麒	1	3	4	33.7	30.2	35.3	35.9	33.4	35.9	39.0	36.6	37.6	33.1	29.8	32.5	34.1	32.5	36.0	35.5	33.6		33.0667	35.0667	37.7333	31.8000	34.2000	35.2667	2	2
王宇	1	1	4	34.5	35.6	35.1	36.7	36.5	35.3	36.2	34.9	33.5	32.9	32.8	33.8	33.0	34.0					35.0667	36.5667	34.9000	33.4333	34.4667	33.0333	1	2
张林韬	1	2	4	32.1	31.8	35.2	35.3	36.6	32.7	36.6	32.1	35.4	37.0	32.2	33.9	34.3	36.7					33.0333	34.6000	34.6000	32.1333	33.7333	34.9667	1	2
李晓明	2	3	4	32.2	35.7	34.8	34.6	34.0	35.2	33.7	32.5	32.6	33.8	34.2	35.1	35.3	35.2	35.0				34.4000	34.4667	34.3667	33.3333	34.3667	35.1667	1	2

图 8.118　原始数据

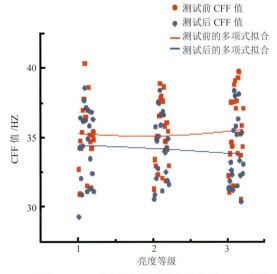

图 8.119　不同亮度测试者实验前后 CFF 值散点图

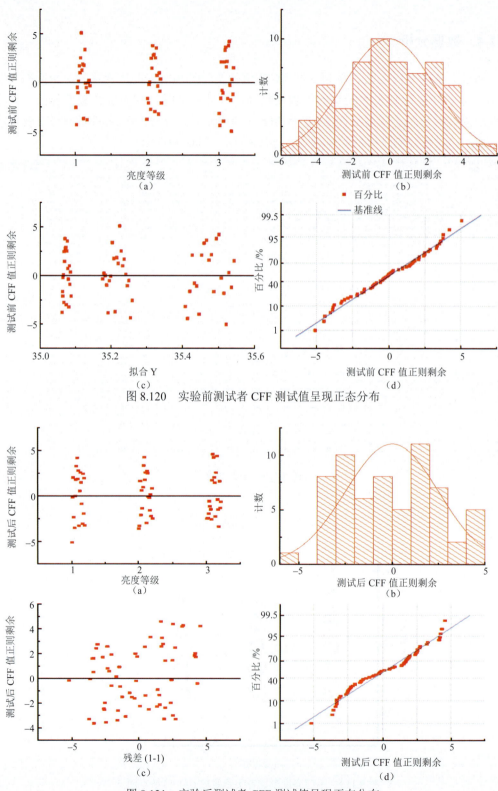

图 8.120　实验前测试者 CFF 测试值呈现正态分布

图 8.121　实验后测试者 CFF 测试值呈现正态分布

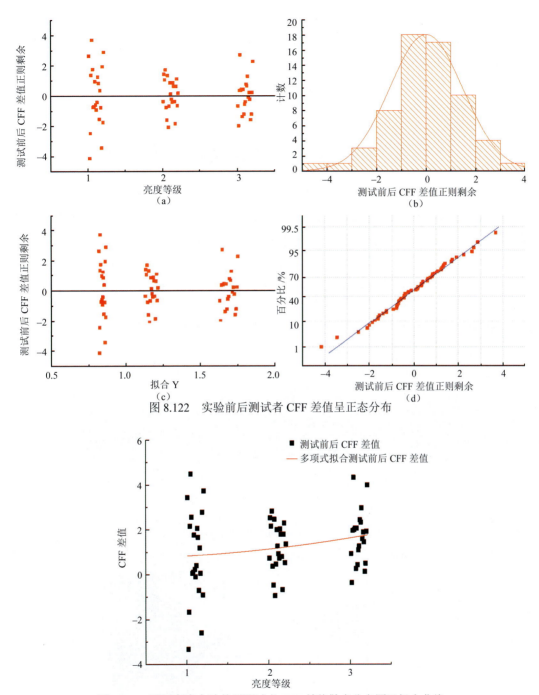

图 8.122　实验前后测试者 CFF 差值呈正态分布

图 8.123　不同亮度实验前后测试者 CFF 差值散点分布图及拟合曲线

8.11.5　结果与结论

由上面的数据分析，可以得出的结论是：

①当亮度为低亮度时，ΔC_1 值变化较小；

②当亮度为中亮度时，ΔC_2值变化较大；

③当亮度为高亮度时，ΔC_3值变化最大；

④$\Delta C_1 < \Delta C_2 < \Delta C_3$。

综上所述可知，灯的亮度越大，人眼越易疲劳，即有效降低路灯亮度，可以减小因路灯造成的频闪现象，或者消除。

8.12 移动式照明参数综合测试装置

移动式照明[6,7]参数综合测试装置，包括框架及装于该框架底部的轮子、可升降测试架、三脚架卡扣装置、照明参数测试设备固定装置、电机驱动装置、无线控制装置和激光测距、定位装置（图8.124）。装置照度分布如图8.125所示。

刻度装置控制移动式照明参数综合测试装置的行进距离和转动角度；可升降测试架设有包括一种或多种亮度计、成像亮度计、照度计、无线照度计、光谱仪、光度计、色度计、照相机及其他的照明参数测试设备的综合装置。

测试装置能够批量对照明各参数实现更为快捷、精准的测量。

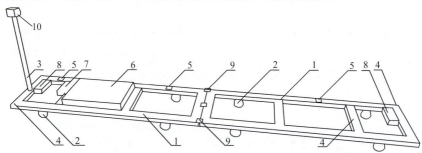

图 8.124 移动式照明参数综合测试装置

1.框架；2.轮子；3.可升降测试架；4.三脚架卡扣装置；5.照明参数测试设备固定装置；6.电机驱动装置；7.无线控制装置；8.激光测距、定位装置；9.折叠装置；10.综合装置

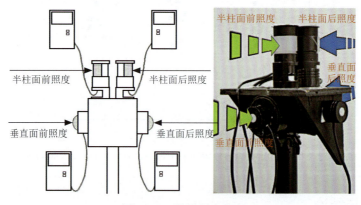

图 8.125 装置照度分布

可升降测试架上装设有综合装置，可同时测量任意高度和位置测点的前、后、左、右4个方向的垂直面照度、柱面照度、半柱面照度、水平照度，亮度计、色度计等仪器

测量亮度、亮度均匀度、眩光和色度等现场数据。移动式照明参数综合测试装置立面示意图如图8.126所示。

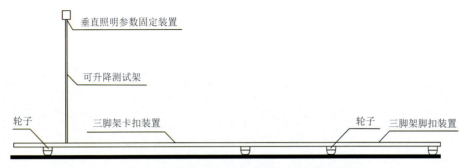

图 8.126　移动式照明参数综合测试装置立面示意图

框架上装设有三脚架卡扣装置，装设有电机驱动装置，该装置配备有PLC控制器、调速电机、调速电机驱动器、步进电机、步进电机驱动器和蓄电池，实现此移动式测试装置的电动前行。PLC控制器也通过连接安装于框架底部的升降电机实现可升降测试架电动升降。

移动式照明参数综合测试装置配备激光测距仪和方向执行装置。通过激光测距仪和方向执行装置结合PLC控制器，对方向进行调整，修正测量装置的方向偏差，实现直线行走和定位的目的。移动式照明参数综合测试装置相关尺寸如图8.127所示。

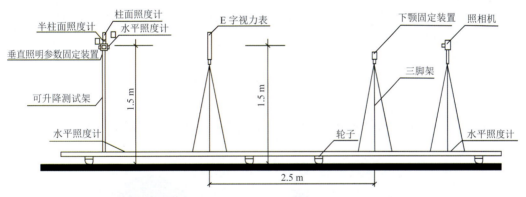

图 8.127　移动式照明参数综合测试装置相关尺寸

PLC控制器根据预先设置的数据，启动调速电机，调速电机带动移动式照明参数综合测试装置前进，激光测距、定位装置检测到移动式照明参数综合测试装置的行进信号反馈给PLC控制器控制到达间隔距离后，PLC控制器关闭调速电机，移动式照明参数综合测试装置停止前进，PLC控制器接通升降电机，控制升降电机把测试架到达指定高度后开始采集数据。在测量过程中移动式照明参数综合测试装置可通过无线控制装置进行方向的遥控以保证移动式测试装置直线行走或紧急停止；移动式照明参数综合测试装置可设置多个测量探头、多种仪器，实现综合参数的测试。

8.13　实验室主要设备

实验室现已具备3类共15项测试的条件和相关设备，实验室照片如图8.128所示。

图 8.128　实验室照片

1. 光源品质测试

①光源电气指标测试：电流、电压、输入功率、特种光源品质、谐波分量，均衡负载，功率因数。

测试设备：数字存储示波器、光时域反射仪、逻辑分析仪、均衡负载实验仪、固体激光器、频谱仪。

②LED光源性能指标测试：LED热阻、LED参考热阻、LED结温、LED电性能参数及分层热阻结构分析、大功率集成封装（COB）、LED模组在不同壳温/结温下的光色电综合特性。

测试设备：LED热阻结构分析系统、LED自动温控光电分析测量系统，如图8.129所示。

（a）LED 热阻结构分析系统　　　　（b）LED 自动温控光电分析测量系统

图 8.129　LED 光源性能指标测试设备

③光源光学指标测试：光通、光效、色温、色品坐标、显色指数、光谱。

测试设备：光学平台、SPR－9200光源光电色综合系统（光谱仪）、HAAS-2000机载型高精度快速光谱辐射计。

④光源辐射指标测试：光源紫外、红外辐射。

测试设备：紫外分光光度计、光束质量分析仪、红外测温仪、真空紫外单色仪、荧光分光光度计。

2. 灯具性能测试

①灯具光学系统测试：配光、光强、照度、亮度曲线、光通、利用系数。

测试设备：GMS-1800卧式大型分布光度计、GO-R5000全空间快速分布光度计（图8.130）。

图 8.130　GO-R5000 全空间快速分布光度计

②灯具反射率测试：灯具反射罩材料表面对不同波长光的反射率。

测试设备：SPR-9200材料光反射分析系统、分光反色测色计（图8.131a）。

③灯具散热与噪声测试：LED灯具异常热点及HPS灯具镇流器噪声。

测试设备：AGEMA 570 红外热成像仪。全消声室，B&K 2260声级计。

④灯具耐久性及防水测试：LED灯具耐久性及防水性能检测。

测试设备：YFS-1300盐雾试验箱（图8.131b）、冲水试验装置。

（a）分光反色测色计　　　　　　　（b）YFS-1300 盐雾试验箱

图 8.131　灯具性能测试装备

3. 空间光环境品质测试

（1）道路眩光亮度测试：道路亮度及眩光测试与分析。

测试设备：LMK Mobile Advanced眩光亮度计、CX-2BCCD型成像亮度计。

（2）视觉可见度测试：测量评价道路照明的可见度。

测试设备：国际视力表空间体（自制，激光雕刻）

（3）城市公共空间光度测试：广场、道路、大型建筑室内外光度遥测。

测试设备：PR201B光环境测试系统。

（4）空间亮度测试：测量空间不同时刻不同部位的亮度。

测试设备：德国LKM-Ⅱ成像亮度计（图8.132a）、美国Radiant Vision Systems成像亮度计、微光光度/辐射度/色度仪、XYL-V全数字亮度计。

（5）空间照度测试：测量室内外空间照度值。

测试设备：美能达光谱照度计（图8.132b）、XYI-Ⅲ全数字照度计、XYI-Ⅲ柱面照度计、XYI-Ⅲ半柱面照度计。

（a）德国 LKM-Ⅱ 成像亮度计　　　　　　（b）美能达光谱照度计

图 8.132　空间光环境品质测试设备

（6）空间色度测试：测量室内外空间色度值。

测试设备：XYI-Ⅲ全数字色度计。

（7）空间光谱测试：测量空间光环境基本参数。

测试设备：远方便携式空间光谱测试仪。

8.14　小　　结

道路照明由路面测试开始——多维度道路照明系统根据路面光滑与粗糙情况，分别采用逆向照明子系统与正向照明子系统，在提高路面照明能效、降低眩光的同时，形成道路中央色温低于两侧边缘色温的路面光谱分布；针对前方空间照明需求，采用前向照明子系统可形成较强的路面背景与前方物体之间的亮度负对比与色度对比；针对雾霾照明需求，采用横向照明子系统，同时加强前方物体轮廓的可辨识性与道路走向、边缘的诱导性；针对抑制昏睡需求，采用警醒照明子系统，通过人工光"介入"，集中驾驶员注意力，延缓昏睡感；针对非正常道路状况提前告知的需求，采用提示照明子系统，通过不同光色提前告知驾驶员前方路况；针对美化道路景观的需求，采用景观照明子系统，实现功能性照明的同时，兼顾城市景观照明；针对隧道照明需求，采用高位路灯逆向照明子系统，提高隧道墙面与顶棚照明的能效、降低眩光；针对市政道路照明需求，采用中位中线照明子系统与边侧照明子系统，既避开行道树，又提供必要的环境比；针对事故照明需求，采用竖向照明子系统，采用激光光束为空中救援提供地标；针对故障照明需求，采用警示照明子系统，通过长距离连续闪光，大大加强警示效果。上述子系统均采用独立控制模块，可单独运行与组合运行，控制方式为路灯依据各类传感器的触发信号自适应控制，不需要人工干预。

现行国内外的道路照明规范，是照明领域科学研究与技术创新的总结，其中各项指标对于道路照明设计具有指导意义。但是现行国内外的道路照明规范又都是在一个默认值——高亮度、单一光源之下制定的，其结果只能是高位、大灯距的集中式照明方式。多维度道路照明系统采用的是分布式、多灯位、小灯距、低亮度的多个光源，与现行国内外的道路照明规范对比，基本条件发生了改变，除了遵循共同的视觉规律外，对于道路的某些结论应进一步加以审视。但在更有说服力的包括多维度道路照明的标准提出之前，多维度道路照明系统的指标，既满足现行规范又不限于现行规范。

根据多维度道路照明原理设计的道路照明系统是开放的系统，一方面，随技术进步可以加入更多的需求分量从而扩展需求空间；另一方面，照明系统中也可以加入更多的新技术，不断优化照明分量，显著提高匹配度，完善、扩展照明空间。

参 考 文 献

[1]　姚军财. 人眼亮度和色度对比敏感视觉特性的测量及其模型研究[J]. 应用光学，2016，37(6)：880-886.
[2]　朱可宁，龚波. 高速公路特长隧道出口段驾驶人心理负荷变化规律[J]. 交通科技与经济，2017，19(3)：6-9.
[3]　谷首烨. 体育馆羽毛球的照明环境研究[J]. 山西建筑，2010，1(3)：195-197.
[4]　中华人民共和国建设部. 体育场馆照明设计及检测标准(JGJ 153—2007)[S]. 北京：中国建筑工业出版社，2007.
[5]　关雪峰，赵海天. 深圳大学体育馆照明实测与分析[J]. 光源与照明. 2010，(2)：31-33.
[6]　刘义平，张晓燕，荆松涛，等. 智能移动式道路照明参数自动测量系统设计[J]. 中国照明电器，2017，(11)：57-60.
[7]　李睿堃，李德亮. 消防便携式照明灯具烟雾穿透性能试验方法研究[C]//中国消防协会. 2012中国消防协会科学技术年会论文集（下）. 北京：中国科学技术出版社，2012：4.

后　记

本书从构思到成文历经七个寒暑，几十次修改，终于问世了。

感谢家人长期的支持，妻子李爱梅一边工作一边承担了全部家务，使作者得以心无旁骛。重庆大学翁季教授花费了极大精力，校对了全部书稿。科学出版社编辑为本书的出版提供了不厌其烦的指导和帮助。

本书的研究工作得到复旦大学蔡祖泉先生，清华大学詹庆旋先生，中国建筑科学研究院肖辉乾先生，深圳大学许安之先生、卢小荻先生的鼓励，以及同济大学郝洛西教授，重庆大学杨春宇教授，天津大学王立雄教授，华南理工大学文尚胜教授，深圳大学艾志刚教授、柴广跃教授、高青教授和姚其副教授的支持。

本书内容的重要支撑——相关实验，由深圳大学建筑与城市规划学院研究生完成，按时间顺序：关雪峰《中间视觉条件下电光源在介质中的视觉可见度与穿透力实验研究》；王少健《基于可见度的人车混行道路中灯位照明实验研究》；邝志斌《道路照明光源在中间视觉下的视觉辨识力与光生物效应的实验研究》；施世涛《色彩对可见度影响的实验研究》；胡艳鹏《高速路低灯位照明实验及参数优化研究》；赖冠华《格栅阵列防眩光技术与应用研究》；李正阳《动态条件下，光色的非视觉生物作用及混光机制研究》；许晓明《极端天气条件下的道路照明策略研究》;徐博林《基于 Ricco 定律提高浓雾条件下可见度的实验研究》；徐思德《基于小目标可见度的低位照明路面亮度和眩光标准实验研究》；陈神飞《低位照明暂态光机理及调制技术研究》；杨松柏《等感知亮度条件下消减路灯眩光与节能效应研究》；李玮晟《道路监控补光灯的眩光效应及其改善措施》。

同时，下列人员均做出贡献：张兵、田野、蒋晋、张丽、王子佳、李田茵、杜媛媛。

感谢深圳这片创新的沃土和深大宜人的环境。合作的照明企业提供了光源与控制技术，特别是刘晓光、赵卫国等技术型企业家给予了大力支持；与华人照明设计师协会谢茂堂、徐庆辉先生的讨论使作者获得鼓舞与启迪；深圳大学徐艳丽老师，上海市政设计院余剑青先生，深圳市福田区交通局韩浩先生、张瑞芳女士对完成多维度路灯"示范段"提供了帮助，"华莹光电"黄燕珊提供了部分测试数据，"紫墨摄影"谢昕提供了部分图片。

　　本书成文及出版得到下列基金资助：国家科学技术学术著作出版基金（2017-E-038）；国家自然科学基金（51278309）、国家自然科学基金（51778367）、广东省自然科学基金（2015A030313548）、深圳市技术攻关重点项目（重 20170103）、深圳市科创委公共技术服务平台项目（JCYJ20170818141507055）。

　　一并谨致谢忱！

作　　者
己亥·文山湖畔